PRACTICING THE LATEST
REVENUE STANDARDS

Case Studies on the Different
Practices of Accounting and Taxing

新收入准则
税会差异实务
与案例精解

翟纯垲 ◎ 编著

中国市场出版社
China Market Press

图书在版编目（CIP）数据

新收入准则税会差异实务与案例精解/翟纯垲编著.—北京：中国市场出版社有限公司，2021.7

ISBN 978-7-5092-2089-4

Ⅰ.①新… Ⅱ.①翟… Ⅲ.①企业会计–会计准则–中国 ②企业管理–税收管理–中国 Ⅳ.①F279.23 ②F812.423

中国版本图书馆CIP数据核字（2021）第122136号

新收入准则税会差异实务与案例精解
XIN SHOURU ZHUNZE SHUIKUAI CHAYI SHIWU YU ANLI JINGJIE

作　　　者：	翟纯垲
责任编辑：	张　瑶（zhangyao9903@126.com）
出版发行：	中国市场出版社
社　　　址：	北京月坛北小街2号院3号楼
邮政编码：	100837
电　　　话：	编辑部（010）68032104　读者服务部（010）68022950
	发行部（010）68021338　68020340　68053489
	68024335　68033577　68033539
	总编室（010）68020336
	盗版举报（010）68020336
印　　　刷：	河北鑫兆源印刷有限公司
规　　　格：	185毫米×260毫米　16开
版　　　次：	2021年7月第1版
印　　　次：	2021年7月第1次印刷
印　　　张：	33
字　　　数：	630千字
定　　　价：	98.00元
书　　　号：	ISBN 978-7-5092-2089-4

版权所有　侵权必究　　印装差错　负责调换

前言 PREFACE

自《企业会计准则第14号——收入》(财会〔2017〕22号文件印发)施行以来,企业在执行中遇到了很多疑惑和难点,准则规定与实操衔接中也存在诸多不明确之处。基于此,本书旨在以案例的形式,对新收入准则执行过程中产生的理论与实务操作的"兼容性"、账务处理的烦琐、税会差异的加大、疑难纠纷、模糊地带、观点争议等进行有益探索,试图提供可行性解决方案。

全书按照新收入准则的内容分为12大类共180个案例解析,关于新收入准则税会差异实务操作,本书特点如下:

根据实际业务改编应用指南的案例,深入分析至账务、税务处理

新收入准则应用指南中的案例,可能鉴于各种原因,不便进一步展开,且企业在实际业务中还有些尚待明确的事项,因此,笔者在书中引用这些案例时根据需要进行了改编,增加了笔者个人的观点和处理建议,并深入分析到具体的账务处理和税务处理,供企业借鉴参考。

以解决实际问题为目标,大量引用企业日常业务的真实案例

为了更好地贴近实务并解决实际问题,本书引用了大量企业日常业务中的实际案例、证监会监管公告公布的案例以及上市公司相关公告涉及的案例等,对这些案例中涉及的新收入准则的处理方式、结果等进行剖析,有助于进一步理解并准确应用准则。

按照知识体系多案例、多角度分析新收入准则应用难点、疑点

为了更好地掌握新收入准则相关规定和应用难点,本书在某一知识体系内通过多个案例多角度地集中展示准则相关内容在不同情形下的应用,将该体系内的知识点紧密地围绕在一起,形成一个结构紧密的小体系,提点及面,从而有利于全面系统地了解准则相关要点。

——列明依据的税务文件、企业会计准则和参考的国际会计准则具体条款

知其然更要知其所以然。本书在分析每一个案例时,都严格以企业会计准则及其应用指南、财政部和税务总局印发的相关税务文件等为依据,辅以国际财务报告准则的相关内容供读者参考,并——列明引用的具体条款,同时对重要条款以黑体字突出显示,方便阅读参考。

需要说明的是,阅读本书需注意以下事项:

- 如无特殊说明,本书所称"商品"包括"商品或者服务";本书所称"应用指南"指财政部会计司编写组编著的《〈企业会计准则第14号——收入〉应用指南(2018)》。
- 水无常形,账无常式。账务处理一方面要体现出严谨性,另一方面也可以灵活掌握,在不违背新收入准则精神和准确披露相关报表的前提下,可以考虑根据企业的实际情况进行适当调整。
- 严格按照新收入准则的要求处理,可能会与实务中的商业操作模式产生"兼容性"的问题,在进行相关业务处理时,应对此予以充分的考虑。
- 目前企业执行新收入准则涉及的很多事项并不明朗,笔者根据多年工作经验,依据我国企业会计准则及相关文件精神,结合国际会计相关准则,力图寻找既符合会计准则要求,又在实务中具有操作性的衔接点。书中部分内容为笔者个人的理解和观点,限于水平,有不当之处欢迎切磋、指正。

成书过程中,得到了何广涛、苏强、刘玮、徐战成、赵东方、秦文娇、赵娜、樊雯等同行好友的大力支持,在此特致以衷心的感谢!

翟纯垲

2021年6月14日

目录

01 关于取得商品控制权

案例 1　"售后代管商品安排"对控制权的影响　003

案例 2　不满足"售后代管商品安排"条件对控制权的影响　009

案例 3　"售后代管商品安排"还应考虑控制权转移的其他迹象　012

案例 4　委托代销业务中的货物转移与控制权转移　013

案例 5　寄售模式下对控制权转移的判断　016

案例 6　VMI 销售模式下对控制权转移的判断　018

案例 7　客户验收是一项例行程序对控制权判断的影响　019

案例 8　历史交易经验对客户验收判断控制权时的影响　022

案例 9　退货率对客户验收判断控制权时的影响　022

案例 10　历史交易经验证明验收不是一项例行程序　023

案例 11　非标产品和定制化产品的验收方式对判断控制权转移的影响　024

案例 12　初验与终验对判断控制权转移的影响　025

案例 13　使用验收和收货验收对判断控制权转移的影响　026

案例 14　商品所有权转移对判断控制权转移的影响　027

案例 15　出口企业 FOB、CIF、DDP 等贸易方式对控制权转移时点的影响　029

案例 16　影视公司控制权转移时点　032

02 关于识别与客户订立的合同

案例 17　商业实质对收入确认的影响　039
案例 18　合同开始日，评估房地产企业对价很可能无法收回　041
案例 19　合同后续期间，评估建筑服务对价很可能无法收回　048
案例 20　对价很可能收回与减值测试的关系　051
案例 21　评估对价是否很可能收回前，首先应确定有权收取的对价金额　052
案例 22　冲减收入与计提减值的区别　056
案例 23　对价很可能收回与可变对价　057

03 关于合同变更

案例 24　合同变更部分作为一份单独的合同　061
案例 25　合同变更作为原合同终止及新合同订立之例一　063
案例 26　合同变更作为原合同终止及新合同订立之例二　065
案例 27　合同变更作为原合同的组成部分　067
案例 28　财政部会计司收入准则应用案例
　　　　——合同变更与可变对价的判断之例一　068
案例 29　财政部会计司收入准则应用案例
　　　　——合同变更与可变对价的判断之例二　070
案例 30　财政部会计司收入准则应用案例
　　　　——合同变更与可变对价的判断之例三　073

04 关于识别合同中的单项履约义务

案例 31　无法与"易于获得资源"一起使用中受益　079
案例 32　通常单独销售商品对客户获益的判断　082
案例 33　合同中可能存在阻止客户从其他来源取得相关资源的限制性条款　084

案例 34　对"客户的客户"所做的承诺构成单项履约义务的判断　085

案例 35　控制权转移前的运输服务不构成单项履约义务　089

案例 36　控制权转移后的运输服务构成单项履约义务　091

案例 37　合同中重大整合服务对履约义务的判断　095

案例 38　建筑企业 EPC 履约义务识别　097

案例 39　信息化解决方案及服务的单项履约义务识别　098

案例 40　嵌入式软件与硬件的单项履约义务识别与税会差异　099

案例 41　房地产企业销售精装房的履约义务判断　102

案例 42　合同中重大修改或定制对履约义务的判断　103

案例 43　合同中的各项承诺高度关联，无法明确区分　105

案例 44　高度关联不应着重在功能上的关联度　108

案例 45　销售软件同时提供服务时高度关联的判断　110

案例 46　保证类质保和服务类质保的履约义务　113

案例 47　销售产品同时承诺培训服务及质保的税会差异　119

案例 48　上市公司质保服务确认履约义务　120

案例 49　汽车行业上市公司整车保养成本税会差异　122

案例 50　模具构成单项履约义务和成本费用的辨析　124

05　关于确定交易价格

5.1　可变对价　133

案例 51　奖励或者罚款产生的可变对价　133

案例 52　销售折扣产生的可变对价税会差异　135

案例 53　销售折让或者退回与可变对价　140

案例 54　销售退回属于资产负债表日后事项对收入的影响　142

案例 55　税务咨询规划服务的可变对价与时点履约的关系　145

案例 56　财政部会计司收入准则应用案例
　　　　　——基于客户销售额的可变对价　146

案例 57　期望值方法预计可变对价　150

案例 58　现金折扣在新收入准则下的税会差异　152

案例 59　不满足可变对价限制条件时的处理　156

案例 60　可变对价纳入收入的处理时点　158

案例 61　现金返利导致的可变对价　160

案例 62　实物返利导致的可变对价　162

案例 63　返利金额记入科目的讨论
　　　　——合同负债与金融负债的区别　164

案例 64　实物返利计入销售费用的探讨　167

案例 65　购买方收到返利的账务处理　168

案例 66　销售返利计入递延所得税　170

案例 67　返利通过后期折扣体现的方案讨论　171

案例 68　质保金是否作为可变对价的考虑因素　173

案例 69　房地产企业财务担保是否属于可变对价　174

5.2　重大融资成分　176

案例 70　分期收款销售设备中的重大融资成分　176

案例 71　先付货款支付方式中包含的重大融资成分　181

案例 72　重大融资成分与时段履约　185

案例 73　销售商品支付方式中不包含重大融资成分　187

案例 74　建筑业质保金与重大融资成分　189

案例 75　房地产企业预收房款的重大融资成分　194

案例 76　证监会监管规则适用指引案例
　　　　——国家部门履行审批程序导致的时间间隔确认重大融资成分的问题　197

5.3　非现金对价　200

案例 77　非现金对价的可变对价
　　　　——因对价形式以外的原因而发生的变动　200

案例 78　非现金对价在新收入准则与非货币性资产交换准则的差异　203

案例 79　非现金对价
　　　　——房地产企业用安置房换取土地　205

案例 80　建筑企业取得房地产企业的非现金对价　206

案例 81　建筑企业与房地产企业三方抵债　207

案例 82　没有商业实质的非货币性资产交换税会差异　209

案例 83　以存货进行债务重组与收入的关系　212

5.4 应付客户对价 215

案例 84 "应付客户对价"中的客户范围 215

案例 85 电商平台给予的优惠券
　　　　——应付客户对价中"非分销链客户"的判断 217

案例 86 推广公司支付给平台的服务费
　　　　——应付客户对价中客户的判断 221

案例 87 汽车生产商向经销商提供的补贴是否构成应付客户对价 222

案例 88 上市公司负担经销商入场费等是否构成费用 223

案例 89 供应商如何判断"自客户取得其他可明确区分商品" 225

案例 90 商场供应商应付客户对价
　　　　——确认收入与支付对价孰晚原则 227

案例 91 应付客户对价取得可明确区分商品
　　　　——相关权利的控制及孰晚原则 229

案例 92 企业取得了应付客户对价控制权
　　　　——应付客户对价超过公允价值的处理 231

案例 93 快消企业对消费者的折扣
　　　　——"客户的客户"以及应付客户对价包括可变对价的处理 233

案例 94 可变对价和应付客户对价的区别与联系 234

06 关于将交易价格分摊至各单项履约义务

案例 95 买赠合同计入销售费用与分摊收入的辨析 239

案例 96 经常以折扣模式销售对于单独售价的考虑 243

案例 97 不经常以折扣模式销售对于单独售价的考虑 244

案例 98 合同折扣分摊至全部或者部分履约义务解析 245

案例 99 授权使用专利技术的可变对价分摊至与之相关的某项履约义务的条件解析 248

案例 100 授权使用专利技术的可变对价分摊至全部履约义务解析 254

案例 101 交易价格的后续变动 257

案例 102 单独售价与合同折扣在实务应用中的难题 260

案例 103 向医院无偿提供医疗设备同时销售商品
　　　　——租赁和非租赁分摊交易价格 266

07 关于时段履约与时点履约

案例 104　财政部会计司收入准则应用案例
　　　　——保荐服务收入确认时段履约的判断　271

案例 105　财政部会计司收入准则应用案例
　　　　——定制软件开发服务的时段履约判断　280

案例 106　履约同时即取得并消耗经济利益
　　　　——阶段性的成果转移交付　284

案例 107　检测服务收入确认时点　285

案例 108　财政部会计司收入准则应用案例
　　　　——药品实验服务收入确认时假设中途更换供应商法的两个前提的理解　286

案例 109　客户能够控制建筑企业履约过程中在建的商品　290

案例 110　工期超过 12 个月的大型设备税会差异
　　　　——不可替代与收款权利的深度解析　291

案例 111　大型设备建造不能合理确定履约进度　300

案例 112　咨询服务有权收回成本加合理利润款项对时段履约的影响　304

案例 113　房地产企业可否时段履约确认收入　307

案例 114　房地产企业销售现房时点履约税会差异　312

案例 115　物业公司收入确认税会差异　314

案例 116　运输服务时段履约　318

案例 117　同一项履约义务可否采用不同的履约进度　320

案例 118　安装电梯履约进度的调整　320

案例 119　健身俱乐部服务履约进度的确认　326

08 关于合同成本

8.1 合同履约成本　331

案例 120　合同履约成本
　　　　——增加企业未来用于履行履约义务的资源　331

案例 121　财政部会计司收入准则应用案例
　　　　——酒店等服务行业的合同成本（合同相关的成本并非特指）　333

案例 122　某上市公司运输活动计入合同履约成本的税会差异　335

8.2　合同取得成本　336

案例 123　合同取得成本相关组成内容分析　336

案例 124　房地产企业销售佣金在新收入准则下的税会差异　338

案例 125　房地产企业资本化的增量成本税前扣除风险分析　341

案例 126　合同续约、合同变更的增量成本　342

案例 127　合同取得成本与合同履约成本的区别　343

09　关于合同资产与合同负债

9.1　合同资产　347

案例 128　合同资产不是一项无条件收款权　347

案例 129　建筑企业合同资产与合同负债报表列示　349

案例 130　建筑企业新旧准则科目与报表列示变化　354

案例 131　建筑业亏损合同的新旧准则处理差异　357

案例 132　应收账款财务分析应包括合同资产余额　366

9.2　合同负债　368

案例 133　新收入准则取消了"预收账款"科目，其他准则仍可使用　368

案例 134　建筑企业预收工程款抵减结算款项　369

案例 135　合同负债中多税率的增值税问题　375

案例 136　合同负债不含税与往来对账的矛盾　377

案例 137　发行储值卡赠送月饼的财税处理　378

案例 138　储值卡充值 100 元赠送 25 元的财税处理　380

案例 139　财政部会计司收入准则应用案例
　　　　　——合同负债（电商平台预售购物卡）　382

10　关于主要责任人与代理人

案例 140　财政部会计司收入准则应用案例
　　　　　——主要责任人和代理人的判断之例一（百货公司与品牌服装供应商合作的经营模式）　387

案例 141　财政部会计司收入准则应用案例
　　　　　——主要责任人和代理人的判断之例二（百货公司自主选择品牌直营模式）　393

案例 142　财政部会计司收入准则应用案例
　　　　　——主要责任人和代理人的判断之例三（服装零售商与生产商合作模式）　395

案例 143　证监会监管规则适用指引案例
　　　　　——零售百货行业联营模式下的主要责任人和代理人身份辨析　398

案例 144　证监会监管规则适用指引案例
　　　　　——以购销合同方式进行委托加工按照总额或净额确认收入　400

案例 145　价外费用中关于主要责任人和代理人身份的判断　402

案例 146　无运输工具承运业务中主要责任人和代理人身份的判断　405

案例 147　电商平台代理人身份辨析　406

案例 148　电商支付淘宝客佣金的财税处理　408

案例 149　第三方支付平台负担商家折扣费用的增值税与发票处理　411

案例 150　旅行社代购机票主要责任人身份辨析　413

案例 151　PPP 项目的财税处理　416

案例 152　劳务派遣公司总额或者差额确认收入辨析　421

案例 153　人力资源外包服务总额或者差额确认收入辨析　424

11　关于特定交易

11.1　附有销售退回条款的销售　429

案例 154　新旧收入准则关于附有销售退回条款业务的变化　429

案例 155　应收退货成本由"其他流动负债"重分类至"其他流动资产"　434

11.2　附有客户额外购买选择权的销售　436

案例 156　考虑兑换率情况下积分如何确认收入　436

案例 157　证监会监管规则适用指引案例
　　　　　——积分的合同负债与金融负债　442

案例 158　折扣券的重大选择权　444

案例 159　餐饮企业赠券和积分的账务集中处理　446

案例 160　续约选择权构成重大权利的简化处理　448

11.3 授予知识产权许可 456

案例161　专利权许可和生产服务不能明确区分　456

案例162　专利权许可和生产服务可明确区分　458

案例163　授予知识产权许可属于在某一时段内履行的履约义务　460

案例164　基于销售或使用情况的特许权使用费
　　　　　——孰晚时点确认收入　463

11.4 客户未行使的权利 465

案例165　未消费的储值卡金额按照消费模式计入交易金额　465

11.5 无须退回的初始费 470

案例166　健身俱乐部收取初始费与向客户转让已承诺的商品无关　470

案例167　健身俱乐部收取初始费与向客户转让已承诺的商品相关　474

案例168　入网费、初装费在新收入准则下的税会差异　476

11.6 政府补助与新收入准则 479

案例169　政府补助适用新收入准则　479

案例170　增值税优惠政策与新收入准则的关系　482

11.7 售后回购与新收入准则 484

案例171　售后回购构成经营租赁，在新收入准则与租赁准则下的税会差异　484

案例172　售后回购构成融资交易，在新收入准则与租赁准则下的税会差异　487

案例173　企业应客户要求回购商品的重大经济动因　489

12　关于新旧收入准则衔接

案例174　未完成合同的运输费用新旧收入准则衔接　493

案例175　运输费用在新旧收入准则下的差异
　　　　　——导致毛利率变化　496

案例176　预收账款与合同负债新旧收入准则衔接　497

案例177　航空公司在新收入准则下对于积分处理的影响
　　　　　——净额法转为单独售价分摊法　499

案例178　建筑企业新旧收入准则的科目衔接之例一　501

案例179 建筑企业新旧收入准则的科目衔接之例二 503

案例180 上市公司新旧收入准则衔接案例 505

附录1 新收入准则相关科目报表列示 508

附录2 新收入准则相关科目设置 510

01
关于取得商品控制权

案例1
"售后代管商品安排"对控制权的影响

2020年1月1日，甲公司与乙公司签订合同，向其销售一台设备和专用零部件。设备和零部件的制造期为2年。甲公司在完成设备和零部件的生产之后，能够证明其符合合同约定的规格。假定在该合同下，向客户转让设备和零部件是可明确区分的，因此，企业应将其作为两项履约义务，且都属于在某一时点履行的履约义务。

2021年12月31日，乙公司支付了该设备和零部件的合同价款，并对其进行了验收。乙公司运走了设备，但是，考虑到其自身的仓储能力有限，且其工厂紧邻甲公司的仓库，因此，要求将零部件存放于甲公司的仓库中，并且要求甲公司按照其指令随时安排发货。乙公司已拥有零部件的法定所有权，且这些零部件可明确识别为属于乙公司的物品。甲公司在其仓库的单独区域内存放这些零部件，并应乙公司的要求可随时发货，甲公司不能使用这些零部件，也不能将其提供给其他客户使用。

解析

1. "售后代管商品安排"在控制权转移体系中的位置

新收入准则［《企业会计准则第14号——收入》（财会〔2017〕22号文件印发）[1]］的核心思想为控制权的转移，企业应当在履行了合同中的履约义务，且在客户取得相关商品控制权时确认收入。取得相关商品控制权，是指客户能够主导该商品的使用并从中获得几乎全部的经济利益。

《企业会计准则第14号——收入》（财会〔2017〕22号文件印发）第十三条规定："对于在某一时点履行的履约义务，企业应当在客户取得相关商品控制权时点确认收入。在判断客户是否已取得商品控制权时，企业应当考虑下列迹象：

（一）企业就该商品享有现时收款权利，即客户就该商品负有现时付款义务。

（二）企业已将该商品的法定所有权转移给客户，即客户已拥有该商品的法定所

---

[1] 即《财政部关于修订印发〈企业会计准则第14号——收入〉的通知》（财会〔2017〕22号）。

有权。

（三）企业已将该商品实物转移给客户，即客户已实物占有该商品。

（四）企业已将该商品所有权上的主要风险和报酬转移给客户，即客户已取得该商品所有权上的主要风险和报酬。

（五）客户已接受该商品。

（六）其他表明客户已取得商品控制权的迹象。"

对于上述应考虑的迹象"（三）企业已将该商品实物转移给客户，即客户已实物占有该商品"，客户对资产的实物占有可能表明客户已具有主导资产的使用并获得资产几乎所有剩余利益，或者使其他主体无法获得这些利益的能力。然而，对资产的实物占有可能不一定等同于对资产的控制。例如，在"委托代销安排"下，企业控制资产，但其实物可能由客户或受托方持有；相反，在某些"售后代管商品安排"下，企业可能会持有由客户控制的资产。

我们可以简单地理解为，新收入准则应用指南（即《〈企业会计准则第14号——收入〉应用指南（2018）》，以下简称应用指南）对客户实物占有商品的迹象给出了两个例外情况，即"委托代销安排"与"售后代管商品安排"，其表达的核心思想为：客户占有了某项商品实物并不意味着其就一定取得了该商品的控制权，反之亦然。

本例即详细阐述了"售后代管商品安排"对于控制权的影响。

2."售后代管商品安排"下，四个条件判断控制权的转移

应用指南规定："在售后代管商品安排下，除了应当考虑客户是否取得商品控制权的迹象之外，还应当同时满足下列四项条件，才表明客户取得了该商品的控制权：

一是该安排必须具有商业实质，例如，该安排是应客户的要求而订立的；

二是属于客户的商品必须能够单独识别，例如，将属于客户的商品单独存放在指定地点；

三是该商品可以随时交付给客户；

四是企业不能自行使用该商品或将该商品提供给其他客户。

实务中，越是通用的、可以和其他商品互相替换的商品，越有可能难以满足上述条件。"

对照应用指南规定的四个条件分析如下：

（1）对于第一个条件，本例中，乙公司因自身的仓储能力有限，因此，要求将零部件存放于甲公司的仓库中，这表明该安排是客户提出的要求，并非出于其他不合理目的而做出的安排。

在实务中，应根据商品购销合同或者仓储合同等资料证明该安排的商业实质。

（2）对于第二个条件，本例中，甲公司在其仓库的单独区域内存放这些零部件，表明属于客户的商品能够单独识别。

实务中盘点存货时，应将其单独标记，并单独存放，不能作为本企业的存货进行盘点。

（3）对于第三个条件，本例中，甲公司承诺，应乙公司的要求可随时发货，这表明客户对该商品有随时的处置权，存放在企业处表明双方达成了仓储协议。

（4）对于第四个条件，本例中，甲公司不能使用这些零部件，也不能将其提供给其他客户使用。

综上，甲公司与客户的"售后代管商品安排"同时符合了上述四个条件，并在考虑其他控制权转移的迹象后，甲公司评估认为，该"售后代管商品安排"下的商品控制权已经转移给客户，可以在控制权转移时点确认收入。

3. 新旧收入准则关于"售后代管商品安排"的差异

在旧收入准则［即《企业会计准则第14号——收入》（财会〔2006〕3号文件印发）］下，上述安排可能满足了商品所有权相关风险报酬已经转移的条件，满足了确认收入的条件。但在新收入准则下，如未能满足上述"售后代管商品安排"四个条件中的任何一个，就很有可能认为未能达成控制权转移的条件，从而不能确认收入的实现。

旧收入准则下《企业会计准则讲解》有这样一个案例：

"甲公司销售一批商品给丙公司。丙公司已根据甲公司开出的发票账单支付了货款，取得了提货单，但甲公司尚未将商品移交丙公司。

根据本例的资料，甲公司采用交款提货的销售方式，即购买方已根据销售方开出的发票账单支付货款，并取得卖方开出的提货单。在这种情况下，购买方支付货款并取得提货单，说明商品所有权上的主要风险和报酬已转移给购买方，虽然商品未实际交付，甲公司仍可以认为商品所有权上的主要风险和报酬已经转移，应当确认收入。"

在旧收入准则下，客户丙公司支付了货款，取得了提货单，虽然尚未取得商品，但客户丙公司可以随时使用提货单提货，甲公司认为商品所有权上的主要风险和报酬已经转移，应当确认收入。而在新收入准则下，此种情况按照"售后代管商品安排"相关规定，必须同时符合上述四个条件才能确认商品控制权的转移并确认收入，因此，在旧收入准则下未移交商品确认收入的业务，在新收入准则下则有可能不能确认控制权的转移从而不能确认收入。

4. 尚未发出商品就确认了收入，还应考虑是否承担了其他履约义务

应用指南规定："如果在满足上述条件的情况下，企业对尚未发货的商品确认了收入,则企业应当考虑是否还承担了其他的履约义务,例如,向客户提供保管服务等,从而应当将部分交易价格分摊至该履约义务"。

同时,可以参考《国际财务报告准则第15号——客户合同产生的收入》附录二应用指南的如下内容:

> 82 如果主体就基于"开出账单但代管商品"安排的产品销售确认收入,主体应当根据第22段至第30段考虑其是否承担剩余履约义务(例如,保管服务),从而应根据第73段至第86段将部分交易价格分摊至该剩余履约义务。

5. 甲公司账务处理

假设合同总价款113万元(含税价),且不存在其他影响交易价格的因素,该价款包括销售设备、零部件以及向乙公司提供仓储服务的承诺。甲公司评估认为,与乙公司的合同中包括以下履约义务:

销售设备:在2020年12月31日转移其控制权,单独售价50万元;

销售零部件:在2020年12月31日转移其控制权,单独售价50万元;

提供仓储服务:在某一段时间内履行其义务,单独售价5万元。

以上单独售价均为不含税价。

销售设备履约义务分摊交易价格=100×50÷(100+5)=47.62(万元);

销售零部件履约义务分摊交易价格=100×50÷(100+5)=47.62(万元);

销售仓储服务履约义务分摊交易价格=100×5÷(100+5)=4.76(万元)。

(1)2020年12月31日,确认商品控制权转移并收取款项时(单位:万元,下同):

借:应收账款——乙公司　　　　　　　　　　113
　　贷:主营业务收入——设备　　　　　　　47.62
　　　　　　　　　　——零部件　　　　　　47.62
　　　　合同负债——仓储服务　　　　　　　4.76
　　　　应交税费——应交增值税(销项税额)　13
借:银行存款　　　　　　　　　　　　　　　113
　　贷:应收账款——乙公司　　　　　　　　113

【提示】1.关于履约义务识别、分摊交易价格以及合同负债相关知识点,本书在后续案例中逐一介绍。

2.关于仓储费计征增值税的说明:甲公司的一项销售行为既涉及服务又涉及货物,属于增值税概念中的混合销售。

> 《财政部 国家税务总局关于全面推开营业税改征增值税试点的通知》(财税〔2016〕36号)附件1《营业税改征增值税试点实施办法》(以下简称《营业税改征增值税试点实施办法》)规定:"一项销售行为如果既涉及服务又涉及货物,为混合销售。从事货物的生产、批发或者零售的单位和个体工商户的混合销售行为,按照销售货物缴纳增值税;其他单位和个体工商户的混合销售行为,按照销售服务缴纳增值税。
>
> 本条所称从事货物的生产、批发或者零售的单位和个体工商户,包括以从事货物的生产、批发或者零售为主,并兼营销售服务的单位和个体工商户在内。"
>
> 本例中,甲公司是以从事货物的生产、批发或者零售为主,并兼营销售服务的单位,因此该混合销售业务应按照销售货物计征增值税。

(2)提供仓储服务时:

借:合同负债——仓储服务　　　　　　　　　　　　　　4.76
　　贷:主营业务收入　　　　　　　　　　　　　　　　　4.76

> 【提示】关于仓储服务收入确认时间的说明:由于甲公司提供的仓储服务属于在某一时段内履行的履约义务,因此其收入按照履约进度分期确认。

(3)结转成本:

借:主营业务成本
　　贷:库存商品、合同履约成本等

6. 甲公司税会差异

(1)增值税税会差异。

虽然甲公司销售货物并未将货物交付,表面上是先收款后发货,但实际上是采购方无存储能力等原因导致货物暂时未交付,该销售模式并不是预收模式,而是直接收款模式。直接收款模式下,增值税的概念中,无论货物是否发出,均以收讫销售款项或者取得索取销售款项凭据的日期为增值税纳税义务发生时间。

甲公司已经收到了销售款项,应确认相应的增值税纳税义务发生时间。

相关税务文件规定如下:

①《中华人民共和国增值税暂行条例实施细则》(以下简称《增值税暂行条例实施细则》):

第三十八条　条例第十九条第一款第(一)项规定的收讫销售款项或者取得

索取销售款项凭据的当天,按销售结算方式的不同,具体为:

(一)采取直接收款方式销售货物,不论货物是否发出,均为收到销售款或者取得索取销售款凭据的当天。

②《国家税务总局关于增值税纳税义务发生时间有关问题的公告》(国家税务总局公告2011年第40号):

根据《中华人民共和国增值税暂行条例》及其实施细则的有关规定,现就增值税纳税义务发生时间有关问题公告如下:

纳税人生产经营活动中采取直接收款方式销售货物,已将货物移送对方并暂估销售收入入账,但既未取得销售款或取得索取销售款凭据也未开具销售发票的,其增值税纳税义务发生时间为取得销售款或取得索取销售款凭据的当天;先开具发票的,为开具发票的当天。

(2)企业所得税税会差异。

2020年12月31日,甲公司向客户销售商品,同时开具发票不含税100万元,由于履约义务分摊交易价格的原因,账务上计入收入的金额为95.24万元,企业所得税上应确认的收入金额为100万元,此时产生了税会差异。

相关税务文件规定如下:

《国家税务总局关于确认企业所得税收入若干问题的通知》(国税函〔2008〕875号):

一、除企业所得税法及实施条例另有规定外,企业销售收入的确认,必须遵循权责发生制原则和实质重于形式原则。

(一)企业销售商品同时满足下列条件的,应确认收入的实现:

1. 商品销售合同已经签订,企业已将商品所有权相关的主要风险和报酬转移给购货方;

2. 企业对已售出的商品既没有保留通常与所有权相联系的继续管理权,也没有实施有效控制;

3. 收入的金额能够可靠地计量;

4. 已发生或将发生的销售方的成本能够可靠地核算。

7. 应用指南相关规定

售后代管商品安排。售后代管商品是指根据企业与客户签订的合同,已经就销售的商品向客户收款或取得了收款权利,但是直到在未来某一时点将该商品交付给客户之前,仍然继续持有该商品实物的安排。实务中,客户可能会因为缺乏足够的仓储空间或生产进度延迟而要求与销售方订立此类合同。在这种情况下,尽管企业仍然持有商品的实物，但是，当客户已经取得了对该商品的控制权时，即使客户决定暂不行使实物占有的权利，其依然有能力主导该商品的使用并从中获得几乎全部的经济利益。因此，企业不再控制该商品，而只是向客户提供了代管服务。

在售后代管商品安排下，除了应当考虑客户是否取得商品控制权的迹象之外，还应当同时满足下列四项条件，才表明客户取得了该商品的控制权：一是该安排必须具有商业实质，例如，该安排是应客户的要求而订立的；二是属于客户的商品必须能够单独识别，例如，将属于客户的商品单独存放在指定地点；三是该商品可以随时交付给客户；四是企业不能自行使用该商品或将该商品提供给其他客户。实务中，越是通用的、可以和其他商品互相替换的商品，越有可能难以满足上述条件。

需要注意的是，如果在满足上述条件的情况下，企业对尚未发货的商品确认了收入，则企业应当考虑是否还承担了其他的履约义务，例如，向客户提供保管服务等，从而应当将部分交易价格分摊至该履约义务。

案例2

不满足"售后代管商品安排"条件对控制权的影响

A公司生产并销售笔记本电脑。2020年，A公司与零售商B公司签订销售合同，向其销售1万台电脑。由于B公司的仓储能力有限，无法在2020年底之前接收该批电脑，双方约定A公司在2021年按照B公司的指令按时发货，并将电脑运送至B公司指定的地点。2020年12月31日，A公司共有上述电脑库存1.2万台，其中包括1万台将要销售给B公司的电脑。然而，这1万台电脑和其余2 000台电脑一起存放并统一管理，且彼此之间可以互相替换。假设A公司在2020年12月31日收到该批电脑货款。

解析

1. 该安排不满足"售后代管商品安排"下确认收入的条件

本例中，尽管是因B公司没有足够的仓储空间才要求A公司暂不发货，并按照其指定的时间发货，但是由于这1万台电脑与A公司的其他产品可以互相替换，且未单独存放保管，A公司在向B公司交付这些电脑之前，能够将其提供给其他客户或者自行使用，因此，这1万台电脑在2020年12月31日不满足"售后代管商品安排"下确认收入的条件。

具体规定详见本书上一案例对于"售后代管商品安排"需同时满足四个条件的阐述。

2. A公司账务处理

假设电脑单位售价不含税1万元，单位成本0.7万元（单位：万元）。

（1）收取款项时（假设电脑单独售价10 000万元，仓储服务单独售价100万元）：

借：应收账款——B公司　　　　　　　　　11 300　[10 000×1×（1+13%）]
　　贷：合同负债——电脑　　　9 900.99　[10 000×10 000÷（10 000+100）]
　　　　　　　　——仓储服务　　99.01　[10 000×100÷（10 000+100）]
　　　　应交税费——应交增值税（销项税额）　　　　　　1 300
借：银行存款　　　　　　　　　　　　　　11 300
　　贷：应收账款——B公司　　　　　　　　　11 300

> 【提示】1.关于将交易价格分摊至仓储服务履约义务的说明：
>
> 应用指南规定："如果在满足上述条件的情况下，企业对尚未发货的商品确认了收入，则企业应当考虑是否还承担了其他的履约义务，例如，向客户提供保管服务等，从而应当将部分交易价格分摊至该履约义务"。
>
> 对于"售后代管商品安排"，企业对尚未发货的商品确认了收入，则应当考虑是否还承担了其他的履约义务，如果对尚未发货的商品未确认收入，企业是否需要考虑还承担了其他的履约义务？
>
> 笔者认为，无论企业在"售后代管商品安排"中，是否对尚未发货的商品确认收入，从识别单项履约义务的角度出发，均应识别合同中包括的履约义务，例如，向客户提供保管服务等。
>
> 2.关于增值税纳税义务的说明：
>
> 虽然A公司账务没有确认收入，但是在增值税上属于直接收款模式，无论货物是否发出，均以收取销售款项或者取得索取销售款项的日期为增值税纳税义务发生时间。A公司在2020年已经收到了销售款项，应在2020年确认增值税纳税义务发生时间。

（2）按照B公司的指令发货：

借：合同负债——电脑　　　　　　　　　　　　　　9 900.99
　　贷：主营业务收入——电脑　　　　　　　　　　　　9 900.99
借：主营业务成本　　　　　　　　　　　　　　　　7 000
　　贷：库存商品　　　　　　　　　　　　　　　　　　7 000

(3)按照履约进度确认仓储服务收入：

借：合同负债——仓储服务

　　贷：主营业务收入——仓储服务

3. A公司企业所得税税会差异

虽然A公司账务没有确认收入，但是在企业所得税上，应确认相关年度的收入。

相关税务文件规定如下：

《国家税务总局关于确认企业所得税收入若干问题的通知》（国税函〔2008〕875号）：

　　一、除企业所得税法及实施条例另有规定外，企业销售收入的确认，必须遵循权责发生制原则和实质重于形式原则。

　　（一）企业销售商品同时满足下列条件的，应确认收入的实现：

　　1.商品销售合同已经签订，企业已将商品所有权相关的主要风险和报酬转移给购货方；

　　2.企业对已售出的商品既没有保留通常与所有权相联系的继续管理权，也没有实施有效控制；

　　3.收入的金额能够可靠地计量；

　　4.已发生或将发生的销售方的成本能够可靠地核算。

A公司的上述销售业务以及售后代管安排，符合上述文件的规定，在会计上未确认收入10 000万元与成本7 000万元，在企业所得税上应确认企业所得税应纳税所得额3 000万元。A公司企业所得税纳税调整如表1-1、表1-2所示。

表1-1　A105000 纳税调整项目明细表（简表）
（2020年）

单位：万元

行次	项　目	账载金额	税收金额	调增金额	调减金额
		1	2	3	4
45	六、其他	*	*	3 000	

表1-2　A105000 纳税调整项目明细表（简表）
（确认收入、成本年度）

单位：万元

行次	项　目	账载金额	税收金额	调增金额	调减金额
		1	2	3	4
45	六、其他	*	*		3 000

根据《中华人民共和国企业所得税年度纳税申报表（A类，2017年版）》（2020年修订）A105000《纳税调整项目明细表》填报说明，第45行"六、其他"：填报其他会计处理与税收规定存在差异需纳税调整的项目金额，包括企业执行《企业会计准则第14号——收入》（财会〔2017〕22号文件印发）产生的税会差异纳税调整金额。

案例3
"售后代管商品安排"还应考虑控制权转移的其他迹象

2020年，甲公司向乙公司销售商品，合同约定，销售货物数量1万件，销售额1 000万元，由于乙公司销售该商品所指向的客户距离甲公司较近，乙公司向甲公司提出要求，购买该货物后将其存放在甲公司仓库中，并支付相应的仓储费用。甲公司可随时按照乙公司要求将该批货物运送至指定地点，甲公司将该批货物单独存放并做标识。合同同时约定，如乙公司提货时已到商品的保质期，则甲公司需无偿向乙公司更换同类型同质量的新鲜产品。

截至2020年12月31日，客户乙公司未对该批货物进行验收，根据甲乙公司的交易历史经验，验收的结果将会对甲公司收入确认产生较为重大的影响。

解析

1. 甲公司"售后代管商品安排"符合条件

甲公司与乙公司的"售后代管商品安排"同时符合应用指南中对其规定的四个条件：该安排必须具有商业实质，该安排是应客户乙公司的要求而订立的；属于客户的商品能够单独识别，甲公司将该批货物单独存放并做标识；该商品可以随时交付给客户，甲公司可随时按照乙公司要求将该批货物运送至指定地点；甲公司不能自行使用该商品或将该商品提供给其他客户。

2. 满足"售后代管商品安排"条件，还需考虑商品控制权的其他迹象

根据应用指南的相关规定，"在售后代管商品安排下，除了应当考虑客户是否取得商品控制权的迹象之外，还应当同时满足下列四项条件，才表明客户取得了该商品的控制权"。

因此，甲公司的"售后代管商品安排"虽然符合了应用指南所列的四个条件，但还要考虑控制权转移的其他迹象。

在判断客户是否已取得商品控制权时，企业应当考虑下列迹象：

（1）企业就该商品享有现时收款权利；

（2）企业已将该商品的法定所有权转移给客户；

（3）企业已将该商品实物转移给客户；

（4）企业已将该商品所有权上的主要风险和报酬转移给客户；

（5）客户已接受该商品；

（6）其他表明客户已取得商品控制权的迹象。

"售后代管商品安排"是在考虑迹象（3）时应关注的事项，虽然企业尚未将该商品实物转移给客户，但是若同时满足了"售后代管商品安排"的四个条件，也可考虑认为客户已经取得了商品控制权，因此，"售后代管商品安排"仅就考虑该迹象（企业已将该商品实物转移给客户）而言，对于商品控制权转移的判断，尚需考虑其他控制权转移迹象。

本例中，合同约定，如乙公司提货时已到商品的保质期，则甲公司需无偿向乙公司更换同类型同质量的新鲜产品，该事项表明，甲公司需承担该商品过期变质的风险，未将该商品所有权上的主要风险和报酬转移给客户。同时，截至2020年12月31日，客户乙公司未对该批货物进行验收，而验收的结果将会对甲公司收入确认产生较为重大的影响，客户验收不是一项例行程序，客户尚未接受该商品。

因此，甲公司基于控制权转移的迹象（4）"企业已将该商品所有权上的主要风险和报酬转移给客户"，以及迹象（5）"客户已接受该商品"等，评估认为在向客户交付商品前尚不能确认控制权的转移。

案例4
委托代销业务中的货物转移与控制权转移

甲公司委托乙公司销售W商品1 000件，W商品已经发出，每件成本为70元。合同约定乙公司应按每件100元对外销售，甲公司按不含增值税的销售价格的10%向乙公司支付手续费。除非这些商品在乙公司存放期间由于乙公司的责任发生毁损或丢失，否则在W商品对外销售之前，乙公司没有义务向甲公司支付货款。乙公司不承担包销责任，没有售出的W商品须退回给甲公司，同时，甲公司也有权要求收回W商品或将其销售给其他客户。

乙公司对外实际销售1 000件，开出的增值税专用发票上注明的销售价格为100 000元，增值税税额为13 000元，款项已经收到，乙公司立即向甲公司开具代销清单并支付货款。甲公司收到乙公司开具的代销清单时，向乙公司开具一张相同金额的增值税专用发票。假定甲公司发出 W 商品时纳税义务尚未发生，手续费增值税税率为 6%，不考虑其他因素。

解析

1. 乙公司虽已实物占有商品，但不能主导商品的销售

本例中，甲公司将 W 商品发送至乙公司后，乙公司虽然已经实物占有 W 商品，但是仅是接受甲公司的委托销售 W 商品，并根据实际销售的数量赚取一定比例的手续费。甲公司有权要求收回 W 商品或将其销售给其他的客户，乙公司并不能主导这些商品的销售，这些商品对外销售与否、是否获利以及获利多少等不由乙公司控制，乙公司没有取得这些商品的控制权。因此，甲公司在将 W 商品发送至乙公司时，不应确认收入，而应当在乙公司将 W 商品销售给最终客户时确认收入。

2. 甲公司账务处理

（1）发出商品：

借：发出商品——乙公司　　　　　　　　　　　　　　　70 000
　　贷：库存商品——W 商品　　　　　　　　　　　　　　　70 000

（2）收到代销清单，同时发生增值税纳税义务：

借：应收账款——乙公司　　　　　　　　　　　　　　　113 000
　　贷：主营业务收入——销售 W 商品　　　　　　　　　　100 000
　　　　应交税费——应交增值税（销项税额）　　　　　　 13 000
借：主营业务成本——销售 W 商品　　　　　　　　　　　 70 000
　　贷：发出商品——乙公司　　　　　　　　　　　　　　　70 000
借：销售费用——代销手续费　　　　　　　　　　　　　 10 000
　　应交税费——应交增值税（进项税额）　　　　　　　　　 600
　　贷：应收账款——乙公司　　　　　　　　　　　　　　 10 600

（3）收到乙公司支付的货款：

借：银行存款　　　　　　　　　　　　　　　　　　　 102 400
　　贷：应收账款——乙公司　　　　　　　　　　　　　　102 400

3. 乙公司账务处理

（1）收到商品：

借：受托代销商品——甲公司　　　　　　　　　　　　 100 000
　　贷：受托代销商品款——甲公司　　　　　　　　　　 100 000

（2）对外销售：

借：银行存款　　　　　　　　　　　　　　　　　　　　113 000
　　贷：受托代销商品——甲公司　　　　　　　　　　　　100 000
　　　　应交税费——应交增值税（销项税额）　　　　　　 13 000

（3）收到增值税专用发票：

借：受托代销商品款——甲公司　　　　　　　　　　　　100 000
　　应交税费——应交增值税（进项税额）　　　　　　　　13 000
　　贷：应付账款——甲公司　　　　　　　　　　　　　　113 000

（4）支付货款并计算代销手续费：

借：应付账款——甲公司　　　　　　　　　　　　　　　113 000
　　贷：银行存款　　　　　　　　　　　　　　　　　　102 400
　　　　其他业务收入——代销手续费　　　　　　　　　　10 000
　　　　应交税费——应交增值税（销项税额）　　　　　　　　600

4. 税务处理

《增值税暂行条例实施细则》第三十八条规定，"条例第十九条第一款第（一）项规定的收讫销售款项或者取得索取销售款项凭据的当天，按销售结算方式的不同，具体为：……

（五）委托其他纳税人代销货物，为收到代销单位的代销清单或者收到全部或者部分货款的当天。未收到代销清单及货款的，为发出代销货物满180天的当天"。

增值税上有发出代销货物满180天需视同销售的规定，会计准则没有类似的规定。

5. 应用指南相关规定

　　在某一时点履行的履约义务。对于不属于在某一时段内履行的履约义务，应当属于在某一时点履行的履约义务，企业应当在客户取得相关商品控制权时点确认收入。在判断客户是否已取得商品控制权（即客户是否能够主导该商品的使用并从中获得几乎全部的经济利益）时，企业应当考虑下列五个迹象：

　　……

　　（3）企业已将该商品实物转移给客户，即客户已占有该商品实物。客户如果已经占有商品实物，则可能表明其有能力主导该商品的使用并从中获得其几乎全部的经济利益，或者使其他企业无法获得这些利益。需要说明的是，客户占有了某项商品实物并不意味着其就一定取得了该商品的控制权，反之亦然。

　　①委托代销安排。这一安排是指委托方和受托方签订代销合同或协议，委托受托方向终端客户销售商品。在这种安排下，企业应当评估受托方在企业向其转

让商品时是否已获得对该商品的控制权,如果没有,企业不应在此时确认收入,通常应当在受托方售出商品时确认销售商品收入;受托方应当在商品销售后,按合同或协议约定的方法计算确定的手续费确认收入。表明一项安排是委托代销安排的迹象包括但不限于:一是在特定事件发生之前(例如,向最终客户出售商品或指定期间到期之前),企业拥有对商品的控制权。二是企业能够要求将委托代销的商品退回或者将其销售给其他方(如其他经销商)。三是尽管受托方可能被要求向企业支付一定金额的押金,但是,其并没有承担对这些商品无条件付款的义务。

6.《国际财务报告准则第15号——客户合同产生的收入》附录二应用指南相关规定

77 当主体将产品交付给其他方(例如,经销商或分销商)以供出售给终端客户时,主体应当评价该其他方在该时点是否已获得对相关产品的控制。如果该其他方并未获得对这些产品的控制,已发送至其他方的产品可能是在委托代销安排下持有的。相应地,如果已发送的产品是在委托代销安排下持有,主体不应在向其他方发送产品时确认收入。

78 表明一项安排是委托代销安排的因素包括但不限于:

(1)在特定事件发生之前,例如向经销商的客户出售产品或指定期间到期之前,主体拥有对产品的控制;

(2)主体能够要求退货或将该产品转让给第三方(例如,其他经销商);以及

(3)经销商没有对该产品进行支付的无条件义务(尽管可能要求其支付一笔定金)。

案例5
寄售模式下对控制权转移的判断

某股份有限公司招股说明书的部分内容如下:

寄售模式(供应商管理库存),是指供应商通过管理客户库存来协调自身生产、库存活动,以用户和供应商双方都获得最低成本为目的的实际销售行为。该模式下,公司根据客户需求进行生产,并将产品运送至客户指定仓库,通常位于客户仓库或者客户指定的第三方物流仓库。**在客户领用之前,位于指定仓库的产品所有权归公司。客户领用产品后,产品的所有权转移至客户。**寄售模式下,客户领用前,产品所有权为公司所有,产品所有权上的主要风险和报酬尚未转移给客户,为公司发出商品;客户领用后,产品所有权上的主要风险和报酬转移给客户,公司每月与客户进行对账,

确认客户已领用产品收入。

非寄售模式，是指供应商将产品交付至客户约定地点，客户签收确认的销售行为。该模式下，公司根据客户需求进行生产，将产品运送至客户指定交付地点的同时产品所有权上的主要风险和报酬转移给客户，公司每月与客户进行对账，确认已交付客户产品收入。

寄售模式在PCB行业、汽车零部件行业等具有一定普遍性。公司以寄售模式为主，报告期内，寄售模式收入分别为73 736.71万元、74 002.87万元和68 143.88万元，分别占同期主营业务收入的93.29%、90.34%和82.45%；非寄售模式收入规模、占比相对较小，同时，随着LG集团等非寄售客户收入的增长，非寄售客户占比有所提高。

解析

1. 客户领用产品之前，商品控制权尚未转移给客户

"寄售模式"与本书之前讲的"售后代管商品安排"有所不同，后者是商品未交付给客户但有可能确认商品控制权的转移，而前者是商品已经转移出企业但有可能不确认商品控制权的转移。

招股说明书中显示，"在客户领用之前，位于指定仓库的产品所有权归公司。客户领用产品后，产品的所有权转移至客户"，说明客户在领用该商品之前，不能主导该商品的使用，不能从中获得几乎全部经济利益，因此在客户领用产品之前，其控制权并未转移给客户。

2. 企业账务处理

（1）将产品运送至客户仓库或者客户指定的第三方物流仓库时：

借：发出商品

　　贷：库存商品

（2）客户领用产品时：

借：应收账款

　　贷：主营业务收入

　　　　应交税费——应交增值税（销项税额）

借：主营业务成本

　　贷：发出商品

案例6
VMI销售模式下对控制权转移的判断

某股份有限公司招股说明书的部分内容如下：

公司所有产品均采取直销的销售模式，按销售区域分为内销与外销，其中内销包含一般销售模式与VMI模式（即供应商管理库存模式，Vendor Managed Inventory 的缩写，是供应商在客户的要求下将货物运送至客户指定仓库，并根据客户需求维护库存水平，客户领用之前的货物仍归供应商所有）。各类收入确认的具体方法如下：

（1）境内销售：销售订单发货且取得客户验收后的签收单时，视同客户取得了相关商品的控制权确认收入。

（2）境外销售：产品装运出库，报关手续办理完毕，取得海关报关单并运送至客户指定地点时，视同客户取得了相关商品的控制权确认收入。

（3）VMI模式：在客户领用或上线使用时，公司确认收入实现（适用境内和境外销售）。

结合销售合同相关条款内容，各类收入的具体确认方式、确认依据，以及公司收入确认的方法和时点如表1-3所示。

表1-3

销售模式	销售合同约定	收入确认方式、时点	收入确认依据
境内销售	产品运至客户指定的交货地，验收合格，客户签收后，视为产品交付	销售订单发货且取得客户验收后的签收单时	签收单
境外销售	产品运送至指定地点后，完成产品交付	产品装运出库，报关手续办理完毕，取得海关报关单并运送至客户指定地点时	海关报关单、送货单、装箱单、运单等单据
VMI模式（适用境内和境外销售）	当客户因实际生产需要将VMI仓库物料调拨入客户内仓时，则该部分调入物料的所有权属于客户	在客户领用或上线使用时	VMI仓库物料调拨入客户内仓的系统流转记录

解析

1. 客户领用货物之前控制权尚未转移

根据招股说明书内容，"在客户的要求下将货物运送至客户指定仓库，并根据客户需求维护库存水平,客户领用之前的货物仍归供应商所有",说明在客户领用或上线使用之前,客户并不能主导货物的使用并从中获得几乎全部经济利益。

因此,在客户领用或上线使用VMI模式管理下的货物时,公司认为产品的控制权转移给客户。

2.企业账务处理

(1)将货物运送至客户指定仓库时:

借:发出商品
　　贷:库存商品

(2)客户领用或上线使用时:

借:应收账款
　　贷:主营业务收入
　　　　应交税费——应交增值税(销项税额)
借:主营业务成本
　　贷:发出商品

案例7

客户验收是一项例行程序对控制权判断的影响

甲公司为生产金属制品的企业,增值税一般纳税人,其生产使用的技术主要由其客户乙公司提供,并且在生产过程中,乙公司已派人对合同约定的产品的质量规格进行了严格的把控,甲公司交付产品时,乙公司只是对产品数量规格等进行简单的清点。

解析

1.客户验收是一项例行程序对控制权转移的影响

《企业会计准则第14号——收入》(财会〔2017〕22号文件印发)第十三条规定:"对于在某一时点履行的履约义务,企业应当在客户取得相关商品控制权时点确认收入。在判断客户是否已取得商品控制权时,企业应当考虑下列迹象:

(一)企业就该商品享有现时收款权利,即客户就该商品负有现时付款义务。

(二)企业已将该商品的法定所有权转移给客户,即客户已拥有该商品的法定所有权。

（三）企业已将该商品实物转移给客户，即客户已实物占有该商品。

（四）企业已将该商品所有权上的主要风险和报酬转移给客户，即客户已取得该商品所有权上的主要风险和报酬。

（五）客户已接受该商品。

（六）其他表明客户已取得商品控制权的迹象。"

其中，对于迹象"（五）客户已接受该商品"，应用指南给出了"例行程序"的情形。应用指南规定，"当企业能够客观地确定其已经按照合同约定的标准和条件将商品的控制权转移给客户时，客户验收只是一项例行程序，并不影响企业判断客户取得该商品控制权的时点"，也就是说，当客户验收只是一项例行程序，商品品质和规格等根据历史交易经验不会发生较大的波动，验收影响产品的价格甚至交付的可能性很低，在这种情况下，企业可以考虑在验收前确认控制权的转移。

2. 客户验收前能客观确定按照合同标准将商品的控制权转移给客户

有一种观点认为，在新收入准则下，客户验收商品后才能确认控制权的转移，商品验收之前均不能确认控制权的转移。

笔者认为并非绝对如此，客户验收是判断控制权转移非常重要的因素，客户接受了该商品，说明客户很可能可以主导该商品的使用并从中获得几乎全部经济利益，但不是所有的商品控制权转移均在验收后发生。

本例中，在甲公司生产商品时，客户即已经对产品的质量规格进行了把控，在客户确认验收之前，甲公司能够客观地确定其已经按照合同约定的标准和条件将商品的控制权转移给客户，导致客户验收仅仅是一项例行程序，将不会对控制权转移的判断产生重大影响。实际上，在实务中，对于该产品，乙公司甚至可能连验收单都不会出具。

综上，在客户验收对控制权的影响方面，我们应着重关注："企业能够客观地确定其已经按照合同约定的标准和条件将商品的控制权转移给客户"，在验收之前确定，则可以考虑控制权在验收之前转移，否则，应考虑在验收之后确认控制权转移。

3. 甲公司账务处理

在满足其他控制权转移条件的前提下，本例中的客户验收只是例行程序，可考虑在客户验收前确认收入。

（1）发出商品时：

借：应收账款

贷：主营业务收入

应交税费——应交增值税（销项税额）

（2）结转成本时：

借：主营业务成本
　　贷：库存商品

4. 应用指南相关规定

　　在某一时点履行的履约义务。对于不属于在某一时段内履行的履约义务，应当属于在某一时点履行的履约义务，企业应当在客户取得相关商品控制权时点确认收入。在判断客户是否已取得商品控制权（即客户是否能够主导该商品的使用并从中获得几乎全部的经济利益）时，企业应当考虑下列五个迹象：

　　……

　　（5）客户已接受该商品。如果客户已经接受了企业提供的商品，例如，企业销售给客户的商品通过了客户的验收，可能表明客户已经取得了该商品的控制权。合同中有关客户验收的条款，可能允许客户在商品不符合约定规格的情况下解除合同或要求企业采取补救措施。因此，企业在评估是否已经将商品的控制权转移给客户时，应当考虑此类条款。当企业能够客观地确定其已经按照合同约定的标准和条件将商品的控制权转移给客户时，客户验收只是一项例行程序，并不影响企业判断客户取得该商品控制权的时点。例如，企业向客户销售一批必须满足规定尺寸和重量的产品，合同约定，客户收到该产品时，将对此进行验收。由于该验收条件是一个客观标准，企业在客户验收前就能够确定其是否满足约定的标准，客户验收可能只是一项例行程序。实务中，企业应当根据过去执行类似合同积累的经验以及客户验收的结果取得相应证据。当在客户验收之前确认收入时，企业还应当考虑是否还存在剩余的履约义务，例如设备安装等，并且评估是否应当对其单独进行会计处理。

　　相反，当企业无法客观地确定其向客户转让的商品是否符合合同规定的条件时，在客户验收之前，企业不能认为已经将该商品的控制权转移给了客户。这是因为，在这种情况下，企业无法确定客户是否能够主导该商品的使用并从中获得其几乎全部的经济利益。例如，客户主要基于主观判断进行验收时，该验收往往不能被视为仅仅是一项例行程序，在验收完成之前，企业无法确定其商品是否能够满足客户的主观标准，因此，企业应当在客户完成验收并接受该商品时才能确认收入。实务中，定制化程度越高的商品，越难以证明客户验收仅仅是一项例行程序。

　　此外，如果企业将商品发送给客户供其试用或者测评，且客户并未承诺在试用期结束前支付任何对价，则在客户接受该商品或者在试用期结束之前，该商品的控制权并未转移给客户。

案例8

历史交易经验对客户验收判断控制权时的影响

甲公司为生产汽车配件的企业,根据双方历史交易经验,在向乙公司交付产品的过程中,极少出现过退货或者质量索赔的情况。甲公司一直按照出货时点确认收入实现。新收入准则实施后,甲公司在确认收入时点上产生了疑问,即是否必须在客户验收并且出具验收单后才能确认收入?

解析

1.历史交易经验给予客户验收是一项例行程序的证据

甲公司根据过去执行类似合同积累的经验以及客户验收的结果取得相应证据,在与该客户历史交易中,极少出现过质量、规格不符导致退换货或者索赔问题。甲公司在综合考虑上述因素后,认为在客户乙公司确认验收之前,能够客观地确定其已经按照合同约定的标准和条件将商品的控制权转移给客户,导致客户验收仅仅是一项例行程序,将不会对控制权转移的判断产生重大影响。

根据以上分析,在其他条件符合的前提下,甲公司在发出商品时,可以合理确定控制权的转移。

2.应用指南相关规定

当企业能够客观地确定其已经按照合同约定的标准和条件将商品的控制权转移给客户时,客户验收只是一项例行程序,并不影响企业判断客户取得该商品控制权的时点。实务中,**企业应当根据过去执行类似合同积累的经验以及客户验收的结果取得相应证据。**

案例9

退货率对客户验收判断控制权时的影响

某股份有限公司招股说明书的部分内容如下:

报告期内,公司退换货情况如表1-4所示。

表1-4

金额单位：万元

项　　目	2019年度	2018年度	2017年度
退换货金额	69.38	101.01	18.52
主营业务收入	82 643.80	81 912.38	79 042.54
退换货占比	0.08	0.12	0.02

如上表所示，报告期内公司退换货金额及占主营业务收入比重较小，公司产品在储运过程中因挤压、摩擦等因素，可能导致部分产品轻微变形、划损等瑕疵，因而存在少量退换货。整体而言，公司退换货金额小、占比低，不存在异常，零星退换货对公司产品品质、持续经营未产生重大不利影响。

解析

退货率低给予公司判断客户验收是例行程序的证据。

公司退换货金额及占主营业务收入比重较小，零星退换货对公司确认收入不会产生重大影响，因此，公司在客户验收之前即能够客观地确定其已经按照合同约定的标准和条件将商品的控制权转移给客户，此时可以考虑确认商品控制权的转移。

案例10
历史交易经验证明验收不是一项例行程序

甲公司向乙公司交付商品，根据双方历史交易经验，在向乙公司交付产品后，乙公司的验收结果对于产品级次与价格以及是否退换货等将产生重大影响。假设2020年5月甲公司向乙公司交付产品，乙公司在7月开具产品验收确认书。合同约定在验收确认书之日起20个工作日内结算商品价款。

解析

1. 客户验收不是一项例行程序

甲公司积累了与乙公司交易的大量经验，乙公司对交付商品的验收结果对于确认收入有重大影响，因此，甲公司在验收前不能够客观地确定其已经按照合同约定的标准和条件将商品的控制权转移给客户，客户验收不是一项例行程序，应考虑在乙公司验收后确认商品控制权的转移。

2. 甲公司账务处理

假设产品成本80万元，销售价格100万元，均为不含税金额（单位：万元）。

（1）2020年5月甲公司向乙公司交付产品：

借：发出商品　　　　　　　　　　　　　　　　　80
　　贷：库存商品　　　　　　　　　　　　　　　　　　80

（2）2020年7月收到客户开具的产品验收确认书：

借：应收账款　　　　　　　　　　　　　　　　　113
　　贷：主营业务收入　　　　　　　　　　　　　　　100
　　　　应交税费——应交增值税（销项税额）　　　　13

借：主营业务成本　　　　　　　　　　　　　　　80
　　贷：发出商品　　　　　　　　　　　　　　　　　　80

（3）收到货款时：

借：银行存款　　　　　　　　　　　　　　　　　113
　　贷：应收账款　　　　　　　　　　　　　　　　　　113

3. 甲公司税务处理

甲公司是直接收款销售模式，因此取得索取销售款凭据时（即取得了乙公司的验收确认书时）应确认增值税纳税义务。

4. 上市公司相关公告

某股份有限公司首次公开发行股票并上市招股意向书部分内容如下：

"医药工业产品销售：公司与客户签订销售合同，**一般约定在药品发出后除非质量问题不予退货**。因此，公司药品发出并经客户签收后，药品的控制权转移给购货方，货款预计能够收回，相关的收入与成本能够可靠计量，**公司在客户签收时确认收入**。

医药批发配送：公司与客户签订销售合同，**一般约定在药品发出后除非质量问题不予退货**。因此，公司药品发出并经客户签收后，药品的控制权转移给购货方，货款预计能够收回，相关的收入与成本能够可靠计量，**公司在客户签收时确认收入**。"

案例11

非标产品和定制化产品的验收方式对判断控制权转移的影响

某股份有限公司首次公开发行股票并在科创板上市招股说明书的部分内容如下：

"二、重要会计政策和会计估计

......

（2）收入确认具体方法

1）智能生产线和智能设备销售业务收入确认的具体方法

公司生产的智能生产线和智能装备**均为非标设备**，采用订单生产模式，根据销售合同订单安排生产，一般分为规划、研发设计、加工制造和采购、厂内装配调试集成、预验收、客户现场恢复及装配调试集成、终验收、售后服务等阶段。

公司产品在厂内装配集成调试并通过预验收后发货至客户现场，一般通过终验收意味着风险报酬的实质转移，发行人在项目通过终验收后确认销售收入。"

解析

应用指南规定："当企业无法客观地确定其向客户转让的商品是否符合合同规定的条件时，在客户验收之前，企业不能认为已经将该商品的控制权转移给了客户。这是因为，在这种情况下，企业无法确定客户是否能够主导该商品的使用并从中获得其几乎全部的经济利益。例如，客户主要基于主观判断进行验收时，该验收往往不能被视为仅仅是一项例行程序，在验收完成之前，企业无法确定其商品是否能够满足客户的主观标准，因此，企业应当在客户完成验收并接受该商品时才能确认收入。**实务中，定制化程度越高的商品，越难以证明客户验收仅仅是一项例行程序**"。

本例中，公司生产的智能生产线和智能装备均为非标设备，难以证明客户验收仅仅是一项例行程序，因此应考虑在验收后再确认控制权的转移进行相关会计处理。

案例12
初验与终验对判断控制权转移的影响

某股份有限公司招股说明书的部分内容如下：

报告期内，公司主营产品智能仓储物流自动化系统在取得初验报告或一次性验收报告时确认收入。公司主营产品智能仓储物流自动化系统具有业务周期长的特点，部分项目分初验和终验，从取得初验报告到终验报告的周期在3~6个月、甚至1年以上，导致在终验确认收入的模拟结果中确认的收入较目前会计政策存在时间差异。

公司部分项目初验与终验间隔时间较长，但项目初验完成后后续支出很少，设备已完成安装调试并达到可使用状态且交付客户使用，经济利益大部分已流入公司，按照初验时点确认收入谨慎、合理，符合企业会计准则规定。如按照终验确认收入，将导致财务数据所反映的业务情况与经济业务的实质状况存在较大偏差。

解析

一般来讲，终验是对交付商品验收的最具效力的环节，但是如果企业在初验时能客观地确定其已经按照合同约定的标准和条件将商品的控制权转移给客户，则企业可以合理认为在初验时即确认控制权的转移。

本例中，项目初验完成后后续支出很少，设备已完成安装调试并达到可使用状态且交付客户使用，经济利益大部分已流入公司，公司在初验时能客观地确定其已经按照合同约定的标准和条件将商品的控制权转移给客户，此时公司可以考虑在初验时确认商品控制权的转移。

案例13
使用验收和收货验收对判断控制权转移的影响

某股份有限公司首次公开发行股票招股说明书的部分内容如下：

公司与客户的结算方式可分为使用结算和收货结算。其中使用结算是指客户使用公司产品后进行结算；收货结算是指公司将产品运送至客户指定交货地点，客户验收后与公司进行结算。款项一般约定30~90天付款。

公司与客户的货物交付等环节主要分为两种形式，公司将货物运送至距离客户较近的仓库，由仓库按照客户要求运送至客户指定地点或者客户上门提货，运费由公司承担（整车厂提货的运费由整车厂承担）。**验收主要分为使用或者收货两种情况下的验收**，收货验收情形下，客户对货物进行验收，定期发送邮件或者通过系统进行确认；使用验收情形下，客户对货物进行验收，在次月或者其他时间发送邮件或者通过系统进行确认。

公司对主要客户收入确认的具体原则、收入确认时点、取得外部凭证等如表1-5所示。

表1-5

具体原则	客户名称	确认时点（收到系统、邮件等通知）	外部凭证
使用产品后确认收入	东风本田汽车有限公司	系统	系统对账
	东风本田发动机有限公司	邮件	邮件对账单
	一汽-大众汽车有限公司	邮件	邮件对账单
	奇瑞汽车股份有限公司	系统	系统对账

续表

具体原则	客户名称	确认时点（收到系统、邮件等通知）	外部凭证
收到产品后确认收入	大众一汽平台零部件有限公司	邮件	邮件对账单
	广汽本田汽车有限公司增城工厂系统	系统	系统对账
	日产国际贸易（上海）有限公司	邮件（18年下半年起改为报关单）	邮件对账单、报关单
	上汽大众汽车有限公司（上海大众汽车有限公司）	送货单	经客户确认的送货单
	上汽通用汽车有限公司	系统	系统对账
	长城汽车股份有限公司	邮件	邮件对账单

解析

在判断客户是否已取得商品控制权时，新收入准则给予了企业应当考虑的迹象，其中之一为"客户接受商品"，而对于客户对转移的商品进行验收时点没有明确规定。企业应根据实际情况，以"能客观地确定其已经按照合同约定的标准和条件将商品的控制权转移给客户"为标准，如果客户在接受商品时验收即能达到该标准，则可考虑在接受商品时作为验收时点；如果客户在使用商品后才能检验出商品是否达到标准，则可考虑在使用商品后作为验收时点。这需要企业根据合同条款和交易实质综合判断。

案例14
商品所有权转移对判断控制权转移的影响

甲公司是房地产开发企业，增值税一般纳税人。2020年将自行开发的某项目的尾盘，包括部分商铺和车位等，一次性转让给乙物业公司并一次性收讫销售款项。合同约定，甲公司暂时无须办理房产过户给乙公司的手续，待乙公司销售给客户房屋的时候，再将房屋手续过户给客户。甲公司按照规定进行了增值税、企业所得税以及土地增值税的处理与清算。

合同约定，将来尾盘的价款盈亏及其他风险均由乙公司享有或承担；将来尾盘的销售价格以及销售的客户，全部由乙公司决定。

解析

1. 法定所有权未转移是否影响控制权转移的判断

在判断客户是否已取得商品控制权时，企业应当考虑的迹象之一为"企业已将该商品的法定所有权转移给客户"，法定所有权可能显示合同的一方具有主导资产的使用并获得资产几乎所有剩余利益，或者使其他主体无法获得这些利益的能力。因此，资产法定所有权的转移可能表明客户已取得对资产的控制。如果主体仅出于防止客户不付款的原因而保留资产的法定所有权，主体的此类权利并不妨碍客户取得对资产的控制权。

商品的法定所有权转移给客户，并不意味着商品控制权一定转移给客户；商品的法定所有权没有转移给客户，也不意味着商品控制权一定没有转移给客户，商品的法定所有权转移只是商品控制权转移需要考虑的迹象之一。

需要强调的是，在新收入准则给予的五个迹象中，并没有哪一个或哪几个迹象是决定性的，企业应当根据合同条款和交易实质进行分析，综合判断其是否将商品的控制权转移给客户以及何时转移，从而确定收入确认的时点。

本例中，甲公司销售尾盘给乙物业公司，并未办理法定所有权过户手续，将来尾盘的价款盈亏及其他风险均由乙物业公司享有或承担；将来尾盘的销售价格以及销售的客户，全部由乙物业公司决定，这些条款均对甲公司判断尾盘控制权转移提供了可考虑的证据。

因此，虽然物业公司没有取得尾盘的法定所有权，但是仍然可以考虑判断其取得了尾盘的控制权。

另外需注意的是，不能仅依靠合同条款进行判断，还需结合交易实质等进行综合分析，以免造成虚构业绩等违规行为。

2. 应用指南相关规定

在某一时点履行的履约义务。对于不属于在某一时段内履行的履约义务，应当属于在某一时点履行的履约义务，企业应当在客户取得相关商品控制权时点确认收入。在判断客户是否已取得商品控制权（即客户是否能够主导该商品的使用并从中获得几乎全部的经济利益）时，企业应当考虑下列五个迹象：

……

（2）企业已将该商品的法定所有权转移给客户，即客户已拥有该商品的法定所有权。当客户取得了商品的法定所有权时，可能表明其已经有能力主导该商品的使用并从中获得几乎全部的经济利益，或者能够阻止其他企业获得这些经济利益，即客户已取得对该商品的控制权。如果企业仅仅是为了确保到期收回货款而保留商品的法定所有权，那么该权利通常不会对客户取得对该商品的控制权构成障碍。

案例15
出口企业FOB、CIF、DDP等贸易方式对控制权转移时点的影响

某股份有限公司首次公开发行股票并在科创板上市招股说明书的部分内容如下：

公司国外销售收入，根据国际贸易通用术语，采用FOB（船上交货）、CIF（成本、保险费加运费）条款的，货物完成报关出口离岸后，表明公司已根据合同约定将产品交付给客户且客户已接受该商品，即客户此时取得了商品的控制权；采用DDU（指定目的地未完税交货）条款的，产品运达客户指定收货地后，表明公司已根据合同约定将产品交付给客户且客户已接受该商品，即客户此时取得了商品的控制权；采用EXW（工厂交货）、FCA（货交承运人）条款的，以客户通知其委托的物流公司到公司提货后，表明公司已根据合同约定将产品交付给客户且客户已接受该商品，即客户此时取得了商品的控制权。发行人取得报关单、提单（空运为快递单）、签收凭据、物流确认单据，表明公司已经取得收款权利，相关的经济利益很可能流入，商品所有权上的主要风险和报酬已转移，商品的法定所有权已转移，即客户此时取得了商品的控制权。因此公司国外的销售收入确认方法符合新收入准则相关规定。

解析

1. FOB、CIF、DDU等相关术语解释

根据《国际贸易术语解释通则》，FOB的全称是Free on Board（named port of shipment），即装运港船上交货（指定装港），FOB是国际贸易中常用的贸易术语之一。是指卖方必须在合同规定的日期或期限内，将货物运到合同规定的装运港口，并**交到买方指派的船只的船上，即完成其交货义务**。根据《国际贸易术语解释通则2010》的规定，FOB术语只适用于海运和内河运输，如果货物装在集装箱里并在集装箱码头交货，则应采用FCA贸易术语。

CIF的全称是Cost, Insurance and Freight（port of destination），中文意思为成本加保险费加运费（指定目的港），CIF是国际贸易中最常用的贸易术语之一。**采用CIF术语成交时，卖方也是在装运港将货物装上船完成其交货义务**。卖方负责按通常条件租船订舱，支付货物运至指定目的港所需的费用和运费，但是货物交付后的灭失或损坏的风险，以及因货物交付后发生的事件所引起的任何额外费用自交付时起由卖方转移给买方承担。卖方在规定的装运港和规定的期限内将货物装上船后，要及时通知买方。

CIF和FOB术语中交货点及风险点都是在装运港的船上，卖方在装运港将货物安全地装到船上即完成卖方义务，对装运后货物可能发生的风险，卖方不再承担责任。卖方将保险单、提单等交由买方，风险索赔等就由买方进行办理。

DAP的全称为Delivered At Place（named place of destination），即目的地交货（指定目的地），当使用DAP术语成交时，卖方要负责将合同规定的货物按照通常航线和惯常方式，在规定期限内将装载与运输工具上准备卸载的货物交由买方处置，即完成交货，卖方负担将货物运至指定地为止的一切风险。

DAP是《国际贸易术语解释通则2010》新增术语，旨在替代《国际贸易术语解释通则2000》中DAF、DES和DDU术语。

2. 不同条款的控制权转移时点

（1）FOB与CIF方式以报关离岸作为控制权转移时点。

采用FOB条款，当货物在指定的装运港越过船舷，卖方完成交货，这就意味着买方必须承担从该时点起货物灭失或损坏的一切风险。

采用CIF条款，买方必须承担货物在装运港装船之后灭失或损坏的一切风险。虽然由卖方安排货物运输和办理货运保险，但卖方并不承担保证把货送到约定目的港的义务。

以上两种交付条款，均是卖方在装运港将货物装上船完成其交货义务，均由买方承担越过船舷后的货物灭失或损坏的风险，从新收入准则的角度，该时点可以看作是客户能够取得货物控制权的时点，从此，客户承担该货物的风险以及主导该商品并从中获得几乎全部经济利益。

（2）DDU方式以货物运达指定地作为控制权转移时点。

采用DDU条款，一般情况下，卖方应承担将货物运至指定的目的地的一切风险和费用，在将货物运达客户指定收货地后，客户承担该货物的风险以及主导该商品并从中获得几乎全部经济利益，因此，在该方式下可考虑以货物运达指定地点作为控制权转移时点。

3. 保运费的履约义务识别

应用指南规定："在企业向客户销售商品的同时，约定企业需要将商品运送至客户指定的地点的情况下，企业需要根据相关商品的控制权转移时点判断该运输活动是否构成单项履约义务。通常情况下，控制权转移给客户之前发生的运输活动不构成单项履约义务，而只是企业为了履行合同而从事的活动，相关成本应当作为合同履约成本；相反，控制权转移给客户之后发生的运输活动则可能表明企业向客户提供了一项运输服务，企业应当考虑该项服务是否构成单项履约义务"。

在CIF条款下，卖方在装运港将货物安全地装到船上的时点，确认货物控制权的转移，而根据上述规定，控制权转移之后发生的运保费，很可能表明企业向客户提供了一项运输服务，企业应当考虑该项服务是否构成单项履约义务。

【提示】应用指南只提及了运输费，本书将保险费类比运输费进行处理。

在DDU条款下，货物运达指定地点时作为控制权转移时点，在控制权转移前发生的运保费，不构成单项履约义务，只是企业为了履行合同而从事的活动，相关成本应当作为合同履约成本。

其他条款可根据上述分析进行类推。

4.相关账务处理

以CIF为例（单位：万元）：

假设合同总价110万元，商品单独售价100万元，运保费单独售价10万元。

借：应收账款　　　　　　　　　　　　　　　　　110
　　贷：主营业务收入——出口商品　　　　　　　100
　　　　　　　　　　——运保费　　　　　　　　 10
借：合同履约成本　　　　　　　　　　　　　　　 10
　　贷：其他应付款等　　　　　　　　　　　　　 10

【提示】运保费履约义务中，卖方企业是主要责任人和代理人的说明：

如卖方企业可以自行确定CIF价收入，或者能够主导第三方代表本企业向客户提供服务，笔者倾向于卖方企业作为主要责任人进行会计处理。

现阶段，大部分企业的CIF出口业务账务处理如下：

借：应收账款　　　　　　　　　　　　　　　　　110
　　贷：主营业务收入　　　　　　　　　　　　　100
　　　　其他应付款——保险费、海运费　　　　　 10

该账务处理主要是为了保持与出口退税申报的FOB价保持一致，笔者认为，新收入准则对此给予了比较明确的规定，不能因此而违反准则的规定。

5.上市公司相关公告

某股份有限公司招股说明书部分内容如下：

"对于公司地板产品销售而言，公司外销业务中的FOB模式，公司按照合同或订单约定期限将货物运送至装运港口，完成报关手续并取得报关单，在货物装船离岸，公司取得提单/货代公司收货凭证时，已履行了合同中的履约义务，相关商品的控制权转移至客户，公司即享有现时收款权利。公司外销业务中的DDP模式，公司按照合同或订单约定将货物运送至装运港口，完成报关手续并取得报关单，货物装船离岸后取得提单/货代公司收货凭证，在货物运抵目的港并运输至指定交货地点，公司取得客户签收单时，相关商品的控制权转移至客户，公司即享有现时收款权利。"

案例16
影视公司控制权转移时点

某影视股份有限公司关于新准则收入确认影响的公告如下：

新收入准则的实施对公司2020年业绩带来一些影响。为便于投资者更准确、更清晰地分析判断公司的经营情况，公司对新收入准则下收入确认会计政策变化以及对公司2020年业绩影响做如下说明。

一、新收入准则下收入确认会计政策变化

新收入准则的修订内容主要包括：（1）将现行的收入准则和建造合同准则统一为一个收入确认模型；（2）以"控制权转移"取代之前的"风险报酬转移"作为收入确认的判断标准。

收入的确认时点由"商品的主要风险和报酬转移给客户时"变为"客户取得商品控制权时"，是新收入准则理论基础的重大变化。因该理论基础的变化，公司收入确认会计政策相应变化如下。

1.变更前采用的收入确认具体方法

电视剧销售收入：在电视剧购入或完成摄制并经电影电视行政主管部门审查通过取得《电视剧发行许可证》，电视剧播映带和其他载体转移给购货方并已取得收款权利时确认收入。对于自制拍摄的电视剧，按照签约发行收入确认营业收入；对于公司与其他方联合拍摄的电视剧，当本公司负责发行时，按签约发行收入确认营业收入，向合拍方支付的分成款确认营业成本；当合拍方负责发行时，本公司按协议约定应取得的结算收入确认营业收入。

电影片票房分账收入：电影完成摄制并经电影电视行政主管部门审查通过取得《电影公映许可证》，于院线、影院上映后按双方确认的实际票房统计及相应的分账方法所计算的金额确认收入。

电影版权收入：在影片取得《电影公映许可证》、母带已经转移给购货方并已取得收款权利时确认收入。

电视栏目制作及衍生业务收入：在电视栏目已播出，客户权益已实现，相关的经济利益能够可靠计量，且很可能流入时确认收入。

2.变更后采用的收入确认具体方法

电视剧销售收入：在电视剧购入或完成摄制并经电影电视行政主管部门审查通过取得《电视剧发行许可证》，电视剧播映带或其他载体转移给购货方、购货方可以主导电视剧的使用且已取得收款权利时确认收入。对于合同中未约定上线播出时间的，在电视剧播映带或其他载体转移给购货方时确认收入；**对于合同中约定上线播出时间，且购货方无法主导播出时间的，在电视剧播映带或其他载体转移给购货方与电视剧约定上线播出时点孰晚确认收入。**对于自制拍摄的电视剧，按照签约发行收入确认营业收入；对于公司与其他方联合拍摄的电视剧，当本公司负责发行时，按签约发行收入确认营业收入，向合拍方支付的分成款确认营业成本；当合拍方负责发行时，本公司按协议约定应取得的结算收入确认营业收入。

电影片票房分账收入：电影完成摄制并经电影电视行政主管部门审查通过取得《电影公映许可证》，于院线、影院上映后按双方确认的实际票房统计及相应的分账方法所计算的金额确认收入。

电影版权收入：在影片取得《电影公映许可证》、母带已经转移给购货方、购货方可以主导电影的使用且已取得收款权利时确认收入。对于合同中未约定上线播出时间的，在电影母带转移给购货方时确认收入；对于合同中约定上线播出时间且购货方无法主导播出时间的，在电影母带转移给购货方及电影约定上线播出时点孰晚确认收入。

电视栏目制作及衍生业务收入：在电视栏目已播出，客户权益已实现，相关的经济利益能够可靠计量，且很可能流入时确认收入。

二、收入确认会计政策变化对公司2020年业绩影响

根据新收入准则规定，公司将首次执行新收入准则的累积影响数调整2020年年初留存收益及财务报表其他相关项目，对可比期间信息不予调整。

新收入准则下，公司对于合同中约定上线播出时间，且购货方无法主导播出时间的，收入确认时点由"电视剧播映带或其他载体转移给购货方时"变为"在电视剧播映带或其他载体转移给购货方与电视剧约定上线播出时点孰晚"。

经公司财务部门初步测算，该政策变化累积影响调减2020年年初留存收益12 130.21万元；调增2020年当期归母净利润4 509.22万元，其中2020年之前已向客户转移播映带但在2020年播出的电视剧项目调增2020年当期归母净利润

13 892.93万元，2020年已向客户转移播映带但尚未播出的电视剧项目调减2020年当期归母净利润9 777.24万元。以上影响为公司财务部门初步测算结果，未经审计机构审计。2020年度业绩的具体财务数据将在公司2020年年度报告中详细披露，敬请广大投资者谨慎决策，注意投资风险。

特此公告。

解析

1. 新旧收入准则的控制权转移时点不同

以电视剧销售收入为例：

新收入准则下，公司对于合同中约定上线播出时间，且购货方无法主导播出时间的，收入确认时点由"电视剧播映带或其他载体转移给购货方时"变为"在电视剧播映带或其他载体转移给购货方与电视剧约定上线播出时点孰晚"。

2. 属于授予知识产权许可的控制权转移时点的分析

如果本例中的电视剧销售，属于企业向客户授予知识产权许可，并约定按客户实际销售或使用情况（如按照客户的销售额）收取特许权使用费的情形，则应按照在客户后续销售或使用行为实际发生与企业履行相关履约义务二者孰晚的时点确认收入。这是估计可变对价的一个例外规定，该例外规定只有在下列两种情形下才能使用：一是特许权使用费仅与知识产权许可相关；二是特许权使用费可能与合同中的知识产权许可和其他商品都相关，但是，与知识产权许可相关的部分占有主导地位。

例如，电视剧播映带或其他载体在4月份转移给客户，合同中约定上线播出时间为10月份，虽然公司已经履行了履约义务，但客户的后续销售行为尚未实际发生，按照孰晚的原则，应在合同中约定上线播出的10月份（并实际播出）确认商品控制权的转移并确认收入。

3. 不属于授予知识产权许可的控制权转移时点的分析

如果本例中的电视剧销售，不属于上述情形，则无须按照"孰晚"原则确认控制权转移的时点，按照一般的控制权转移时点原则处理即可。

新收入准则确认收入的核心原则，从"商品所有权上的主要风险和报酬转移"改为了"商品控制权转移"，后者主要从客户的角度考虑是否可主导转让商品的使用并从中获得几乎全部经济利益。在考虑客户可否受益时，主要应关注客户可否受益的判断，而无须过多考虑客户受益的具体方式和时点。

例如，企业向客户销售了一批商品，企业已经收到了商品价款，客户可以将该商品作为原材料进行生产从而销售产品，或者直接将该商品对外出售，甚至将其投资或者分配股利或者发放福利等，均可以使客户受益，因而企业只需要评估客户是否有能力主导使用商品获得利益即可，至于具体的受益方式或者受益的时点，企业无须也难以深入评估。如果该商品销售后，由于市场原因或者不可抗力因素等，导致无法使客户受益或者受益时点无法准确确认（比如该商品长期滞销），企业还需等待客户真正可以受益时才能确认控制权的转移，这种处理不符合新收入准则相关规定。本例中，可能公司评估播出时间的难度并不大，但基于控制权转移时点确认原则，公司不应考虑客户受益的具体方式。

因此，笔者认为，企业在判断商品控制权转移时点时，只需评估客户是否有能力主导使用商品获得利益，而无须评估其受益的具体方式和时点。本例中，该公司已将电视剧播映带或其他载体转移给客户，可以判断该商品的控制权已经转移，这种情况下，无须考虑该电视剧何时播出等因素。当然，如果合同约定若该电视剧无法播出则客户有权退回该电视剧播映带或其他载体等，则在评估商品控制权转移时可能要考虑合同中约定的播出时间等因素。

4.应用指南相关规定

基于销售或使用情况的特许权使用费。

企业向客户授予知识产权许可，并约定按客户实际销售或使用情况（如按照客户的销售额）收取特许权使用费的，应当在客户后续销售或使用行为实际发生与企业履行相关履约义务二者孰晚的时点确认收入。这是估计可变对价的一个例外规定，该例外规定只有在下列两种情形下才能使用：一是特许权使用费仅与知识产权许可相关。二是特许权使用费可能与合同中的知识产权许可和其他商品都相关，但是，与知识产权许可相关的部分占有主导地位。当企业能够合理预期，客户认为知识产权许可的价值远高于合同中与之相关的其他商品时，该知识产权许可可能是占有主导地位的。对于不适用该例外规定的特许权使用费，应当按照估计可变对价的一般原则进行处理。

02
关于识别与客户订立的合同

案例 17
商业实质对收入确认的影响

中国证监会山西监管局于 2020 年 2 月 25 日发布〔2020〕1 号处罚决定书,针对甲公司 2014 年年报未完整披露贸易收入确认具体方法,其控股乙公司和丙公司通过实施无商业实质的贸易业务虚增营业收入。

乙公司 2013 年和 2014 年贸易业务收入分别为 1 787 万元和 59 852 万元,2014 年比 2013 年贸易业务收入增加 58 065 万元,增长 32.49 倍,审计结论为未见异常。在实际业务中,上述合同标的物由乙公司售出后,经第三方销售给丙公司,并由丙公司再次销售,重复确认收入。事务所审计过程中未关注商业实质。

解析

1. 对符合收入确认的合同条件的理解

《企业会计准则第 14 号——收入》(财会〔2017〕22 号文件印发)第五条规定:

"当企业与客户之间的合同同时满足下列条件时,企业应当在客户取得相关商品控制权时确认收入:

(一)合同各方已批准该合同并承诺将履行各自义务;

(二)该合同明确了合同各方与所转让商品或提供劳务(以下简称'转让商品')相关的权利和义务;

(三)该合同有明确的与所转让商品相关的支付条款;

(四)该合同具有商业实质,即履行该合同将改变企业未来现金流量的风险、时间分布或金额;

(五)企业因向客户转让商品而有权取得的对价很可能收回。"

以上条款旨在确保合同是可执行的、真实有效的、真实交易的。以下就各条款理解如下:

(1)合同各方已批准该合同并承诺将履行各自义务。

如果合同双方未批准合同,则该合同是否具有可执行性是值得怀疑的。

(2)该合同明确了合同各方与所转让商品相关的权利和义务。

如果企业不能识别各方与拟转让商品相关的权利，则无法评估商品的转让。

（3）该合同有明确的与所转让商品相关的支付条款。

如果企业不能识别已承诺商品的付款条款，则无法确定交易价格。

（4）该合同具有商业实质，即履行该合同将改变企业未来现金流量的风险、时间分布或金额。

若不存在商业实质的要求，企业可能会相互之间反复转让商品以虚增收入。如果非货币性交换不具有商业实质，则企业不应确认源自非货币性交换的任何收入。

（5）企业因向客户转让商品而有权取得的对价很可能收回。

可收回性门槛与评估合同是否真实有效以及体现真正的交易有关，因为评估一项交易是否有效的一个关键部分在于确定客户在多大程度上有能力和意愿支付已承诺的对价。此外，企业通常仅当其很可能取得有权获得的对价金额时才会订立合同。

2. 具有商业实质的合同才能确认收入

所谓合同具有商业实质，简单理解，即合同中所承载的业务是真实的交易，而不是为了虚增产值、业绩或融资等其他特殊目的进行的交易。

本例中的几家公司通过循环往复购销合同标的物，以达到增加营业收入的目的，即属于所称的合同不具有商业实质，相关的收入不能予以确认。

3. 如何判断合同的商业实质

应用指南规定："合同具有商业实质，是指履行该合同将改变企业未来现金流量的风险、时间分布或金额。关于商业实质，应按照《企业会计准则第7号——非货币性资产交换》的有关规定进行判断"。

新收入准则中的合同商业实质，需要按照《企业会计准则第7号——非货币性资产交换》的有关规定进行判断，该准则给出了两个判断条件：

（1）换入资产的未来现金流量在风险、时间分布或金额方面与换出资产显著不同。

（2）使用换入资产所产生的预计未来现金流量现值与继续使用换出资产所产生的预计未来现金流量现值不同，且其差额与换入资产和换出资产的公允价值相比是重大的。

具体规定如下：

《企业会计准则第7号——非货币性资产交换》应用指南：

在判断资产交换是否具有商业实质时，企业应当重点考虑由于发生了该项资产交换预计使企业未来现金流量发生变动的程度。只有当换入资产的未来现金流量和换出资产的未来现金流量相比发生较大变化，或使用换入资产进行经营和继续使用换出资产进行经营所产生的预计未来现金流量现值之间的差额较大时，才表明该交易的发生使企业经济状况发生了明显改变，交换才因而具有商业实质。企业应当根据本准则的规定，遵循实质重于形式的原则，判断非货币性资产交换是否具有商业实质。

1. 判断条件。

（1）换入资产的未来现金流量在风险、时间分布或金额方面与换出资产显著不同。企业应当对比考虑换入资产与换出资产的未来现金流量在风险、时间或金额的三个方面，对非货币性资产交换是否具有商业实质进行综合判断。通常情况下，只要换入资产和换出资产的未来现金流量在风险、时间或金额中的某个方面存在显著不同，即表明满足商业实质的判断条件。

（2）使用换入资产所产生的预计未来现金流量现值与继续使用换出资产所产生的预计未来现金流量现值不同，且其差额与换入资产和换出资产的公允价值相比是重大的。

企业如果按照上述第（1）项判断条件难以判断非货币性资产交换是否具有商业实质，可以按照第（2）项条件，分别计算使用换入资产进行相关经营的预计未来现金流量现值和继续使用换出资产进行相关经营的预计未来现金流量现值，通过二者比较进行判断。企业在计算预计未来现金流量现值时，应当按照资产在企业自身持续使用过程和最终处置时预计产生的税后未来现金流量（使用企业自身的所得税税率），根据企业自身而不是市场参与者对资产特定风险的评价，选择恰当的折现率对预计未来现金流量折现后的金额加以确定，以体现资产对企业自身的特定价值。

4. 应用指南相关规定

没有商业实质的非货币性资产交换，无论何时，均不应确认收入。从事相同业务经营的企业之间，为便于向客户或潜在客户销售而进行的非货币性资产交换（例如，两家石油公司之间相互交换石油，以便及时满足各自不同地点客户的需求），不应当确认收入。

案例18

合同开始日，评估房地产企业对价很可能无法收回

甲房地产开发公司与乙公司签订合同，向其销售一栋建筑物，合同价款为100万元。该建筑物的成本为60万元，乙公司在合同开始日即取得了该建筑物的控制权。

根据合同约定，乙公司在合同开始日支付了5%的保证金，并就剩余95%的价款与甲公司签订了不附追索权的长期融资协议，如果乙公司违约，甲公司可重新拥有该建筑物，即使收回的建筑物不能涵盖所欠款项的总额，甲公司也不能向乙公司索取进一步的赔偿。

乙公司计划在该建筑物内开设一家餐馆，并以该餐馆的收益偿还甲公司的欠款。但是，在该建筑物所在的地区，餐饮行业面临激烈的竞争，且乙公司缺乏餐饮行业的经营经验。

以上为不含税金额。

解析

1. 该合同不满足合同价款很可能收回的条件

应用指南规定了合同需同时满足的五项条件，其中第五项为："企业因向客户转让商品而有权取得的对价很可能收回"，如果合同中的交易价格无法满足很可能收回的条件，则企业对该合同的相关价款不能确认收入。

本例中，乙公司计划以开设餐馆产生的收益偿还甲公司的欠款，除此之外并无其他的经济来源，乙公司也未对该笔欠款设定任何担保。如果乙公司违约，则甲公司可重新拥有该建筑物，但是，根据合同约定，即使收回的建筑物不能涵盖所欠款项的总额，甲公司也不能向乙公司索取进一步的赔偿。因此，甲公司对乙公司还款的能力和意图存在疑虑，认为该合同不满足合同价款很可能收回的条件。甲公司应当将收到的保证金确认为一项负债。

> 【提示】企业在评估其因向客户转让商品而有权取得的对价是否很可能收回时，仅应考虑客户到期时支付对价的能力和意图（即客户的信用风险）。

2. 评估对价很可能收回的意义所在

新收入准则将合同放在非常重要的位置，评估合同的条件中的前四个，要求企业评估合同是否真实有效及体现真正的交易（如明确合同中相关权利义务、支付条款以及商业实质等），而第五个条件，评估因转让商品而有权取得的对价的可收回性也与评估合同相关。

参考《国际财务报告准则第15号——客户合同产生的收入》结论基础：

BC43 IASB和FASB决定，可收回性门槛是关于识别合同的《国际财务报告准则第15号》第9段中其他要求的延伸。本质上而言，第9段中的其他标准要求主体评估合同是否真实有效及体现真正的交易。可收回性门槛与该评估有关，因为评估一项交易是否有效的一个关键部分在于确定客户在多大程度上有能力和意愿支付已承诺的对价。此外，主体通常仅当其很可能取得有权获得的对价金额时才会订立合同。

3. 甲公司账务处理

（1）合同开始日收到5%的保证金（单位：万元，下同）：

借：银行存款　　　　　　　　　　　5.45　[100×（1+9%）×5%]
　　贷：其他应付款——乙公司　　　　　　　　　　　　5.45

【提示】对于使用"其他应付款"科目的说明：

由于乙公司在合同开始日即取得了该建筑物的控制权，因此甲公司并不负有将来向乙公司交付商品的义务，所以此处不能记入"合同负债"科目。

在商品控制权转移前，企业收到客户的款项，根据准则要求记入"合同负债"科目，代表将来向客户转移商品或服务的义务，也就是说，"合同负债"一般表示物（或者服务）的负债。在商品控制权转移后，企业收到客户的款项，但不满足收入确认条件，只能计入负债，该负债不是物（或者服务）的负债，而应该是金融负债。

（2）乙公司在合同开始日取得了该建筑物的控制权：

借：发出商品　　　　　　　　　　　　　　　60
　　贷：开发产品　　　　　　　　　　　　　　　　60
借：应收账款——乙公司　　　　　0.45（5.45÷1.09×9%）
　　贷：应交税费——应交增值税（销项税额）　　0.45

【提示】1. 关于确认增值税额的说明：

根据《营业税改征增值税试点实施办法》的规定，"增值税纳税义务、扣缴义务发生时间为：

纳税人发生应税行为并收讫销售款项或者取得索取销售款项凭据的当天；先开具发票的，为开具发票的当天。

收讫销售款项，是指纳税人销售服务、无形资产、不动产过程中或者完成后收到款项。

取得索取销售款项凭据的当天,是指书面合同确定的付款日期;未签订书面合同或者书面合同未确定付款日期的,为服务、无形资产转让完成的当天或者不动产权属变更的当天"。

在增值税上,甲公司已经发生了销售不动产的增值税行为,并同时收讫了保证金,其余款项尚未达到书面合同确定的付款日期,因此只就收取的保证金确认增值税纳税义务。

2.关于将增值税额记入"应收账款"科目的说明:

在会计上,甲公司不能确认转让房屋的收入,但是在税法上,发生了增值税应税行为,应确认增值税纳税义务。对于该增值税额应记入的科目,根据《增值税会计处理规定》(财会〔2016〕22号文件印发)规定,"按照增值税制度确认增值税纳税义务发生时点早于按照国家统一的会计制度确认收入或利得的时点的,应将应纳增值税额,借记'应收账款'科目,贷记'应交税费——应交增值税(销项税额)'或'应交税费——简易计税'科目,按照国家统一的会计制度确认收入或利得时,应按扣除增值税销项税额后的金额确认收入",甲公司应将该增值税额记入"应收账款"科目。

3.关于不需预缴增值税的说明:

《房地产开发企业销售自行开发的房地产项目增值税征收管理暂行办法》(国家税务总局公告2016年第18号发布)第十条规定:"一般纳税人采取预收款方式销售自行开发的房地产项目,应在收到预收款时按照3%的预征率预缴增值税"。

本例中,甲公司已经将该房产控制权转移给客户,已经发生了增值税应税行为,不是以预收款方式销售自行开发的房地产项目,不属于销售房地产项目预缴增值税的范围。

(3)将来乙公司无法偿付房款,按照合同约定收回房屋:

借:开发产品　　　　　　　　　　　　　　　　　　　　　　60
　　贷:发出商品　　　　　　　　　　　　　　　　　　　　　　60

(4)保证金无须退回时的账务处理:

应用指南规定:"对于不符合本准则第五条规定的五项条件的合同,企业只有在不再负有向客户转让商品的剩余义务(例如,合同已完成或取消),且已向客户收取的对价(包括全部或部分对价)无需退回时,才能将已收取的对价确认为收入;否则，应当将已收取的对价作为负债进行会计处理，该负债代表了企业在未来向客户转让商品或者支付退款的义务。其中，企业向客户收取无需退回的对价的，应当在已经将该部分对价所对应的商品的控制权转移给客户，并且已经停止向客户转让额外的商品，也不再负有此类义务时；或者，相关合同已经终止时，将该部分对价确认为收入"。

本例中，甲公司向客户转让房屋而有权取得的对价不满足很可能收回条件，因此该合同属于"不符合本准则第五条规定的五项条件的合同"。

本例中，甲公司已经终止合同，不再负有需要向客户转让房屋或其他义务，向客户收取的不可返还的保证金，无须退回。其中，关于"企业向客户收取无需退回的对价"如何确认收入，指南本段内容的后续部分对此进行了进一步阐述：

"其中，企业向客户收取无需退回的对价的，应当在已经将该部分对价所对应的商品的控制权转移给客户，并且已经停止向客户转让额外的商品，也不再负有此类义务时；或者，相关合同已经终止时，将该部分对价确认为收入。"

——满足两个条件之一的，将该无须退回的对价确认为收入：

①已经将该部分对价所对应的商品的控制权转移给客户，并且已经停止向客户转让额外的商品，也不再负有此类义务时；或者

②相关合同已经终止时。

本例中，甲公司未将房产的控制权转移给客户，第一个条件不符合；

甲公司收回该房产，相关合同已经终止，第二个条件符合。

根据上述分析，该出售房屋的合同，不符合对价很可能收回的条件，因此收取的不可返还的保证金应确认为负债，当合同终止时，该不可返回的对价应确认为收入。

借：其他应付款——乙公司　　　　　　　　　　　　　　　5.45
　　贷：主营业务收入　　　　　　　　　　　　　　　　　　5
　　　　应收账款——乙公司　　　　　　　　　　　　　　　0.45

观点思考：

在该业务中，甲公司销售房屋后又收回，其实质并未转移房屋的控制权，在没有转移商品控制权的情况下将收到的无须退回的对价确认收入确实难以理解。

对于不符合"企业因向客户转让商品而有权取得的对价很可能收回"条件的合同，企业向客户收取无须退还的对价，当企业不再负有向客户转让商品的剩余义务或者相关合同已经终止时，将该部分无须退回的对价确认为收入，笔者认为，上述两个条件以将该部分对价所对应的商品的控制权转移给客户为前提比较恰当，否则，将会产生没有转移商品控制权却要确认收入的情形。本例中，笔者认为，对于甲公司没有

转移房屋控制权而收取的无须退回的对价以不确认收入为宜，考虑将该无须退回的对价确认为利得较为妥当。

以上为笔者个人观点。

4. 合同开始日评估对价可收回性的意义

如果在合同开始日，企业就存在客户重大信用风险的合同确认收入，同时确认重大的坏账费用，则很可能导致无法向报表使用者提供真实有效的信息。因此，新收入准则纳入了"企业因向客户转让商品而有权取得的对价很可能收回"的合同条件，如果在合同开始日客户即存在重大信用风险从而导致企业判断无法满足很可能收回对价的条件，则自合同开始即不能确认收入。

参考《国际财务报告准则第15号——客户合同产生的收入》结论基础：

BC265 但是，IASB和FASB担心对于合同开始时存在重大信用风险的某些交易，主体可能就商品或服务的转让确认收入，并同时确认一项重大坏账费用。IASB和FASB认为在这种情况下，"加总"收入并确认重大减值损失无法如实地反映该交易且无法提供有用的信息。因此，IASB和FASB纳入了《国际财务报告准则第15号》第9段（5）的标准（见结论基础第42段至第46段）。

4. 应用指南相关规定

本准则所称合同，是指双方或多方之间订立有法律约束力的权利义务的协议。合同包括书面形式、口头形式以及其他形式（如隐含于商业惯例或企业以往的习惯做法中等）。企业与客户之间的合同同时满足下列五项条件的，企业应当在履行了合同中的履约义务，即在客户取得相关商品控制权时确认收入：

一是合同各方已批准该合同并承诺将履行各自义务；

二是该合同明确了合同各方与所转让商品相关的权利和义务；

三是该合同有明确的与所转让商品相关的支付条款；

四是该合同具有商业实质，即履行该合同将改变企业未来现金流量的风险、时间分布或金额；

五是企业因向客户转让商品而有权取得的对价很可能收回。

企业在进行上述判断时，需要注意下列三点：

①合同约定的权利和义务是否具有法律约束力，需要根据企业所处的法律环境和实务操作进行判断。不同的企业可能采取不同的方式和流程与客户订立合同，同一企业在与客户订立合同时，对于不同类别的客户以及不同性质的商品也可能采取不同的方式和流程。企业在判断其与客户之间的合同是否具有法律约束力，以及这些具有法律约束力的权利和义务在何时设立时，应当考虑上述因素的

影响。合同各方均有权单方面终止完全未执行的合同，且无需对合同其他方作出补偿的，在应用本准则时，该合同应当被视为不存在。其中，完全未执行的合同，是指企业尚未向客户转让任何合同中承诺的商品，也尚未收取且尚未有权收取已承诺商品的任何对价的合同。

②合同具有商业实质，是指履行该合同将改变企业未来现金流量的风险、时间分布或金额。关于商业实质，应按照《企业会计准则第7号——非货币性资产交换》的有关规定进行判断。

③企业在评估其因向客户转让商品而有权取得的对价是否很可能收回时，仅应考虑客户到期时支付对价的能力和意图（即客户的信用风险）。当对价是可变对价时，由于企业可能会向客户提供价格折让，企业有权收取的对价金额可能会低于合同标价。企业向客户提供价格折让的，应当在估计交易价格时进行考虑。

5. 参考《国际财务报告准则第15号——客户合同产生的收入》第9段与第15段

9 仅当属于本准则范围的与客户之间的合同符合下列所有标准时，主体才应按照本准则对其进行会计处理：

（1）合同各方已（通过书面、口头或其他依照商业惯例采用的形式）批准合同并承诺履行其相应的义务；

（2）主体能够识别各方与拟转让商品或服务相关的权利；

（3）主体能够识别拟转让商品或服务的付款条款；

（4）合同具有商业实质（即，主体未来现金流量的风险、时间或金额预计将因合同而发生改变）；以及

（5）主体很可能取得因向客户转让商品或服务而有权获得的对价。在评价对价金额是否很可能收回时，主体仅应考虑客户在到期时支付对价金额的能力和意图。如果对价是可变的，则主体有权获得的对价金额可能低于合同规定的价格，因为主体可能会向客户提供价格折让（见第52段）。

15 如果与客户之间的合同不符合第9段的标准且主体取得了客户支付的对价，仅当下列任一事件发生时，主体才应当将所取得的对价确认为收入：

（1）主体并不具有向客户转让商品或服务的剩余义务，并且主体已取得客户所承诺的全部或几乎全部对价且对价不可返还；或者

（2）合同已终止且客户支付的对价不可返还。

案例19

合同后续期间，评估建筑服务对价很可能无法收回

甲建筑公司2020年1月与乙公司签订建造合同，总造价1 000万元（建筑期间2年），预计总成本800万元。截至2020年11月，已经累计发生了400万元成本，当年收到了200万元的工程款，甲公司综合客户各种因素得出结论，预计很可能无法收回剩余款项。

以上金额均不包括增值税。

解析

1. 合同开始日评估工程款很可能收回

合同开始日，甲公司评估客户到期时支付对价的能力和意图，认为因向客户提供建筑服务而有权收到的对价很可能收回。同时该建筑服务在客户的土地上实施，客户可以控制甲公司在建期间产出的商品，属于在某一时段内履行的履约义务，按照履约进度确认相关收入。

2. 后续评估很可能无法收回的工程款不能确认为收入

2020年底，甲公司重新评估客户到期时支付对价的能力和意图，得知客户的财务支付能力极大地削弱，预计剩余工程款很可能无法收回。

根据新收入准则及应用指南相关规定，对于此种合同，开始日评估满足收入确认条件，后续不满足的情况，应该自开始不满足条件起，停止确认收入，当后续合同条件再度满足时或者当企业不再负有向客户转让商品的剩余义务，且已向客户收取的对价无须退回时，才能将已收取的对价确认为收入。

但是，不应当调整在此之前已经确认的收入。

3. 甲公司账务处理

（1）第一年发生建造成本（单位：万元，下同）：

　　借：合同履约成本　　　　　　　　　　　　　　　　　400
　　　　贷：应付职工薪酬、银行存款等　　　　　　　　　　　400

甲公司按照投入法确定履约进度：400÷800×100%=50%。

（2）确认收入和成本：

　　借：合同结算——收入结转　　　　　　　　　　　500（1 000×50%）
　　　　贷：主营业务收入　　　　　　　　　　　　　　　　　500

借：主营业务成本　　　　　　　　　　　　　　400（800×50%）
　　贷：合同履约成本　　　　　　　　　　　　　　　　　400

（3）很可能无法收回对价，不能继续确认收入，无须调整之前确认的收入。

2020年底，甲公司评估认为，乙公司很可能无法支付剩余款项，自此开始不满足收入确认条件，应不再继续确认收入，但之前已经确认的收入不予以调整。

甲公司继续发生相关成本100万元：

借：合同履约成本　　　　　　　　　　　　　　　100
　　贷：应付职工薪酬、银行存款等　　　　　　　　　　100

在此之前已经确认的收入无须调整。

> 【提示】此处新旧收入准则的区别：
>
> 在原《企业会计准则第15号——建造合同》（以下简称建造合同准则）中，如果不能满足与合同相关的经济利益很可能流入企业的条件，则该合同属于结果不能够可靠估计的合同，对于该种合同，合同成本能够收回的，合同收入根据能够收回的实际合同成本予以确认，合同成本在其发生的当期确认为合同费用；合同成本不可能收回的，应在发生时立即确认为合同费用，不确认合同收入。
>
> 本例中，按照原建造合同准则，甲公司只能根据预计能够收回的金额200万元确认收入，同时确认合同成本，之前已经确认的500万元收入应予以调整。
>
> 新收入准则应用指南规定："企业与客户签订一份合同，在合同开始日，企业认为该合同满足本准则第五条规定的五项条件，但是，在后续期间，客户的信用风险显著升高，企业需要评估其在未来向客户转让剩余商品而有权取得的对价是否很可能收回，如果不能满足很可能收回的条件，则该合同自此开始不再满足本准则第五条规定的相关条件，应当停止确认收入，并且只有当后续合同条件再度满足时或者当企业不再负有向客户转让商品的剩余义务，且已向客户收取的对价无需退回时，才能将已收取的对价确认为收入，但是，不应当调整在此之前已经确认的收入"。
>
> 按照新收入准则的规定，在后续期间企业评估合同不能满足很可能收回的条件，应停止确认收入，但是，不应当调整在此之前已经确认的收入，甲公司之前已经按照履约进度确认的500万元收入，按照规定不予调整，同时，按照《企业会计准则第22号——金融工具确认和计量》对现有应收款项是否发生减值进行评估。
>
> 新旧收入准则在此处产生了差异。简单理解，本例中，原建造合同准则确认200万元的收入，新收入准则确认500万元的收入同时计提300万元的减值。

参考《国际财务报告准则第15号——客户合同产生的收入》结论基础：

BC42　IASB和FASB在《国际财务报告准则第15号》第9段（5）中纳入这一标准（类似于可收回性门槛），因为IASB和FASB得出结论认为，对客户信用风险的评估是确定合同是否有效的重要组成部分。此外，鉴于IASB和FASB认为**客户信用风险不应影响收入的计量或列报**（见结论基础第259段至第265段），因此IASB和FASB决定纳入这一标准。

BC261　在考虑了反馈意见之后，IASB和FASB决定不采用上述建议。取而代之的是，在2011年征求意见稿中，IASB和FASB建议收入应当按主体预计有权获得的金额确认（**该金额不会反映就主体可能无法从客户收回的金额所作的任何调整**）。但是，为使所有财务报表使用者均能够了解主体总收入中预计无法收回的部分，IASB和FASB建议将收入单列项目与减值损失单列项目的列报相联系。因此，2011年征求意见稿建议，不包含重大融资成分的交易所产生的初始和后续减值损失（及转回），应当作为紧邻收入单列项目的单独单列项目列报。

4. 甲公司税务处理

《国家税务总局关于确认企业所得税收入若干问题的通知》（国税函〔2008〕875号）第二条规定："企业在各个纳税期末，提供劳务交易的结果能够可靠估计的，应采用完工进度（完工百分比）法确认提供劳务收入。

（一）提供劳务交易的结果能够可靠估计，是指同时满足下列条件：

1.收入的金额能够可靠地计量；

2.交易的完工进度能够可靠地确定；

3.交易中已发生和将发生的成本能够可靠地核算。

（二）企业提供劳务完工进度的确定，可选用下列方法：

1.已完工作的测量；

2.已提供劳务占劳务总量的比例；

3.发生成本占总成本的比例。

（三）企业应按照从接受劳务方已收或应收的合同或协议价款确定劳务收入总额，根据纳税期末提供劳务收入总额乘以完工进度扣除以前纳税年度累计已确认提供劳务收入后的金额，确认为当期劳务收入；同时，按照提供劳务估计总成本乘以完工进度扣除以前纳税期间累计已确认劳务成本后的金额，结转为当期劳务成本。"

根据上述文件规定，所得税上的"提供劳务交易的结果能够可靠估计"的概念，无须以相关合同经济利益很可能流入企业为前提，因此对于本例中的情况，甲公司应该按照履约进度确认相关收入，也就是说，在企业所得税上，甲公司2020年应按照履约进度确认500万元的收入。

案例20
对价很可能收回与减值测试的关系

甲公司与乙公司签订合同,将一项专利技术授权给乙公司使用,并按其使用情况收取特许权使用费。甲公司评估认为,该合同在合同开始日满足新收入准则第五条规定的五项条件。该专利技术在合同开始日即授权给乙公司使用。在合同开始日后的第一年内,乙公司每季度向甲公司提供该专利技术的使用情况报告,并在约定的期间内支付特许权使用费。在合同开始日后的第二年内,乙公司继续使用该专利技术,但是,乙公司的财务状况下滑,融资能力下降,可用资金不足,因此,乙公司仅按合同支付了当年第一季度的特许权使用费,而后三个季度仅按象征性金额付款。在合同开始日后的第三年内,乙公司继续使用甲公司的专利技术。但是,甲公司得知,乙公司已经完全丧失了融资能力,且流失了大部分客户,因此,乙公司的付款能力进一步恶化,信用风险显著升高。

解析

1. 合同开始日满足收入确认条件

本例中,该合同在合同开始日满足本准则第五条规定的五项条件,因此,甲公司在乙公司使用该专利技术的行为发生时,按照约定的特许权使用费确认收入。

2. 合同后续期间客户信用风险升高,进行减值测试

合同开始后的第二年,由于乙公司的信用风险升高,甲公司在确认收入的同时,按照《企业会计准则第22号——金融工具确认和计量》的要求对乙公司的应收款项进行减值测试。

合同开始后的第二年,乙公司的信用风险升高,但还没有严重到导致甲公司评估认为合同对价很可能无法收回,仍然满足合同中的很可能收回条款,因此应继续确认收入,同时对乙公司的应收款项进行减值测试。

3. 合同后续期间客户信用风险升高,不再符合对价很可能收回的条件

合同开始日后的第三年,由于乙公司的财务状况恶化,信用风险显著升高,甲公司对该合同进行了重新评估,认为不再满足"企业因向客户转让商品而有权取得的对价很可能收回"这一条件,因此,不再确认特许权使用费收入,同时,按照《企业会计准则第22号——金融工具确认和计量》对现有应收款项是否发生减值继续进行评估。

> 【提示】合同开始日后的第三年，乙公司信用风险显著升高，此时不能只进行应收款项的减值测试，还应评估是否满足"企业因向客户转让商品而有权取得的对价很可能收回"这一条件，如评估结果为不满足，不能再继续确认收入，同时还应继续测试减值。

4. 甲公司账务处理

（1）合同开始日后的第一年：

借：应收账款
　　贷：主营业务收入
　　　　应交税费——应交增值税（销项税额）

（2）合同开始日后的第二年：

借：应收账款
　　贷：主营业务收入
　　　　应交税费——应交增值税（销项税额）

对乙公司的应收款项进行减值测试：

借：信用减值损失
　　贷：坏账准备

（3）合同开始日后的第三年：

不再确认收入。同时，对乙公司的应收款项继续进行减值测试：

借：信用减值损失
　　贷：坏账准备

案例21

评估对价是否很可能收回前，首先应确定有权收取的对价金额

A公司向国外B公司销售一批商品，合同标价为100万元。在此之前，A公司从未向B公司所在国家的其他客户进行过销售，B公司所在国家正在经历严重的经济困难。A公司预计不能从B公司收回全部的对价金额，而是仅能收回60万元。尽管如此，A

公司预计 B 公司所在国家的经济情况将在未来 2~3 年内好转，且 A 公司与 B 公司之间建立的良好关系将有助于其在该国家拓展其他潜在客户。

解析

1.评估对价可收回性时，首先确定对价的金额

应用指南规定："企业在评估其因向客户转让商品而有权取得的对价是否很可能收回时，仅应考虑客户到期时支付对价的能力和意图（即客户的信用风险）。当对价是可变对价时，由于企业可能会向客户提供价格折让，企业有权收取的对价金额可能会低于合同标价。企业向客户提供价格折让的，应当在估计交易价格时进行考虑"。

在评估其因向客户转让商品而有权取得的对价是否很可能收回时，首先应确定有权取得的对价的金额，如果该对价是可变对价，则首先按照可变对价的规则估计交易价格。

本例中，根据 B 公司所在国家的经济情况以及 A 公司的销售战略，A 公司认为其将向 B 公司提供价格折让，A 公司能够接受 B 公司支付低于合同对价的金额，即 60 万元。

> 【提示】本段中关于"价格折让"的表述为应用指南（包括国际准则的中文翻译版本）中的说法，本例中，A 公司减少合同中的价款并非因"价格折让"，而是因促销产生的"价格折扣"。"价格折让"一般是因销售的商品或者服务不符合要求而给予客户的价格上的减让，而本例中，A 公司首次向 B 公司销售，并且与 B 公司之间建立的良好关系将有助于其在该国家拓展其他潜在客户，上述事实均表明，A 公司减少合同价款的原因是促销因素，而非质量原因。这种表述的差异可能是不同语言环境的区别所致。

因此，A 公司因向 B 公司销售商品预期有权获得的对价为 60 万元，在确定了有权取得的对价金额后，再予以考虑该对价的可收回性。

2.评估该有权获得的对价的可收回性

根据应用指南规定，"企业在评估其因向客户转让商品而有权取得的对价是否很可能收回时，仅应考虑客户到期时支付对价的能力和意图（即客户的信用风险）"。

本例中，A 公司在评估了 B 公司到期时支付对价的能力和意图（即信用风险）后得出结论认为，该合同满足"有权取得的对价很可能收回"的条件。

参考《国际财务报告准则第 15 号——客户合同产生的收入》结论基础：

BC45 在确定主体是否很可能取得其有权获得的对价金额时，主体可能首先需要确定其有权获得的对价金额。这是因为在某些情况下，主体有权获得的对价金额可能低于合同规定的价格。这可能因为主体可能向客户提供价格折让（参见《国际财务报告准则第15号》第52段）或主体有权获得的对价金额因其他原因（如，奖金承诺）而发生变化。在上述任一种情况下，主体应考虑在与对价相关的不确定性消除时其是否很可能取得有权获得的对价金额。

主体应通过考虑下列两个方面来评估是否很可能取得对价金额：

（1）客户支付主体因向其转让商品或服务而有权获得的对价金额的能力（即，财务能力）。

（2）客户支付对价金额的意图。IASB和FASB认为，对客户意图的评估要求主体考虑所有事实和情况，包括该客户或客户类别的过往实务。IASB和FASB指出，该评估应当基于对价金额将须支付的假设（即，相应的履约义务将得到履行并且对价不会受可能影响主体获得该对价的权利的进一步变化的影响）而作出。

3.客户信用风险不影响收入确认金额

本例中确定了60万元的因转让商品预期有权获得的对价后，经评估满足很可能收回的条件。在后续期间测试该收款权利减值时，假设估计只能收回50万元。此时对于收入的确认，是按照"净额"50万元确认收入，还是按照"总额"60万元确认收入同时确认10万元的减值？

企业的销售职能和应收款追缴职能往往单独进行管理，如果收入按"总额"计量，可以分别分析收入增长和应收款管理（或坏账）；如果企业对销售收入和应收款追缴的评估仅在收入单列项目中以"净额"基础列报，则无法提供这一信息。

因此，本例中应按照"总额"确认60万元的收入以及10万元的减值。

> 【提示】合同开始日或者后续期间客户的重大信用风险导致企业评估对价不是很可能收回，则可能导致企业无法将对价确认收入或者停止确认收入，但客户信用风险不能影响已确认收入的金额。

参考《国际财务报告准则第15号——客户合同产生的收入》结论基础：

BC261 在考虑了反馈意见之后，IASB和FASB决定不采用上述建议。取而代之的是，在2011年征求意见稿中，IASB和FASB建议**收入应当按主体预计有权获得的金额确认**（该金额不会反映就主体可能无法从客户收回的金额所作的任何调整）。但是，为使所有财务报表使用者均能够了解主体总收入中预计无法收回的部分，IASB和FASB建议将收入单列项目与减值损失单列项目的列报相联系。因此，2011年征求意见稿建议，不包含重大融资成分的交易所产生的初始和后续减值损失（及转回），应当作为紧邻收入单列项目的单独单列项目列报。

4. A公司账务处理

根据上述分析，A公司向国外B公司销售商品预期有权获得的对价为60万元（虽然合同标价为100万元），同时A公司考虑B公司到期时支付对价的能力和意图后，评估认为，因向B公司转让商品而有权取得的对价60万元很可能收回，在符合识别合同其他条件的前提下，A公司认为把60万元纳入交易价格是合适的，计入收入的金额为60万元。

然而，在确认应收款项相关金额时，却产生了观点分歧：

如果按照评估的交易价格计入应收款项，则会计分录为（单位：万元，下同）：

借：应收账款　　　　　　　　　　　　　　　　　60
　　贷：主营业务收入　　　　　　　　　　　　　　　60

此种处理在实务中产生了一个难题，A公司预期有权获得的对价为60万元是其职业判断与估计，而客户的相关账务处理不一定与之相同，比如客户计入应付款项的金额很可能是100万元，而A公司计入应收款项的金额为60万元，这对企业日常的往来账户核对的工作量和难度是个不小的挑战，尤其是在考虑了相关增值税的情况下（本例由于是出口业务，假设适用零税率），将会更加复杂。

另外，A公司预计将来会获得60万元的对价，但是仍然拥有获得100万元对价的无条件权利。

因此，另一种账务处理方式顺势而出：

借：应收账款　　　　　　　　　　　　　　　　　100
　　贷：主营业务收入　　　　　　　　　　　　　　　60
　　　　预计负债　　　　　　　　　　　　　　　　　40

本例中，此处的"预计负债"表示将来向客户提供的折扣，因其金额不确定，计入"预计负债"较为合适。A公司同时应按照减值相关规定对该应收款项做减值测试。

参考《国际财务报告准则第15号——客户合同产生的收入》结论基础：

BC326　IASB和FASB认为在某些情况下，**即使主体可能须要在未来返还部分或全部对价，主体仍拥有获得对价的无条件权利**。在这种情况下，在未来返还对价的潜在义务不会影响主体收取对价总额的现时权利。在这种情况下，IASB和FASB认为主体可以确认一项应收款和一项退款负债（例如，当存在退货权时）。

案例22
冲减收入与计提减值的区别

中国证监会《2018年上市公司年报会计监管报告》部分内容如下：

未正确区分应收账款减值和收入调整。

根据企业会计准则及相关规定，企业应当以从购货方已收或应收的合同或协议价款为基础计量收入。对于因所提供商品或服务相关的原因，导致合同价款发生变化或调整的，如商业折扣、销售折让等，应相应调整收入金额。对于销售商品或提供劳务确认的应收款项，企业应当在资产负债表日基于信用风险进行减值测试。年报分析发现，部分上市公司未区分原因，简单将预计无法从客户收回的全部或部分应收账款计提坏账准备。对于无法收回的应收账款，上市公司应对其原因进行分析。如果是因所销售的商品或者提供的劳务本身未达到合同要求，或是向客户提供了折扣等因素，导致客户无需支付合同款项，应当作为合同对价的调整，将预计无法收回的款项冲减收入；如果是由于在后续期间相关情况发生变化导致前期确认的应收账款（例如应收政府节能补贴款）无法收回，应将其视为对商品销售收入估计的调整，将预计无法收回的补贴款冲减当期收入；如果是由于客户的信用风险导致款项很可能无法收回，则应当对该应收账款进行减值测试，并根据减值测试的结果计提坏账准备。

解析

企业无法全部或者部分收回因向客户销售商品预期有权获取的对价的，应区分不同情况进行处理：

如果因客户信用风险导致已经确认的应收款项很可能无法全部或者部分收回，应按照减值的相关规定进行处理；如果因折扣折让或者后续情况发生变化等情况，应调整原已经确认的收入。

例如，现阶段有的建筑企业将因工程质量问题导致质保金的扣减作为坏账处理，实际上这属于销售折让，应调整原已确认的收入。

再如，应收政府节能补贴款无法收回，可能是因为未达到相关条件或者标准，或者确认收入期间的情况现在发生了重大变化，这些不属于政府的重大信用风险，不能根据减值的相关规定进行处理，应调整原已确认的收入。

案例 23
对价很可能收回与可变对价

中国证监会《2018年上市公司年报会计监管报告》部分内容如下：

收入确认时未考虑销售商品价款收回的可能性。

根据企业会计准则及相关规定，销售商品收入要满足相关经济利益很可能流入企业时，才能予以确认。企业在确定销售商品价款收回的可能性时，应当结合与客户交往的经验、政府有关政策、银行等其他方面获取的信息进行分析。年报分析发现，个别上市公司的商品销售对价中包含来自政府的补贴，该补贴的申报需要满足一定条件，公司在发出商品时即确认收入，而未考虑商品销售价款收回的不确定性。例如，新能源汽车补贴政策要求部分类型新能源汽车累计行驶里程达到规定公里数才能取得补贴资金。公司应根据政府补贴政策，结合以往卖出车辆的行驶数据、买方实际运营能力、信誉状况以及销售合同条款中有关车辆所有权、在买方无法获取补贴款时对相关价款的追偿权等，判断商品销售价款收回的可能性。对于已经发出、但尚未满足收入确认条件的车辆，应根据销售合同中有关车辆所有权、无法获得补贴款时对客户的追偿权等约定，结合车辆的损耗情况以及买方的还款能力等因素，估计相关存货的可变现净值，并相应计提存货跌价准备。

解析

1. 对价全部或者部分无法收回的原因分析

企业因向客户销售商品预期有权获取的对价全部或者部分无法收回，可大体分为以下几种原因：

（1）合同开始日，客户信用风险导致对价很可能无法收回。

在合同开始日，企业考虑客户的信用风险从而评估其因向客户转让商品而有权取得的对价是否很可能收回，如答案为否定，则不能确认相关收入；如答案为肯定，则将预期有权获得的对价确认为收入。

（2）合同后续期间，客户信用风险不足以导致对价很可能无法收回。

合同后续期间，客户的信用风险显著提高，但不足以严重到导致企业评估对价不是很可能收回，收入继续确认，并对相关应收款项进行减值测试。

（3）合同后续期间，客户信用风险导致对价很可能无法收回。

合同后续期间，客户的信用风险显著提高，且客户的信用风险严重到导致企业评估对价不是很可能收回，此时应停止确认收入，并继续对相关应收款项进行减值测试。

（4）其他原因。

企业销售折让、销售折扣以及因后续期间情况发生了变化导致前期确认的对价产生了调整等情况，则需对价格进行相应调整，属于新收入准则中可变对价的范畴。

2. 新能源汽车补贴收回的不确定性属于新收入准则的可变对价

本例中对于"判断商品销售价款收回的可能性"的评估仅应考虑客户到期时支付对价的能力和意图（即客户的信用风险），而企业能否收到新能源汽车补贴款并不是由政府支付对价的能力和意图决定，而是取决于将来某些不确定的事项，比如新能源汽车补贴政策要求部分类型新能源汽车累计行驶里程达到规定公里数才能取得补贴资金，这应属于新收入准则中可变对价的概念。

因此，企业在评估政府对于新能源车补贴的交易价格时，应按照新收入准则中可变对价的规定进行处理。企业应考虑累计行驶里程达到规定公里数的可能性等因素，根据历史交易经验等资料，按照期望值或最可能发生金额确定可变对价的最佳估计数并将其纳入交易价格，同时计入交易价格的可变对价金额还应该满足限制条件，即包含可变对价的交易价格，应当不超过在相关不确定性消除时，累计已确认的收入极可能不会发生重大转回的金额。

03
关于合同变更

案例24
合同变更部分作为一份单独的合同

甲公司承诺向某客户销售120件产品，每件产品售价100元。该批产品彼此之间可明确区分，且将于未来6个月内陆续转让给该客户。甲公司将其中的60件产品转让给该客户后，双方对合同进行了变更，甲公司承诺向该客户额外销售30件相同的产品，这30件产品与原合同中的产品可明确区分，其售价为每件95元（假定该价格反映了合同变更时该产品的单独售价）。

上述价格均不包含增值税。

解析

1. 合同变更增加可明确区分商品，且新增价款反映新增商品单独售价，合同变更部分作为一份单独合同处理

应用指南规定："合同变更增加了可明确区分的商品及合同价款，且新增合同价款反映了新增商品单独售价的，应当将该合同变更部分作为一份单独的合同进行会计处理。此类合同变更不影响原合同的会计处理"。

本例中，由于新增的30件产品是可明确区分的，且新增的合同价款反映了新增产品的单独售价，因此，该合同变更实际上构成了一份单独的、在未来销售30件产品的新合同，该新合同并不影响对原合同的会计处理。甲公司应当对原合同中的120件产品按每件产品100元确认收入，对新合同中的30件产品按每件产品95元确认收入。

2. 对新增产品的单独售价进行适当调整不影响新增商品单独售价的判断

甲公司承诺向客户销售产品售价为100元，合同变更增加了可单独区分的30件产品，其售价为95元，价格降低的原因可能是，甲公司由于无须为发展新客户等支付相关销售费用，可能会向客户提供一定的折扣，从而适当调整新增商品的单独售价，该调整不影响新增商品单独售价的判断。

在符合行业惯例、历史交易经验等前提下以及考虑了市场行情等因素后，甲公司认为，95元的价格是对该产品单独售价的适当调整，并反映了合同变更时新增产品的单独售价。

> **【提示】** 将新增部分作为单独合同的说明:
>
> 如果额外承诺的产品可明确区分且其定价反映此类产品的单独售价,则企业就额外的产品订立单独的合同,其与企业修订现有合同两者之间不存在任何经济差异。

3. 甲公司账务处理

(1) 甲公司销售原合同中的60件产品:

  借:应收账款——客户　　　　　　　　　　　　　　6 780
    贷:主营业务收入　　　　　　　　　　　　　　6 000(60×100)
      应交税费——应交增值税(销项税额)　　780(6 000×13%)

(2) 销售合同变更新增的30件产品:

  借:应收账款——客户　　　　　　　　　　　　　　3 220.5
    贷:主营业务收入　　　　　　　　　　　　　　2 850(30×95)
      应交税费——应交增值税(销项税额)　　370.5(2 850×13%)

(3) 销售原合同中剩余的60件产品:

  借:应收账款——客户　　　　　　　　　　　　　　6 780
    贷:主营业务收入　　　　　　　　　　　　　　6 000(60×100)
      应交税费——应交增值税(销项税额)　　780(6 000×13%)

4. 应用指南相关规定

企业应当区分下列三种情形对合同变更分别进行会计处理:

(1) 合同变更部分作为单独合同。**合同变更增加了可明确区分的商品及合同价款,且新增合同价款反映了新增商品单独售价的,应当将该合同变更部分作为一份单独的合同进行会计处理。** 此类合同变更不影响原合同的会计处理。

判断新增合同价款是否反映了新增商品的单独售价时,应当考虑为反映该特定合同的具体情况而对新增商品价格所做的适当调整。例如,在合同变更时,企业由于无需发生为发展新客户等所须发生的相关销售费用,可能会向客户提供一定的折扣,从而适当调整新增商品的单独售价,该调整不影响新增商品单独售价的判断。

5. 参考《国际财务报告准则第15号——客户合同产生的收入》20段

20　如果同时满足下列两个条件,则主体应将合同的修订作为单独的合同进行会计处理:

（1）合同的范围因新增的可明确区分的已承诺商品或服务而扩大（根据第26段至第30段）；以及

（2）合同价格提高，增加的对价金额反映主体额外承诺的商品或服务的单独售价及为反映该特定合同的具体情况而对该价格所作的适当调整。例如，因为主体无需发生若向新客户销售类似商品或服务时须发生的相关销售费用，主体可能向客户提供折扣，并对新增商品或服务的单独售价进行调整。

案例25
合同变更作为原合同终止及新合同订立之例一

甲公司承诺向某客户销售120件产品，每件产品售价100元。该批产品彼此之间可明确区分，且将于未来6个月内陆续转让给该客户。甲公司将其中的60件产品转让给该客户后，双方对合同进行了变更，甲公司承诺向该客户额外销售30件相同的产品，这30件产品与原合同中的产品可明确区分。

甲公司新增销售的30件产品售价为每件80元（假定该价格不能反映合同变更时该产品的单独售价）。同时，由于客户发现甲公司已转让的60件产品存在瑕疵，要求甲公司对已转让的产品提供每件15元的销售折让以弥补损失。经协商，双方同意将价格折让在销售新增的30件产品的合同价款中进行抵减，金额为900元。

上述价格均不包含增值税。

解析

1. 合同新增产品不能反映其单独售价且尚未转让产品与已转让产品可明确区分，作为原合同终止及新合同订立处理

应用指南对于合同变更第二种情形的规定为：

"合同变更不属于上述第（1）种情形，且在合同变更日已转让的商品或已提供的服务（以下简称'已转让的商品'）与未转让的商品或未提供的服务（以下简称'未转让的商品'）之间可明确区分的，应当视为原合同终止，同时，将原合同未履约部分与合同变更部分合并为新合同进行会计处理"。

其中，所称"合同变更不属于上述第（1）种情形"，指的是合同变更没有新增可明确区分的商品，或者新增了可明确区分的商品但未增加合同价款，或者新增了可明确区分的商品也增加了合同价款但不能反映其单独售价。在此前提下，如果尚未转让的产品与已转让产品可明确区分,则应视为原合同终止以及将原合同未履约部分与合同变更部分合并为新合同进行会计处理。

本例即为合同变更增加了可明确区分的产品但不能反映其单独售价,同时尚未转让的产品与已转让产品可明确区分的情形。

本例中,对于合同变更新增的30件产品,由于其售价不能反映该产品在合同变更时的单独售价,因此,该合同变更不能作为单独合同进行会计处理。由于尚未转让给客户的产品(包括原合同中尚未交付的60件产品以及新增的30件产品)与已转让的产品是可明确区分的,因此,甲公司应当将该合同变更作为原合同终止,同时,将原合同的未履约部分与合同变更合并为新合同进行会计处理。

该新合同中,剩余产品为90件,其对价为8 400元,即原合同下尚未确认收入的已承诺对价6 000元(100×60)与合同变更部分的对价2 400元(80×30)之和,新合同中的90件产品每件产品应确认的收入为93.33元(8 400÷90)。

本例中,由于900元的折让金额与已经转让的60件产品有关,因此应当将其作为已销售的60件产品的销售价格的抵减,在该折让发生时冲减当期销售收入。

2. 甲公司账务处理

(1)甲公司销售原合同中60件产品:

借:应收账款——客户　　　　　　　　　　　　　　　6 780
　　贷:主营业务收入　　　　　　　　　　　　　　　6 000(60×100)
　　　　应交税费——应交增值税(销项税额)　　　　780(6 000×13%)

(2)甲公司对已转让的产品提供每件15元的销售折让:

借:应收账款——客户　　　　　　　　　　　　　　　-1 017
　　贷:主营业务收入　　　　　　　　　　　　　　　-900(60×15)
　　　　应交税费——应交增值税(销项税额)　　　　-117(900×13%)

【提示】1.双方同意将价格折让在销售新增的30件产品的合同价款中进行抵减,指的是抵减销售新增的30件产品的应收款项,并不是冲减30件产品的收入。该折让与原合同中已经销售的60件产品相关,应在折让当期将其作为已销售的60件产品的销售价格的抵减。

2.甲公司应根据《国家税务总局关于红字增值税发票开具有关问题的公告》(国家税务总局公告2016年第47号)的相关规定,向客户开具红字专用发票。

(3)将原合同未履约部分与合同变更部分合并为新合同处理:

借：应收账款——客户　　　　　　　　　　　　　　　9 492
　　贷：主营业务收入　　　　　　　　　　8 400（60×100+30×80）
　　　　应交税费——应交增值税（销项税额）　1 092（8 400×13%）

3. 应用指南相关规定

企业应当区分下列三种情形对合同变更分别进行会计处理：

……

（2）合同变更作为原合同终止及新合同订立。合同变更不属于上述第（1）种情形，且在合同变更日已转让的商品或已提供的服务（以下简称"已转让的商品"）与未转让的商品或未提供的服务（以下简称"未转让的商品"）之间可明确区分的，应当视为原合同终止，同时，将原合同未履约部分与合同变更部分合并为新合同进行会计处理。

未转让的商品既包括原合同中尚未转让的商品，也包括合同变更新增的商品。新合同的交易价格应当为下列两项金额之和：一是原合同交易价格中尚未确认为收入的部分（包括已从客户收取的金额）；二是合同变更中客户已承诺的对价金额。

案例26
合同变更作为原合同终止及新合同订立之例二

A公司与客户签订合同，每周为客户的办公楼提供保洁服务，合同期限为3年，客户每年向A公司支付服务费10万元（假定该价格反映了合同开始日该项服务的单独售价）。在第2年末，合同双方对合同进行了变更，将第3年的服务费调整为8万元（假定该价格反映了合同变更日该项服务的单独售价），同时以20万元的价格将合同期限延长3年（假定该价格不反映合同变更日该3年服务的单独售价），即每年的服务费为6.67万元，于每年年初支付。

上述价格均不包含增值税。

解析

1. 合同变更前保洁服务为单项履约义务且在某一时段内履行

本例中，在合同开始日，A公司认为其每周为客户提供的保洁服务是可明确区分的，但由于A公司向客户转让的是一系列实质相同且转让模式相同的、可明确区分的服务，因此，根据新收入准则第九条，应当将其作为单项履约义务。在合同开始的前2年，即合同变更之前，A公司每年确认收入10万元。

根据新收入准则第九条的规定，"企业向客户转让一系列实质相同且转让模式相同的、可明确区分商品的承诺，也应当作为单项履约义务"。

2.合同变更作为原合同终止及新合同订立

在合同变更日，由于新增的3年保洁服务的价格不能反映该项服务在合同变更时的单独售价，因此，该合同变更不能作为单独的合同进行会计处理；由于在剩余合同期间需提供的服务与已提供的服务是可明确区分的，A公司应当将该合同变更作为原合同终止，同时，将原合同中未履约的部分与合同变更合并为一份新合同进行会计处理。

该新合同的合同期限为4年，对价为28万元，即原合同下尚未确认收入的对价8万元与新增的3年服务相应的对价20万元之和，新合同中A公司每年确认的收入为7万元（28÷4）。

3. A公司账务处理

（1）合同变更前确认收入，每年确认10万元，共2年（单位：万元，下同）。

借：应收账款　　　　　　　　　　　　　　　　　　　　　　　10.6
　　贷：主营业务收入　　　　　　　　　　　　　　　　　　　　10
　　　　应交税费——应交增值税（销项税额）　　　　　　　　　0.6

【提示】A公司为客户提供的保洁服务，属于在某一时段内履行的履约义务，应按照履约进度分期确认收入。

（2）合同变更后确认收入，每年确认7万元，共4年。

借：应收账款　　　　　　　　　　　　　　　　　　　　　　　7.42
　　贷：主营业务收入　　　　　　　　　　　　　　　　　　　　7
　　　　应交税费——应交增值税（销项税额）　　　　　　　　　0.42

【提示】合同交易价格合计：2×10+1×8+20=48（万元）；
　　　　账务处理收入金额合计：2×10+4×7=48（万元）。

案例27
合同变更作为原合同的组成部分

2020年1月15日,乙建筑公司和客户签订了一项总金额为1 000万元的固定造价合同,在客户自有土地上建造一幢办公楼,预计合同总成本为700万元。假定该建造服务属于在某一时段内履行的履约义务,并根据累计发生的合同成本占合同预计总成本的比例确定履约进度。

截至2020年末,乙公司累计已发生成本420万元,履约进度为60%(420÷700)。因此,乙公司在2020年确认收入600万元(1 000×60%)。

2021年初,合同双方同意更改该办公楼屋顶的设计,合同价格和预计总成本因此而分别增加200万元和120万元。

上述价格均不包含增值税。

解析

1. 合同变更日已转让的商品与未转让的商品之间不可明确区分,合同变更部分作为原合同组成部分处理

在本例中,合同变更没有新增可明确区分的服务,因此不属于合同变更的第一种情形,同时由于合同变更后拟提供的剩余服务与在合同变更日或之前已提供的服务不可明确区分(即该合同仍为单项履约义务),因此,乙公司应当将合同变更作为原合同的组成部分进行会计处理。合同变更后的交易价格为1 200万元(1 000+200),乙公司重新估计的履约进度为51.2%[420÷(700+120)],乙公司在合同变更日应额外确认收入14.4万元(51.2%×1 200−600)。

2. 乙公司账务处理(部分分录)

(1)截至2020年末,乙公司累计已发生成本420万元(单位:万元,下同)。

借:合同履约成本　　　　　　　　　　　　　　　　420
　　贷:应付职工薪酬、银行存款等　　　　　　　　　　420

履约进度为60%(420÷700)。

(2)按照履约进度确认收入和成本。

借:合同结算——收入结转　　　　　　　　　　　　600
　　贷:主营业务收入　　　　　　　　　　　　　　　　600

(3)2021年初合同变更,合同价格和预计总成本分别增加200万元和120万元。

乙公司重新估计的履约进度为51.2%［420÷（700+120）］。

乙公司重新估计履约进度后累计应确认的收入：

（1 000+200）×51.2%=614.4（万元）。

变更后应额外确认的收入：614.4-600=14.4（万元）。

  借：合同结算——收入结转   14.4

   贷：主营业务收入   14.4

思考：此时的收入调整应在2021年进行，还是需追溯到2020年进行？

根据应用指南的相关规定（相关规定附后），乙公司应在合同变更日重新计算履约进度，并调整当期收入和相应成本等，即应在2021年对额外增加的14.4万元收入进行账务处理。

3. 应用指南相关规定

  企业应当区分下列三种情形对合同变更分别进行会计处理：

  ……

  （3）合同变更部分作为原合同的组成部分。合同变更不属于上述第（1）种情形，且在合同变更日已转让的商品与未转让的商品之间不可明确区分的，应当将该合同变更部分作为原合同的组成部分，在合同变更日重新计算履约进度，**并调整当期收入和相应成本等。**

4. 参考《国际财务报告准则第15号——客户合同产生的收入》21段

  如果剩余商品或服务不可明确区分，并因此构成截至合同修订日已部分履行的单一履约义务的一部分，则主体应将合同的修订作为现有合同的一部分进行会计处理。合同的修订对交易价格及主体履约义务的履约进度计量结果的影响应在合同修订日确认为对收入的调整（收入的增加或减少）（即，对收入作出累计追加调整）。

案例28

财政部会计司收入准则应用案例
——合同变更与可变对价的判断之例一

甲公司与客户乙公司签订合同，约定在一年内以固定单价100元向乙公司交付120件标准配件，无折扣、折让等金额可变条款，且甲公司已公开宣布的政策、特定声明或者以往的习惯做法等相关事实和情况表明，甲公司不会提供价格折让等可能导致对价金额可变的安排。甲公司向乙公司交付60件配件后，市场新出现一款竞争产品,单价为每件65元。为了维系客户关系,甲公司与乙公司达成协议,将剩余60件配件的价格降为每件60元,已转让的60件配件与未转让的60件配件可明确区分。假定不考虑亏损合同等其他因素。

解析

1. 该价格变化不属于可变对价,应作为合同变更进行会计处理

本例中,由于合同无折扣、折让等金额可变条款,且甲公司已公开宣布的政策、特定声明或者以往的习惯做法等相关事实和情况表明,甲公司不会提供价格折让等可能导致对价金额可变的安排,该价格折让是市场条件的变化引发的,这种变化是甲公司在合同开始日根据其所获得的相关信息无法合理预期的,由此导致的合同各方达成协议批准对原合同价格做出的变更,不属于可变对价,应作为合同变更进行会计处理。

> 【提示】可变对价与合同修订导致的交易价格变动的区别:
>
> 可变对价源自合同开始日存在的变动,合同变更导致的价格变动则是合同后续变化的结果。

参考《国际财务报告准则第15号——客户合同产生的收入》结论基础(82段部分内容):

BC82 IASB和FASB指出,合同修订导致的交易价格变动和可变对价的预期变动源自不同的经济事件——可变对价的预期变动源自在合同开始时已识别及议定的某个变量的变动,而合同修订导致的价格变动则是合同各方之间后续进行单独商议的结果。因此,IASB和FASB决定,仅导致合同价格变动的合同修订应当采用与其他合同修订相一致的方式进行会计处理。

2. 该合同变更应作为原合同终止及新合同订立进行会计处理

该合同变更未增加可明确区分的商品,因此不属于合同变更的第一种情形,同时甲公司已转让的商品(已转让的60件配件)与未转让的商品(未转让的60件配件)之间可明确区分,因此,该合同变更属于第二种情形,即应作为原合同终止及新合同订立进行会计处理,甲公司向乙公司交付剩余60件配件时,单独作为新合同进行处理,确认收入3 600元(60×60)。

本案例不涉及亏损合同的相关会计处理分析。

3. 甲公司账务处理

(1)转让原合同中的60件配件:

借:应收账款 6 780
　　贷:主营业务收入 6 000（60×100）
　　　　应交税费——应交增值税（销项税额） 780（6 000×13%）
（2）销售新合同中的60件配件:
借:应收账款 4 068
　　贷:主营业务收入 3 600（60×60）
　　　　应交税费——应交增值税（销项税额） 468（3 600×13%）

案例29

财政部会计司收入准则应用案例
——合同变更与可变对价的判断之例二

2020年1月1日,甲公司与客户乙公司签订合同,在一年内以固定单价100元向乙公司交付120件标准配件。甲公司以往的习惯做法表明,在该商品出现瑕疵时,将根据商品的具体瑕疵情况给予客户价格折让,企业综合考虑相关因素后认为会向客户提供一定的价格折让。合同开始日,甲公司估计将提供300元价格折让。2020年1月30日,甲公司向乙公司交付60件配件,假定乙公司已取得60件配件的控制权,甲公司确认收入5 850元（100×60-300×60÷120）。

2020年1月31日,乙公司发现配件存在质量瑕疵,需要返工,甲公司返工处理后,乙公司对返工后的配件表示满意。

甲公司对存在质量瑕疵配件提供的返工服务是为了保证销售的配件符合既定标准,属于保证类质量保证,不构成单项履约义务,甲公司已根据《企业会计准则第13号——或有事项》的规定对相关的质保义务进行了会计处理。2020年1月31日,为了维系客户关系,甲公司按以往的习惯做法主动提出对合同中120件配件给予每件3元的价格折让,共计360元,该折让符合甲公司以往的习惯做法。甲公司与乙公司达成协议,通过调整剩余60件配件价格的形式提供价格折让,即将待交付的60件配件的单价调整为94元。

解析

1.该价格变动不属于合同变更范畴

为维系客户关系,甲公司提供了质保之外的价格折让,并且在合同开始日,根据甲公司以往的习惯，可以预期如果商品不符合合同约定的质量标准，甲公司将给予乙公司一定的价格折让，而后续实际给予的折扣与初始预计的折扣差异属于相关不确定性消除而发生的可变对价的变化，而非合同变更导致的，应作为合同可变对价的后续变动进行会计处理。

> 【提示】关于价格变动不属于合同变更的说明：
> 甲公司在合同开始日即已识别出合同中存在可能影响交易价格的变动因素——价格折让，将来由于某些事项发生了变化导致该可变对价发生变动，而不是因为后期合同变更导致该价格的变化，也就是说，该可变对价在合同开始日即已存在，其后续变化应该按照可变对价的后续变动进行处理。

2. 价格折让分摊至整个合同

由于并无证据表明甲公司给予的价格折让与某部分履约义务相关，因此甲公司给予的价格折让与整个合同相关，应当分摊至合同中的各项履约义务，其中，已交付的60件配件的履约义务已经完成，其控制权已经转移，因此，甲公司在交易价格发生变动的当期，将价格折让增加额60元（360-300）分摊至已交付的60件配件，冲减当期收入30元（60×60÷120）。甲公司在乙公司取得剩余60件配件控制权时，相应确认收入。

> 【提示】有确凿证据表明，合同折扣仅与合同中的一项或多项（而非全部）履约义务相关，企业应当将合同折扣全部分摊至合同中的一项或多项（而非全部）履约义务。相关处理详见本书后续案例。

3. 甲公司账务处理

（1）2020年1月30日，甲公司向乙公司交付60件配件：

借：应收账款　　　　　　　　　　　　　　　　6 780
　贷：主营业务收入　　　　　5 850（100×60-300×60÷120）
　　　预计负债——价格折让　　　　　　　　　　150
　　　应交税费——应交增值税（销项税额）　　780（100×60×13%）

> 【提示】1. 转让60件配件时折让额计算的说明：
> 合同开始日，甲公司估计将对合同中约定交付的120件配件提供300元价格折

让，因此当甲公司在2020年1月30日转让60件配件的控制权时，甲公司即应在60件配件的收入6 000元（100×60）中扣减相对应的折让额150元（300×60÷120），确认收入5 850元（6 000-150）。

2.甲公司所得税处理：

账务上甲公司计入收入金额为5 850元，但企业所得税中应确认6 000元的收入，如可变对价减少收入与实际发生折让的时点未跨年度，则无须在企业所得税汇算清缴时进行纳税调整，否则应进行纳税调整。在实务中，可考虑通过"预计负债"等科目余额跨年度的变化来进行企业所得税应纳税所得额的调整。

（2）计提产品质量保证费用：

借：销售费用——产品质量保证

贷：预计负债——产品质量保证

（3）发生产品质量保证费用：

借：预计负债——产品质量保证

贷：银行存款或原材料等

（4）将价格折让增加额60元分摊至已交付的60件配件，冲减当期收入30元：

贷：预计负债——价格折让　　　　　　　　　　30（60×60÷120）

贷：主营业务收入　　　　　　　　　　　　　　-30

【提示】2020年1月31日，甲公司主动提出对合同中120件配件给予每件3元的价格折让共360元，该折让应分摊至整个合同中。整个合同包括交付120件配件的履约义务，已经交付了60件，尚余60件未交付，两者各分摊180元的折让。由于之前交付的60件配件已经分摊了150元的折让金额，因此还应分摊30元的折让金额。

（5）将"预计负债——价格折让"转入其他应付款：

借：预计负债——价格折让　　　　　　　　　　180

贷：其他应付款——价格折让　　　　　　　　　180

【提示】关于"预计负债——价格折让"转入其他应付款的说明：

之前将预计的折让金额计入"预计负债——价格折让"，其原因是该折让不是确定的金额，其金额根据将来客户使用产品的质量是否发生瑕疵确定，属于或有事项。而在2020年1月31日，甲公司主动提出对合同中120件配件给予每件3元的价格折让共360元，该折让金额是确定的，因此将之前"预计负债——价格折让"余额转入其他应付款更为恰当。

（6）销售剩余60件配件：

借：应收账款　　　　　　　　　　　　　　　　6 780
　　贷：主营业务收入　　　　　　　5 820（100×60-360×60÷120）
　　　　其他应付款——价格折让　　　180（100×60-5 820）
　　　　应交税费——应交增值税（销项税额）　780（100×60×13%）

【提示】关于折让金额确认时间的说明：

新收入准则及其应用指南要求合同交易价格包括可变对价时，原则上应在每次（期）确认收入时予以反映，即按照比例调整每次收入的金额，如本例中，每次（期）确认收入时均应反映应分摊的折让金额。

实务工作中，在某些可能的情况下，企业可以考虑集中在某一时点进行统一处理，比如，报表使用者可能只关注在某一资产负债表日的企业财务情况等。

案例30

财政部会计司收入准则应用案例
——合同变更与可变对价的判断之例三

甲公司与客户乙公司签订合同，为其提供广告投放服务，广告投放时间为2020年1月1日至6月30日，投放渠道为一个灯箱，合同金额为60万元。合同中无折扣、折让等金额可变条款，也未约定投放效果标准，且甲公司已公开宣布的政策、特定声明或者以往的习惯做法等相关事实和情况表明，甲公司不会提供价格折让等安排。双方约定，2020年1月至6月乙公司于每月月底支付10万元。广告投放内容由乙公司决定，对于甲公司而言，该广告投放为一系列实质相同且转让模式相同的、可明确区分的商品。广告投放以后，由于出现外部突发原因，周边人流量骤减，乙公司对广告投放效果不满意。2020年3月31日，甲公司与乙公司达成了广告投放服务补充协议，

且双方已批准执行,假定分以下三种情形:

情形一:对后续广告服务打五折处理,即2020年4月至6月客户于每月月底支付5万元。

情形二:增加广告投放时间,即合同期限延长至2020年8月31日,但合同总价60万元不变,客户于4月至8月每月月底支付6万元。

情形三:增加广告投放媒体,即从2020年4月1日起到2020年6月30日,甲公司为乙公司提供两个灯箱来投放广告,在新增的灯箱上提供的广告服务本身是可明确区分的,合同总价60万元和付款情况不变。

假设甲公司为提供广告服务而占用的灯箱不构成租赁,不考虑其他因素。本案例不涉及亏损合同的相关会计处理分析。

以上价格均不包含增值税。

解析

1. 该价格变动不属于可变对价,应作为合同变更进行会计处理

本例中,由于甲公司与乙公司签订合同时并没有约定可变对价,且甲公司已公开宣布的政策、特定声明或者以往的习惯做法等相关事实和情况表明,甲公司不会提供折扣或折让等安排,甲乙公司的合同中不存在可变对价,对于2020年3月31日的补充协议,三种情形均应当作为合同变更进行会计处理。

2. 情形一:合同变更作为原合同终止及新合同订立进行会计处理

对于情形一,甲乙双方批准对合同价格做出变更,合同变更并没有增加可明确区分的商品及合同价款,且合同变更日已提供的广告服务与未提供的广告服务之间可明确区分,所以甲公司应当将合同变更作为原合同终止及新合同订立进行会计处理。新合同的服务时间为2020年4月1日至2020年6月30日,交易价格为15万元(原合同交易价格中未确认为收入的部分30万元与合同变更中客户已承诺的对价金额-15万元之和)。

【提示】关于已提供的广告服务与未提供的广告服务之间可明确区分的说明:

甲公司提供的广告服务构成一项单独的履约义务,为何已提供的广告服务与未提供的广告服务之间可明确区分?

此处需要澄清概念,甲公司提供的广告服务为一系列实质相同且转让模式相同的、可明确区分的商品,该广告服务可明确区分,只是由于其具有一系列实质相同且转让模式相同的特质,因此将其作为一项单独的履约义务处理。

情形一甲公司账务处理（单位：万元，下同）：

（1）确认原合同1月至3月广告服务收入（每月确认10万元的收入）：

  借：应收账款　　　　　　　　　　　　　　　　　　　　31.8

    贷：主营业务收入　　　　　　　　　　　　　　　　30（10×3）

      应交税费——应交增值税（销项税额）　　　1.8（30×6%）

（2）确认新合同4月至6月广告服务收入（每月确认5万元的收入）：

  借：应收账款　　　　　　　　　　　　　　　　　　　　15.9

    贷：主营业务收入　　　　　　　　　　　　　　　　15（5×3）

      应交税费——应交增值税（销项税额）　　　0.9（15×6%）

3. 情形二：合同变更作为原合同终止及新合同订立进行会计处理

对于情形二，甲乙双方批准对合同范围做出变更，合同变更增加的广告投放时间本身可明确区分，甲公司承诺增加的服务时间与原服务时间并未形成组合产出，不存在重大修改和定制、高度关联等情况，因此，合同变更增加了可明确区分的广告投放服务时间，没有新增合同价款，所以甲公司应当将合同变更作为原合同终止及新合同订立进行会计处理。新合同的服务时间为2020年4月1日至2020年8月31日，交易价格为30万元（原合同交易价格中未确认为收入的部分30万元与合同变更中客户已承诺的对价金额0元之和）。

情形二甲公司账务处理：

（1）确认原合同1月至3月广告服务收入（每月确认10万元的收入）：

  借：应收账款　　　　　　　　　　　　　　　　　　　　31.8

    贷：主营业务收入　　　　　　　　　　　　　　　　30（10×3）

      应交税费——应交增值税（销项税额）　　　1.8（30×6%）

（2）确认新合同4月至8月广告服务收入（每月确认6万元的收入）：

  借：应收账款　　　　　　　　　　　　　　　　　　　　31.8

    贷：主营业务收入　　　　　　　　　　　　　　　　30（10×3）

      应交税费——应交增值税（销项税额）　　　1.8（30×6%）

4. 情形三：合同变更作为原合同终止及新合同订立进行会计处理

对于情形三，甲乙双方批准对合同范围做出变更，合同变更增加了广告投放服务的范围，在新增的灯箱上提供的广告服务本身是可明确区分的，因此合同变更增加了可明确区分的广告投放服务，但是没有新增合同价款，甲公司应当将合同变更作为原合同终止及新合同订立进行会计处理。新合同（两个灯箱）的服务时间为2020年4月1日至2020年6月30日，交易价格为30万元（原合同交易价格中未确认为收入的部分

30万元与合同变更中已承诺的对价金额0元之和）。

情形三甲公司账务处理：

（1）确认原合同1月至3月广告服务收入（每月确认10万元的收入）：

借：应收账款 31.8
　　贷：主营业务收入 30（10×3）
　　　　应交税费——应交增值税（销项税额） 1.8（30×6%）

（2）确认新合同4月至6月广告服务收入（每月确认10万元的收入）：

借：应收账款 31.8
　　贷：主营业务收入 30（10×3）
　　　　应交税费——应交增值税（销项税额） 1.8（30×6%）

04
关于识别合同中的单项履约义务

案例31
无法与"易于获得资源"一起使用中受益

甲公司与乙公司签订销售软件产品合同，为乙公司提供数据分析平台产品，由于软件的专业性，该产品的安装只能由甲公司进行，乙公司无法找到其他类似供应商为其进行该安装工作。

合同约定，软件产品价格90万元，安装调试费用10万元，在安装调试达到使用条件时支付合同价款的90%，半年后运行无问题后支付剩余10%款项。后续技术支持等服务另行收费。

以上价格均不包含增值税。

解析

1. 履约义务定义及解释

履约义务，是指合同中企业向客户转让可明确区分商品的承诺，如果这些商品可明确区分，则对应的承诺即为单项履约义务并且应当分别进行会计处理。

新收入准则及其应用指南从两个层面来判断商品是否可明确区分，即商品本身层面及合同层面：

如果客户能够从单独使用某项商品或将其与客户易于获得的其他资源一起使用中获益（商品本身层面），且企业向客户转让该商品的承诺可与合同中的其他承诺单独区分开来（合同层面），则该商品可明确区分。

从顺序来讲，企业确定了商品本身能够明确区分后，还应当在合同层面继续评估转让该商品的承诺是否与合同中其他承诺彼此之间可明确区分。如果企业确定了商品本身不能够明确区分，则不需要在合同层面继续评估转让该商品的承诺是否与合同中其他承诺彼此之间可明确区分。

2. 两个层面判断商品是否可明确区分

《企业会计准则第14号——收入》（财会〔2017〕22号文件印发）第十条规定："企业向客户承诺的商品同时满足下列条件的，应当作为可明确区分商品：

（一）客户能够从该商品本身或从该商品与其他易于获得资源一起使用中受益；

(二)企业向客户转让该商品的承诺与合同中其他承诺可单独区分。"

(1)从商品本身层面判断商品可否明确区分。

应用指南规定:"当客户能够使用、消耗或以高于残值的价格出售商品,或者以能够产生经济利益的其他方式持有商品时,表明客户能够从该商品本身获益。对于某些商品而言,客户可以从该商品本身获益,而对于另一些商品而言,客户可能需要将其与其他易于获得的资源一起使用才能从中获益。其他易于获得的资源,是指企业(或其他企业)单独销售的商品,或者客户已经从企业获得的资源(包括企业按照合同将会转让给客户的商品)或从其他交易或事项中获得的资源。"

本例中,客户购买的软件产品不能转让给其他客户使用(该软件其他企业无法使用),在安装之前不能使用该软件产品,因此客户不能从该商品本身受益,也不能与其他易于获得的资源(客户不能轻易地从市场上找到类似的供应商安装该软件)一起使用中获益。

因此,客户不能从该商品本身或从该商品与其他易于获得资源一起使用中受益,即该商品本身不能够明确区分。

(2)从合同层面判断转让该商品的承诺在合同中是否可明确区分。

《企业会计准则第14号——收入》(财会〔2017〕22号文件印发)第十条规定:"下列情形通常表明企业向客户转让该商品的承诺与合同中其他承诺不可单独区分:

1.企业需提供重大的服务以将该商品与合同中承诺的其他商品整合成合同约定的组合产出转让给客户。

2.该商品将对合同中承诺的其他商品予以重大修改或定制。

3.该商品与合同中承诺的其他商品具有高度关联性。"

本例中,由于从商品本身层面已经判定,客户不能从该商品本身或从该商品与其他易于获得资源一起使用中受益,因此不需要再从合同层面来判断销售软件产品与安装服务是否能够单独区分。

综上分析,本例中的甲公司销售软件产品与安装服务无法明确区分,应作为一项履约义务进行会计处理,同时,该履约义务属于在某一时点履行的履约义务,甲公司应在交付了软件产品并且安装后一并确认收入。

3.甲公司账务处理

(1)销售软件产品并安装调试合格后(单位:万元,下同):

借:应收账款　　　　　　　　　　　　　　　　　　　113
　　贷:主营业务收入　　　　　　　　　　　　　　　　100
　　　　应交税费——应交增值税(销项税额)　　　　　13

【提示】1.关于安装调试服务增值税的说明：

甲公司销售软件产品同时销售安装调试服务构成了增值税上的混合销售。

根据《营业税改征增值税试点实施办法》的规定，"一项销售行为如果既涉及服务又涉及货物，为混合销售。从事货物的生产、批发或者零售的单位和个体工商户的混合销售行为，按照销售货物缴纳增值税；其他单位和个体工商户的混合销售行为，按照销售服务缴纳增值税"。

甲公司主业为开发销售软件产品，因此甲公司销售软件产品同时销售安装调试服务，应按照销售软件产品计征增值税。

2.关于此"安装"非彼"安装"的说明：

本例中的安装服务，不是建筑安装服务，因此不能适用以下政策：

《国家税务总局关于进一步明确营改增有关征管问题的公告》（国家税务总局公告2017年第11号）规定："纳税人销售活动板房、机器设备、钢结构件等自产货物的同时提供建筑、安装服务，不属于《营业税改征增值税试点实施办法》（财税〔2016〕36号文件印发）第四十条规定的混合销售，应分别核算货物和建筑服务的销售额，分别适用不同的税率或者征收率"。

国家税务总局公告2017年第11号中所述的销售自产货物同时提供"建筑、安装服务"，是指：

安装服务，是指生产设备、动力设备、起重设备、运输设备、传动设备、医疗实验设备以及其他各种设备、设施的装配、安置工程作业，包括与被安装设备相连的工作台、梯子、栏杆的装设工程作业，以及被安装设备的绝缘、防腐、保温、油漆等工程作业。

固定电话、有线电视、宽带、水、电、燃气、暖气等经营者向用户收取的安装费、初装费、开户费、扩容费以及类似收费，按照安装服务缴纳增值税。

因此，本例中不是销售自产货物同时提供"建筑、安装服务"，不能适用上述文件中分别纳税的情形。

（2）收取90%款项：

借：银行存款　　　　　　　　　　　　　　　　　101.7（113×90%）
　　贷：应收账款　　　　　　　　　　　　　　　　　　　　101.7

（3）收取10%款项：

借：银行存款　　　　　　　　　　　　　　　　　11.3（113×10%）
　　贷：应收账款　　　　　　　　　　　　　　　　　　　　11.3

(4) 后续收取技术支持等服务费:

借：应收账款
　　贷：主营业务收入
　　　　应交税费——应交增值税（销项税额）

> 【提示】关于对后续收取技术支持等服务费计征增值税的说明：
>
> 《财政部、国家税务总局关于增值税若干政策的通知》（财税〔2005〕165号）规定：
>
> "十一、关于计算机软件产品征收增值税有关问题
>
> （二）纳税人销售软件产品并随同销售一并收取的软件安装费、维护费、培训费等收入，应按照增值税混合销售的有关规定征收增值税，并可享受软件产品增值税即征即退政策。
>
> 对软件产品交付使用后，按期或按次收取的维护、技术服务费、培训费等不征收增值税"。
>
> 上述文件是营改增之前的政策，规定对于后期收取的技术服务费等征收营业税，其含义是这些费用不构成混合销售的内容，根据上述文件精神，后期收取的各种费用在营改增后应单独征收增值税，而不是按照增值税混合销售的有关规定征收增值税。

4. 参考《国际财务报告准则第15号——客户合同产生的收入》结论基础

BC97　IASB和FASB决定，单独进行会计处理的商品或服务必须至少具备某些特定的特征。特别是，此类商品或服务必须能够明确区分（即该商品或服务能够通过单独使用或连同客户易于获得的其他资源一起使用使客户获益）。IASB和FASB担心要求主体对无法使客户获益的商品或服务单独进行会计处理（并估计其单独售价）可能会形成与财务报表使用者无关的信息。例如，如果主体向客户转让一部机器，而该机器仅能在安装完成后（只有主体能够实施安装）才能使客户获益，则该机器不能够明确区分。

案例32

通常单独销售商品对客户获益的判断

丙公司与客户签订合同，向客户销售一台其生产的可直接使用的医疗设备，并且

在未来3年内向该客户提供用于该设备的专用耗材。该耗材只有丙公司能够生产，因此客户只能从丙公司购买该耗材。该耗材既可与设备一起销售，也可单独对外销售。

解析

1. 从商品本身层面，设备和专用耗材能够明确区分

从概念上而言，企业经常单独出售某商品这一事实可能表明客户能够从单独使用该商品或将其与易于获得的其他资源一起使用中获益，否则就不会存在可供企业单独提供该商品的市场。

本例中，丙公司经常单独销售耗材，说明客户可能从单独使用耗材中获取利益，或将其与易于获得的其他资源一起使用中获益，否则不会有客户单独购买该耗材，也不会存在企业单独销售该耗材的市场。

因此，从企业经常单独对外销售该耗材情形判断，耗材与设备基于商品本身可明确区分。

应用指南相关规定：

> 表明客户能够从某项商品本身或者将其与其他易于获得的资源一起使用获益的因素有很多，**例如，企业通常会单独销售该商品等。**

参考《国际财务报告准则第15号——客户合同产生的收入》28段部分内容：

> 28　多种因素均可提供证据证明客户能够从单独使用商品或服务、或将其与易于获得的其他资源一起使用中获益。例如，**主体经常单独出售某项商品或服务**这一事实可能表明客户能够从单独使用该商品或服务、或将其与易于获得的其他资源一起使用中获益。

参考《国际财务报告准则第15号——客户合同产生的收入》结论基础（99段部分内容）：

> BC99　从概念上而言，经常单独出售的商品或服务应当能够单独使用或连同其他资源一起使用，**否则就不会存在可供主体单独提供该商品或服务的市场。**

2. 设备和耗材在合同中彼此之间可明确区分

丙公司未对设备和耗材提供重大的整合服务以将两者形成组合产出，设备和耗材并未对彼此做出重大修改或定制，也不具有高度关联性（这是因为，尽管没有耗材，设备无法使用，耗材也只有用于设备才有用，但是丙公司能够单独履行其在合同中的每一项承诺，也就是说，即使客户没有购买任何耗材，丙公司也可以履行其转让设备的承诺；即使客户单独购买设备，丙公司也可以履行其提供耗材的承诺），表明设备和耗材在合同中彼此之间可明确区分。因此，该项合同包含两项履约义务，即销售设备和提供专用耗材。

3.丙公司账务处理

（1）转让医疗设备控制权时：

借：应收账款
　　贷：主营业务收入
　　　　应交税费——应交增值税（销项税额）

（2）转移耗材控制权时：

借：应收账款
　　贷：主营业务收入
　　　　应交税费——应交增值税（销项税额）

案例33

合同中可能存在阻止客户从其他来源取得相关资源的限制性条款

甲公司与乙公司签订销售设备合同，合同约定，设备不含税价格1 000万元，安装服务不含税价格100万元。合同约定，该设备只能由甲公司安装，乙公司不能聘请甲公司之外的其他企业进行安装服务。除甲公司外，市场上其他供应商也可以提供类似的安装服务（该安装比较简单）。

解析

1.在判断商品本身可否明确区分时，无须考虑合同中的限制性条款

除甲公司外，市场上其他供应商也可以向客户提供类似的安装服务（该安装比较简单），客户可以在将该设备与其他易于获得的资源一起使用中获益。虽然合同中约定只能由甲公司提供安装服务，但是在评估该设备是否能够明确区分时，应当基于设备自身的特征（即客户可以在将该设备与其他易于获得的资源一起使用中获益），而无须考虑客户可能使用该商品的方式（即合同约定必须由甲公司安装）。

因此，企业无须考虑合同中可能存在的阻止客户从其他来源取得相关资源的限制性条款。

2.参考《国际财务报告准则第15号——客户合同产生的收入》结论基础

BC100　IASB和FASB认为，关于"商品或服务本身能否使客户获益"的评估应当基于商品或服务自身的特征（而非客户可能使用该商品或服务的方式）。

因此，主体应忽略合同中可能妨碍客户从除主体外的其他来源取得可供使用的资源的合同限制条款。

3.应用指南相关规定

需要特别指出的是，在评估某项商品是否能够明确区分时，应当基于该商品自身的特征，而与客户可能使用该商品的方式无关。因此，**企业无需考虑合同中可能存在的阻止客户从其他来源取得相关资源的限制性条款。**

案例34

对"客户的客户"所做的承诺构成单项履约义务的判断

甲公司与其经销商乙公司签订合同，将其生产的产品销售给乙公司，乙公司再将该产品销售给最终用户。乙公司是甲公司的客户。

情形一：合同约定，从乙公司购买甲公司产品的最终用户可以享受甲公司提供的该产品正常质量保证范围之外的免费维修服务。甲公司委托乙公司代为提供该维修服务，并且按照约定的价格向乙公司支付相关费用；如果最终用户没有使用该维修服务，则甲公司无须向乙公司付款。

情形二：合同开始日，双方并未约定甲公司将提供任何该产品正常质量保证范围之外的维修服务，甲公司通常也不提供此类服务。甲公司向乙公司交付产品时，产品控制权转移给乙公司，该合同完成。在乙公司将产品销售给最终用户之前，甲公司主动提出免费为向乙公司购买该产品的最终用户提供该产品正常质量保证范围之外的维修服务。

解析

1.维修服务是否构成单项履约义务的判断

（1）情形一下履约义务的识别。

企业向客户的承诺在合同中约定，或者合同没有约定但客户能够对企业将向其转让某项商品形成合理的预期，则企业在识别合同中所包含的单项履约义务时，应当考虑此类隐含的承诺。这里的客户既包括直接购买本企业商品的客户，也包括向客户购买本企业商品的第三方，即"客户的客户"，也就是说，企业需要评估其对"客户的客户"所做的承诺是否构成单项履约义务，并进行相应的会计处理。

本例中，甲公司也需要评估其对向最终用户（即"客户的客户"）承诺的维修服务是否构成单项履约义务。

甲公司提供维修服务的承诺在合同中明确约定,同时该维修服务是在向"客户的客户"保证所销售的商品符合既定标准之外提供了一项单独的服务,即服务类质量保证,应当作为单项履约义务。

因此,对于情形一,甲公司在该合同下的承诺包括销售产品以及提供维修服务两项履约义务。

(2)情形二下履约义务的识别。

对于情形二,甲公司和乙公司签订的合同在合同开始日并未包含提供维修服务的承诺,甲公司也未通过其他明确或隐含的方式承诺向乙公司或最终用户提供该项服务,因此,甲公司在该合同下的承诺只有销售产品一项履约义务,甲公司因承诺提供维修服务产生的相关义务应当按照《企业会计准则第13号——或有事项》进行会计处理。

2.情形一的甲公司账务处理

假设甲公司该产品单独售价不含税100万元,维修服务的单独售价不含税25万元(单位:万元)。

分摊率=100÷(100+25)=80%;

产品分摊交易价格=100×80%=80(万元);

维修服务分摊交易价格=100-80=20(万元)。

(1)销售产品时:

借:应收账款　　　　　　　　　　　　　　　　　　113
　　贷:主营业务收入——销售产品　　　　　　　　　80
　　　　合同负债——维保服务　　　　　　　　　　　20
　　　　应交税费——应交增值税(销项税额)　　　　13

【提示】关于此时是否需进行企业所得税纳税调整的说明:

笔者认为,从理论上来讲,甲公司在该合同中销售了商品与维保服务两项业务,前者应在本年度销售商品时确认企业所得税收入,后者作为预收的款项,在以后期间实际提供维保服务时确认企业所得税收入,在没有实际提供维保服务之前,似不宜确认企业所得税收入。

但是在实务中,甲公司已经开具了全额的增值税发票,且该事项是基于企业的职业判断和估计,税法相关政策以及税务机关在执行时能否认可该观点,具有一定的风险。

（2）承担乙公司维保服务费时：

　　借：合同负债——维保服务　　　　　　　　　　　20
　　　　贷：主营业务收入——维保服务　　　　　　　　　　　20
　　借：合同履约成本——维保服务
　　　　贷：应付账款——乙公司
　　借：主营业务成本——维保服务
　　　　贷：合同履约成本——维保服务
　　借：应付账款——乙公司
　　　　贷：银行存款

（3）如将来最终用户没有使用该维修服务：

　　借：合同负债——维保服务　　　　　　　　　　　20
　　　　贷：主营业务收入——销售产品　　　　　　　　　　　20

【提示】关于将维保服务的金额计入销售产品收入的说明：

客户支付了一定的金额，购买了产品和维保服务，如未发生维保服务，则相当于只购买了产品，应将维保服务的金额计入销售产品的收入中。

3.情形二的甲公司账务处理

假设甲公司该产品不含税价格100万元，维修服务的最佳估计数为10万元（单位：万元）。

（1）销售产品时：

　　借：应收账款　　　　　　　　　　　　　　　　　113
　　　　贷：主营业务收入——销售产品　　　　　　　　　　100
　　　　　　应交税费——应交增值税（销项税额）　　　　　13

（2）计提维修费用：

　　借：销售费用——产品质量保证　　　　　　　　　　10
　　　　贷：预计负债——产品质量保证　　　　　　　　　　　10

【提示】预计的维保费用不能税前扣除，年度企业所得税申报时应纳税调增10万元。

（3）实际发生维保服务时：

借：预计负债——产品质量保证

　　贷：银行存款或原材料等

【提示】实际发生维保服务时，应根据实际发生额进行纳税调减。

4.税务处理

关于甲公司取得乙公司开具的维修费发票税务问题的讨论：

乙公司向最终用户的产品提供了维修服务，但维修发票却开给了甲公司，对甲公司来讲，该发票是否可以作为企业所得税税前扣除的凭证以及作为增值税抵扣凭证？

笔者认为，从实质来讲，该模式可理解为，甲公司向最终用户提供了维修服务，只不过提供该服务的方式是以委托或者外包其他纳税人等形式进行，因此，该发票可以作为企业所得税税前扣除的凭证以及作为增值税抵扣凭证。

或者，可理解为，甲公司承担了该维修服务的费用，此处需注意，甲公司并不是承担了其他方的支出从而不符合《中华人民共和国企业所得税法》第八条规定的企业实际发生的与取得收入有关的支出才准予在计算应纳税所得额时扣除的要求，甲公司承担的本就是公司应承担的售后维修费用。

可参照《国家税务总局关于国内旅客运输服务进项税抵扣等增值税征管问题的公告》（国家税务总局公告2019年第31号）第十一条第（一）款的规定：

十一、关于保险服务进项税抵扣

（一）提供保险服务的纳税人以实物赔付方式承担机动车辆保险责任的，自行向车辆修理劳务提供方购进的车辆修理劳务，其进项税额可以按规定从保险公司销项税额中抵扣。

5.应用指南相关规定

合同开始日，企业应当对合同进行评估，识别该合同所包含的各单项履约义务，并确定各单项履约义务是在某一时段内履行，还是在某一时点履行，然后，在履行了各单项履约义务时分别确认收入。履约义务，是指合同中企业向客户转让可明确区分商品的承诺。下列情况下，企业应当将向客户转让商品的承诺作为单项履约义务：一是企业向客户转让可明确区分商品（或者商品的组合）的承诺。二是企业向客户转让一系列实质相同且转让模式相同的、可明确区分商品的承诺。

企业承诺向客户转让的商品通常会在合同中明确约定，然而，在某些情况下，虽然合同中没有明确约定，但是企业已公开宣布的政策、特定声明或以往的习惯做法等可能隐含了企业将向客户转让额外商品的承诺。这些隐含的承诺不一定具有法律约束力，但是，如果在合同订立时，客户根据这些隐含的承诺能够对企业将向其转让某项商品形成合理的预期，则企业在识别合同中所包含的单项履约义务时，应当考虑此类隐含的承诺。例如，企业向客户销售商品，虽然合同没有约定，但是，企业在其宣传广告中宣称，对于购买该商品的客户，企业将为其提供为期5年的免费保养服务，如果该广告使客户对于企业提供的保养服务形成合理预期，企业应当考虑该项服务是否构成单项履约义务；又如，企业向客户销售软件，根据企业以往的习惯做法，企业会向客户提供免费的升级服务，如果该习惯做法使得客户对于企业提供的软件升级服务形成合理预期，则企业应当考虑该项服务是否构成单项履约义务。这里的客户既包括直接购买本企业商品的客户，也包括向客户购买本企业商品的第三方，即"客户的客户"，也就是说，**企业需要评估其对于客户的客户所做的承诺是否构成单项履约义务，并进行相应的会计处理。**

案例35
控制权转移前的运输服务不构成单项履约义务

甲公司主营生产销售货物，为增值税一般纳税人。甲公司与乙公司签订销售货物合同，合同交易价格100万元，合同约定，在合同签订之日起1个月之内甲公司负责将标的货物运送至乙公司指定地点。货物运送到达后，乙公司对其进行验收，验收结果对该货物的质量级次以及价格结算是重要的因素，因此，甲公司评估认为，在乙公司验收前，标的货物控制权并未转移给客户。

合同约定，货物到达指定地点，验收合格后，根据双方确认的验收单结算价款。

甲公司发生运费成本不含税10万元。该运费在正常情况下，其市场价格为10万元。以上价格均不包含增值税。

解析

1. 商品控制权转移前发生的运输活动不构成单项履约义务

根据应用指南相关规定，"在企业向客户销售商品的同时，约定企业需要将商品运送至客户指定的地点的情况下，企业需要根据相关商品的控制权转移时点判断该运输活动是否构成单项履约义务。通常情况下，**控制权转移给客户之前发生的运输活动**

不构成单项履约义务，而只是企业为了履行合同而从事的活动，相关成本应当作为合同履约成本；相反，控制权转移给客户之后发生的运输活动则可能表明企业向客户提供了一项运输服务，企业应当考虑该项服务是否构成单项履约义务"。

因此，甲公司在商品控制权转移给客户之前发生的运输活动，不构成单项履约义务，不需分摊合同交易价格。

2. 甲公司账务处理

（1）商品出库（假设库存商品成本70万元，单位：万元，下同）：

  借：发出商品   70
    贷：库存商品   70

（2）发生运输成本：

  借：合同履约成本——运费   10
    贷：银行存款、应付账款等   10

（3）商品控制权转移：

  借：应收账款   113
    贷：主营业务收入——销售商品   100
      应交税费——应交增值税（销项税额）   13

> 【提示】关于运输服务增值税的说明：
>
> 甲公司销售商品同时销售运输服务，构成了增值税上"混合销售"的概念；或者甲公司销售商品的同时，委托其他运输企业以甲公司名义进行运输（甲公司此时在会计上属于主要责任人），如果未能满足代垫运费的条件（比如运输企业的运费发票开具给甲公司而不是客户），则在增值税上属于价外费用。
>
> 上述两种情况，销售商品同时销售运输服务构成"混合销售"或者"价外费用"（构成代垫运费情形除外），均应按照货物13%的税率计征增值税，包括运输服务。
>
> 相关税务文件规定为《增值税暂行条例实施细则》第十二条："条例第六条第一款所称价外费用，包括价外向购买方收取的手续费、补贴、基金、集资费、返还利润、奖励费、违约金、滞纳金、延期付款利息、赔偿金、代收款项、代垫款项、包装费、包装物租金、储备费、优质费、运输装卸费以及其他各种性质的价外收费。但下列项目不包括在内：
>
> （一）受托加工应征消费税的消费品所代收代缴的消费税；

> （二）同时符合以下条件的代垫运输费用：
> 1. 承运部门的运输费用发票开具给购买方的；
> 2. 纳税人将该项发票转交给购买方的。"

（4）结转销售商品成本：

借：主营业务成本　　　　　　　　　　　　　　　80
　　贷：发出商品　　　　　　　　　　　　　　　　70
　　　　合同履约成本——运费　　　　　　　　　　10

3. 上市公司相关公告

某股份有限公司招股说明书部分内容如下：

"公司主营业务成本分为直接材料、直接人工和制造费用，报告期内，各产品直接材料占其主营业务成本的比重均在85%以上，是营业成本的主要构成部分，其中，2020年1—6月份发生的运费占主营业务成本的比例为1.89%。

注：根据新收入准则的规定，2020年1月1日起，合同中约定的运输活动不构成单项履约义务时，对应的运输费用应作为合同履约成本计入营业成本。

2017年至2019年，公司销售费用与同行业上市公司相比处于较低水平，主要原因为：

（1）由于公司客户较为稳定且合作时间较长，且纤维母粒行业客户粘性度较高，客户维护成本较小，所需市场开拓费用较少；

（2）由于公司的客户主要集中在华东地区，距离公司较近，因此单位运输费较低；

（3）老客户的稳定度、新客户的获取成本以及客户分布等因素，造成了公司与同行业可比公司在销售人员数量上的差异。公司销售人员少于同行业可比公司，导致销售费用中职工薪酬支出较低。2020年1—6月，由于公司将运输费用作为合同履约成本计入营业成本，而同行业可比公司暂未调整，因此公司当期销售费用占比低于同行业平均值。"

案例36
控制权转移后的运输服务构成单项履约义务

甲公司主营生产销售货物，为增值税一般纳税人。甲公司与乙公司签订销售货物合同，合同交易价格100万元，合同约定，在合同签订之日起1个月之内甲公司负责将标的货物运送至乙公司指定地点。

根据双方历史交易经验，客户验收后极少发生质量规格不符或者退货的情形，验收结果对该货物的质量级次以及价格结算并非重要的因素，客户验收时只需清点数量即可。

甲公司综合考虑各种迹象后，认为客户验收只是一项例行程序，在产品出库后甲公司能够客观地确定其已经按照合同约定的标准和条件将商品的控制权转移给客户。

合同约定了货款结算的时间为客户验收后的某时间段内。

以上价格均不包含增值税。

解析

1. 商品控制权转移后发生的运输活动构成单项履约义务

根据应用指南相关规定，货物控制权转移给客户之后发生的运输活动可能表明甲公司向客户提供了一项运输服务，甲公司应当考虑该项服务是否构成单项履约义务。考虑了《企业会计准则第14号——收入》第十条规定的各项因素后，甲公司判断，在商品控制权转移后的运输服务构成了单项履约义务。

2. 商品所有权上的主要风险和报酬转移与控制权转移的区别

本例中，商品出库时，甲公司判断商品控制权已经转移给客户，而判断客户是否已取得商品控制权（即客户是否能够主导该商品的使用并从中获得几乎全部的经济利益）时，企业应当考虑的迹象之一为："企业已将该商品所有权上的主要风险和报酬转移给客户，即客户已取得该商品所有权上的主要风险和报酬"，由于甲公司负责运输，因此通常也相应地承担运输过程中的风险，很多反馈意见对此有所疑惑，在运输前主要风险未转移给客户，是否不能认为已经完成了商品控制权的转移？现就该问题试解析如下：

应用指南规定："在判断客户是否已取得商品控制权（即客户是否能够主导该商品的使用并从中获得几乎全部的经济利益）时，企业应当考虑下列五个迹象：……（4）企业已将该商品所有权上的主要风险和报酬转移给客户，即客户已取得该商品所有权上的主要风险和报酬。企业向客户转移了商品所有权上的主要风险和报酬，可能表明客户已经取得了主导该商品的使用并从中获得其几乎全部经济利益的能力。但是，**在评估商品所有权上的主要风险和报酬是否转移时，不应考虑导致企业在除所转让商品之外产生其他单项履约义务的风险**。例如，企业将产品销售给客户，并承诺提供后续维护服务的安排中，销售产品和提供维护服务均构成单项履约义务，企业将产品销售给客户之后，虽然仍然保留了与后续维护服务相关的风险，但是，由于维护服务构成单项履约义务，所以该保留的风险并不影响企业已将产品所有权上的主要风险和报酬转移给客户的判断。

根据上述规定，在评估商品所有权上的主要风险和报酬是否转移时，不应考虑导致企业在除所转让商品之外产生其他单项履约义务的风险，比如本例中的运输服务单项履约义务的风险。也就是说，甲公司在评估所销售的商品的主要风险是否转移时，不应考虑运输服务的单项履约义务产生的风险。

参考《国际财务报告准则第15号——客户合同产生的收入》结论基础在阐述风险与报酬转移与控制权转移的区别的表述：

例如，如果主体向客户转让一项产品，但仍保留某些与该产品相关的风险，则**基于风险和报酬的评估可能导致主体识别出一项单一履约义务**，该履约义务仅当所有风险消除后才得到履行（从而确认收入）。然而，**基于控制的评估可能适当地识别出两项履约义务**——一项针对产品的履约义务和另一项针对剩余服务的履约义务（例如固定价格维修协议）。这些履约义务将在不同的时间履行。

本例中，因企业商品控制权转移后仍然承担运输活动的风险，则基于风险和报酬的评估可能导致企业识别出一项单一履约义务（即销售商品和提供运输服务为一项单一履约义务），但是在新收入准则下，基于控制的评估可能识别出两项履约义务（即销售商品和提供运输服务为两项单一履约义务）。甲公司评估认为，在商品本身层面与合同层面，销售商品和提供运输服务为两项单一履约义务，则在评估商品所有权上的主要风险和报酬是否转移时，不应考虑导致企业在除所转让商品之外产生其他单项履约义务的风险。

以上属于新旧收入准则的差异之一。

3. 甲公司账务处理

甲公司根据相关程序，评估确定商品单独售价100万元，商品成本为70万元，运输服务单独售价10万元。

以上均为不含税金额（单位：万元）。

分摊交易价格：

销售商品分摊的合同交易价格=100×100÷（100+10）=90.91（万元）；

销售运输服务分摊的合同交易价格=100-90.91=9.09（万元）。

（1）商品控制权转移时：

借：合同资产	113
贷：主营业务收入——销售货物	90.91
合同负债——运输服务	9.09
应交税费——待转销项税额	13

【提示】1.关于此处记入"合同资产"科目的说明：

合同约定，在运送至乙公司指定地点，经乙公司验收后才结算价款，因此货物出库时，甲公司尚未获得一项随着时间流逝无条件收款的权利，还应履行运输服务等才能达到结算价款的条件，意味着该收款的权利除了时间流逝之外，还取决于其他条件。因此，此时尚不符合"应收账款"定义，应记入"合同资产"科目。简而言之，"应收账款"仅承担信用风险，而"合同资产"除信用风险之外，还可能承担其他风险，如履约风险等。

2.关于此处记入"应交税费——待转销项税额"科目的说明：

根据相关规定，发生应税行为且收讫销售款项或者取得索取销售款项的凭证时，确认增值税纳税义务发生。甲公司在货物出库时，既未收讫销售款项，也未取得索取销售款项的凭证（结算价款时间未到），此时尚未达到增值税纳税义务发生时间。

《中华人民共和国增值税暂行条例》（以下简称《增值税暂行条例》）第十九条规定，增值税纳税义务发生时间："（一）发生应税销售行为，为收讫销售款项或者取得索取销售款项凭据的当天；先开具发票的，为开具发票的当天"。

《增值税会计处理规定》（财会〔2016〕22号文件印发）第二条规定：

"（二）销售等业务的账务处理。

按照国家统一的会计制度确认收入或利得的时点早于按照增值税制度确认增值税纳税义务发生时点的，应将相关销项税额计入'应交税费——待转销项税额'科目，待实际发生纳税义务时再转入'应交税费——应交增值税（销项税额）'或'应交税费——简易计税'科目。"

3.关于此处记入"合同负债"科目的说明：

此处记入"合同负债"科目，表示甲公司因收客户对价而应向客户转让运输服务的义务的金额。

（2）结转商品成本：

借：主营业务成本　　　　　　　　　　　　　　　　70
　　　贷：库存商品　　　　　　　　　　　　　　　　　　70

（3）发生运输成本：

借：合同履约成本——运费
　　　贷：银行存款、应付账款等

（4）运输服务控制权转移且货物验收后结算价款：

　　借：应收账款　　　　　　　　　　　　　　　　113
　　　　贷：合同资产　　　　　　　　　　　　　　　　　113
　　借：合同负债——运输服务　　　　　　　　　　9.09
　　　　贷：主营业务收入——运输服务　　　　　　　　9.09
　　借：应交税费——待转销项税额　　　　　　　　13
　　　　贷：应交税费——应交增值税（销项税额）　　　13

（5）结转运输成本：

　　借：主营业务成本
　　　　贷：合同履约成本——运费

案例37
合同中重大整合服务对履约义务的判断

乙建筑公司和客户签订了一项总金额为1 000万元的固定造价合同，在客户自有土地上建造一幢写字楼。

解析

1. 合同约定的是一项组合产出，所有的单项商品都是投入

本例中，乙公司向客户提供的单项商品可能包括砖头、水泥、人工等，虽然这些单项商品本身都能够使客户获益（如客户可将这些建筑材料以高于残值的价格出售，也可以将其与其他建筑商提供的材料或人工等资源一起使用），但是，在该合同下，乙公司向客户承诺的是为其建造一栋办公楼，而并非提供这些砖头、水泥和人工等，乙公司需提供重大的服务将这些单项商品进行整合，以形成合同约定的一项组合产出（即写字楼）转让给客户。因此，在该合同中，砖头、水泥和人工等商品彼此之间不能单独区分。

2. 实务中如何应用重大整合服务对履约义务进行判断

在实际操作时，主要依据企业与客户在合同中约定的承诺（或其他方式约定的承诺）来准确应用重大整合服务。如果建筑企业在合同中向客户承诺的是交付某些具体的商品，则这些商品可能构成多项单一的履约义务；如果建筑企业在合同中向客户承诺的是提供一项组合产出（如写字楼），则企业向客户做出的承诺的主要内容是确保将个别商品或服务纳入组合产出，个别商品或服务是生产单一产出所需的投入。

因此，在应用重大整合服务标准判断合同中的各项承诺是否可明确区分时，主要根据合同约定承诺并结合业务实质进行判定，判定的主要内容是，合同中承诺的这些商品是合同约定的产出，还是为了该产出所需的投入。

3.基于合同考虑明确区分的理论基础

在考虑了商品本身可明确区分后，还要考虑合同层面各承诺是否可明确区分，这主要基于如实地反映企业在合同中的履约义务这一目的。很多合同均涉及向客户交付大量的商品，将所有这些个别商品均识别为单独履约义务并不切实可行，而且既不能如实地描述企业向客户做出的承诺的性质，也无法有效地反映企业的履约情况，因为这会导致企业在履约过程中提供物料及其他投入时确认和计量收入，而不是在企业建造或生产合同所约定的产出的履约过程中确认和计量收入。

因此，在识别商品或服务是否可明确区分时，企业不应仅考虑个别商品或服务的特征，还应考虑转让商品或服务的承诺是否能够单独识别（即在基于合同进行考虑时可明确区分）。

4.重大整合基于风险不可分割的原理

是否存在"单独风险"被视为基于合同进行考虑时商品是否可明确区分的评估基础，在一揽子商品中，企业转让某一项承诺的商品而承担的风险与转让其他已承诺商品的风险不可分割，则该一揽子商品中的个别商品不可明确区分。

企业提供重大整合服务，也是基于上述风险不可分割的原理，因为企业向客户承诺的是将个别商品纳入组合产出，个别商品是生产产出所需的投入，其风险无法分割。

参考《国际财务报告准则第15号——客户合同产生的收入》结论基础：

重大整合服务［第29（1）段］

BC107 如果主体提供整合服务，则转让个别商品或服务所产生的风险是不可分割的，因为主体向客户作出的承诺的主要内容是确保将个别商品或服务纳入组合产出。因此，个别商品或服务是生产单一产出所需的投入。IASB和FASB认为，该因素可能与许多建造合同相关（在此类合同中，承包商提供整合或合同管理服务，以管理和协调各项建造任务并承担与整合这些任务相关的风险）。此外，整合服务将要求承包商对各分包商执行的任务进行协调并确保这些任务按照合同细则执行，从而确保个别商品或服务恰当地纳入客户合同约定的组合产出项目。

5. 应用指南相关规定

在确定企业转让商品的承诺是否可单独区分时,需要运用判断并综合考虑所有事实和情况。下列情形通常表明企业向客户转让商品的承诺与合同中的其他承诺不可单独区分:

一是,企业需提供重大的服务以将该商品与合同中承诺的其他商品进行整合,形成合同约定的某个或某些组合产出转让给客户。换言之,企业以该商品作为投入,生产或向客户交付其所要求的组合产出。因此,企业应当评估其在合同中承诺的每一单项商品本身就是合同约定的各项产出,还是仅为一个或多个组合产出的投入。

案例38
建筑企业EPC履约义务识别

甲公司是建筑企业,增值税一般纳税人,与乙公司签订建筑施工合同,合同约定采用EPC(Engineering Procurement Construction)模式建设新工厂,甲公司受业主委托,按照合同约定对工程建设项目的设计、采购、施工、试运行等实行全过程或若干阶段的承包,甲公司在总价合同条件下,对其所承包工程的质量、安全、费用和进度进行负责,对整个建设工程内容进行总体策划以及对整个建设工程实施组织管理的策划和具体工作。

解析

1. 甲公司应当评估其在合同中承诺的EPC的每一单项商品本身就是合同约定的各项产出,还是仅为一个或多个组合产出的投入

本例中,甲公司向客户提供的设计、采购、施工、试运行等单项商品,本身都能够使客户获益,但甲公司在合同中向客户承诺的是向其交付新工厂,而并非提供这些设计、采购、施工、试运行等商品或服务,甲公司需提供重大的服务将这些单项商品进行整合,以形成合同约定的一项组合产出(即新工厂)转让给客户。在该合同中,设计、采购、施工、试运行等商品彼此之间不能单独区分。

因此,甲公司在合同中向乙公司承诺的是建设新工厂,在合同中向乙公司承诺的EPC的设计、采购、施工、试运行等项目都是为了完成该承诺的投入,甲公司应将EPC各承诺项目作为单一履约义务进行会计处理。

2. EPC模式中很可能存在履约进度的调整

对于施工中尚未安装、使用或耗用的商品（此处商品不包括服务）或材料成本等，当企业在合同开始日就预期将能够满足条件时，应在采用成本法确定履约进度时不包括这些成本。

详见本书关于履约义务调整的案例。

3. EPC模式增值税如何计征

关于EPC增值税计征方式，各地方政策有所差异，按照混合销售或者兼营等政策不一。

笔者认为，采购的或者外包的EPC各项目作为提供建筑服务的成本构成项目，做进项税处理，销售时按照建筑服务计征增值税。

无论EPC模式如何计征增值税，均不会影响新收入准则对其的规定。

4. 上市公司相关公告

某股份有限公司年报部分内容如下：

"本集团在某些时候与客户分别签署设计、采购和施工等多份合同来提供工程总承包（EPC）服务，在新收入准则实施前，本集团以每个单独签署的合同为基础分别确认相关收入；在新收入准则实施后，本集团依据合同条款判断该等合同所承诺的商品或服务是否构成了一个单项履约义务，如构成一个单项履约义务，本集团将该等合同合并为一份合同并在履行单项履约义务时确认收入。"

案例39
信息化解决方案及服务的单项履约义务识别

某股份有限公司招股说明书的部分内容如下：

（1）信息化解决方案的销售及服务项目中，公司需要承担安装调试等服务责任，由于**下游客户需要的是"交钥匙"工程，是一个交付即可使用的系统**，而不是简单的IT设备，公司承担的安装调试等服务与信息化解决方案实施中的软硬件产品构成不可明确区分的整体，公司需要提供重大的服务以将安装调试与软硬件产品整合成约定的组合产出转让给客户，安装调试等服务与软硬件产品具有高度的关联性。因此**公司承担的信息化解决方案安装调试等服务不构成单项履约义务，应将设备和安装调试服务合并作为单项履约义务。**

（2）公司城市轨道交通安防解决方案存在分批（段、站、子项等）开通、验收的情况，由于城市轨道交通安防解决方案分批（段、站、子项等）开通的部分都可以单独使用，客户可从中使用受益，公司可以分批（段、站、子项等）单独交付产品以履行其合同承诺，因此城市轨道交通安防解决方案在分批（段、站、子项等）开通、验收时，存在多项履约义务。

解析

1. 关于信息化解决方案的履约义务识别

公司向客户承诺的是一项"交钥匙"工程，是一个交付即可使用的系统，公司通过重大的整合服务将履行该承诺所需的软硬件产品和安装调试服务等整合成约定的产出，因此，软硬件产品和安装调试服务等个别商品服务风险不可分割，属于提供该产出所需的投入，应将其作为单一的履约义务进行处理。

2. 城市轨道交通安防解决方案的履约义务识别

本例中，城市轨道交通安防解决方案分批（段、站、子项等）开通的部分都可以单独使用，客户可从中使用受益，公司可以分批（段、站、子项等）单独交付产品，在公司履约同时，客户即取得并消耗企业履约带来的经济利益（假设客户中途更换供应商，则已经交付的阶段性产品无须由新供应商重新执行，详见本书关于某一时段内履行履约义务的案例），因此该履约义务属于在某一时段内履行的履约义务，按照履约进度分期确认收入。

因此，城市轨道交通安防解决方案在分批（段、站、子项等）开通、验收的情况下，并不存在多项履约义务，而是一项履约义务，属于在某一段时间内履行的履约义务。

案例40
嵌入式软件与硬件的单项履约义务识别与税会差异

某股份有限公司招股说明书的部分内容如下：

（1）发行人的软件为智能仓储物流自动化系统的构成部分，其销售金额包含在该产品的销售收入中。发行人在销售合同或报价单中需要对产品软件和硬件部分按照项目构成明细单独报价，并获得客户认可，价格公允。受不同项目需求影响，发行人各期软件收入占营业收入的比例略有波动。

发行人相关软件收入依据销售合同或报价单中的报价金额进行计算，并按照智能仓储物流自动化系统的收入确认原则确认收入,即在收到智能仓储物流自动化系统验收报告,且验收报告证明系统不存在重大需改进的内容时同时确认硬件收入与软件收入的实现。

(2)发行人报告期内增值税税负超3%退税变动与各期软件收入不匹配,主要系申报软件增值税退税按照增值税发票开票金额确定,与销售收入确定时点存在差异,两者差异原因合理,符合企业会计准则和软件收入增值税退税的相关规定。发行人一般根据合同约定开具发票,并在发票上单独备注软件部分的金额及相应税款,发行人于次月向税务部门进行本月的软件收入增值税部分即征即退申报。报告期内,即征即退款实际收到时间平均为申报后的2-4个月。

报告期内增值税税负超3%退税变动较大的原因如下:

①增值税税负超3%退税金额与各期软件收入开票金额相关,发行人各期软件收入开票金额随着各年度收入的增长逐年上涨,各期退税金额也随之上涨;

②2018年度较2017年度软件收入开票金额增长87.93%,主要是由于南京医药和北京中彩两个项目在2018年开票金额较大;2019年度较2018年度软件收入开票金额增长168.35%,主要是由于唯品会四期和五期两个项目在2019年开票金额较大。

解析

1.嵌入式软件产品和硬件产品不可明确区分

公司提供的智能仓储物流自动化系统由自动化设备和智能化软件构成,客户使用的不是单纯的设备或单纯的软件,而是两者高度融合的整体系统。

公司以该软硬件产品作为投入,向客户交付其所要求的组合产出即智能仓储物流自动化系统,换言之,公司需提供重大的服务以将软硬件产品进行整合,形成合同约定的组合产出转让给客户。

因此,在合同中,智能仓储物流自动化系统包括的软硬件产品彼此之间不能明确区分,公司应将其作为一项履约义务进行会计处理。

参考应用指南相关规定:

知识产权许可与所售商品不可明确区分的情形包括:

一是该知识产权许可构成有形商品的组成部分并且对于该商品的正常使用不可或缺,例如,**企业向客户销售设备和相关软件,该软件内嵌于设备之中,该设备必须安装了该软件之后才能正常使用**;

二是客户只有将该知识产权许可和相关服务一起使用才能够从中获益,例如，客户取得授权许可，但是只有通过企业提供的在线服务才能访问相关内容。

2.嵌入式软件产品税会差异的协调

根据上述分析，公司应将软硬件产品作为一个履约义务，在转移智能仓储物流自动化系统控制权给客户时，确认相关的收入，从新收入准则的角度来讲，原则上无须分别确认软件产品和硬件产品的收入。

同时，因销售软硬件产品的增值税即征即退政策，需要准确核算当期嵌入式软件产品销售额及应纳税额，因此企业可考虑参照销售合同或报价单中的软件产品报价金额，在确认收入时分别核算软硬件产品的收入，这里需注意，在新收入准则上仍然是一项履约义务，只不过为了增值税即征即退政策要求做了一些调整，并不违反准则的规定。

相关税务文件规定：

《财政部 国家税务总局关于软件产品增值税政策的通知》（财税〔2011〕100号）：

嵌入式软件产品增值税即征即退税额的计算：

1.嵌入式软件产品增值税即征即退税额的计算方法

即征即退税额=当期嵌入式软件产品增值税应纳税额–当期嵌入式软件产品销售额×3%

当期嵌入式软件产品增值税应纳税额=当期嵌入式软件产品销项税额–当期嵌入式软件产品可抵扣进项税额

当期嵌入式软件产品销项税额=当期嵌入式软件产品销售额×17%[1]

2.当期嵌入式软件产品销售额的计算公式

当期嵌入式软件产品销售额=当期嵌入式软件产品与计算机硬件、机器设备销售额合计–当期计算机硬件、机器设备销售额

计算机硬件、机器设备销售额按照下列顺序确定：

①按纳税人最近同期同类货物的平均销售价格计算确定；

②按其他纳税人最近同期同类货物的平均销售价格计算确定；

③按计算机硬件、机器设备组成计税价格计算确定。

计算机硬件、机器设备组成计税价格=计算机硬件、机器设备成本×(1+10%)。

---

[1] 现为13%。

案例41
房地产企业销售精装房的履约义务判断

甲公司是房地产开发企业,增值税一般纳税人。2020年开发某小区,与客户签订的合同中约定,向客户交付精装房,同时在相关部门的备案也为精装房。甲公司向乙公司销售精装房一套,价值1 000万元,该房屋的毛坯房单独售价1 000万元,装修服务单独售价100万元,以上价格均为不含税价格。

解析

1. 转让房屋与提供装修服务在合同层面不可区分

甲公司在合同中向客户承诺的是精装房,房屋与装修服务作为投入,通过重大的整合服务,将其形成了合同中约定的一项产出:精装房。因此,甲公司将房屋与装修作为一项履约义务进行会计处理。

2. 甲公司账务处理

由于毛坯房与精装房构成一项履约义务,因此无须按照单独售价分摊合同交易价格,而是将其直接计入销售房屋收入。

甲公司转让精装房控制权时(单位:万元,下同):

借:应收账款　　　　　　　　　　　　　　　　　　1 090
　　贷:主营业务收入——精装房　　　　　　　　　　1 000
　　　　应交税费——应交增值税(销项税额)　　　　　9

结转成本时:

借:主营业务成本
　　贷:开发产品——精装房

3. 房地产企业销售精装房的土地增值税风险提示

在实务中,房地产企业在相关部门备案毛坯房的价格,将其装修后也按照毛坯房的价格进行销售,可能会产生价格中不包括装修费从而不允许在土地增值税清算前扣除装修费的税务风险。

案例42
合同中重大修改或定制对履约义务的判断

乙公司与客户签订合同,向客户出售一台其生产的设备并提供安装服务。乙公司提供的安装服务很复杂,该安装服务对其销售的设备进行定制化的重大修改,市场上有其他的供应商也可以提供此项安装服务。合同约定,乙公司交付设备并按照客户要求定制修改、安装调试成功后,客户与乙公司结算价款。

解析

1. 设备和安装服务本身可明确区分

本例中,客户可以使用该设备或将其以高于残值的价格转售,能够从该设备与市场上其他供应商提供的此项安装服务一起使用中获益,也可从安装服务与客户已经获得的其他资源(例如设备)一起使用中获益,表明该设备和安装服务本身能够明确区分。

2. 设备和安装服务在合同层面不可明确区分

本例中,由于乙公司的安装服务对设备进行了定制化的重大修改,为该设备增加重要的新功能,以使其能够与客户现有的实际情况相兼容,因此,转让设备的承诺与提供安装服务的承诺在合同层面是不可明确区分的。

即使市场上有其他的供应商也可以提供此项安装服务,乙公司也不能将该安装服务作为单项履约义务,而是应当将转让设备的承诺与提供安装服务的承诺合并作为一项履约义务。

从概念上而言,如果某项商品将对合同中的其他商品做出重大修改或定制,实质上每一项商品将被整合在一起(即作为投入)以生产合同约定的组合产出。

本例中,如果定制服务要求乙公司对设备做出重大修订,从而导致销售设备与提供定制服务所产生的风险不可分割,则乙公司可以认为销售设备的承诺与转让定制服务的承诺无法区分开来。因此,这些商品在基于合同进行考虑时不可明确区分。

3. 乙公司账务处理

假设合同交易价格为110万元,合同约定设备价格为100万元,提供安装服务的价格为10万元,设备成本为70万元,以上价格均不包含增值税(单位:万元)。

(1)交付设备时:

借:发出商品　　　　　　　　　　　　　　　　　　　　70
　　贷:库存商品　　　　　　　　　　　　　　　　　　　　70

> **【提示】关于转移设备不确认收入的说明：**
>
> 由于转让设备承诺与提供安装服务承诺不可明确区分，合并作为一项履约义务，同时该履约义务属于在某一时点履行的履约义务，因此乙公司在转让设备并提供安装服务的时点确认收入，在此之前，不应确认任何收入。

（2）交付设备后，完成安装服务时：

借：应收账款	123.9
贷：主营业务收入——销售设备	100
——安装服务	10
应交税费——应交增值税（销项税额）	13
——应交增值税（销项税额）	0.9
借：主营业务成本	70
贷：发出商品	70

> **【提示】销售自产设备同时提供建筑、安装服务增值税的说明：**
>
> 根据规定，纳税人销售自产货物的同时提供建筑、安装服务，应分别核算货物和建筑服务的销售额，分别适用不同的税率或者征收率。本例中，乙公司销售的设备为自产，因此应分别核算货物和建筑服务的销售额，分别适用不同的税率或者征收率。

相关税务文件规定：

《国家税务总局关于进一步明确营改增有关征管问题的公告》（国家税务总局公告2017年第11号）：

一、纳税人销售活动板房、机器设备、钢结构件等自产货物的同时提供建筑、安装服务，不属于《营业税改征增值税试点实施办法》（财税〔2016〕36号文件印发）第四十条规定的混合销售，应分别核算货物和建筑服务的销售额，分别适用不同的税率或者征收率。

4. 应用指南相关规定

在确定企业转让商品的承诺是否可单独区分时，需要运用判断并综合考虑所有事实和情况。下列情形通常表明企业向客户转让商品的承诺与合同中的其他承诺不可单独区分：

……

二是，该商品将对合同中承诺的其他商品予以重大修改或定制。如果某项商品将对合同中的其他商品作出重大修改或定制，实质上每一项商品将被整合在一起（即作为投入）以生产合同约定的组合产出。例如，企业承诺向客户提供其开发的一款现有软件，并提供安装服务，虽然该软件无需更新或技术支持也可直接使用，但是企业在安装过程中需要在该软件现有基础上对其进行定制化的重大修改，为该软件增加重要的新功能，以使其能够与客户现有的信息系统相兼容。在这种情况下，转让软件的承诺与提供定制化重大修改的承诺在合同层面是不可明确区分的。

5. 参考《国际财务报告准则第15号——客户合同产生的收入》结论基础

重大修订或定制

BC109　在某些行业（例如，软件行业）中，"不可分割风险"的概念可通过评估某项商品或服务是否对其他商品或服务作出重大修订或定制更清楚地说明。这是因为如果某项商品或服务对合同中的其他商品或服务作出修订或定制，则每一项商品或服务将被整合在一起（即作为投入）以生产客户合同约定的组合产出。

BC110　例如，主体可能承诺向客户提供现有软件，并同时承诺定制该软件以使其与客户现有的基础设施配套使用，从而主体将为客户提供完全整合的系统。在这种情况下，如果定制服务要求主体对现有软件作出重大修订，从而导致提供软件与提供定制服务所产生的风险不可分割，则主体可以断定转让软件的承诺与转让定制服务的承诺无法区分开来。因此，这些商品或服务在基于合同进行考虑时不可明确区分。

案例43
合同中的各项承诺高度关联，无法明确区分

甲公司是主营生产销售产品的一般纳税人，甲公司与乙公司签订合同，承诺为其设计一种实验性的新产品并负责生产样品。企业在生产和测试样品的过程中需要对产品的设计进行不断的修正，并对样品的在产品或产成品做出必要的修订。

合同交易价格100万元（不含税），没有导致交易价格变化的因素。

甲公司在完成设计服务及样品时，才将设计成果与样品交付客户，在此之前，客户没有权利取得上述任何一项成果。

合同约定，如客户违约，比如客户单方终止合同时，客户需向甲公司支付相当于合同交易金额20%的违约金。

解析

1. 甲公司设计服务的承诺与生产样品的承诺在合同层面高度关联，不可明确区分

当企业预计由于设计的不断修正，大部分或全部拟生产的样品均可能需要进行一些返工时，在不对生产造成重大影响的情况下，由于提供设计服务与提供样品生产服务产生的风险不可分割，**客户没有办法选择仅购买设计服务或者仅购买样品生产服务**，因此，企业提供的设计服务和生产样品的服务是不断交替反复进行的，两者高度关联，在合同层面是不可明确区分的。

因此，尽管每一项承诺本身均可使客户获益，但在基于合同进行考虑时，这些承诺无法单独区分开来。这是因为甲公司认为每一项承诺均高度依赖于合同中的其他承诺并且与其高度关联。

2. 该履约义务时段履约与时点履约的判断

甲公司的设计服务与生产样品是一项履约义务，甲公司应判断该项履约义务是在某一时段内履行的履约义务，还是在某一时点履行的履约义务。

根据应用指南相关规定，满足下列条件之一的，属于在某一时段内履行履约义务，相关收入应当在该履约义务履行的期间内确认：

①第一个条件："客户在企业履约的同时即取得并消耗企业履约所带来的经济利益"。

本例中，甲公司在履行设计服务和生产样品的过程中，客户并没有受益，须等到完成该设计服务和交付样品后，客户才能受益。

在使用该标准时，应用指南给出了一个易于执行的标准："对于难以通过直观判断获知结论的情形，企业在进行判断时，可以假定**在企业履约的过程中更换为其他企业继续履行剩余履约义务**，当该继续履行合同的企业实质上无需重新执行企业累计至今已经完成的工作时，表明客户在企业履约的同时即取得并消耗了企业履约所带来的经济利益"。

本例中，假设在设计服务与生产样品的过程中，更换其他供应商继续履行剩余履约义务，更换的新供应商无法得到甲公司设计服务与生产样品的成果，需重新执行甲公司累计至今已经完成的设计服务和生产样品的工作，表明客户在企业履约的同时并未取得并消耗企业履约所带来的经济利益。

因此，第一个条件不符合。

②第二个条件："客户能够控制企业履约过程中在建的商品"。

本例中，客户在自己的场地履约，设计图纸或其他资料在完成后才交付，因此客户不能控制履约过程中在建的商品。

因此，第二个条件不符合。

③第三个条件:"企业履约过程中所产出的商品具有不可替代用途,且该企业在整个合同期间内有权就累计至今已完成的履约部分收取款项"。

本例中,该设计服务与样品只能由客户使用,对于其他客户没有使用价值,因此该设计服务与样品具有不可替代用途;但无法满足在整个合同期间内有权就累计至今已完成的履约部分收取款项的条件,合同中仅约定当客户违约时,需支付合同价款20%的违约金,但当甲公司履约到20%以上进度时,该违约金无法涵盖甲公司已经履约发生的成本加上合理利润的款项。

因此,第三个条件不符合。

根据上述分析,甲公司设计服务与生产样品的承诺,属于在某一时点履行的履约义务,企业应当在客户取得相关商品控制权时点确认收入。

3.甲公司账务处理

完成设计服务同时交付样品(单位:万元):

借:应收账款　　　　　　　　　　　　　　　　113
　　贷:主营业务收入　　　　　　　　　　　　100
　　　　应交税费——应交增值税(销项税额)　　13

【提示】《营业税改征增值税试点实施办法》规定,"一项销售行为如果既涉及服务又涉及货物,为混合销售。从事货物的生产、批发或者零售的单位和个体工商户的混合销售行为,按照销售货物缴纳增值税;其他单位和个体工商户的混合销售行为,按照销售服务缴纳增值税。

本条所称从事货物的生产、批发或者零售的单位和个体工商户,包括以从事货物的生产、批发或者零售为主,并兼营销售服务的单位和个体工商户在内。"

本例中,甲公司属于"以从事货物的生产、批发或者零售为主"的增值税纳税人,因此其混合销售行为应按照生产销售货物的税率计征增值税,虽然甲公司提供的主要是设计服务,但是该项行为应按照销售货物税率计征增值税。

4.应用指南相关规定

在确定企业转让商品的承诺是否可单独区分时,需要运用判断并综合考虑所有事实和情况。下列情形通常表明企业向客户转让商品的承诺与合同中的其他承诺不可单独区分:

……

三是,该商品与合同中承诺的其他商品具有高度关联性。也就是说,合同中承诺的每一单项商品均受到合同中其他商品的重大影响。合同中包含多项商品时，如果企业无法通过单独交付其中的某一单项商品而履行其合同承诺，可能表明合同中的这些商品会受到彼此的重大影响。例如，企业承诺为客户设计一种实验性的新产品并负责生产10个样品，企业在生产和测试样品的过程中需要对产品的设计进行不断的修正，导致已生产的样品均可能需要进行不同程度的返工。当企业预计由于设计的不断修正，大部分或全部拟生产的样品均可能需要进行一些返工时，在不对生产造成重大影响的情况下，由于提供设计服务与提供样品生产服务产生的风险不可分割，客户没有办法选择仅购买设计服务或者仅购买样品生产服务，因此，企业提供的设计服务和生产样品的服务是不断交替反复进行的，两者高度关联，在合同层面是不可明确区分的。

5.参考《国际财务报告准则第15号——客户合同产生的收入》结论基础

高度依赖或高度关联［第29（3）段］

BC111　IASB和FASB决定纳入《国际财务报告准则第15号》第29（3）段所述的因素，因为在某些情况下，主体是否提供整合服务（参见第29段（1））或是否涉及对商品或服务作出重大修订或定制（参见第29（2）段）可能并不明确。但是，合同中的个别商品和服务可能仍然无法与合同所承诺的其他商品或服务区分开来。这可能是由于这些商品或服务高度依赖于合同所承诺的其他商品或服务或与其高度关联，从而导致**客户无法在不对合同承诺的其他商品或服务造成重大影响的情况下选择购买其中某一项商品或服务。**

案例44
高度关联不应着重在功能上的关联度

丙公司与客户签订合同，向客户销售一台其生产的可直接使用的医疗设备，并且在未来3年内向该客户提供用于该设备的专用耗材。该耗材只有丙公司能够生产，因此客户只能从丙公司购买该耗材。该耗材既可与设备一起销售，也可单独对外销售。

解析

1.在商品本身层面，单独出售的事实表明客户能够从耗材本身或者将其与其他易于获得的资源一起使用中获益

本例中，丙公司在合同中对客户的承诺包括销售设备和专用耗材，虽然该耗材只有丙公司能够生产，但是由于耗材可以单独出售，客户可以从将设备与单独购买的耗材一起使用中获益，表明设备和专用耗材能够明确区分。

应用指南相关规定：

对于某些商品而言，客户可以从该商品本身获益，而对于另一些商品而言，客户可能需要将其与其他易于获得的资源一起使用才能从中获益。其他易于获得的资源，是指企业（或其他企业）单独销售的商品，或者客户已经从企业获得的资源（包括企业按照合同将会转让给客户的商品）或从其他交易或事项中获得的资源。**表明客户能够从某项商品本身或者将其与其他易于获得的资源一起使用获益的因素有很多，例如，企业通常会单独销售该商品等。**

2.在合同层面，两项承诺不存在高度关联

丙公司未对设备和耗材提供重大的整合服务以将两者形成组合产出，设备和耗材并未对彼此做出重大修改或定制，也不具有高度关联性（这是因为，尽管没有耗材，设备无法使用，耗材也只有用于设备才有用，但是丙公司能够单独履行其在合同中的每一项承诺，也就是说，即使客户没有购买任何耗材，丙公司也可以履行其转让设备的承诺；即使客户单独购买设备，丙公司也可以履行其提供耗材的承诺），表明设备和耗材在合同中彼此之间可明确区分。因此，该项合同包含两项履约义务，即销售设备和提供专用耗材。

3.高度关联不应着重在功能上的关联度

2016年4月，国际会计准则理事会（International Accounting Standards Board，简称IASB）发布的IFRS 15澄清中解释了在评估多项商品或服务之间是否高度依赖或关联时，**不应着重在功能上的关联度，而应重点关注这些商品或服务之间在履约过程中是否存在相互改变的影响。**

本例中，设备与耗材是功能上的关联（该耗材为用于该设备的专用耗材），但是却没有互相改变，比如销售设备要改变耗材的生产，销售耗材要影响设备的生产安装等，这些都没有发生，企业在评估多项商品或服务之间是否高度关联时，更多的应关注这几项商品和服务在履约过程中是否存在相互改变的影响。

综合以上，甲公司销售设备和耗材，由于耗材经常单独销售，所以在商品本身层面，设备和耗材可明确区分；在合同层面，由于设备和耗材两项承诺没有发生互相改变的影响，因此没有高度关联性，同时也没有重大的整合服务与重大修改或定制，因此，该项合同包含两项履约义务，即销售设备和提供专用耗材。

4.甲公司账务处理

转移设备控制权时：

借：应收账款

　　　　贷：主营业务收入

　　　　　　应交税费——应交增值税（销项税额）

转移耗材控制权时：

　　借：应收账款

　　　　贷：主营业务收入

　　　　　　应交税费——应交增值税（销项税额）

案例45
销售软件同时提供服务时高度关联的判断

甲公司与客户签订合同，向客户销售一款软件，提供软件安装服务，并且在两年内向客户提供不定期的软件升级和技术支持服务。甲公司通常也会单独销售该款软件、提供安装服务、软件升级服务和技术支持服务。甲公司提供的安装服务通常也可由其他方执行，且不会对软件做出重大修改。甲公司销售的该软件无须升级和技术支持服务也能正常使用。

解析

1. 销售软件和服务本身能够明确区分

本例中，甲公司的承诺包括销售软件、提供安装服务、软件升级服务和技术支持服务。甲公司通常会单独销售软件、提供安装服务、软件升级服务和技术支持服务，该软件先于其他服务交付，且无须经过升级和技术支持服务也能正常使用，安装服务是常规性的且可以由其他服务供应商提供，客户能够从该软件与市场上其他供应商提供的此项安装服务一起使用中获益，也能够从安装服务以及软件升级服务与已经取得的软件一起使用中获益，因此，客户能够从单独使用该合同中承诺的各项商品和服务中获益，或从将其与易于获得的其他商品一起使用中获益，表明这些商品和服务能够明确区分。

2. 销售软件和服务在合同中可明确区分

甲公司虽然需要将软件安装到客户的系统中，但是该安装服务是常规性的，并未对软件做出重大修改，不会重大影响客户使用该软件并从中获益的能力，软件升级服务也一样，合同中承诺的各项商品和服务没有对彼此做出重大修改或定制；甲公司也没有提供重大服务将这些商品和服务整合成一组组合产出；由于甲公司在不提供后续服务的情况下也能够单独履行其销售软件的承诺，因此，软件和各项服务之间不存在高度关联性，表明这些商品在合同中彼此之间可明确区分。

因此，该合同中包含四项履约义务，即软件销售、安装服务、软件升级服务以及技术支持服务。

> 【提示】合同层面对于高度关联的判断中，经常用到的标准为：
>
> 客户没有办法选择仅购买其中的某些商品或者服务，或者企业在不履行某项承诺时也无法履行其他承诺，则表明很可能合同中的各承诺无法明确区分。
>
> 本例中，甲公司在不提供后续服务的情况下也能够单独履行其销售软件的承诺，则表明合同中的各承诺很可能不存在高度关联。

3.甲公司账务处理

（1）销售软件时：

借：应收账款

　　贷：主营业务收入——销售软件

　　　　应交税费——应交增值税（销项税额）

（2）提供安装服务时：

借：应收账款

　　贷：主营业务收入——软件安装

　　　　应交税费——应交增值税（销项税额）

> 【提示】1.关于甲公司安装服务增值税的说明：
>
> 甲公司销售软件的同时提供安装服务，构成了增值税上"混合销售"的概念，应按照甲公司的主业（即销售软件）计征增值税。
>
> 2.关于甲公司安装服务企业所得税的说明：
>
> 《国家税务总局关于确认企业所得税收入若干问题的通知》（国税函〔2008〕875号）规定："（四）下列提供劳务满足收入确认条件的，应按规定确认收入：
>
> 1.安装费。应根据安装完工进度确认收入。安装工作是商品销售附带条件的，安装费在确认商品销售实现时确认收入。
>
> 2.宣传媒介的收费。应在相关的广告或商业行为出现于公众面前时确认收入。广告的制作费，应根据制作广告的完工进度确认收入。
>
> 3.软件费。为特定客户开发软件的收费，应根据开发的完工进度确认收入。

4.服务费。包含在商品售价内可区分的服务费,在提供服务的期间分期确认收入。"

本例中,甲公司向客户销售一款软件,提供软件安装服务,甲公司的安装工作是商品销售附带条件,根据上述文件规定,企业所得税上安装费在确认商品销售实现时确认收入,而新收入准则认为销售软件和提供软件安装服务是两项履约义务,应分别在转移控制权时确认收入,此处产生了税会差异。

(3)提供升级服务与技术支持服务时:

借:应收账款
　　贷:主营业务收入
　　　　应交税费——应交增值税(销项税额)

【提示】 1.关于甲公司升级服务与技术支持服务增值税的说明:

甲公司在销售软件产品后提供的升级服务与技术支持服务,与销售软件产品不是一项业务,因此不属于增值税中"混合销售"的概念,应按照服务的相关规定计征增值税。

《财政部 国家税务总局关于增值税若干政策的通知》(财税〔2005〕165号)第十一条第(二)项规定:"纳税人销售软件产品并随同销售一并收取的软件安装费、维护费、培训费等收入,应按照增值税混合销售的有关规定征收增值税,并可享受软件产品增值税即征即退政策。

对软件产品交付使用后,按期或按次收取的维护、技术服务费、培训费等不征收增值税"。

上述文件是营改增之前的政策,对于后期收取的技术服务费等征收营业税,其含义是这些费用不构成混合销售的内容,根据上述文件精神,后期收取的各种费用营改增后应单独征收增值税。

2.关于甲公司升级服务与技术支持服务企业所得税的说明:

本例中,升级服务与技术支持服务如果属于上述国税函〔2008〕875号文件中所述的"包含在商品售价内可区分的服务费",在提供服务的期间确认所得税收入;否则,应在销售软件时确认所得税收入。

本例中,新收入准则在提供服务时(各服务为单项履约义务)确认收入,而企业所得税则有可能在销售软件时确认收入。

4. 客户账务处理

客户应将购买软件产品与安装服务一起计入无形资产初始成本，而升级服务与技术支持服务属于无形资产达到预定用途后发生的支出，不构成软件产品的成本。

会计准则相关规定：

《企业会计准则讲解》第七章"无形资产"：

> 无形资产通常是按实际成本计量，即以取得无形资产并使之达到预定用途而发生的全部支出作为无形资产的成本。对于不同来源取得的无形资产，其成本构成不尽相同。
>
> （一）外购的无形资产成本
>
> 外购的无形资产，其成本包括购买价款、相关税费以及直接归属于使该项资产达到预定用途所发生的其他支出。其中，直接归属于使该项资产达到预定用途所发生的其他支出包括使无形资产达到预定用途所发生的专业服务费用、测试无形资产是否能够正常发挥作用的费用等，但不包括为引入新产品进行宣传发生的广告费、管理费用及其他间接费用，也不包括在无形资产已经达到预定用途以后发生的费用。
>
> 无形资产达到预定用途后所发生的支出，不构成无形资产的成本。例如，在形成预定经济规模之前发生的初始运作损失。在无形资产达到预定用途之前发生的其他经营活动的支出，如果该经营活动并非是为使无形资产达到预定用途所必不所不可少的，有关经营活动的损益应于发生时计入当期损益，而不构成无形资产的成本。

案例46
保证类质保和服务类质保的履约义务[1]

甲公司与客户签订合同，销售一部手机。该手机自售出起一年内如果发生质量问题，甲公司负责提供质量保证服务。此外，在此期间内，由于客户使用不当（例如手机进水）等原因造成的产品故障，甲公司也免费提供维修服务。该维修服务不能单独购买。

---

[1]"附有质量保证条款的销售"属于"特定交易的会计处理"内容，考虑到其主要内容为辨识履约义务，因此将其放到本篇中。

> **解析**

1. 质保服务分为保证类质保和服务类质保，其会计处理不同

企业在向客户销售商品时，根据合同约定、法律规定或本企业以往的习惯做法等，可能会为所销售的商品提供质量保证，这些质量保证的性质可能因行业或者客户而不同。其中，有一些质量保证是为了向客户保证所销售的商品符合既定标准，即保证类质量保证；而另一些质量保证则是在向客户保证所销售的商品符合既定标准之外提供了一项单独的服务，即服务类质量保证。

一般来讲，保证类质保不构成单项履约义务，企业应当按照《企业会计准则第13号——或有事项》的规定进行会计处理。服务类质保作为单项履约义务进行会计处理。

2. 保证类质保不构成单项履约义务

本例中，甲公司的承诺包括：销售手机、提供质量保证服务以及维修服务。甲公司针对产品的质量问题提供的质量保证服务是为了向客户保证所销售商品符合既定标准，因此不构成单项履约义务。

甲公司提供的质量保证服务，应当按照《企业会计准则第13号——或有事项》的规定进行会计处理。

> **【提示】** 1. 关于对法定质保的理解：
>
> 如果法律要求企业提供质保，这一法律的存在即表明所承诺的质保不是一项履约义务，因为这些要求的存在通常是为了保护客户免于承担购买不合格产品的风险。
>
> 此种法定质保并非要求企业在销售时确定产品是否存在瑕疵，而是假定如果产品在规定的期间内产生缺陷，则在销售时就存在瑕疵。
>
> 2. 实务中，如果甲公司预计质保期内发生的质保费用较低，同时历史维修支出较少，可考虑对质保责任不计提预计负债，维修支出于实际发生时计入当期损益。

3. 维修服务构成单项履约义务

甲公司对由于客户使用不当而导致的产品故障提供的免费维修服务，属于在向客户保证所销售商品符合既定标准之外提供的单独服务，尽管其没有单独销售，该服务与手机可明确区分，应该作为单项履约义务。因此，在该合同下，甲公司的履约义务有两项：销售手机和提供维修服务，甲公司应当按照其各自单独售价的相对比例，将交易价格分摊至这两项履约义务，并在各项履约义务履行时分别确认收入。

> 【提示】关于客户选择权的说明：
>
> 应用指南规定："企业应当对其所提供的质量保证的性质进行分析，对于客户能够选择单独购买质量保证的，表明该质量保证构成单项履约义务；对于客户虽然不能选择单独购买质量保证，但是，如果该质量保证在向客户保证所销售的商品符合既定标准之外提供了一项单独服务的，也应当作为单项履约义务"。
>
> 如果客户可选择单独购买质保，因企业承诺向客户提供除具有合同所述功能的产品之外的服务，此类质保是可明确区分的服务。但这并不是绝对的标准，在某些情况下，对于客户虽然不能选择单独购买质量保证服务，但如果该质量保证在向客户保证所销售的商品符合既定标准之外提供了一项单独服务的，也应当作为单项履约义务。
>
> 如本例，虽然该维修服务不能单独购买，但其在向客户保证所销售的商品符合既定标准之外提供了一项单独服务，因此也应当作为单项履约义务。

4. 甲公司账务处理

（1）销售手机时（按照单独售价在手机和维修服务中分摊交易价格）：

借：应收账款
　　贷：主营业务收入——手机
　　　　合同负债——维修服务
　　　　应交税费——应交增值税（销项税额）

> 【提示】关于服务类质保企业所得税纳税调整的说明：
>
> 笔者认为，理论上而言，甲公司收取的款项中包括手机和维修服务，维修服务现在尚未发生，可认为是纳税人预收的款项，在实际发生时确认企业所得税收入。
>
> 但实务中，由于各种原因，例如甲公司按照全额开具了增值税发票，这可能引起增值税销售额与企业所得税收入比对的风险；或者税务认为这是甲公司职业判断估计的金额，为避免纳税人调整所得额等不恰当的操作，可能不会认可上述观点，从而引起一定的税务风险。

（2）将来发生维修服务时：

借：合同负债——维修服务

　　贷：主营业务收入——维修服务

借：合同履约成本——维修服务

　　贷：应付职工薪酬、银行存款、原材料等

借：主营业务成本——维修服务

　　贷：合同履约成本——维修服务

【提示】结合企业自身实际情况，根据发生频率及规模大小，也可将维修服务计入其他业务收入（其他业务成本）等。

（3）计提保证类质量保证费用：

借：销售费用——产品质量保证

　　贷：预计负债——产品质量保证

（4）发生产品质量保证费用：

借：预计负债——产品质量保证

　　贷：银行存款或原材料等

（5）维修期结束或者已经计提预计负债的产品停产时：

借：销售费用——产品质量保证（负数）

借：预计负债——产品质量保证

5. 应用指南相关规定

企业在向客户销售商品时，根据合同约定、法律规定或本企业以往的习惯做法等，可能会为所销售的商品提供质量保证，这些质量保证的性质可能因行业或者客户而不同。其中，有一些质量保证是为了向客户保证所销售的商品符合既定标准，即保证类质量保证；而另一些质量保证则是在向客户保证所销售的商品符合既定标准之外提供了一项单独的服务，即服务类质量保证。

企业应当对其所提供的质量保证的性质进行分析，对于客户能够选择单独购买质量保证的，表明该质量保证构成单项履约义务；对于客户虽然不能选择单独购买质量保证，但是，如果该质量保证在向客户保证所销售的商品符合既定标准之外提供了一项单独服务的，也应当作为单项履约义务。作为单项履约义务的质量保证应当按本准则规定进行会计处理，并将部分交易价格分摊至该项履约义务。对于不能作为单项履约义务的质量保证，企业应当按照《企业会计准则第13

号——或有事项》的规定进行会计处理。企业在评估一项质量保证是否在向客户保证所销售的商品符合既定标准之外提供了一项单独的服务时，应当考虑的因素包括：

1.该质量保证是否为法定要求。当法律要求企业提供质量保证时，该法律规定通常表明企业承诺提供的质量保证不是单项履约义务，这是因为，这些法律规定通常是为了保护客户，以免其购买瑕疵或缺陷商品，而并非为客户提供一项单独的服务。

2.质量保证期限。企业提供质量保证的期限越长，越有可能表明企业向客户提供了保证商品符合既定标准之外的服务。因此，企业承诺提供的质量保证越有可能构成单项履约义务。

3.企业承诺履行任务的性质。如果企业必须履行某些特定的任务以保证所销售的商品符合既定标准（例如，企业负责运输被客户退回的瑕疵商品），则这些特定的任务可能不构成单项履约义务。

企业提供的质量保证同时包含保证类质量保证和服务类质量保证的，应当分别对其进行会计处理；无法合理区分的，应当将这两类质量保证一起作为单项履约义务按照本准则进行会计处理。

当企业销售的商品对客户造成损害或损失时，如果相关法律法规要求企业需要对此进行赔偿，该法定要求不会产生单项履约义务。如果企业承诺，当企业向客户销售的商品由于专利权、版权、商标或其他侵权等原因被索赔而对客户造成损失时，向客户赔偿该损失，该承诺也不会产生单项履约义务。企业应当按照《企业会计准则第13号——或有事项》的规定对上述义务进行会计处理。

6.上市公司相关公告

（1）某股份有限公司招股说明书的部分内容如下：

"（4）质量缺陷赔偿责任及退货政策等

①汽车行业对产品质量责任要求较高

汽车行业的产品质量和安全标准主要包括汽车和零部件的技术规范、最低保修要求和汽车召回规定等，近年来国家对汽车行业的产品质量和安全的法规及技术标准日趋严格，陆续颁布了《缺陷汽车产品召回管理条例》《家用汽车产品修理、更换、退货责任规定》等法规规定。整车厂对为其配套的零部件企业的质量保证能力有很高的要求，其每个零件均进行了标识，具有可追溯性，对于质量存在问题的零部件，整车厂可以要求汽车零部件企业进行赔偿。

公司严格的质量检验标准和先进的生产工艺保障了产品质量水平的稳定性，未曾发生过因质量问题导致汽车召回的重大事件。

公司制定并严格执行《不合格品处置流程》，建立了对不合格品的控制程序，使发生的不合格品、可疑产品处于受控状态，防止不合格品的非预期交付和使用。

客户投诉退货时，由生管部依据客户《不良退货通知单》对不合格品进行数量点收确认，将异常品领回公司，并将不合格品用异常品票标识，隔离于退回品区以防误用。同时生管部需将退回的异常品登录进《客户退货记录表》，并联络质量部客户管理担当组织处理。生管部需按照客户要求纳入相应数量的合格品以供客户维持生产。质量判定可进行返修则由责任部门按流程进行返修；若判定为不合格则依照流程进行报废。针对客户退货产品，由质量部主导进行现品分析，并按照《纠正预防措施管理程序》的要求实施纠正预防。

②报告期内公司质量赔偿情况

截至本招股说明书签署日，公司不存在因产品质量问题导致汽车召回的重大事件。报告期内，公司质量赔偿情况如下：

由上表[1]可见，公司质量赔偿金额相对较小，主要系公司与客户长期合作，了解客户需求，同时，公司积极改进产品质量和管理水平，以满足客户要求，因此质量索赔事件相对比较少，单次发生金额均不大。2018年度质量索赔金额高于其他年度，主要系紧固件的人工分选工作出现偏差，日产国际的紧固件索赔情况较多，金额较大。2019年公司购买自动分选机和影像筛选机，减少人工分拣产生的失误，质量索赔金额减少。

③公司未计提质量相关预计负债符合行业惯例

报告期内，公司承担的售后责任和报告期内发生的质量索赔金额较小，公司不需要就质保、退换货、售后服务费等情况计提预计负债。根据华达科技、金鸿顺、常青股份、晋亿实业、富奥股份等同行业上市公司披露的定期报告，同行业上市公司亦未计提预计负债，公司未计提预计负债符合行业惯例，具有合理性。"

（2）某股份有限公司财务报表附注的部分内容如下：

"房地产销售收入

本集团为销售产品提供产品质量保证，**并确认相应的预计负债（附注四、38）**，本集团并未因此提供任何额外的服务或额外的质量保证，故**该产品质量保证不构成单独的履约义务。**"

---

[1] 此处略。

案例47
销售产品同时承诺培训服务及质保的税会差异

甲公司向其客户提供购买产品的质量保证,保证产品符合约定规格且自购买日起一年内能按承诺运行。这份合同同时为客户提供获得最多20小时有关如何操作产品的培训服务的权利(不收取额外费用)。

解析

1. 销售商品和提供培训服务的承诺是否可明确区分

甲公司评估合同中的商品和服务认为,在商品本身层面,由于客户可以从单独使用该产品(不接受培训服务)中获益,该产品能够明确区分,甲公司定期单独出售产品未附加培训服务也给予该评估充分的证据;由于客户可以从将培训服务和企业已提供的产品一起使用中获益,培训服务能够明确区分。

在合同层面,甲公司并未提供将培训服务与产品进行整合的重大服务;产品不会导致培训服务做出重大修订或定制;培训服务并非高度依赖于产品或与其高度关联。因此甲公司转让产品的承诺可与合同中的其他承诺单独区分开来,基于合同考虑该产品可明确区分。

因此,销售商品和提供培训服务两项承诺可明确区分并形成两项单独的履约义务。

2. 确定质保是否构成单项履约义务

甲公司得出结论认为,质保不会向客户提供除这一保证之外的商品或服务,并未将其作为一项履约义务进行会计处理,其为保证类质保,未形成单独的履约义务。

因此,甲公司将交易价格分摊至两项履约义务(产品和培训服务)并在这些履约义务得到履行时(或履约过程中)确认收入。

3. 甲公司账务处理

按照产品和培训服务的单独售价,将交易价格分摊到两个单项履约义务中。

(1)销售商品时:

借:应收账款
  贷:主营业务收入——产品销售
    合同负债——培训服务
    应交税费——应交增值税(销项税额)

> **【提示】关于培训费计征增值税的说明：**
>
> 本例中，培训费是单独的一项履约义务，新收入准则要求分摊交易价格到培训费的履约义务中并单独确认收入，而在增值税上，该培训费虽然是后续发生，但其款项与产品一起收取（提供培训服务时不收取额外费用），构成了增值税概念中的混合销售。
>
> 《财政部 国家税务总局关于增值税若干政策的通知》（财税〔2005〕165号）第十一条第（二）项规定："纳税人销售软件产品并随同销售一并收取的软件安装费、维护费、培训费等收入，应按照增值税混合销售的有关规定征收增值税，并可享受软件产品增值税即征即退政策。
>
> 对软件产品交付使用后，按期或按次收取的维护、技术服务费、培训费等不征收增值税。"
>
> 本例中，参照上述文件精神并结合增值税混合销售相关原理，甲公司销售产品并随同销售一并收取的培训费，应按照增值税混合销售的有关规定征收增值税。

（2）提供培训服务时：

　　借：合同负债——培训服务

　　　　贷：主营业务收入——培训服务

案例48
上市公司质保服务确认履约义务

某股份有限公司首次公开发行股票并在创业板上市招股说明书部分内容如下：

公司的质保金为产品总价款的组成部分，于产品销售满足收入确认条件时确认收入和应收账款，符合《企业会计准则》的规定。根据历史经验及客户信用情况，客户预留的质保金无法收回的可能性较小，因此，公司在产品实现销售时可以确认质保金金额能够可靠计量且很可能流入企业，满足收入确认条件。公司应收账款中新确认的质保金金额与当期收入、销量变动趋势一致。

公司提供的质保服务是为了向客户保证所销售商品符合既定标准，不属于单项履约义务。具体说明如下：

（1）公司提供的质保服务为保证类质量保证，属于法定要求，公司对客户提供的质保服务是保护客户免遭产品向其转让时存在瑕疵，是为了向客户保证所销售的商品符合既定标准，属于保证类质量保证。同时，公司经营中无单独销售延期质保服务的情况，客户也无法选择单独购买质量保证服务，故公司提供的质保服务不属于单项履约义务。

（2）公司约定的质保期符合行业惯例，与同行业可比公司相比无重大差异。

公司通常约定的质保期限为12~24个月，同行业可比公司的质保期在1~2年，个别产品或合同的质保期限较长，公司约定的质保期与同行业公司相比无重大差异。

（3）公司需承担质保期内由于产品质量问题引起的相关费用。

质保期内若公司销售的设备出现质量问题，由公司负责替换或者维修，相关费用由公司承担，公司承担的与保证所销售设备符合既定标准的义务不属于单项履约义务。

（4）新收入准则的执行未影响同行业可比公司期初净资产，质保服务也未对其收入的确认产生影响。

同行业可比公司辉煌科技、康拓红外公告的2020年半年度报告以及世纪瑞尔和唐源电气公告的2020年一季度报告显示，质保服务未因新收入准则的执行而影响期初净资产，也未对收入的确认产生影响。

公司有严格的质量检验流程，预计质保期内发生的质保费用较低，同时历史维修支出较少，因此**未对质保责任计提预计负债，维修支出于实际发生时计入当期损益**。同行业可比公司均未对质保责任计提预计负债，维修支出于实际发生时计入当期损益。

解析

1. 质保是否确认单项履约义务

本例中，公司考虑以下因素，对于产品质保金作为保证类质保金，不确认为单项履约义务：

（1）该质保为法定要求。

公司提供的质保服务，属于法定要求，公司对客户提供的质保服务是保护客户免遭产品向其转让时存在瑕疵，是为了向客户保证所销售的商品符合既定标准。

（2）客户对该质保无选择权。

公司经营中无单独销售延期质保服务的情况，客户也无法选择单独购买质量保证服务。

（3）考虑质保的期限。

公司约定的质保期符合行业惯例，与同行业可比公司相比无重大差异。

新收入准则及应用指南对于服务类质保考虑的因素之一为质保的期限，即"企业提供质量保证的期限越长，越有可能表明企业向客户提供了保证商品符合既定标准之外的服务。因此，企业承诺提供的质量保证越有可能构成单项履约义务"，本例中，虽然质保期较长，但如是法定的质保，同时也符合行业惯例，因此可将其作为保证类质保。如不是法定质保，且质保期较长，此时应考虑将其作为服务类质保从而确认单项履约义务。

2.质保费用预计较低未进行会计处理

预计质保期内发生的质保费用较低，同时历史维修支出较少，因此未对质保责任计提预计负债，维修支出于实际发生时计入当期损益。

公司根据历史经验及基于重要性原则，未将预计很少发生的质保费用按照或有负债处理，即未计提预计负债。

案例49
汽车行业上市公司整车保养成本税会差异

某汽车股份有限公司年度报告内容摘要部分内容如下：

（1）集团为客户提供的保养服务识别为一项单项履约义务，在履行相应履约义务时确认收入。

（2）于2018年1月1日，集团为客户提供的保养服务识别为一项单项履约义务，确认合同负债人民币774 861 470.52元。

（3）合同负债列示（见表4-1）。

表4-1

单位：元

项　　目	2018年12月31日
预收账款	2 904 697 498.03
保养服务	529 206 594.40
合　　计	3 433 904 092.43

(4)成本分析表(见表4-2)。

表4-2

成本构成项目	本期金额(元)	本期占总成本比例(%)	上年同期金额(元)	上年同期占总成本比例(%)	本期金额较上年同期变动比例(%)	情况说明
整车保养服务成本、运输的过路费、油费、差旅费、人工工资等	902 843 392.11	1.11	183 488 536.69	0.22	392.04	劳务成本变动主要系报告期依据财政部2017年修订的《企业会计准则第14号——收入》,为客户提供的整车免费保养服务作为一项单项履约义务,发生的成本在劳务成本列示,对于前期比较财务报表数据,集团未做调整。

解析

1. 将整车保养服务作为服务类质保识别为一项履约义务

本例中,公司在执行新收入准则后,将整车保养服务作为服务类质保识别为一项履约义务,在销售汽车时计入合同负债,在实际履行相关维保服务时确认收入。

此处的整车保养服务如果同时包含保证类质量保证和服务类质量保证,应当分别对其进行会计处理;无法合理区分的,应当将这两类质量保证一起作为单项履约义务进行会计处理。

2. 整车保养服务作为单项履约义务,相关成本通过合同履约成本归集

公司将整车保养服务识别为一项单项履约义务,单独确认维保收入,相应地,其对应的成本也通过合同履约成本进行归集,而不是类似于销售费用等损益类科目。

账务处理如本书之前案例所述。

案例50
模具构成单项履约义务和成本费用的辨析

甲公司是生产企业,增值税一般纳税人。2020年5月与乙公司签订合同,按照乙公司订单生产并交付产品100万件,产品单位售价10元,单位成本6元,订单生产周期10个月。

为生产该产品,乙公司委托甲公司外购或者自制(包括研发)专为生产订单上产品的模具,为补偿该模具成本,客户采取一次性补偿或者在后续产品的收入价格中补偿的方式。

合同约定,该模具所有权属于客户,订单结束后或者中断时客户均可无条件收回该模具。

模具单独售价为100万元,成本80万元。

以上价格均不包含增值税。

解析

1. 提供模具是否构成单项履约义务

履约义务,是指合同中企业向客户转让可明确区分商品的承诺,如果合同中的承诺可明确区分,则其构成单项履约义务,按照单独售价分摊合同中的交易价格,并在转移这些履约义务时(或过程中)确认收入的实现。

而企业向客户承诺的商品是否作为可明确区分商品,根据新收入准则规定,应从商品层面和合同层面进行评估。

(1)商品层面。

甲公司在合同中承诺向客户转移模具控制权,客户取得该模具控制权后,可以主导该模具的处理,并且可以从模具本身获益或者从其他易于获得资源一起使用中获益,比如客户可以在取得模具控制权后将模具交付给其他类似供应商从而生产产品,虽然实务中可能很少发生这种情形,但是如果要如此处理也并非不可行。此时无须考虑合同中可能存在的阻止客户从其他来源取得相关资源的限制性条款。

(2)合同层面。

甲公司转移模具的承诺与合同中销售商品的承诺未形成组合产出、不存在重大修改和定制、高度关联等情况,因而甲公司认为,合同中转移模具的承诺与合同中其他承诺彼此之间可明确区分,故将其作为一项单独的履约义务。

因此，甲公司确定了模具本身及合同层面能够明确区分从而将其评估为一项单独的履约义务。

> 【提示】1.模具在实务中的情况较为复杂，本例只是分析了其中的某些情形。例如，在某些情况下，交付模具也可能不构成单项履约义务，而是与销售产品一起构成一项履约义务。此时交付模具收到的款项，可能需要通过"合同负债"等科目处理，待到销售产品时才能将其转移到相关收入中。企业需注意结合实务中的情况进行处理。
>
> 2.关于模具是单项履约义务还是成本费用的说明：
>
> 如果甲公司购买或者自制模具并拥有其所有权，能主导模具的使用，则该模具不构成一项单独的履约义务，而是构成销售产品的成本费用。
>
> 3.关于定制的说明：
>
> 如果某项商品将对合同中的其他商品做出重大修改或定制，实质上每一项商品将被整合在一起（即作为投入）以生产合同约定的组合产出，此时通常表明企业向客户转让商品的承诺与合同中的其他承诺不可单独区分。
>
> 该"定制"的含义要求合同中承诺的某商品对其他商品进行定制化的重大修改，而本例中模具的定制与上述"定制"含义并不相同，此处需注意区分。
>
> 4.关于高度关联的说明：
>
> 该模具专门用于该订单的产品生产，因而模具与产品之间具有关联，但此为功能上的关联，两者之间没有发生互相改变的影响，因此不构成判断商品在合同层面可否明确区分的高度关联情形。甲公司在自制模具时，可能会同时制作样品，此时可能会发生设计生产模具服务和生产样品服务互相改变的影响，设计生产模具服务和生产样品高度关联。但生产设计模具和生产订单产品没有互相改变的影响，客户可以选择只购买模具，因而两者并非高度关联。

2.交付产品和模具的合同合并

本例中，甲公司与同一客户同时订立或在相近时间内先后订立交付产品和模具的合同，这两份合同均基于向客户交付订单中的产品这一商业目的而订立并构成一揽子交易，应当合并为一份合同进行会计处理。

3.模具收入确认时点

根据上述分析，甲公司识别出合同包括两项履约义务：交付模具以及交付产品。从而应将合同交易价格分摊到两项履约义务中，在其控制权转移时（或过程中）分别确认收入。

本例假设没有影响交易价格的各种因素,合同交易价格确定为1 100万元,交付产品的单独售价为1 000万元,交付模具的单独售价为100万元,因此,产品与模具分摊的交易价格分别为1 000万元和100万元。

甲公司在研发或者制作模具过程中并未向客户交付任何阶段性的成果资料,客户并没有在甲公司履约的同时即取得并消耗甲公司履约所带来的经济利益;客户并不能控制甲公司履约过程中在建的模具;该模具专用于客户产品,因此具有不可替代用途,但是根据合同条款及业务分析,甲公司无法做到在整个合同期间内有权就累计至今已完成的模具履约部分收取能够补偿其已发生成本和合理利润的款项。

综上,甲公司认为交付模具的履约义务是在某一个时点履行的履约义务。

4. 甲公司账务处理

(1) 一次性补偿模具款方式。

①取得模具时:

外购模式:

借:库存商品——模具　　　　　　　　　　　　　　　　80
　　应交税费——应交增值税(进项税额)　　　　　　　10.4
　　贷:应付账款　　　　　　　　　　　　　　　　　　90.4

自制模式:

借:生产成本、制造费用等　　　　　　　　　　　　　　80
　　贷:研发支出、原材料、应付职工薪酬等　　　　　　80
借:库存商品　　　　　　　　　　　　　　　　　　　　80
　　贷:生产成本、制造费用等　　　　　　　　　　　　80

【提示】此处模具成本归集不计入"合同履约成本"的说明:

甲公司发生的自制模具成本,与生产产品合同直接相关,该成本增加了甲公司未来用于履行合同的资源,且该成本预期能够收回,但是最终该自制成本形成了库存商品的组成部分,属于存货准则规范的范围,因此该成本不能计入"合同履约成本"。详见本书中对于合同履约成本的案例解析。

②转移模具控制权时:

借:应收账款　　　　　　　　　　　　　　　　　　　113
　　贷:主营业务收入——模具收入　　　　　　　　　100

　　　　　应交税费——应交增值税（销项税额）　　　　　　　　　13
　　　借：主营业务成本　　　　　　　　　　　　　　　　　　80
　　　　　贷：库存商品——模具　　　　　　　　　　　　　　　　80
　③后续确认产品收入时（假设第一个月销售产品数量为10万件）：
　　　借：应收账款　　　　　　　　　　　　　　　　　　　　113
　　　　　贷：主营业务收入——产品收入　　　　　　　　　　　100
　　　　　　应交税费——应交增值税（销项税额）　　　　　　　13
　　　借：主营业务成本　　　　　　　　　　　　　　　　　　80
　　　　　贷：库存商品　　　　　　　　　　　　　　　　　　　80
（2）分次在后续产品价格中补贴模式：
　①转移模具控制权时：
　　　借：应收账款　　　　　　　　　　　　　　　　　　　　113
　　　　　贷：主营业务收入——模具收入　　　　　　　　　　　100
　　　　　　应交税费——应交增值税（销项税额）　　　　　　　13
　　　借：主营业务成本　　　　　　　　　　　　　　　　　　80
　　　　　贷：库存商品——模具　　　　　　　　　　　　　　　80

> 【提示】在实务中，现阶段企业对于模具费用在后续产品价格中补贴的模式下，大部分采取的账务处理方式是将模具收入体现在后续的产品销售收入中，将模具费用记入"长期待摊费用"等科目并分期摊销。笔者认为，模具在本例中作为单项履约义务，且属于在某一时点履行的履约义务，应该在其控制权转移时确认收入，而采取在后续产品价格中补偿的方式或者一次性补偿的方式，只是补偿模具费用或者收款方式的不同，不能因补偿方式的不同而违背收入确认原则。
>
> 根据以上分析，如果模具交付构成单项履约义务，并且属于在某一时点履行的履约义务，则在其控制权转移时应一次性确认收入并结转成本，而不需使用诸如"长期待摊费用"等科目，也不需在后续产品销售时分期确认收入以及分期摊销上述资产类科目。

　②后续确认产品收入时（假设第一个月销售产品数量为10万件）：
　　　借：应收账款　　　　　　　　　　　　　　　　　　　　113
　　　　　贷：主营业务收入——产品收入　　　　　　　　　　　100
　　　　　　应交税费——应交增值税（销项税额）　　　　　　　13

> 【提示】关于此处确认收入金额的说明：
>
> 甲公司采取交付产品数量与总数量比例的方式来确认后续产品价格补贴金额，第一个月销售产品数量为10万件，总数量为100万件，比例为10%。
>
> 由于之前已经全额确认了交付模具的收入，此时只需确认销售产品的100万元收入即可。
>
> 而现阶段大部分模具的账务处理方式是在此时将模具的价值分摊在收入中，如本例，后续确认收入的金额为110万元，根据本书相关分析，在模具作为单项履约义务的情况下，此种处理并不恰当。

借：主营业务成本　　　　　　　　　　　　　　　　　　　　　80
　　贷：库存商品　　　　　　　　　　　　　　　　　　　　　　80

> 【提示】模具在实务中的处理比较复杂，账务处理方式争议也较多，笔者从新收入准则角度对其进行解析，此为一家之言，仅供参考。

5. 上市公司相关公告

（1）某股份有限公司招股说明书部分内容如下：

"公司固定资产中模具全部为轮胎模具，公司轮胎模具系生产商品而持有的、单位价值高且使用年限超过一年的有形资产，故作为固定资产核算。

公司生产经营过程中需要的模具有公司自行采购、客户提供两种形式，报表中列示模具均为自有产权，由公司与模具供应商签订购销合同，入账价值按照合同价格执行，计提折旧时采用平均年限法，折旧年限5年，预计残值率5%，年折旧率19%，折旧年限与实际使用寿命相匹配。

客户提供的模具由公司负保管义务，不作为公司所有资产进行核算，通过建立备查簿予以管理"。

（2）某股份有限公司2019年年度报告部分内容如下：

其他流动资产（见表4-3）：

表4-3

单位：元

项目	期末余额	期初余额
模具	170 389.36	1 042 424.22

长期待摊费用（见表4-4）：

表4-4

单位：元

项目	期初余额	本期增加金额	本期摊销金额	期末余额
模具	1 095 851.95	11 615 970.77	4 023 867.86	8 687 954.86

根据模具使用寿命列示不同项目（见表4-5）：

表4-5

项　目	判断标准	摊销期限	报表项目
模具使用寿命	<10万次（含10万次）	12个月	其他流动资产
模具使用寿命	>10万次	24个月	长期待摊费用

（3）某股份有限公司2019年年度报告部分内容如下：

"长期待摊费用

长期待摊费用核算本公司已经发生但应由本期和以后各期负担的分摊期限在一年以上的各项费用。本公司的长期待摊费用主要包括装修费、模具等。长期待摊费用在预计受益期间按直线法摊销"。

（4）某股份有限公司2018年年度报告部分内容如下：

"因执行新收入准则，本集团将模具销售认定为非单项履约义务，在本集团已经收取了合同对价或已经取得了无条件收取合同对价权利时确认为合同负债，并随着商品销售的同时确认收入"。

05
关于确定交易价格

5.1 可变对价

案例51
奖励或者罚款产生的可变对价

甲公司与乙公司签订固定造价合同，约定在乙公司的厂区内为其建造一栋办公楼，合同价款为500万元。根据合同约定，该项工程的完工日期为2020年3月31日，如果甲公司能够在该日期之前完工，则每提前一天，合同价款将增加2万元；相反，如果甲公司未能按期完工，则每推迟一天，合同价款将会减少2万元。此外，合同约定，该项工程完工之后将参与省级优质工程奖的评选，如果能够获奖，乙公司将额外奖励甲公司20万元。

以上价格均不包含增值税。

解析

1. 按照期望值或最可能发生金额确定可变对价的最佳估计数

应用指南规定："企业与客户的合同中约定的对价金额可能是固定的，也可能会因折扣、价格折让、返利、退款、奖励积分、激励措施、业绩奖金、索赔等因素而变化。此外，企业有权收取的对价金额，将根据一项或多项或有事项的发生有所不同的情况，也属于可变对价的情形"。

本例中，产生可变对价的事项有两项：一是是否按期完工，二是能否获得省级优质工程奖。能否达成会影响合同交易价格，甲公司可以用不同的方法对其进行估计：对于前者，甲公司按照期望值进行估计；对于后者，甲公司按照最有可能的金额进行估计。假设甲公司根据上述方式估计的可变对价为50万元（不含税金额）并将其纳入交易价格。

根据应用指南的规定，"需要说明的是，对于某一事项的不确定性对可变对价金额的影响，企业应当在整个合同期间一致地采用同一种方法进行估计。但是，当存在多个不确定性事项均会影响可变对价金额时，企业可以采用不同的方法对其进行估计"。

2. 甲公司账务处理（单位：万元）

甲公司应按照550万元的交易价格在合同期内按照履约进度确认收入。（假设预计总成本不含税400万元，单位：万元。）

（1）完工进度为30%时：

发生合同成本：

  借：合同履约成本   120

    贷：应付职工薪酬、银行存款等   120

履约进度=120÷400=30%

按照履约进度结转收入和成本：

  借：合同结算——收入结转   165

    贷：主营业务收入   165（550×30%）

  借：主营业务成本   120

    贷：合同履约成本   120

结算工程款200万元（不含税）：

  借：应收账款   218

    贷：合同结算——价款结算   200

      应交税费——待转销项税额   18

当日，"合同结算"科目贷方余额为35万元（200-165），表明甲公司已经与客户结算但尚未履行履约义务的金额为35万元，由于甲公司预计该部分履约义务将在当年内完成，因此，应在资产负债表中作为"合同负债"列示。

（2）完工进度为100%时：

发生合同成本：

  借：合同履约成本   280

    贷：应付职工薪酬、银行存款等   280

按照履约进度结转收入和成本：

  借：合同结算——收入结转   385

    贷：主营业务收入   385（550-165）

  借：主营业务成本   280

    贷：合同履约成本   280

结算工程款300万元（不含税）：

  借：应收账款   327

| 贷：合同结算——价款结算 | 300 |
| 应交税费——待转销项税额 | 27 |

当日，"合同结算"科目的余额为借方50（385-300-35）万元，表明甲公司已经履行履约义务但尚未与客户结算的金额为50万元，由于该部分金额将在当年内结算，因此，应在资产负债表中作为"合同资产"列示。

（3）假设最终结果证实可变对价为60万元：

应补充计入之前少确认的收入10万元。

| 借：合同结算——收入结转 | 10 |
| 贷：主营业务收入 | 10 |

同时增加结算款项：

借：应收账款	65.4
贷：合同结算——价款结算	60
应交税费——待转销项税额	5.4

合同结算余额=50+10-60=0。

3. 上市公司相关公告

某股份有限公司年报部分内容如下：

"本集团与客户之间的合同部分存在销售返利（提前完工奖励或其他根据客户实际情况罗列）的安排，形成可变对价。本集团按照期望值或最有可能发生金额确定可变对价的最佳估计数，但包含可变对价的交易价格不超过在相关不确定性消除时累计已确认收入极可能不会发生重大转回的金额。"

案例52
销售折扣产生的可变对价税会差异

2020年12月1日，甲公司与其分销商乙公司签订合同，向乙公司销售1 000件产品，每件产品的售价为100元，合同总价为10万元，乙公司当日取得这些产品的控制权。乙公司通常在取得产品后的90天内将其对外售出，且乙公司在这些产品售出后才向甲公司支付货款。该合同中虽然约定了销售价格，但是基于甲公司过往的实务经验，为了维护与乙公司的客户关系，甲公司预计会向乙公司提供价格折扣，以便于乙公司能够以更加优惠的价格向最终客户销售这些产品，从而促进该产品的整体销量。因此，甲公司认为该合同的对价是可变的。

以上价格均不包含增值税。

解析

1. 甲公司按照期望值估计可变对价的金额

在对可变对价进行估计时，企业应当按照期望值或最可能发生金额确定可变对价的最佳估计数。这并不意味着企业可以在两种方法之间随意进行选择，而是应当选择能够更好地预测其有权收取的对价金额的方法，并且对于类似的合同，应当采用相同的方法进行估计。

期望值是按照各种可能发生的对价金额及相关概率计算确定的金额。如果企业拥有大量具有类似特征的合同，企业据此估计合同可能产生多个结果时，按照期望值估计可变对价金额通常是恰当的。

本例中，甲公司已销售该产品及类似产品多年，积累了丰富的经验，可观察的历史数据表明，甲公司以往销售此类产品时会给予客户大约20%的折扣。同时，根据当前市场信息分析，20%的降价幅度足以促进该产品的销量，从而提高其周转率。甲公司多年来向客户提供的折扣从未超过20%。

甲公司按照期望值估计可变对价的金额，因为该方法能够更好地预测其有权获得的对价金额。甲公司估计的交易价格为80 000元［100×（1–20%）×1 000］。

2. 甲公司估计的可变对价应满足"极可能不会发生重大转回"的限制条件

甲公司还需考虑有关将可变对价计入交易价格的限制要求，以确定能否将估计的可变对价金额80 000元计入交易价格。根据其销售此类产品的历史经验、所取得的当前市场信息以及对当前市场的估计，甲公司预计，尽管存在某些不确定性，但是该产品的价格可在短期内确定。因此，甲公司认为，在不确定性消除（即折扣的总金额最终确定）时，已确认的累计收入金额80 000元极可能不会发生重大转回。因此，甲公司应当于2020年12月1日将产品控制权转移给乙公司时，确认收入80 000元。

简单理解，所称"极可能不会发生重大转回"的限制条件，旨在符合新收入准则对于收入确认的谨慎性原则，并有助于财务报表使用者更好地预测企业的未来收入，新收入准则限制收入的关注点着重于可能发生的下调（即收入转回），而非所有收入调整（即上调与下调），这实际上在拟纳入交易价格的估计中引入了一个下行偏好。

谨慎性原则要求企业对交易或者事项进行会计确认、计量和报告时保持应有的谨慎，不应高估资产或者收益、低估负债或者费用。

本例中，甲公司本会计期间确认的收入为80 000元，将来实际的折扣情况导致最终确认的累计收入不能小于80 000元，且差额是重大的。

3. 甲公司账务处理

（1）甲公司转移产品控制权时（单位：万元，下同）：

借：应收账款　　　　　　　　　　　　　　　　　　　　　11.3
　　贷：主营业务收入　　　　　　　　　　　　　　　　　　8
　　　　预计负债——折扣　　　　　　　　　　　　　　　　2
　　　　应交税费——应交增值税（销项税额）　　　　　　　1.3

【提示】1.关于此处计入应收账款金额的说明：

甲公司预期有权获得的对价是基于其职业判断与估计，而客户的相关账务处理不一定与之相同，比如客户计入应付款项的金额很可能是11.3万元，而甲公司计入应收款项的金额如果与此不同，对企业日常的往来账户核对的工作量和难度是个不小的挑战。

另外，甲公司预计将来会获得8万元的对价，但其仍然拥有获得全部对价的无条件权利。

综上所述，甲公司销售了11.3万元（含税价）的商品，应向客户收取的款项为11.3万元（含税价），因此，虽然"主营业务收入"只计入了8万元，但"应收账款"科目仍然应计入金额11.3万元。

2.此处计入"预计负债"而不是"合同负债"的说明：

简单理解，"合同负债"是物的负债（商品或服务），"预计负债"是钱的负债（金融负债）。

此处的"预计负债"科目，表示将来可能发生的折扣事件导致甲公司可能产生的金融负债，此处不能使用"合同负债"科目，因甲公司已经转移了商品的控制权，并未负有将来向乙公司交付商品的义务。

3.此处计入"预计负债"而不是"其他应付款"的说明：

与或有事项相关的负债在符合相关条件的情况下，应当确认为"预计负债"，由于或有事项具有不确定性，因或有事项产生的现时义务的金额也具有不确定性，需要估计其金额。

而"其他应付款"一般为基本确定的金融负债，其确定性大于"预计负债"。本例中，甲公司按照一定的方法估计将来可能会发生的折扣，该负债金额具有不确定性，计入"预计负债"更加合适。如果甲公司估计的折扣金额是确定的，比如在年底根据折扣政策计算出确定的负债金额，则计入"其他应付款"更为合适。

（2）如果最终实际发生15%的折扣：

借：预计负债——折扣 2

　　贷：应收账款 1.695（10×15%×1.13）

　　　　主营业务收入 0.5

　　　　应交税费——应交增值税（销项税额）

　　　　　　　　　　　　　　　　　　　　　-0.195［-(10×15%×13%)］

> 【提示】实际发生了15%的折扣，收入总额应确认8.5万元［10×(1-15%)］，之前已经确认了8万元的收入，因此需补充确认0.5万元的收入（8.5-8）。
>
> 思考：此时，增加的0.5万元的主营业务收入，应调整当期，还是追溯调整之前确认期间？
>
> 笔者认为，应调整当期收入。因之前确认的收入并未违反"极可能不会发生重大转回"的限制条件，可参照新收入准则应用指南中关于"附有销售退回条款的销售"案例。
>
> 但如此处理也可能产生问题：有可能会造成会计主体借此操纵利润的情形。

4.甲公司税务处理

甲公司在2020年12月确认的收入为8万元，但是按照现行企业所得税相关政策应在2020年12月确认10万元的收入，因此当年汇算清缴时应做企业所得税纳税调整处理。

甲公司在2020年12月开具增值税专用发票11.3万元（不含税价格10万元，增值税额1.3万元），确认收入8万元。2021年实际发生了15%的折扣，此时需要开具15%的红字专用发票，即开具-1.695万元（-11.3×15%）含税价的红字专用发票，不含税金额-1.5万元，增值税额-0.195万元。

5.应用指南相关规定

在确定交易价格时，企业应当考虑可变对价、合同中存在的重大融资成分、非现金对价以及应付客户对价等因素的影响，并应当假定将按照现有合同的约定向客户转移商品，且该合同不会被取消、续约或变更。

1.可变对价。企业与客户的合同中约定的对价金额可能是固定的，也可能会因折扣、价格折让、返利、退款、奖励积分、激励措施、业绩奖金、索赔等因素而变化。此外，企业有权收取的对价金额，将根据一项或多项或有事项的发生有所不同的情况，也属于可变对价的情形，例如，企业售出商品但允许客户退货时，由于企业有权收取的对价金额将取决于客户是否退货，因此该合同的交易价格是可变的。企业在判断交易价格是否为可变对价时，应当考虑各种相关因素（如企业已公开宣布的政策、特定声明、以往的习惯做法、销售战略以及客户所处的环境等），以确定其是否会接受一个低于合同标价的金额，即企业向客户提供一定的价格折让。

（1）可变对价最佳估计数的确定。在对可变对价进行估计时，企业应当按照期望值或最可能发生金额确定可变对价的最佳估计数。这并不意味着企业可以在两种方法之间随意进行选择，而是应当选择能够更好地预测其有权收取的对价金额的方法，并且对于类似的合同，应当采用相同的方法进行估计。

期望值是按照各种可能发生的对价金额及相关概率计算确定的金额。如果企业拥有大量具有类似特征的合同，企业据此估计合同可能产生多个结果时，按照期望值估计可变对价金额通常是恰当的。

（2）计入交易价格的可变对价金额的限制。企业按照期望值或最可能发生金额确定可变对价金额之后，计入交易价格的可变对价金额还应该满足限制条件，即包含可变对价的交易价格，应当不超过在相关不确定性消除时，累计已确认的收入极可能不会发生重大转回的金额。企业在评估与可变对价相关的不确定性消除时，累计已确认的收入金额是否极可能不会发生重大转回时，应当同时考虑收入转回的可能性及转回金额的比重。其中，"极可能"是一个比较高的门槛，其发生的概率应远高于"很可能（即，可能性超过50%）"，但不要求达到"基本确定（即，可能性超过95%）"，其目的是避免因为一些不确定性因素的发生导致之前已经确认的收入发生转回；在评估收入转回金额的比重时，应同时考虑合同中包含的固定对价和可变对价，也就是说，企业应当评估可能发生的收入转回金额相对于合同总对价（包括固定对价和可变对价）而言的比重。企业应当将满足上述限制条件的可变对价的金额，计入交易价格。

导致收入转回的可能性增强或转回金额比重增加的因素包括但不限于：一是对价金额极易受到企业影响范围之外的因素影响，例如市场波动性、第三方的判断或行动、天气状况、已承诺商品存在较高的陈旧过时风险等。二是对价金额的不确定性预计在较长时期内无法消除。三是企业对类似合同的经验（或其他证据）有限，或者相关经验（或其他证据）的预测价值有限。四是企业在以往实务中对于类似情况下的类似合同，或曾提供了多种不同程度的价格折扣，或曾给予不同的付款条件。五是合同有多种可能的对价金额，且这些对价金额分布非常广泛。需要说明的是，将可变对价计入交易价格的限制条件不适用于企业向客户授予知识产权许可并约定按客户实际销售或使用情况收取特许权使用费的情况。

每一资产负债表日，企业应当重新估计可变对价金额（包括重新评估对可变对价的估计是否受到限制），以如实反映报告期末存在的情况以及报告期内发生的情况变化。

案例53
销售折让或者退回与可变对价

中国证监会《2019年上市公司年报会计监管报告》部分内容如下：

未正确处理质量原因导致的销售扣款。

根据企业会计准则及相关规定，企业已经确认销售商品收入的售出商品发生销售退回或折让的，一般应当在发生时冲减当期销售商品收入。销售退回或折让属于资产负债表日后事项的，应当按照资产负债表日后事项的相关规定进行会计处理。销售退回，是指企业售出的商品由于质量、品种不符合要求等原因而发生的退货。年报分析发现，**部分上市公司将因销售商品质量不合格而导致的销售扣款确认为营业外支出，未按照准则的规定调减相关期间销售收入。**

解析

1. 销售退回冲减收入时点

销售退回，是指企业售出的商品由于质量、品种不符合要求等原因而发生的退货。对于销售退回，企业应分别不同情况进行会计处理：

①对于已确认收入的售出商品发生退回的，企业一般应在发生时冲减当期销售商品收入，同时冲减当期销售商品成本。如该项销售退回已发生现金折扣，应同时调整相关财务费用的金额；如该项销售退回允许扣减增值税额，应同时调整"应交税费——应交增值税（销项税额）"科目的相应金额。

②已确认收入的售出商品发生的销售退回属于资产负债表日后事项的，应当按照有关资产负债表日后事项的相关规定进行会计处理。

2. 销售折让冲减收入时点

销售折让，是指企业因售出商品的质量不合格等原因而在售价上给予的减让。对于销售折让，企业应分别不同情况进行处理：

①已确认收入的售出商品发生销售折让的，通常应当在发生时冲减当期销售商品收入。

②已确认收入的销售折让属于资产负债表日后事项的，应当按照有关资产负债表日后事项的相关规定进行处理。

以上是旧的收入准则对销售折让的账务处理方式，在新收入准则下，销售折让有可能需要作为可变对价，在确认收入的当期即调整合同交易价格从而调整收入金额。

新收入准则应用指南规定："企业与客户的合同中约定的对价金额可能是固定的，也可能会因折扣、**价格折让**、返利、退款、奖励积分、激励措施、业绩奖金、索赔等因素而变化"。

因此，无论属于何种情况以及在何时处理，个别上市公司将因销售商品质量不合格而导致的销售扣款确认为营业外支出的处理，均不符合新收入准则的规定。

3.销售退回账务处理

假设销售商品不含税收入100万元，不含税成本80万元。

（1）销售商品时（单位：万元，下同）：

借：应收账款　　　　　　　　　　　　　　　　　　　113
　　贷：主营业务收入　　　　　　　　　　　　　　　　100
　　　　应交税费——应交增值税（销项税额）　　　　　13
借：主营业务成本　　　　　　　　　　　　　　　　　80
　　贷：库存商品　　　　　　　　　　　　　　　　　　80

（2）发生销售退回并开具红字专用发票：

借：应收账款　　　　　　　　　　　　　　　　　　　-113
　　贷：主营业务收入　　　　　　　　　　　　　　　　-100
　　　　应交税费——应交增值税（销项税额）　　　　　-13
借：库存商品　　　　　　　　　　　　　　　　　　　80
借：主营业务成本　　　　　　　　　　　　　　　　　-80

4.销售折让账务处理

（1）销售商品时，即应按照可变对价规则对销售折让进行估计，假设估计销售折让的金额为20万元（不含税），并且将其纳入交易价格满足"极可能不会发生重大转回"的限制条件。

借：应收账款　　　　　　　　　　　　　　　　　　　113

贷：主营业务收入		80
预计负债——销售折让		20
应交税费——应交增值税（销项税额）		13
借：主营业务成本		80
贷：库存商品		80

（2）发生销售折让并开具红字专用发票10万元（不含税）：

　　借：预计负债——销售折让　　　　　　　　　　　　　20

　　　贷：主营业务收入　　　　　　　　　　　　　　　　10

　　　　　应交税费——应交增值税（销项税额）　　　　－1.3

　　　　　应收账款　　　　　　　　　　　　　　　　　11.3

案例54
销售退回属于资产负债表日后事项对收入的影响

甲公司2020年12月20日销售一批商品给乙公司，取得收入100万元。甲公司发出商品后，已确认收入，并结转成本80万元。此笔货款到年末尚未收到，甲公司未对应收账款计提坏账准备。2021年1月18日，由于产品质量问题，本批货物被退回。甲公司于2021年2月28日完成2020年所得税汇算清缴。公司适用的所得税税率为25%。

上述价格均不包含增值税。

解析

1. 甲公司的销售退回属于资产负债表日后调整事项，应当调整2020年财务报表

企业发生资产负债表日后调整事项，应当调整资产负债表日已编制的财务报表。对于年度财务报告而言，由于资产负债表日后事项发生在报告年度的次年，报告年度的有关账目已经结转，特别是损益类科目在结账后已无余额。因此，年度资产负债表日后发生的涉及损益的调整事项，通过"以前年度损益调整"科目核算。调整增加以前年度利润或调整减少以前年度亏损的事项，记入"以前年度损益调整"科目的贷方；反之，记入"以前年度损益调整"科目的借方。

【提示】 企业可以考虑其他方式调整报表。

在现有的财务系统条件下,实务中很多企业可以做到反结账到上年年末,在上年年末的账务系统中对调整事项进行处理,从而自动调整各报表项目,而无须使用"以前年度损益调整"等烦琐的处理方式。

2. 甲公司账务处理及报表调整

(1) 2021年1月18日,调整销售收入(单位:万元,下同):

借:以前年度损益调整　　　　　　　　　　　　100
　　贷:应交税费——应交增值税(销项税额)　　　-13
　　　　应收账款　　　　　　　　　　　　　　　113

(2) 调整销售成本:

借:库存商品　　　　　　　　　　　　　　　　80
　　贷:以前年度损益调整　　　　　　　　　　　80

(3) 调整应缴纳的所得税:

借:应交税费——应交所得税　　　5 [(100-80)×25%]
　　贷:以前年度损益调整　　　　　　　　　　　5

【提示】 关于此处分录记入"应交税费——应交所得税"科目的讨论:

该案例改编自《企业会计准则讲解(2011)》第三十章"资产负债表日后事项",该分录来源于此。笔者认为,此处分录记入"应交税费——应交所得税"科目与企业所得税相关政策可能有所冲突,分析如下:

资产负债表所属期间或以前期间所售商品在资产负债表日后退回的,应作为资产负债表日后调整事项处理,调整资产负债表日已编制的财务报表。

本例中,甲公司应调减2020年度利润表:

调减主营业务收入100万元,调减主营业务成本80万元,调减利润总额20万元。

甲公司在进行2020年度企业所得税汇算清缴时,按照调整后的利润表进行申报,导致企业所得税应纳税所得额相应减少20万元,但企业所得税相关政策对此处理并不相同。

《国家税务总局关于确认企业所得税收入若干问题的通知》(国税函〔2008〕875号)规定:"企业已经确认销售收入的售出商品发生销售折让和销售退回,应当在发生当期冲减当期销售商品收入"。

根据上述文件，甲公司在2021年发生销售退回，应当在2021年冲减销售商品收入，而不能在2020年度汇算清缴时冲减。并且，企业所得税申报表中，对此有专门的栏次进行调整。

A105000《纳税调整项目明细表》填报说明第10行"（八）销售折扣、折让和退回"：填报不符合税收规定的销售折扣、折让应进行纳税调整的金额和发生的销售退回因会计处理与税收规定有差异需纳税调整的金额。第1列"账载金额"填报纳税人会计核算的销售折扣、折让金额和销货退回的追溯处理的净调整额。第2列"税收金额"填报根据税收规定可以税前扣除的折扣、折让的金额和销货退回业务影响当期损益的金额。若第1列≥第2列，第3列"调增金额"填报第1-2列金额。若第1列＜第2列，第4列"调减金额"填报第1-2列金额的绝对值，第4列仅为销货退回影响损益的跨期时间性差异。

根据上述规定，甲公司2020年企业所得税申报表填报如下：

A105000《纳税调整项目明细表》第10行"（八）销售折扣、折让和退回"：

第1列"账载金额"填报20万元；

第2列"税收金额"填报0；

第3列"调增金额"填报20万元。

因此，根据调整后的利润表填报企业所得税申报表，减少的应纳税所得额20万元在此处纳税调增20万元，也就是说，甲公司的该事项不会影响2020年度企业所得税应纳税所得额，也无须冲减上述的"应交税费——应交所得税"科目。

笔者认为，分录应为：

借：递延所得税资产　　　　　　　　　　5 [（100-80）×25%]

　　贷：以前年度损益调整　　　　　　　　　　　　　　5

此处的"递延所得税资产"，表明2020年纳税调增的20万元应纳税所得额，在以后实际发生销售退回年度即2021年纳税调减，形成可抵扣暂时性差异，其对应的企业所得税税额记入"递延所得税资产"科目。

2021年甲公司企业所得税申报表调整如下：

A105000《纳税调整项目明细表》第10行"（八）销售折扣、折让和退回"：

第1列"账载金额"填报0；

第2列"税收金额"填报20万元；

第4列"调减金额"填报20万元。

（4）将"以前年度损益调整"科目余额转入未分配利润：

借：利润分配——未分配利润　　　　　　　　　　　　15
　　贷：以前年度损益调整　　　　　　　　　　　　　　　15

（5）调整报告年度相关财务报表：

①资产负债表项目的年末数调整。

调减应收账款113万元；调增库存商品80万元；调增递延所得税资产5万元；调减应交税费13万元；调减未分配利润15万元。

资产项目调减合计：113-80-5=28（万元）；

负债调减合计：13万元；

所有者权益调减：15万元。

②利润表项目的调整。

调减营业收入100万元；调减营业成本80万元；调减利润总额20万元；调增所得税费用5万元；调减净利润15万元。

案例55

税务咨询规划服务的可变对价与时点履约的关系

甲公司是一家财税管理公司，增值税一般纳税人，2020年10月就乙公司将要实施的某项目与乙公司签订合同，为乙公司提供税务咨询与规划服务，合同约定，甲公司根据为乙公司节税的额度收取不同比例的服务费。

解析

1.确定可变对价

甲公司向乙公司履行税务咨询和规划服务后，将来收到的服务费取决于节税的额度，因此该合同交易价格中包含可变对价，甲公司应该按照期望值或最可能发生金额确定可变对价的最佳估计数并将其纳入交易价格。本例中，甲公司认为该对价存在各种可能发生的对价金额及相关概率，按照期望值确定可变对价的最佳估计数是合理的。

企业计入交易价格的可变对价金额还应该满足限制条件，即包含可变对价的交易价格，应当不超过在相关不确定性消除时，累计已确认的收入极可能不会发生重大转回的金额。

2. 该服务为某一时点履约的履约义务，在履约过程中无须应用可变对价

在该方案完成设计前，甲公司不会将方案成果或者阶段性的成果交付给乙公司，即便与乙公司相关人员进行关于方案的沟通讨论，但是核心内容并未转移给乙公司。如果乙公司中途更换新的供应商，则新的供应商需要重新执行甲公司之前已经执行的履约部分，因此，乙公司没有在甲公司履约的同时即取得并消耗甲公司履约所带来的经济利益。

在方案完成设计前，甲公司不会交付成果给乙公司，乙公司虽然可以提出各种要求，但不能控制正在设计中的方案。

该方案由于是甲公司针对乙公司特殊项目设计实施，不能适用于其他企业，因此具有不可替代用途；根据合同内容，甲公司不能保证在整个合同期间内有权就累计至今已完成的履约部分收取相当于成本加合理利润的款项。

因此，甲公司不符合上述属于在某一时段内履行的履约义务三个条件中的任何一个，甲公司的该咨询规划服务属于在某一时点履行的履约义务。

由于是时点履约，企业无须在履约过程中计入收入，也无须在履约过程中应用可变对价（因在履约过程中不确认收入，应用可变对价无意义），而是在实际转移方案控制权时，将可变对价纳入交易价格并确认相关收入。

案例56
财政部会计司收入准则应用案例
——基于客户销售额的可变对价

甲公司与乙公司签订合同，为其提供电力能源节约设备。甲公司向乙公司仅提供设备购置安装，不参与乙公司电力能源供应的运营和管理，不提供其他服务，但是需要根据法定要求提供质量保证，该合同仅包含一项履约义务。

在设备安装完成投入运营后，乙公司向甲公司支付固定价款，总金额为5 000万元（等于甲公司对于设备生产安装的实际成本），5 000万元固定价款付清后，设备所有权移交给乙公司。在设备投入运营后的4年内，乙公司于每年结束后，按电力能源实际节约费用的20%支付给甲公司。假定不考虑其他因素。

本例中，该合同的对价金额由两部分组成，即5 000万元的固定价格以及在4年内按乙公司电力能源实际节约费用的20%计算的可变对价。对于固定价格，甲公司应当将5 000万元直接计入交易价格。对于可变对价，甲公司应当按照期望值或最可能发生金额确定该可变对价的最佳估计数，计入交易价格的可变对价金额还应该满足新收入准则规定的限制条件（即包含可变对价的交易价格，应当不超过在相关不确定性消除时，累计已确认的收入极可能不会发生重大转回的金额）。为此，甲公司需要根据电力能源节约设备相关合同约定、项目可行性报告、乙公司的供电运营与管理历史情况、建设项目的最佳供电能力等因素，综合分析评估项目在合同约定的未来4年内预计电力能源节约成本，据此确定可变对价的最佳估计数，同时，计入交易价格的可变对价金额还应该满足新收入准则规定的限制条件，并在不确定性消除之前的每一资产负债表日重新评估该可变对价的金额。

上述价格均不包含增值税。[1]

解析

1. 甲公司的质保为法定质保，不构成单项履约义务

甲公司向乙公司提供电力能源节约设备，根据法定要求提供质量保证，属于保证类质保，旨在向客户保证所销售的商品符合既定标准，不构成单项履约义务。

2. 甲公司在转移设备控制权时即应将可变对价纳入交易价格

甲公司向乙公司提供电力能源节约设备，其交易价格包括5 000万元的固定价格，以及根据乙公司实际节约费用比例的可变对价（因乙公司实际节约费用是不确定的）。对于固定价格，甲公司应当将5 000万元直接计入交易价格；对于可变对价，甲公司应当按照期望值或最可能发生金额确定该可变对价的最佳估计数，并将其纳入交易价格，在转移设备控制权时即应按照纳入可变对价的交易价格计入收入。

【提示】注意此处与"基于销售或使用情况的特许权使用费"的区别：

企业向客户授予知识产权许可，并约定按客户实际销售或使用情况（如按照客户的销售额）收取特许权使用费的，应当在客户后续销售或使用行为实际发生与企业履行相关履约义务二者孰晚的时点确认收入。这是估计可变对价的一个例外规定。

本例中，甲公司向客户销售的是电力能源节约设备，不是授予知识产权许可，因此不按照上述规定进行处理。

---

[1] 本案例分析依据：《企业会计准则第14号——收入》第十四条至第十六条等相关规定；《〈企业会计准则第14号——收入〉应用指南（2018）》第53-60页等相关内容。

3. 根据乙公司实际节约费用的比例在4年内收取的对价，不包括融资成分

应用指南规定："企业向客户转让商品与客户支付相关款项之间存在时间间隔并不足以表明合同包含重大融资成分。企业向客户转让商品与客户支付相关款项之间虽然存在时间间隔，但两者之间的合同没有包含重大融资成分的情形有：……二是客户承诺支付的对价中有相当大的部分是可变的，该对价金额或付款时间取决于某一未来事项是否发生，且该事项实质上不受客户或企业控制。例如，按照实际销售量收取的特许权使用费"。

本例中，合同中可变对价部分的收款与转让设备控制权存在时间间隔，当可变对价金额取决于某一未来事项是否发生，且该事项实质上不受客户或企业控制时（如本例中甲公司在该合同中的可变对价，取决于将来乙公司电力能源实际节约费用，该事项实质上不受乙公司或甲公司控制），转让商品与支付款项之间存在时间间隔并不足以表明合同包含重大融资成分。

4. 甲公司账务处理

假设甲公司确定的可变对价最佳估计数为400万元（不含税）。

（1）转移设备控制权时（单位：万元，下同）：

借：银行存款　　　　　　　　　　　　　　　　　　5 650
　　长期应收款——乙公司　　　　　　　　　　　　 400
　　贷：主营业务收入——电力能源节约设备　　　　5 400
　　　　应交税费——应交增值税（销项税额）　　　 650（5 000×13%）

【提示】1.关于增值税的说明：

《增值税暂行条例》第十九条规定："增值税纳税义务发生时间：

（一）发生应税销售行为，为收讫销售款项或者取得索取销售款项凭据的当天；先开具发票的，为开具发票的当天"。

本例中，甲公司销售电力能源节约设备，发生了增值税销售行为，其中的5 000万元销售款项已在转移设备时收讫，因此设备价款5 000万元应在转移设备时计征增值税。对于可变对价400万元，甲公司未收讫该款项，也未取得索取销售款项凭据，此时暂不确认增值税纳税义务。

《增值税暂行条例实施细则》第三十八条规定："条例第十九条第一款第（一）项规定的收讫销售款项或者取得索取销售款项凭据的当天，按销售结算方式的不同，具体为：

> ......
>
> （三）采取赊销和分期收款方式销售货物，为书面合同约定的收款日期的当天，无书面合同的或者书面合同没有约定收款日期的，为货物发出的当天"。
>
> 本例中，甲公司销售电力能源节约设备，发生了增值税销售行为，其中根据客户节约电力能源实际节约费用的20%销售款项，在未来4年内分期收取，在增值税上属于采取分期收款方式销售货物，按照甲乙公司书面合同约定的收款日期确认增值税纳税义务。
>
> 例如，甲乙公司书面合同约定，定期按照乙公司节约的费用结算应收取的款项（比如每月或者每季度等），则应在合同约定的结算期间确认增值税纳税义务。
>
> 2.关于企业所得税的说明：
>
> 《企业所得税法实施条例》第二十三条规定："企业的下列生产经营业务可以分期确认收入的实现：
>
> （一）以分期收款方式销售货物的，按照合同约定的收款日期确认收入的实现"。
>
> 本例中，甲公司销售电力能源节约设备，收取的5 000万元固定价款应在转移设备时确认企业所得税收入，收取的根据客户节约电力能源实际节约费用的20%销售款项，在未来4年内分期收取，在企业所得税上属于以分期收款方式销售货物，按照甲乙公司书面合同约定的收款日期确认企业所得税纳税义务。

（2）假设未来4年内实际收取的金额合计为500万元：

  借：银行存款   565
    贷：长期应收款——乙公司   400
      主营业务收入——电力能源节约设备 100
      应交税费——应交增值税（销项税额） 65（500×13%）

> 【提示】甲公司预计未来4年根据客户节约电力能源实际节约费用的20%收取的销售款项为400万元，但最终的实际情况是收取了500万元的款项，因此应补充增加100万元的营业收入。最终确认的总收入为5 500万元，大于预计的交易价格5 400万元，未违反"在相关不确定性消除时，累计已确认的收入极可能不会发生重大转回的金额"的可变对价计入交易价格的限制条件。

案例57
期望值方法预计可变对价

甲公司生产和销售电视机。2020年3月，甲公司向零售商乙公司销售1 000台电视机，每台价格为3 000元，合同价款合计300万元。甲公司向乙公司提供价格保护，同意在未来6个月内，如果同款电视机售价下降，则按照合同价格与最低售价之间的差额向乙公司支付差价。甲公司根据以往执行类似合同的经验，预计各种结果发生的概率如表5-1所示。

表5-1

未来6个月内的降价金额（元/台）	概率
0	40%
200	30%
500	20%
1000	10%

上述价格均不包含增值税。

解析

1. 按照期望值法计算可变对价

在对可变对价进行估计时，企业应当按照期望值或最可能发生金额确定可变对价的最佳估计数。这并不意味着企业可以在两种方法之间随意进行选择，而是应当选择能够更好地预测其有权收取的对价金额的方法，并且对于类似的合同，应当采用相同的方法进行估计。

期望值是按照各种可能发生的对价金额及相关概率计算确定的金额。如果企业拥有大量具有类似特征的合同，企业据此估计合同可能产生多个结果时，按照期望值估计可变对价金额通常是恰当的。

本例中，甲公司认为期望值能够更好地预测其有权获取的对价金额。假定不考虑新收入准则有关将可变对价计入交易价格的限制要求，在该方法下，甲公司估计交易价格为每台2 740元（3 000×40%+2 800×30%+2 500×20%+2 000×10%）。

2. 甲公司账务处理

（1）甲公司转移电视机控制权时：

借：应收账款　　　　　　　　　　　3 390 000（1 000×3 000×1.13）
　　贷：主营业务收入　　　　　　　　2 740 000（1 000×2 740）
　　　　预计负债　　　　　　　　　　260 000［1 000×(3 000–2 740)］
　　　　应交税费——应交增值税（销项税额）
　　　　　　　　　　　　　　　　　　390 000（1 000×3 000×13%）

> 【提示】此处"预计负债"表明甲公司将来可能需要向零售商乙公司支付差价的负债。因金额此时不能确定，计入"预计负债"较为合适。

（2）假设未来甲公司实际向乙公司补偿的价格差为200元/台。

借：预计负债　　　　　　　　　　　260 000
　　贷：主营业务收入　　　　　　　　60 000
　　　　应收账款　　　　　　　　　　226 000［1 000×200×(1+13%)］
　　　　应交税费——应交增值税（销项税额）
　　　　　　　　　　　　　　　　　　–26 000（–1 000×200×13%）

> 【提示】甲公司在合同开始日根据期望值计算将来可能向零售商乙公司支付的差价为260元/台，而最终根据实际情况应支付差价为200元/台，因此，应将其之前少确认的收入60 000元［(260–200)×1 000］补充计入收入。

统算：

甲公司向乙公司销售1 000台电视机，单价3 000元，甲公司向乙公司补偿200元的差价，甲公司应计入收入的金额为1 000×(3 000–200)=2 800 000（元）。

账务处理时计入的收入额为：2 740 000+60 000=2 800 000（元）。

核对相符。

销项税额应为：2 800 000×13%=364 000（元）；

账务处理时计入的销项税额为：390 000–26 000=364 000（元）。

核对相符。

3. 甲公司税务处理

（1）增值税。

在增值税上，甲公司的价格补偿属于销售折扣，不过该折扣在销售时并不能得知最终确定的金额，只能在销售后，根据市场价格与售价的差额确认该折扣额。因此属于事后折扣，可参照销售返利的处理方式，在售后确认折扣的金额时，开具增值税红字专用发票。

（2）企业所得税。

在企业所得税上，如果销售商品与确定可变对价分属不同纳税年度，则销售商品时账务处理计入的收入2 740 000元，在企业所得税汇算清缴时应纳税调增260 000元（3 000 000-2 740 000）。

将来实际发生价格补偿年度，应纳税调减260 000元。

案例58
现金折扣在新收入准则下的税会差异

甲公司向乙公司提供咨询服务，合同金额含税价10 600万元，根据甲公司财务制度及合同约定，如乙公司提前全额付款可享受1%的现金折扣。

解析

1. 现金折扣作为可变对价处理

企业与客户的合同中约定的对价金额可能是固定的，也可能会因折扣、价格折让、返利、退款、奖励积分、激励措施、业绩奖金、索赔等因素而变化。

本例中，甲公司与乙公司合同约定其可享受的现金折扣因是否提前付款而可能发生变化，从而会影响交易价格，因此其属于可变对价，甲公司应当按照期望值或最可能发生金额确定该可变对价的最佳估计数，计入交易价格的可变对价金额还应该满足新收入准则规定的限制条件（即包含可变对价的交易价格，应当不超过在相关不确定性消除时，累计已确认的收入极可能不会发生重大转回的金额）。

2. 现金折扣在新旧收入准则下不同的处理

在旧收入准则中，企业一般按照"总额法"对现金折扣进行处理，按扣除现金折扣前的金额确定收入金额，现金折扣在实际发生时作为财务费用处理。

在新收入准则中，企业应当在确认收入时，将现金折扣的最佳估计数纳入交易价格，按扣除现金折扣估计数后的金额确定收入金额，即所谓的"净额法"。

虽然总的损益金额相同，但确认收入的金额不同。

3. 旧收入准则下的账务处理，按照总额法

（1）确认收入时（单位：万元，下同）：

借：应收账款	10 600
贷：主营业务收入	10 000
应交税费——应交增值税（销项税额）	
	600〔10 600÷（1+6%）×6%〕

（2）发生现金折扣时：

借：银行存款	10 494（10 600×99%）
财务费用	106（10 600×1%）
贷：应收账款	10 600

4.新收入准则下的账务处理，按照净额法

（1）确认收入时：

借：应收账款	10 600
贷：主营业务收入	9 894（10 000−106）
预计负债——现金折扣	106（10 600×1%）
应交税费——应交增值税（销项税额）	
	600〔10 600÷（1+6%）×6%〕

【提示】此处"预计负债"表示甲公司将来可能向客户支付现金折扣的负债，因是估计数，计入"预计负债"较为合适。

参考财政部会计司收入准则实施问答：

问：企业在执行《企业会计准则第14号——收入》（财会〔2017〕22号）时，对于给予客户的现金折扣应当如何进行会计处理？

答：企业在销售商品时给予客户的现金折扣，应当按照《企业会计准则第14号——收入》（财会〔2017〕22号）中关于可变对价的相关规定进行会计处理。

发布日期：2020年12月11日

（2）发生现金折扣时：

借：银行存款	10 494（10 600×99%）
预计负债	106
贷：应收账款	10 600

5.现金折扣税会差异

（1）现金折扣导致的税会差异。

《国家税务总局关于确认企业所得税收入若干问题的通知》（国税函〔2008〕875

号）规定，"债权人为鼓励债务人在规定的期限内付款而向债务人提供的债务扣除属于现金折扣，销售商品涉及现金折扣的，应当按扣除现金折扣前的金额确定销售商品收入金额，现金折扣在实际发生时作为财务费用扣除"。

本例中，甲公司按照新收入准则相关可变对价的规定，在账务上将预计发生的现金折扣减少了收入额，而上述企业所得税文件则规定应按照扣除现金折扣前的金额确认收入，如果甲公司确认收入与实际发生现金折扣分属不同纳税年度，则在收入确认年度应将少确认的收入额进行企业所得税纳税调增。

此处的疑点解释：

如果甲公司在确认收入年度按照扣除现金折扣后的余额确认收入（即新收入准则的"净额法"），可否将减少的收入作为现金折扣税前扣除？

国税函〔2008〕875号文件规定，现金折扣在实际发生时作为财务费用扣除，确认收入年度并未实际发生，只是甲公司的职业判断的估计数，因此本年度不可以税前扣除现金折扣的财务费用。

（2）企业所得税纳税调整。

①在确认收入年度企业所得税纳税调整如下：

会计收入：9 894万元；

企业所得税收入：10 000万元；

当年度企业所得税应纳税所得额应做纳税调增106万元（见表5-2）。

表5-2　A105000纳税调整项目明细表（部分）

行次	项目	账载金额	税收金额	调增金额	调减金额
		1	2	3	4
45	六、其他	*	*	106	

《中华人民共和国企业所得税年度纳税申报表》之A105000《纳税调整项目明细表》填报说明第45行"六、其他"：填报其他会计处理与税收规定存在差异需纳税调整的项目金额，包括企业执行《企业会计准则第14号——收入》（财会〔2017〕22号文件印发）产生的税会差异纳税调整金额。

②在实际发生现金折扣年度纳税调整如下：

会计现金折扣费用：0；

税法现金折扣费用：106万元；

当年度企业所得税应纳税所得额应做纳税调减106万元（见表5-3）。

表5-3　A105000纳税调整项目明细表（部分）

行次	项　　目	账载金额	税收金额	调增金额	调减金额
		1	2	3	4
45	六、其他	*	*		106

关于此处的疑点解释：

在实际发生现金折扣年度，甲公司并未在账务上将现金折扣计入相关费用，企业所得税可否税前扣除？

该费用可以税前扣除。虽然在实际发生现金折扣年度，甲公司未将现金折扣计入费用，但是在确认收入年度，甲公司将现金折扣减少了收入，可以认为是以减少收入的形式在账面上确认了税法意义上的费用。

参考《国家税务总局关于企业所得税应纳税所得额若干问题的公告》（国家税务总局公告2014年第29号）第五条相关精神：

五、固定资产折旧的企业所得税处理

（一）企业固定资产会计折旧年限如果短于税法规定的最低折旧年限，其按会计折旧年限计提的折旧高于按税法规定的最低折旧年限计提的折旧部分，应调增当期应纳税所得额；企业固定资产会计折旧年限已期满且会计折旧已提足，但税法规定的最低折旧年限尚未到期且税收折旧尚未足额扣除，其未足额扣除的部分准予在剩余的税收折旧年限继续按规定扣除。

固定资产会计折旧年限如果短于税法规定的最低折旧年限，则前期会计折旧大于税法折旧，在此期间应做企业所得税应纳税所得额纳税调增。在会计折旧年限已期满且会计折旧已提足后，后期会计账面上已经没有折旧费用了，但是文件规定仍然可以税前扣除，其原因在于，企业实际上在前期已经将折旧在账面上计入相关费用，并不是没有计入费用。

（3）"其他"项目调整新收入准则税会差异的讨论。

在现行企业所得税申报表中，因新收入准则引起的税会差异，一般都在A105000《纳税调整项目明细表》第45行"其他"项目中进行调整。这样处理的优势是简单，但是也引起了一些问题。例如，本例中企业所得税的收入是10 000万元，虽然在企业所得税申报表中进行了调整，但其与账面收入的差额无法体现到申报表的任何收入项目中，也就无法纳入业务招待费以及广告费和业务宣传费的计算基数中，实际上对企业而言产生了一定的税务损失。

案例59
不满足可变对价限制条件时的处理

2020年12月1日，甲公司与其分销商乙公司签订合同，向乙公司销售1 000件产品，每件产品的售价为100元，合同总价为10万元，乙公司当日取得这些产品的控制权。乙公司通常在取得产品后的90天内将其对外售出，且乙公司在这些产品售出后才向甲公司支付货款。上述价格均不包含增值税。该合同中虽然约定了销售价格，但是基于甲公司过往的实务经验，为了维护与乙公司的客户关系，甲公司预计会向乙公司提供价格折扣，以便于乙公司能够以更加优惠的价格向最终客户销售这些产品，从而促进该产品的整体销量。因此，甲公司认为该合同的对价是可变的。

甲公司虽然有销售类似产品的经验，但是，甲公司的产品较易过时，且产品定价波动性很大。根据以往经验，甲公司针对同类产品给予客户的折扣范围较广（约为销售价格的20%~60%不等）。根据当前市场情况，降价幅度需要达到15%~50%，才能有效地提高该产品周转率。

解析

1. 估计可变对价的最佳估计数后尚需考虑"极可能不会发生重大转回"的限制条件

甲公司认为，如果将5万元（即提供50%折扣之后的价格）计入交易价格，已确认的累计收入金额极可能不会发生重大转回。因此，甲公司应当于2020年12月1日将产品控制权转移给乙公司时，确认5万元的收入，并在不确定性消除之前的每一资产负债表日重新评估该交易价格的金额。

2. 将来已确认的累计收入金额发生了重大转回的处理

如本例，甲公司在产品控制权转移日，估计可能提供的折扣为5万元，从而确认5万元的收入，同时评估该收入极可能不会发生重大转回，也就是说，将来根据实际提供的折扣情况确定的收入不会小于现在确认的收入5万元（且差额是重大的），但后续的实际情况是向客户提供了70%的折扣，最终只能确认3万元的收入，从而导致在相关不确定性消除时，累计已确认的收入发生了重大转回。

实际折扣情况证实发生了重大转回，应当调整收入，此时，应调整当期收入，还是追溯调整收入？

笔者认为，当已确认的累计收入金额发生重大转回时，应进行追溯调整，即调整当初对于收入最下限判断的标准，如果不进行追溯调整，则"极可能不会发生重大转回"这一限制条件没有起到应有的约束作用。

3.甲公司账务处理

（1）甲公司转移产品控制权时（预计折扣50%）（单位：万元，下同）：

借：应收账款　　　　　　　　　　　　　　　　　　　11.3
　　贷：主营业务收入　　　　　　　　　　　　　　　　　5
　　　　预计负债——折扣　　　　　　　　　　　　　　　5
　　　　应交税费——应交增值税（销项税额）　　　　　1.3

> 【提示】若销售商品与发生折扣分属不同纳税年度，还应进行企业所得税纳税调整。

（2）将来实际发生的折扣为30%：

借：预计负债——折扣　　　　　　　　　　　　　　　　5
　　贷：主营业务收入　　　　　　　　　　　　　　　　　2
　　　　应交税费——应交增值税（销项税额）　　　−0.39（−3×13%）
　　　　应收账款　　　　　　　　　　　　　　　3.39（11.3×30%）

> 【提示】甲公司应向客户开具红字专用发票。

4.应用指南相关规定

计入交易价格的可变对价金额的限制。

企业按照期望值或最可能发生金额确定可变对价金额之后，计入交易价格的可变对价金额还应该满足限制条件，即包含可变对价的交易价格，应当不超过在相关不确定性消除时，累计已确认的收入极可能不会发生重大转回的金额。企业在评估与可变对价相关的不确定性消除时，累计已确认的收入金额是否极可能不会发生重大转回时，应当同时考虑收入转回的可能性及转回金额的比重。其中，"极可能"是一个比较高的门槛，其发生的概率应远高于"很可能（即，可能性超过50%）"，但不要求达到"基本确定（即，可能性超过95%）"，其目的是避免因为一些不确定性因素的发生导致之前已经确认的收入发生转回；在评估收入转回金额的比重时，应同时考虑合同中包含的固定对价和可变对价，也就是说，企业应当评估可能发生的收入转回金额相对于合同总对价（包括固定对价和可变对价）而言的比重。企业应当将满足上述限制条件的可变对价的金额，计入交易价格。

导致收入转回的可能性增强或转回金额比重增加的因素包括但不限于：

一是对价金额极易受到企业影响范围之外的因素影响，例如市场波动性、第三方的判断或行动、天气状况、已承诺商品存在较高的陈旧过时风险等。

二是对价金额的不确定性预计在较长时期内无法消除。

三是企业对类似合同的经验（或其他证据）有限，或者相关经验（或其他证据）的预测价值有限。

四是企业在以往实务中对于类似情况下的类似合同，或曾提供了多种不同程度的价格折扣，或曾给予不同的付款条件。

五是合同有多种可能的对价金额，且这些对价金额分布非常广泛。需要说明的是，将可变对价计入交易价格的限制条件不适用于企业向客户授予知识产权许可并约定按客户实际销售或使用情况收取特许权使用费的情况。

每一资产负债表日，企业应当重新估计可变对价金额（包括重新评估对可变对价的估计是否受到限制），以如实反映报告期末存在的情况以及报告期内发生的情况变化。

案例60
可变对价纳入收入的处理时点

2020年1月1日，甲公司与乙公司签订合同，向其销售A产品。合同约定，当乙公司在2020年的采购量不超过2 000件时，每件产品的价格为80元，当乙公司在2020年的采购量超过2 000件时，每件产品的价格为70元。

乙公司在第一季度的采购量为150件，甲公司预计乙公司全年的采购量不会超过2 000件。2020年4月，乙公司因完成产能升级而增加了原材料的采购量，第二季度共向甲公司采购A产品1 000件，甲公司预计乙公司全年的采购量将超过2 000件，因此，全年采购量适用的产品单价均将调整为70元。

以上价格均不包含增值税。

解析

1. 甲公司将评估的可变对价纳入交易价格，并满足"极可能不会发生重大转回"条件

2020年第一季度，甲公司根据以往经验估计乙公司全年的采购量将不会超过

2 000件，甲公司按照80元的单价确认收入，满足在不确定性消除之后（即乙公司全年的采购量确定之后），累计已确认的收入将极可能不会发生重大转回的要求，因此，甲公司在第一季度确认的收入金额为12 000元（80×150）。2020年第二季度，甲公司重新对交易价格进行估计，由于预计乙公司全年的采购量将超过2 000件，按照70元的单价确认收入，才满足极可能不会导致累计已确认的收入发生重大转回的要求。因此，甲公司在第二季度确认收入68 500元 [70×(1 000+150)–12 000]。

2. 新收入准则要求平时确认收入时即应考虑可变对价因素

本例中，当第二季度乙公司采购量为1 000件时，甲公司综合各种情况评估全年采购量很可能超过2 000件，在第二季度即根据单价70元确认收入，当期即确认了折扣额，而不是等到全年结束时再行确认。

在实务操作中，笔者认为，如果在可能的情况下，比如公司报表使用者对年底的资产负债表日更为关注，则可以考虑在年底时一次性处理该折扣，这样可能更为简便。

3. 甲公司账务处理

（1）甲公司第一季度账务处理：

借：应收账款	13 560
贷：主营业务收入	12 000（80×150）
应交税费——应交增值税（销项税额）	1 560（12 000×13%）

（2）甲公司第二季度账务处理：

由于在第二季度末才确定使用70元单价，因此第二季度计入收入时仍然使用80元的单价进行处理：

借：应收账款	90 400
贷：主营业务收入	80 000（80×1 000）
应交税费——应交增值税（销项税额）	10 400（80 000×13%）

> 【提示】合同约定，当乙公司在2020年的采购量超过2 000件时，每件产品的价格为70元，在第二季度乙公司的采购量尚未超过2 000件，此时每件产品的价格仍然按照80元计算。但是甲公司根据新收入准则的规定，在第二季度即评估乙公司年采购量很可能超过2 000件，为满足极可能不会发生重大转回的限制条件，甲公司在账务上按照70元的价格计入收入，而应收账款以及增值税额仍然需要按照80元的价格计算。

　　　　贷：主营业务收入　　　　-11 500　[（150+1 000）×70-（12 000+80 000）]
　　　　贷：预计负债　　　　　　　　　　　　　　　　　　　　　11 500

（3）将来乙公司实际年采购量超过2 000件时，甲公司将预计负债冲销，计入其他应付款或者抵减应收账款或者向乙公司支付价款等，并同时向乙公司开具红字专用发票。

　　借：预计负债
　　　　贷：应收账款等
　　　　　　应交税费——应交增值税（销项税额）（负数）

案例61
现金返利导致的可变对价

甲公司为增值税一般纳税人，主营业务为销售家用电器。甲公司返利政策规定，经销商年采购额达到一定金额，可享受不同比例的现金返利。甲公司根据与乙经销商的历史交易记录，以及对市场行情等因素判断，估计乙经销商将享受5%的现金返利500万元。同时甲公司评估认为，计入交易价格的可变对价金额满足了限制条件，即包含可变对价的交易价格，不超过在相关不确定性消除时，累计已确认的收入极可能不会发生重大转回的金额。

解析

1. 返利应作为可变对价处理

销售方按照销售量或者销售额等指标计算的返还给采购方的利润，其实质是为了促进销售的销售折扣，由于在达到约定的条件后才能确认是否可以享受返利，因此其属于事后的销售折扣。该折扣取决于相关指标是否能达到约定的触发返利的情况，属于新收入准则中的可变对价。

2. 甲公司账务处理

（1）甲公司销售商品时（假设当年发生1亿元的销售额）（单位：万元，下同）：

　　借：应收账款　　　　　　　　　　　　　　　　　　11 300
　　　　贷：主营业务收入　　　　　　　　　　　　　　　9 500
　　　　　　预计负债（金额不确定）或其他应付款（金额确定）　500
　　　　　　应交税费——应交增值税（销项税额）　　　　1 300

(2）将来发生5%返利时，甲公司向乙经销商开具5%的红字专用发票：

借：应收账款　　　　　　　　　　　　　　　　　　－565
　　预计负债或其他应付款　　　　　　　　　　　　500
　　贷：应交税费——应交增值税（销项税额）　　　　－65

3. 甲公司税务处理

如果该事项跨年度，则甲公司还需进行企业所得税纳税调整：

销售商品时记入"主营业务收入"贷方发生额为9 500万元，现行企业所得税政策认可的收入金额为1亿元，因此，应纳税调增500万元。

将来实际发生返利时，再纳税调减500万元。

4. 上市公司相关公告

某股份有限公司招股说明书部分内容如下：

"报告期内，为应对市场竞争并促进产品销售，同时保证经销商一定的盈利空间，公司对经销商制定了业绩达标折扣、营销支持折扣和营销费用分担等相关政策。报告期内，公司对经销商的折扣和营销费用分担政策未发生重大变化。具体情况如下：

业绩达标折扣：

（1）分为年度、季度和月度的业绩达标折扣。

（2）公司与经销商约定一定的业绩指标，若达到业绩指标则根据发货额给予经销商一定比例的折扣额度。"

"会计处理情况：

公司折扣政策会计处理：

（1）经销商达到条件后，公司以应向经销商给予折扣的金额进行计提：

借：主营业务收入（折扣金额）
　　贷：其他应付款（折扣金额）

（2）下次经销商向公司采购并使用折扣额度时：

借：应收账款（扣减折扣后的金额）
　　贷：主营业务收入（扣减折扣后的金额）

借：主营业务成本
　　贷：存货

同时冲回原计提的折扣：

借：其他应付款（折扣金额）
　　贷：主营业务收入（折扣金额）"

【提示】公司根据业绩达标计算折扣,同时冲销当期收入,在下期经销商采购公司商品时,冲减应收经销商的款项,即,采取少收取下期经销商货款的方式,达到了支付返利的效果。

注意,这并不是采取下期折扣的方式处理返利,而是抵减了往来款,也属于现金返利的一种。

案例62
实物返利导致的可变对价

甲公司为增值税一般纳税人,主营业务为销售家用电器。甲公司返利政策规定,经销商年采购额达到一定金额,可享受不同比例的同类型产品返利。甲公司根据与乙经销商的历史交易记录,以及对市场行情等因素判断,估计乙经销商将享受5%的返利500万元。同时甲公司评估认为,该计入交易价格的可变对价金额满足了限制条件,即包含可变对价的交易价格,不超过在相关不确定性消除时,累计已确认的收入极可能不会发生重大转回的金额。

解析

1. 实物返利属于可变对价的范畴

一般来讲,销售返利是在将来采购方的采购量或者金额达到约定指标时,销售方按照事先确定的规则计算应给予采购方的奖励,销售方获得对价的权利以某一未来事件的发生或不发生为条件(是否达到约定条件),则已承诺的对价金额是可变的。

企业向采购方支付的返利,可以是现金方式,也可以是实物等方式,实物返利是销售返利的一种形式,应按照可变对价的规则进行处理。

2. 甲公司账务处理

(1)甲公司销售商品时(假设当年发生1亿元的销售额)(单位:万元,下同):

借:应收账款　　　　　　　　　　　　　　　　　　11 300
　　贷:主营业务收入　　　　　　　　　　　　　　10 000
　　　　应交税费——应交增值税(销项税额)　　　1 300

(2)计算返利:

| 贷：预计负债（金额不确定）或其他应付款（金额确定） | 500 |
| 贷：主营业务收入 | −500 |

> 【提示】关于此处记入"预计负债"或"其他应付款"科目的说明。
>
> 关于实物返利，存在两种不同的观点，体现出不同的理论基础：
>
> 观点一：实物返利是收到或者应收客户的款项，将来负有向客户转让商品的义务，类似于预收的款项，因此属于"合同负债"的定义，此处应记入"合同负债"科目。
>
> 观点二：实物返利属于可变对价的范畴，应按照可变对价的规则进行处理，此处应记入"预计负债"或"其他应付款"等金融负债。
>
> 笔者倾向于观点二，理由如下：
>
> 如将实物返利作为"合同负债"处理，则很可能导致企业需将其识别出单项履约义务，从而按照单独售价分摊其交易价格。
>
> 在很多情况下，实物返利是一个可变的金额，并非固定，而"合同负债"科目很难体现出这一特征。
>
> 表面上实物返利负有将来向客户交付商品的义务，但其实质为返利的负债金额，该负债抵减了之后与经销商的往来款项，至于将来的实物交付，应作为正常的销售处理。
>
> 此为个人观点。

（3）将来发生返利时，甲公司向乙经销商开具5%的红字专用发票：

借：应收账款	−565
预计负债（金额不确定）或其他应付款（金额确定）	500
贷：应交税费——应交增值税（销项税额）	−65

（4）转移用于返利的商品控制权时：

借：应收账款	565
贷：主营业务收入	500
应交税费——应交增值税（销项税额）	65

3.甲公司税务处理

（1）企业所得税。

如果该事项跨年度，则甲公司需进行企业所得税纳税调整：

销售商品时记入"主营业务收入"贷方发生额为9 500万元，现行企业所得税政策认可的收入金额为1亿元,因此,应纳税调增500万元。

将来实际发生返利时,再纳税调减500万元。

(2)增值税。

实务中,对于实物返利,有观点认为,返利开具负数发票,销售返利商品开具蓝字发票,正好抵平,无须分别处理,笔者认为这不符合相关税法对返利的规定。

《国家税务总局关于纳税人折扣折让行为开具红字增值税专用发票问题的通知》(国税函〔2006〕1279号)规定:"纳税人销售货物并向购买方开具增值税专用发票后,由于购货方在一定时期内累计购买货物达到一定数量,或者由于市场价格下降等原因,销货方给予购货方相应的价格优惠或补偿等折扣、折让行为,销货方可按现行《增值税专用发票使用规定》的有关规定开具红字增值税专用发票"。

根据上述文件规定,销货方在处理返利时,不管是实物返利,还是现金返利,均应按照规定,开具红字增值税专用发票,这是对返利的处理。在实际交付返利商品时,再按照正常的销售货物进行处理。注意,很多观点认为这是视同销售,这是不准确的,此时并非视同销售货物,而就是销售货物。

案例63

返利金额记入科目的讨论
——合同负债与金融负债的区别

某股份有限公司首次公开发行股票并在科创板上市的招股说明书部分内容如下:
"五、主要会计政策和会计估计

(一)收入确认方法

1.销售商品收入的确认方法

……

(4)商业折扣的会计处理

发行人的折扣政策分为年度返利和日常折扣,具体列示如下:

年度返利:

发行人与经销商或直销客户在签订年度销售合同时确定年度销售、回款目标。年末根据经销商或终端客户年度任务指标完成情况给予相应的年度折扣。

日常折扣:

为支持经销商促销活动、新产品的推广等,根据经销商销售量、回款情况,经公司审批后，对经销商给予一定日常折扣。

发行人在每期末统计出每个经销商的日常折扣、当年度销售、回款数据，按照合同、返利政策约定的比例计算公司应发放的返利，财务部对返利数据进行审核并提交管理层审批后，**冲减当期主营业务收入，同时计入其他应付款。**

商业折扣会计处理的合理性：

公司给予折扣的主要目的是通过业绩奖励政策，提高经销商的销售积极性，促进公司销售业绩的增长。

公司计提商业折扣时冲减当期的营业收入，原因是经销商达到约定的销售任务后，公司即存在给予商业折扣的义务，该商业折扣后续通过折扣销售的形式体现。

同时，该义务由过去的交易或事项引起，在达成约定任务的当期即已存在，构成公司的现时义务，确认其他应付款符合《企业会计准则》负债的定义。"

"4.执行新收入准则对公司的影响

公司自2020年1月1日起执行财政部修订后的《企业会计准则第14号——收入》，执行新收入准则对公司2017–2019年财务指标不存在重大影响。按照新收入准则的规定，公司评估了主要业务类型收入的确认和计量、核算和列报等方面，公司的收入确认时点满足新收入准则规定的将产品控制权转移至客户时。

如果未来采用新收入准则，对公司财务报表无重大影响，主要变化为按照新收入准则，本公司将与销售商品及与提供劳务相关的预收款项重分类至合同负债；**将与销售商品相关的商业折扣重分类至合同负债。**

假定自申报财务报表期初开始全面执行新收入准则，首次执行日前各年（末）营业收入、归属于公司普通股股东的净利润、资产总额、归属于公司普通股股东的净资产均未发生变化。"

解析

1.确定的折扣或者返利金额计入"其他应付款"的合理性

本例中，公司在每期末统计出每个经销商的日常折扣、当年度销售、回款数据，按照合同、返利政策约定的比例计算公司应发放的返利，财务部对返利数据进行审核并提交管理层审批，该金额是基本确定的，并且是将来向经销商承担的现时金融负债，因此计入"其他应付款"更为合适。如果该可变对价是估计的金额，则计入"预计负债"更合适。

2.可变对价平时处理与集中处理

企业在按照相关原则评估出交易价格的可变对价后，其销售行为可能是一项持续的状态,其在持续确认收入的过程中,均应以可变对价为基础确认相关收入。

本例中,公司在年底按照相关政策计算出折扣或者返利后,一次性将可变对价冲减收入,而不是每次确认收入时均按照比例冲减收入,严格来讲不符合新收入准则要求。不过笔者认为,如果在可能的情况下,比如报表使用者的关注点集中在年度资产负债表日的财务状况等,这也不失为一个简便的处理方式。

此为个人建议,企业可根据自身实际情况进行选择。

3.销售商品相关的商业折扣重分类至合同负债的辨析

上述说明书中,在旧收入准则下,公司将商业折扣计入"其他应付款",在新收入准则下,将与销售商品相关的商业折扣重分类至"合同负债"。

根据应用指南规定,"合同负债"核算企业已收或应收客户对价而应向客户转让商品的义务,而对于销售商品相关的商业折扣,则不具有将来向客户转让商品的义务,计入"合同负债"并不妥当。此处的折扣是钱的负债(金融负债),而不是物的负债(合同负债)。即便是用实物抵偿返利,笔者认为也可能不属于物的负债(参照本书实物返利案例)。

不少上市公司使用"合同负债"科目来核算折扣或返利,这种处理并不符合新收入准则相关规定。

4.公司账务处理

假设收入总额为100,折扣返利10。

(1)第一种方式:

平时计入收入时:

借:应收账款	113
贷:主营业务收入	100
应交税费——应交增值税(销项税额)	13

集中处理折扣返利时:

贷:主营业务收入	−10
贷:其他应付款——折扣返利	10

(2)第二种方式:

平时计入收入时:

借:应收账款	113
贷:主营业务收入	90
预计负债(不确定金额)或其他应付款(确定金额)	10
应交税费——应交增值税(销项税额)	13

5. 上市公司相关公告

某股份有限公司招股说明书部分内容如下：

"为了促进经销商在经销区域内的产品销售，激励经销商加大市场推广力度，公司对经销商在其经销区域内市场推广情况进行考核。由于各区域的线上直营店销售额能够较客观地体现经销商在其经销区域内的市场推广成果，因此发行人将经销商所在区域内的线上直营店销售额作为市场推广考核的主要指标，根据相应的考核政策给予经销商一定比例的返利。

集成灶产品是一种现代新型厨房电器，虽然近年来集成灶市场快速发展，但产品的消费者认知度和市场占有率仍处于较低水平。根据中怡康的统计数据，2018年集成灶产品在国内烟灶类产品中的市场占有率仍不足10%。因此，公司需要各地经销商加大对集成灶产品的市场推广力度，扩大公司品牌和集成灶产品的知名度，以促进公司产品在各个经销区域内的销售。公司为此推出了市场推广返利的相关政策。

公司在月末根据经销商所在的经销区域内当月的线上直营店销售额，确定应给予经销商的相应返利，并于当月计提入账公司对市场推广返利的会计处理与其他返利相同，即：2017年至2019年，在计提该返利时，将返利的金额记入'其他应付款'科目，同时冲减'主营业务收入'；经销商使用该返利冲减货款时，公司按其使用返利的金额冲减'其他应付款'科目。

2020年1月1日起，公司适用新收入准则，**在计提该返利时，将返利的金额记入'合同负债'科目，同时冲减'主营业务收入'**；经销商使用该返利冲减货款时，公司按其使用返利的金额冲减'合同负债'科目。"

案例64
实物返利计入销售费用的探讨

某股份有限公司招股说明书部分内容如下：

报告期内，**公司销售费用中的促销费用主要为公司给予经销商的实物返利，**公司促销费用分别为355.98万元、583.33万元以及563.22万元，总体呈上升趋势。

公司每年与经销商签订年度经销商合同，约定经销商可以按照部分产品全年销售目标的实际完成情况，获得一定比例的业绩激励，次年公司通过实物形式发放给经销商。报告期各期末，公司根据经销商的业绩完成情况测算激励金额，并计提促销费用。2017-2019年，公司促销费用呈逐年增长趋势，主要系公司销售规模扩大所致。

2018年公司促销费用较2017年增长较快,主要系公司为扩大产品市场份额,提高促销力度所致。

解析

1. 返利计入促销费用不符合新收入准则相关规定

根据新收入准则的相关规定,公司给予经销商的返利,应作为可变对价处理,根据一定的规则计算相应金额后,冲减报告期的收入。如果将返利计入销售费用,则并未减少报告期的收入,这与新收入准则的相关规定不符。

2. 返利计入促销费用税前扣除的风险

公司将返利计入促销费用,同时全额计入收入,此种处理在税务上有一定的风险。

根据《国家税务总局关于确认企业所得税收入若干问题的通知》(国税函〔2008〕875号)第一条第(五)款规定,"企业为促进商品销售而在商品价格上给予的价格扣除属于商业折扣,商品销售涉及商业折扣的,应当按照扣除商业折扣后的金额确定销售商品收入金额"。

公司发生的销售返利,属于为促进商品销售而在商品价格上给予的价格扣除,其实质为商业折扣,因此在企业所得税上,应按照扣除商业折扣(返利额)后的金额确定销售商品收入金额,而不能将其计入促销费用同时全额确认收入,该促销费用存在不得税前扣除的风险。

注意,上述国税函〔2008〕875号文件规定"应当"按照扣除商业折扣后的金额确定销售商品收入金额,也就是说,在企业所得税上商业折扣只能按照此种方式处理。

案例65
购买方收到返利的账务处理

中国证监会《2019年上市公司年报会计监管报告》部分内容如下:

未正确核算从供应商收到的返利。

根据企业会计准则及相关规定,收入是指企业在日常活动中形成的、会导致所有者权益增加的、与所有者投入资本无关的经济利益的总流入,包括销售商品收入、提供劳务收入等。企业取得存货应当按照成本进行计量。外购存货的成本即存货的采购成本,指企业物资从采购到入库前所发生的全部支出,包括购买价款、相关税费、运输费以及其他可归属于存货采购成本的费用。年报分析发现,**个别上市公司根据与供**

应商签订的合同,将从供应商取得的按照存货采购金额一定比例结算的返利等确认为收入。上述情况下,企业并未向供应商提供单独的商品或服务,其从供应商取得的采购返利实质为存货购买价款的调整,应冲减存货成本或营业成本。

解析

1. 购买方从销售方收取的返利属于销售折扣

本书相关案例解析了销售方发生的返利应按照可变对价相关要求冲减收入的账务处理方式,本案例从购买方的角度阐述如何对收到的返利进行账务处理。

销售方为了促进销售或者扩大市场等原因,给予采购方达到指标可获得返利的政策,其实质为销售折扣。销售方应减少收入,而采购方相应的应减少采购成本,由于采购方没有向销售方提供任何单独的商品或者服务,因此不符合收入确认条件,不能确认为收入。

2. 购买方收到现金返利的账务处理

假设采购含税金额113万元,返利10%(单位:万元,下同)。

(1)采购货物时:

借:库存商品　　　　　　　　　　　　　　　　　　　　100
　　应交税费——应交增值税(进项税额)　　　　　　　13
　贷:应付账款等　　　　　　　　　　　　　　　　　　113

(2)收到返利或者抵减应付的款项(同时收到红字专用发票或者《开具红字增值税专用发票信息表》已上传):

借:银行存款、应付账款等　　　　　　　　　　　　　11.3
　　主营业务成本　　　　　　　　　　　　　　　　　 −10
　贷:应交税费——应交增值税(进项税额转出)　　　 1.3

【提示】1. 取得销售方开具的红字专用发票,不含税销售额 −10 万元,销项税额 −1.3 万元。

2. 采购方将返利抵减应向销售方支付的货款,也属于现金返利的一种,简单理解,减少应支付的款项,相当于现金流入。

3. 采购方收到红字专用发票或者《开具红字增值税专用发票信息表》已上传时,在增值税申报表中做进项税额转出处理,为了增值税申报表与账务处理的核对,在账务上也做进项税额转出处理。

3.购买方收到实物返利的账务处理

假设采购含税金额113万元,返利10%。

(1)采购货物时:

借:库存商品　　　　　　　　　　　　　　　　　　　100
　　应交税费——应交增值税(进项税额)　　　　　　 13
　　贷:应付账款等　　　　　　　　　　　　　　　　113

(2)按照返利政策抵减应付的款项(同时收到红字专用发票或者《开具红字增值税专用发票信息表》已上传):

借:应付账款等　　　　　　　　　　　　　　　　　　11.3
　　主营业务成本　　　　　　　　　　　　　　　　　 -10
　　贷:应交税费——应交增值税(进项税额转出)　　 1.3

(3)收到销售方用于返利的商品:

借:库存商品　　　　　　　　　　　　　　　　　　　 10
　　应交税费——应交增值税(进项税额)　　　　　　 1.3
　　贷:应付账款等　　　　　　　　　　　　　　　　 11.3

从上述会计分录可以看出,实物返利实际分为两个环节,一个是返利确认环节,另一个是用于返利的商品的采购环节,在采购环节与其他的商品采购一样处理即可。

案例66

销售返利计入递延所得税

某上市公司招股说明书部分内容如表5-4所示。

表5-4

项目	2020年6月30日	
	可抵扣暂时性差异	递延所得税资产
资产减值准备	428.74	64.31
未支付销售返利	189.43	28.41
内部交易未实现利润	30.75	4.61
递延收益	989.43	148.41
合计	1638.35	245.74

> **解析**

与未支付销售返利相关事项，公司计入了递延所得税资产，有两种可能性：

（1）公司根据返利政策在收入相关年度计提了应支付的返利金额，将其计入相关损益（比如计入销售费用），由于未实际发生，该费用不得税前扣除，计提年度纳税调增企业所得税应纳税所得额，在实际发生年度，再予以纳税调减。在计提费用年度该费用形成了可抵扣暂时性差异，相关税额计入递延所得税资产，在实际发生年度，符合条件的情况下予以冲销。

但实际上，根据上一案例的分析，在实际发生年度，该返利计入相关费用，即便实际支付了，也有不能税前扣除的风险。

（2）公司根据返利政策在收入相关年度，按照可变对价的原则，对当年相关收入进行了调整，但现行企业所得税政策并不认可企业估计的收入，因此应按照全额收入纳税调增，在以后年度实际发生时予以调减，从而在确认收入年度该返利金额形成了可抵扣暂时性差异，相关税额计入递延所得税资产，在实际发生年度，符合条件的情况下予以冲销。

根据新收入准则的相关规定，第2种处理方式符合准则的规定。

案例67
返利通过后期折扣体现的方案讨论

某股份有限公司招股说明书部分内容如下：

公司在销售过程中会给予经销商一定比例的返利，具体可以分为年度返利、市场推广返利、广告返利、装修返利、活动返利和信息维护返利，其中年度返利系发行人根据经销商的年度采购任务完成情况以及经销商当年度销售业绩的表现情况给予经销商的销售返利；其他返利则系发行人根据经销商的各项因素考核情况给予经销商的价格优惠，考核因素主要包括经销商的市场推广、广告投入、门店装修、促销活动、信息维护等情况。**经销商取得的各类返利在后续进货时通过销售折扣的方式予以兑现。**

> **解析**

1.返利作为可变对价影响报告期的收入，而不是减少后续收入金额

公司在销售过程中给予经销商的返利，属于新收入准则中的可变对价，应按照期望值或者最大可能金额确认最佳估计数,并在满足当不确定性消除时累计确认收入极可能不会发生重大转回的限制条件的情况下,将其纳入交易价格。该可变对价会影响报告期的收入确认金额,而不是影响后续确认收入的金额。

因此,公司将各类返利在后续进货时通过销售折扣的方式予以兑现并不符合新收入准则对于可变对价的处理原则。

所谓销售返利,其实质为商业折扣,是企业为促进商品销售而在商品价格上给予的价格扣除,只不过返利一般是在满足一定的条件后(比如销售业绩等)企业给予客户的折扣,在销售时并不能准确地确认返利的金额。因此返利从本质上应减少之前确认的销售收入的金额。

在实务中,不少企业用上述方式处理返利,实际上并不符合新收入准则的要求。

2.返利通过折扣兑现方式的税务风险

与返利相关的税务文件规定:

(1)《国家税务总局关于商业企业向货物供应方收取的部分费用征收流转税问题的通知》(国税发〔2004〕136号):

一、商业企业向供货方收取的部分收入,按照以下原则征收增值税或营业税:

(一)对商业企业向供货方收取的与商品销售量、销售额无必然联系,且商业企业向供货方提供一定劳务的收入,例如进场费、广告促销费、上架费、展示费、管理费等,不属于平销返利,不冲减当期增值税进项税金,应按营业税的适用税目税率征收营业税。

(二)对商业企业向供货方收取的与商品销售量、销售额挂钩(如以一定比例、金额、数量计算)的各种返还收入,均应按照平销返利行为的有关规定冲减当期增值税进项税金,不征收营业税。

(2)《国家税务总局关于纳税人折扣折让行为开具红字增值税专用发票问题的通知》(国税函〔2006〕1279号):

纳税人销售货物并向购买方开具增值税专用发票后,由于购货方在一定时期内累计购买货物达到一定数量,或者由于市场价格下降等原因,销货方给予购货方相应的价格优惠或补偿等折扣、折让行为,销货方可按现行《增值税专用发票使用规定》的有关规定开具红字增值税专用发票。

在实务中,对于纳税人发生的返利,税务机关一般要求按照有关规定开具红字增值税专用发票,而采取后期销售中体现折扣的方式,在税收征管实务中有一定的税务风险。

案例68
质保金是否作为可变对价的考虑因素

某科技股份有限公司首次公开发行股票并在创业板上市的招股说明书部分内容如下：

公司的质保金为产品总价款的组成部分，于产品销售满足收入确认条件时确认收入和应收账款，符合《企业会计准则》的规定。**根据历史经验及客户信用情况，客户预留的质保金无法收回的可能性较小**，因此，公司在产品实现销售时可以确认质保金金额能够可靠计量且很可能流入企业，满足收入确认条件。公司应收账款中新确认的质保金金额与当期收入、销量变动趋势一致。

解析

1. 质保金是否作为可变对价的考虑因素

根据相关法律法规规定或者行业惯例等，企业销售商品或者服务的部分价款，可能要作为质量保证金，在质量保证期内对所售商品或服务的质量起到担保的作用，企业是否可及时或者足额收回质保金，均存在一定的不确定性。

根据应用指南对于可变对价的释义，"企业与客户的合同中约定的对价金额可能是固定的，也可能会因折扣、价格折让、返利、退款、奖励积分、激励措施、业绩奖金、索赔等因素而变化"，客户索赔（即因质量问题对质保金的扣减）的实质为销售折让，也可能构成合同可变对价的因素之一，但这并不意味着企业一定要将质保金作为合同交易价格的可变对价因素处理，需要根据历史交易经验以及业务的实际情况，预测扣减质保金发生的概率。

本例中，企业根据历史交易经验以及业务的实际情况，按照期望值或最可能发生金额确定可变对价的最佳估计数，得出结论认为客户预留的质保金因质量原因无法收回的可能性较小，将扣留的质保金纳入交易价格满足限制条件，即包含可变对价的交易价格，应当不超过在相关不确定性消除时，累计已确认的收入极可能不会发生重大转回的金额。

反之，如果企业根据相关数据，评估质保金收回的风险较大，而且之前的交易证明已多次发生扣减质保金的情况，则企业将扣留的质保金纳入交易价格很可能不能满足上述限制条件，企业需考虑是否将质保金的扣减作为合同交易价格可变因素进行处理。

2. 可变对价不考虑信用风险

此处讨论质保金是否构成可变对价的因素，更多考虑的是因质量问题导致对质保金扣减的可能性,而并不考虑客户的信用风险(即客户是否有支付质保金的能力以及意愿),信用风险需根据相关减值规定进行处理。

案例69
房地产企业财务担保是否属于可变对价

某股份有限公司年报部分内容如下:

在本集团与购房客户签订房屋销售合同时,如果购房客户需要从银行获取按揭贷款以支付房款,本集团将与购房客户和银行达成三方按揭担保贷款协议。在该协定下,购房客户需支付至少购房款总额的30%~80%作为首付款,**而本集团将为银行向购房客户发放的抵押贷款提供阶段性连带责任保证担保**,担保时限一般为6个月至2年不等。该项阶段性连带责任保证担保责任在购房客户办妥房产抵押登记手续或预抵押登记手续后解除。

在三方按揭贷款担保协议下,本集团仅需要在担保时限内对购房客户尚未偿还的按揭贷款部分向银行提供担保。银行仅会在购房者违约不偿还按揭贷款的情况下向本集团追索。

根据本集团销售类似开发产品的历史经验,本集团相信,在阶段性连带责任保证担保期间内,因购房客户无法偿还抵押贷款而导致本集团向银行承担担保责任的比率很低且本集团可以通过向购房客户追索因承担阶段性连带责任保证担保责任而支付的代垫款项,在购房客户不予偿还的情况下,本集团可以根据相关购房合同的约定通过优先处置相关房产的方式避免发生损失。因此,本集团认为该财务担保对开发产品的销售收入确认没有重大影响。

解析

1. 该担保不构成交易价格的可变对价

交易价格,是指企业因向客户转让商品而预期有权收取的对价金额,如果合同所承诺的对价包括可变金额,主体应当估计其因向客户转让已承诺的商品或服务而有权获得的对价金额。

本例中,因购房客户无法偿还抵押贷款而导致集团向银行承担担保责任可能负担的负债,并不会影响集团向客户转让已承诺的房屋而有权获得的对价金额,因此不属于可变对价的范畴。

同时，在本例中，集团采取相应的避险措施，"可以通过向购房客户追索因承担阶段性连带责任保证担保责任而支付的代垫款项，在购房客户不予偿还的情况下，本集团可以根据相关购房合同的约定通过优先处置相关房产的方式避免发生损失"，因此该款项在实际中很可能构成垫付的往来款项，也不会影响交易价格。

2.该担保不构成交易价格的应付客户对价

由于银行不是集团的客户，也不是第三方，因此向其支付的对价不构成应付客户对价，不影响交易价格。（详见本书关于"应付客户对价"客户范围的案例）

5.2 重大融资成分

案例70
分期收款销售设备中的重大融资成分

甲公司2020年1月1日与客户签订合同,销售设备一套,合同约定价格2 000万元。合同金额分5年于每年末等额收取。该设备成本1 560万元,在合同签订日市场售价为1 600万元。

解析

1. 商品控制权转移和付款时间的差异,可能产生融资成分

当企业将商品的控制权转移给客户的时间与客户实际付款的时间不一致时,若企业以赊销的方式销售商品,或者要求客户支付预付款等,如果各方以在合同中明确(或者以隐含的方式)约定的付款时间为客户或企业就转让商品的交易提供了重大融资利益,则合同中即包含了重大融资成分。企业在确定交易价格时,应当对已承诺的对价金额做出调整,以剔除货币时间价值的影响。

从概念上而言,具有融资成分的合同包括两项交易——一项销售交易与一项融资交易。如果忽略合同的融资成分在商品转让时全额确认收入,可能会导致对合同收入的不实陈述,因为事实上企业是向客户提供了融资服务。客户在商品转让时进行支付的合同可能显著不同于客户在商品转让之前或之后进行支付以提供或获得融资利益的合同。

为简化实务操作,如果在合同开始日,企业预计客户取得商品控制权与客户支付价款间隔不超过一年的,可以不考虑合同中存在的重大融资成分。

会计准则相关规定如下:

《企业会计准则第14号——收入》(财会〔2017〕22号文件印发):

第十七条 ……合同开始日,企业预计客户取得商品控制权与客户支付价款间隔不超过一年的，可以不考虑合同中存在的重大融资成分。

应用指南相关规定：

合同中存在重大融资成分。当企业将**商品的控制权转移给客户的时间与客户实际付款的时间不一致**时，如企业以赊销的方式销售商品，或者要求客户支付预付款等，如果各方以在合同中明确（或者以隐含的方式）约定的付款时间为客户或企业就转让商品的交易提供了重大融资利益，则合同中即包含了重大融资成分，企业在确定交易价格时，应当对已承诺的对价金额作出调整，以剔除货币时间价值的影响。

2. 按照假定客户在取得商品控制权时即以现金支付的应付金额确定交易价格

合同中存在重大融资成分的，企业应当按照假定客户在取得商品控制权时即以现金支付的应付金额（即，现销价格）确定交易价格。

本例中，客户取得商品控制权的时点为2020年1月1日，假定客户在2020年1月1日即以现金支付的应付金额（即，现销价格）为1 600万元，应确定交易价格1 600万元。

会计准则相关规定如下：

《企业会计准则第14号——收入》（财会〔2017〕22号文件印发）：

第十七条　合同中存在重大融资成分的，企业应当**按照假定客户在取得商品控制权时即以现金支付的应付金额确定交易价格**。该交易价格与合同对价之间的差额，应当在合同期间内采用实际利率法摊销。

合同开始日，企业预计客户取得商品控制权与客户支付价款间隔不超过一年的，可以不考虑合同中存在的重大融资成分。

参考《国际财务报告准则第15号——客户合同产生的收入》：

61　就重大融资成分调整已承诺的对价金额旨在使主体所确认的收入金额能够反映若客户在已承诺的商品或服务转让时（或过程中）对该商品或服务支付现金的话，客户会支付的价格（即，现金售价）。

3. 甲公司账务处理

（1）2020年1月1日销售实现：

借：长期应收款　　　　　　　　　　　　　　　　　22 600 000
　　贷：主营业务收入　　　　　　　　　　　　　　16 000 000
　　　　应交税费——待转销项税额　　　　　　　　 2 600 000
　　　　未实现融资收益　　　　　　　　　　　　　 4 000 000

【提示】 关于增值税的说明：

《增值税暂行条例实施细则》第三十八条规定："条例第十九条第一款第（一）项规定的收讫销售款项或者取得索取销售款项凭据的当天，按销售结算方式的不同，具体为：……（三）采取赊销和分期收款方式销售货物，为书面合同约定的收款日期的当天，无书面合同的或者书面合同没有约定收款日期的，为货物发出的当天"。

根据上述规定，分期收款方式销售货物，书面合同约定的收款日期的当天为增值税纳税义务发生时间，本例中，合同约定分5年于每年末收取款项，在2020年1月1日尚未达到增值税纳税义务时间。

  借：主营业务成本   15 600 000
    贷：库存商品   15 600 000

（2）2020年12月31日收取货款：

  借：银行存款   4 520 000
    贷：长期应收款   4 520 000
  借：应交税费——待转销项税额   520 000
    贷：应交税费——应交增值税（销项税额）   520 000

（3）摊销利息费用：

  借：未实现融资收益   1 269 100
    贷：财务费用   1 269 100

财务费用计算过程如下：

假设内含利率为I，则有等式如下：

$400 \times (P/A, I, 5) = 1\,600$

$(P/A, I, 5) = 1\,600 \div 400 = 4$

查询《年金现值系数表》，得知：

$(P/A, 7\%, 5) = 4.100\,2$

$(P/A, 8\%, 5) = 3.992\,7$

因此，I介于7%和8%之间，运用插入法计算：

$(8\% - 7\%) \div (8\% - I) = (3.992\,7 - 4.100\,2) \div (3.992\,7 - 4)$

解得 I=7.932%

计算表格如表5-5所示。

表5-5

金额单位：万元

年 份	期初本金	利率	本年利息	本年收款	期末本金
第一年	1 600.00	7.932%	126.91	400.00	1 326.91
第二年	1 326.91	7.932%	105.25	400.00	1 032.16
第三年	1 032.16	7.932%	81.87	400.00	714.03
第四年	714.03	7.932%	56.64	400.00	370.67
第五年	370.67	7.932%	29.33	400.00	0.00
合 计			400	2 000	

4. 甲公司税会差异

《企业所得税法实施条例》第二十三条规定："企业的下列生产经营业务可以分期确认收入的实现：（一）以分期收款方式销售货物的，按照合同约定的收款日期确认收入的实现"。

根据新收入准则，对于销售的交易价格中包含的重大融资成分，需要将其从合同交易价格中剔除，不计入营业收入，按照融资相关损益处理，这体现了准则对于准确描述会计主体营业收入的基本职能。

从企业所得税的角度，不论是营业收入还是融资相关损益，税法都是采取比较简单的计征方式：按照合同约定的收款日期确认收入的实现。这里要注意，即使纳税人在合同约定的收款日期没有实际收到款项，只要达到了合同约定的收款日期，企业所得税上即应确认分期收款的收入。

根据上述政策及分析，企业在发生前述分期收款销售货物业务时，在税法上只认可合同约定收款日期确认的收入。本例中，合同不含税价格2 000万元，分5年收取，税法上只认可每年400万元的收入，其他一概不予考虑，包括未实现融资收益摊销计入财务费用的金额，均予以调整。而账务上则在控制权转移时点一次性确认了1 600万元的收入，此时产生了税会差异。

另外一个问题：分期收款销售货物，企业所得税收入分期确认是政策明确规定的，但销售成本是分期或者一次性确认，并没有明确规定。

根据企业所得税关于收入和成本费用配比的原则精神，既然收入分期确认了，成本也应分期确认，在实务中，一般也是如此处理的。

企业所得税纳税调整如下（单位：万元）：

第一年（见表5-6）：

表5-6 A105000纳税调整项目明细表(部分)

行次	项　目	账载金额 1	税收金额 2	调增金额 3	调减金额 4
1	一、收入类调整项目(2+3+…8+10+11)	*	*		
3	(二)未按权责发生制原则确认的收入(填写A105020)	1600	400		1200
12	二、扣除类调整项目	*	*		
22	(十)与未实现融资收益相关在当期确认的财务费用	−126.91	0		126.91
30	(十七)其他	1560	312	1248	

第二年(见表5-7):

表5-7 A105000纳税调整项目明细表(部分)

行次	项　目	账载金额 1	税收金额 2	调增金额 3	调减金额 4
1	一、收入类调整项目(2+3+…8+10+11)	*	*		
3	(二)未按权责发生制原则确认的收入(填写A105020)	0	400	400	
12	二、扣除类调整项目	*	*		
22	(十)与未实现融资收益相关在当期确认的财务费用	−105.25	0		105.25
30	(十七)其他	0	312	312	

其他年度略。

统算:

账务上:收入1 600万元;成本1 560万元;财务费用−400万元,合计账面利润:440万元;

税务上:收入2 000万元(每年400万元),成本1 560万元(每年312万元),财务费用0,合计企业所得税应纳税所得额:440万元。

5. 上市公司相关公告

（1）某股份有限公司年报部分内容如下：

"本集团在货品交付时确认应收款，因为此时收回对价的权利是无条件的，本集团仅需等待客户付款。本集团给予客户的信用期通常为30~90天，与行业惯例一致，不存在重大融资成分"。

（2）某股份有限公司年报部分内容如下：

"本集团的混凝土业务存在客户支付款项与承诺的商品所有权转移之间的时间间隔超过一年的合同，考虑重大融资成分后将应收款项于长期应收款列报。本集团在计算重大融资成分时参考银行同期贷款利率，并考虑一定的风险加成作为折现率，本年的折现率为5%"。

（3）某股份有限公司年报部分内容如下：

"在向客户转让商品与客户支付相关款项之间存在时间间隔时，本集团还考虑合同承诺的对价金额与现销价格之间的差额是否由于向客户或本集团提供融资利益以外的其他原因所导致的，来判断合同中是否包含重大融资成分"。

【提示】转让商品控制权与支付款项时间存在间隔，合同交易价格与现销价格之间存在差额，并非一定构成重大融资成分。

（4）某股份有限公司年报部分内容如下：

"于2018年12月31日，对于包含重大融资成分的长期应收款均按照折现后净值列示，折现率为4.75%~6.17%（2017年12月31日：折现率为4.75%~6.17%）"。

案例71

先付货款支付方式中包含的重大融资成分

2020年1月1日，甲公司与乙公司签订合同，向其销售一批产品。合同约定，该批产品将于两年之后交货。合同中包含两种可供选择的付款方式，即乙公司可以在两年后交付产品时支付449.44万元，或者在合同签订时支付400万元。乙公司选择在合同签订时支付货款。该批产品的**控制权在交货时转移**。甲公司于2020年1月1日收到乙公司支付的货款。上述价格均不包含增值税。

解析

1. 合同中包括重大融资成分

本例中,按照上述两种付款方式计算的内含利率为6%。考虑到乙公司付款时间和产品交付时间之间的间隔以及现行市场利率水平,甲公司认为该合同包含重大融资成分,在确定交易价格时,应当对合同承诺的对价金额进行调整,以反映该重大融资成分的影响,假定该融资费用不符合借款费用资本化的要求。

2. 按照假定控制权转移时的现销价格确定交易价格

合同中存在重大融资成分的,企业应当按照假定客户在取得商品控制权时即以现金支付的应付金额(即现销价格)确定交易价格。

本例中,甲公司转移商品控制权的时点为2021年12月31日,假定客户在该时点即以现金支付的应付金额(即现销价格)为4 494 400元,应以此现销金额确定交易价格为4 494 400元。

3. 甲公司的账务处理

(1)2020年1月1日收到货款:

借:银行存款　　　　　　　　　　　　　　　　　　4 520 000

　　未确认融资费用　　　　　　494 400(4 494 400-4 000 000)

　　贷:合同负债　　　　　　　　　　　　　　　　　　4 494 400

　　　　应交税费——应交增值税(销项税额)

　　　　　　　　　　　　　　　　　　　　520 000(4 000 000×13%)

【提示】1. 对于此时未确认收入的说明:

该商品控制权在2年后交付时转移,此时不满足收入确认条件。此处计入"合同负债"4 494 400元,表示将来向客户转移商品的价值。

2. 对于增值税纳税义务发生时间的说明:

2020年1月1日甲公司收取乙公司400万元货款,两年后交付产品,在增值税的概念中,这属于以预收货款方式销售货物,一般情况下,应在货物发出当天达到增值税纳税义务发生时间。但如果该货物符合《增值税暂行条例》所述的生产销售生产工期超过12个月的大型机械设备、船舶、飞机等情形,则在收到预收款的时候达到增值税纳税义务发生时间。本例中,该货物在两年以后交付,生产工期超过12个月,在合同签订日收到预收款时即应确认增值税纳税义务。

3. 按照4 000 000元作为增值税销售额的说明:

从增值税的角度,甲公司销售货物,预收货款400万元,两年后交付产品,属于采取预收货款方式销售货物,其增值税销售额为400万元。虽然账务上未确认收入,但是增值税应确认纳税义务。

在增值税概念中,并不考虑预收款项是否包含资金时间价值。

假设乙公司选择在两年后支付4 494 400元的方式,在增值税概念中,属于采取直接收款方式销售货物,无论货物是否发出,均以收到销售款或者取得索取销售款凭据的当天为增值税纳税义务时间,其销售额为4 494 400元。

因此,乙公司选择支付方式不同,将导致该货物增值税销售额的不同。

税务相关规定如下:

《增值税暂行条例实施细则》:

第三十八条 条例第十九条第一款第(一)项规定的收讫销售款项或者取得索取销售款项凭据的当天,按销售结算方式的不同,具体为:

(一)采取直接收款方式销售货物,不论货物是否发出,均为收到销售款或者取得索取销售款凭据的当天;

……

(四)采取预收货款方式销售货物,为货物发出的当天,但生产销售生产工期超过12个月的大型机械设备、船舶、飞机等货物,为收到预收款或者书面合同约定的收款日期的当天。

(2)2020年12月31日摊销利息费用:

借:财务费用 240 000(4 000 000×6%)
　　贷:未确认融资费用 240 000

财务费用计算过程如下:

假设内含利率为I,则有等式如下:

$4\ 494\ 400 \times (P/F, I, 2) = 4\ 000\ 000$

$(P/F, I, 2) = 0.890\ 0$

查询《复利现值系数表》,得出I=6%

计算表格如表5-8所示。

表5-8

年　份	期初本金	利率	本年利息	期末本金
第一年	4 000 000	6%	240 000	4 240 000
第二年	4 240 000	6%	254 400	4 494 400
合　计			494 400	

（3）2021年12月31日交付产品：

  借：财务费用   254 400（4 240 000×6%）
    贷：未确认融资费用   254 400
  借：合同负债   4 494 400
    贷：主营业务收入   4 494 400

3.甲公司税务处理

甲公司在2020年1月1日收取货款，在两年后向客户交付货物，在企业所得税的概念中，属于采取预收款方式销售商品，应在发出商品时确认收入；同时，甲公司受托加工制造大型机械设备（假设本例中的货物为大型机械设备），持续时间超过12个月，按照纳税年度内完工进度或者完成的工作量确认收入的实现。

甲公司的该业务同时符合预收款方式销售商品以及制造大型机械设备持续时间超过12个月的特征，应按照哪个规定进行处理？

笔者认为，应按照后者规定处理。只要是符合后者的特征，无论采取何种收款方式，均需按照纳税年度内完工进度或者完成的工作量确认收入的实现。而新收入准则要求在两年后一次性确认收入，此时产生了税会差异。

税务相关规定如下：

《国家税务总局关于确认企业所得税收入若干问题的通知》（国税函〔2008〕875号）：

  一、除企业所得税法及实施条例另有规定外，企业销售收入的确认，必须遵循权责发生制原则和实质重于形式原则。

  ……

  （二）符合上款收入确认条件，采取下列商品销售方式的，应按以下规定确认收入实现时间：

  ……

  2.销售商品采取预收款方式的，在发出商品时确认收入。

《企业所得税法实施条例》：

  第二十三条 企业的下列生产经营业务可以分期确认收入的实现：

  ……

  （二）企业受托加工制造大型机械设备、船舶、飞机，以及从事建筑、安装、装配工程业务或者提供其他劳务等，持续时间超过12个月的，按照纳税年度内完工进度或者完成的工作量确认收入的实现。

4.应用指南相关规定

合同中存在重大融资成分。当企业将商品的控制权转移给客户的时间与客户实际付款的时间不一致时，如企业以赊销的方式销售商品，或者要求客户支付预付款等，如果各方以在合同中明确（或者以隐含的方式）约定的付款时间为客户或企业就转让商品的交易提供了重大融资利益，则合同中即包含了重大融资成分，企业在确定交易价格时，应当对已承诺的对价金额作出调整，以剔除货币时间价值的影响。

合同中存在重大融资成分的，企业应当按照假定客户在取得商品控制权时即以现金支付的应付金额（即，现销价格）确定交易价格。在评估合同中是否存在融资成分以及该融资成分对于该合同而言是否重大时，企业应当考虑所有相关的事实和情况，包括：一是已承诺的对价金额与已承诺商品的现销价格之间的差额，如果企业（或其他企业）在销售相同商品时，不同的付款时间会导致销售价格有所差别，则通常表明各方知晓合同中包含了融资成分。二是企业将承诺的商品转让给客户与客户支付相关款项之间的预计时间间隔和相应的市场现行利率的共同影响，尽管向客户转让商品与客户支付相关款项之间的时间间隔并非决定性因素，但是，该时间间隔与现行利率两者的共同影响可能提供了是否存在重大融资利益的明显迹象。

为简化实务操作，如果在合同开始日，企业预计客户取得商品控制权与客户支付价款间隔不超过一年的，可以不考虑合同中存在的重大融资成分。企业应当对类似情形下的类似合同一致地应用这一简化处理方法。

企业在编制利润表时，应当将合同中存在的重大融资成分的影响（即，利息收入和利息支出）与按照本准则确认的收入区分开来，分别列示。企业在按照本准则对与客户的合同进行会计处理时，只有在确认了合同资产（或应收款项）和合同负债时，才应当分别确认相应的利息收入和利息支出。

案例72
重大融资成分与时段履约

2020年1月1日，甲公司与乙公司签订合同，向其销售一批产品。合同约定，该批产品将于两年之后交货。合同中包含两种可供选择的付款方式，即乙公司可以在两年后交付产品时支付449.44万元，或者在合同签订时支付400万元。乙公司选择在合同签订时支付货款。甲公司于2020年1月1日收到乙公司支付的货款。上述价格均不包含增值税。

该产品为乙公司特制产品，如果将该产品提供给其他企业，则需要花费重大的改造成本。

双方合同约定，如果乙公司单方面终止合同，乙公司需要向甲公司支付违约金，违约金的金额等于甲公司已发生的成本加上15%的毛利率，该毛利率与甲公司在类似合同中能够赚取的毛利率大致相同。

解析

1. 交付该产品的履约义务属于在某一时段内履行的履约义务

根据应用指南相关规定，满足下列条件之一的，属于在某一时段内履行履约义务，相关收入应当在该履约义务履行的期间内确认：

"企业履约过程中所产出的商品具有不可替代用途，且该企业在整个合同期间内有权就累计至今已完成的履约部分收取款项"。

如果甲公司将该产品提供给其他企业，则需要花费重大的改造成本，甲公司因实际可行性限制，不能轻易地将该产品用于其他用途，因此该产品具有不可替代用途。

根据双方合同约定，如果乙公司单方面终止合同，乙公司需要向甲公司支付违约金，违约金的金额等于甲公司已发生的成本加上15%的毛利率，该毛利率与甲公司在类似合同中能够赚取的毛利率大致相同，说明在由于客户或其他方原因终止合同的情况下，甲公司有权就累计至今已完成的履约部分收取能够补偿其已发生成本和合理利润的款项，并且该权利具有法律约束力。

综上，甲公司交付该产品的承诺属于在某一时段内履行的履约义务，应按照履约进度分期确认收入。

2. 在某一时段内履行的履约义务，同时包含重大融资成分，应如何确认交易价格

本例中，考虑到乙公司付款时间和产品交付时间之间的间隔以及现行市场利率水平，甲公司认为该合同包含重大融资成分，在确定交易价格时，应当对合同承诺的对价金额进行调整，以反映该重大融资成分的影响。

根据应用指南相关规定，合同中存在重大融资成分的，企业应当按照假定客户在取得商品控制权时即以现金支付的应付金额（即现销价格）确定交易价格。

本例中，交付产品属于在某一时段内履行的履约义务，其控制权转移是分次分期进行的，并不是在某一时点一次性转移，应以转移控制权的哪个时点来确认交易价格？

之所以对于包含有重大融资成分的合同进行分拆，其主要目的旨在真实反映企业向客户转让商品而预期有权收到的对价，因此将交易价格分拆为销售商品收入和其他融资收益，其中的商品交易部分反映没有重大融资成分的单纯的因销售商品而预期有权收到的对价。本例中，即为甲公司在两年后交付货物时客户愿意支付的对价，也就是以客户最终取得控制权的时点来确认交易价格。

因此笔者认为，在某一时段内履行的履约义务，同时包含重大融资成分的，企业应当按照假定客户在**最终**取得商品控制权时即以现金支付的应付的总金额确定交易价格；或者，按照假定客户在取得商品控制权**过程中**以现金支付的应付的总金额确定交易价格。

参考《国际财务报告准则第15号——客户合同产生的收入》：

61 就重大融资成分调整已承诺的对价金额旨在使主体所确认的收入金额能够反映若客户在已承诺的商品或服务转让时（**或过程中**）对该商品或服务支付现金的话，客户会支付的价格（即，现金售价）。

3. 甲公司账务处理

（1）2020年1月1日收到货款：

借：银行存款　　　　　　　　　　　　　　　　　　4 520 000
　　未确认融资费用　　　　　　494 400（4 494 400−4 000 000）
　贷：合同负债　　　　　　　　　　　　　　　　　　4 494 400
　　　应交税费——应交增值税（销项税额）
　　　　　　　　　　　　　　　　　　520 000（4 000 000×13%）

（2）2020年12月31日确认融资成分的影响：

借：财务费用　　　　　　　　　　　240 000（4 000 000×6%）
　贷：未确认融资费用　　　　　　　　　　　　　　　　240 000

（3）按照履约进度分期确认收入和成本：

借：合同履约成本
　贷：应付职工薪酬、原材料等
借：合同结算——收入结转
　贷：主营业务收入
借：主营业务成本
　贷：合同履约成本

案例73

销售商品支付方式中不包含重大融资成分

2020年1月1日，甲公司与乙公司签订合同，向其销售一批产品。合同约定，该

批产品将于两年之后交货。合同中包含两种可供选择的付款方式，即乙公司可以在两年后交付产品时支付449.44万元，或者在合同签订时支付400万元。乙公司选择两年后交付产品时支付货款。该批产品的控制权在交货时转移。甲公司于2021年12月31日收到乙公司支付的货款。上述价格均不包含增值税。

解析

1. 合同中未包括重大融资成分

乙公司付款时间和甲公司交付货物时间一致，均为2021年12月31日，不存在时间间隔，因此甲公司认为合同中不存在重大融资成分，在确定交易价格时，无须就货币时间价值的影响对已承诺的对价金额做出调整。

2. 甲公司账务处理

（1）合同开始日：

借：长期应收款　　　　　　　　　　　　　　　　　5 078 672
　　贷：合同负债　　　　　　　　　　　　　　　　4 494 400
　　　　应交税费——待转销项税额　　　　　　　　584 272（4 494 400×13%）

【提示】按照4 494 400元作为增值税销售额的说明：

从增值税的角度，甲公司销售货物，交付货物时收取货款4 494 400元，属于采取直接收款方式销售货物，根据相关规定，不论货物是否发出，均以收到销售款或者取得索取销售款凭据的当天为增值税纳税义务发生时间，因此在合同开始日暂不确认增值税纳税义务发生时间。甲公司在2021年12月31日收到货款4 494 400元，增值税上不考虑其中是否包含融资成分，将其作为增值税销售额。

（2）两年后收到货款：

借：银行存款　　　　　　　　　　　　　　　　　　5 078 672
　　贷：长期应收款　　　　　　　　　　　　　　　5 078 672
借：合同负债　　　　　　　　　　　　　　　　　　4 494 400
　　贷：主营业务收入　　　　　　　　　　　　　　4 494 400
借：应交税费——待转销项税额　　　　　　　　　　584 272
　　贷：应交税费——应交增值税（销项税额）　　　584 272

案例74
建筑业质保金与重大融资成分

2020年1月,甲公司与乙公司签订了一项施工总承包合同。合同约定的工期为30个月,工程造价为10亿元(不含税价)。甲乙双方每季度进行一次工程结算,并于完工时进行竣工结算,每次工程结算额由客户于工程结算后5个工作日内支付。除质保金外的工程尾款于竣工结算后10个工作日内支付;合同金额的3%作为质保金,用以保证项目在竣工后2年内正常运行,在质保期满后5个工作日内支付。

解析

1. 质保金旨在提供质量保证,不包含重大融资成分

本例中,乙公司保留了3%的质保金直到项目竣工2年后支付,虽然服务完成时间与乙公司付款的时间间隔较长,但是,该质保金旨在为乙公司提供工程质量保证,以防止甲公司未能完成其合同义务,而并非向乙公司提供融资。因此,甲公司认为该合同中不包含重大融资成分,无须就延期支付质保金的影响调整交易价格。

应用指南相关规定:

> 企业向客户转让商品与客户支付相关款项之间虽然存在时间间隔,但两者之间的合同没有包含重大融资成分的情形有:
>
> ……
>
> 三是合同承诺的对价金额与现销价格之间的差额是由于向客户或企业提供融资利益以外的其他原因所导致的,且这一差额与产生该差额的原因是相称的。例如,合同约定的支付条款是为了向企业或客户提供保护,以防止另一方未能依照合同充分履行其部分或全部义务。

2. 甲公司账务处理

以下为简化会计分录处理(单位:万元):

(1)结转收入:

借:合同结算——收入结转　　　　　　　　　　　　　　100 000
　　贷:主营业务收入　　　　　　　　　　　　　　　　　　100 000

(2)结算工程款:

借:应收账款——乙公司　　　　　　　　　　　　　　　109 000
　　贷:合同结算——价款结算　　　　　　　　　　　　　　100 000

应交税费——待转销项税额　　　　　　　　　　　　　　　9 000

达到合同约定收款日期或者收取工程款：

　　借：应交税费——待转销项税额

　　　　　　　　　8 730［109 000×97%÷（1+9%）×9%］

　　　贷：应交税费——应交增值税（销项税额）　　　　　8 730

（3）收到工程款：

　　借：银行存款　　　　　　　　105 730（109 000×97%）

　　　贷：应收账款——乙公司　　　　　　　　　　　　105 730

此时，"应收账款——乙公司"科目借方余额为3 270万元（109 000-105 730），表示乙公司从工程款中扣除的质保金金额。由于该质保金除了信用风险外还要承担工程质量风险等，不是随着时间流逝无条件收款的权利，根据其收回的时间，应在报表中列示为"合同资产"或者"其他非流动资产"项目。

此时，"应交税费——待转销项税额"科目贷方余额为270万元（9 000-8 730），表示将来质保金达到增值税纳税义务发生时间时应确认的增值税额。

【提示】1.对于质保金账务处理的说明：

　　质保金的另外一种处理方式，即将质保金3 270万元不通过"应收账款"科目借方以及"合同结算——价款结算"科目贷方核算，此时"应收账款"科目无余额，但"合同结算"科目有余额，将"合同结算"科目的借方余额在报表中按照流动性分别列示为"合同资产"或"其他非流动资产"项目。

　　但笔者认为此种核算方式可能会产生问题。本例中，如果通过"合同结算"科目核算质保金，"合同结算"的借方余额为不含税金额3 000万元，而质保金应为3 270万元的含税金额，此种处理方式并未准确地核算质保金的金额。

　　另外，"合同结算——价款结算"科目反映定期与客户进行结算的金额，本例中，业主已经与甲公司就造价进行了工程的计算，"合同结算——价款结算"科目应及时反映结算的金额。

　　综上，笔者认为，甲公司应将质保金的含税金额反映在"应收账款"科目的余额中，并在资产负债表中按照流动性分别列示为"合同资产"或"其他非流动资产"项目，而不应用"合同结算"科目的借方余额（不含税）来反映质保金的金额。

2.对于质保金增值税的说明：

　　提供建筑服务的纳税人，被业主从工程款中扣除质保金，如果提供建筑服务

> 的纳税人没有就此质保金开具发票,在实际收到质保金时达到增值税纳税义务发生时间。
>
> 因此,如果甲公司既未开具发票,也未收到质保金,则无须对质保金部分确认增值税纳税义务;在开具发票或者收到质保金时,再确认增值税纳税义务发生时间。
>
> 注意,如果甲公司未就质保金开具发票也未收到质保金,即使合同约定应收质保金的时间到达,甲公司也无须就质保金确认增值税纳税义务,这与一般确认增值税纳税义务的情形有所区别。

税务相关规定如下:

《国家税务总局关于在境外提供建筑服务等有关问题的公告》(国家税务总局公告2016年第69号):

> 四、纳税人提供建筑服务,被工程发包方从应支付的工程款中扣押的质押金、保证金,未开具发票的,以纳税人实际收到质押金、保证金的当天为纳税义务发生时间。

(4)缺陷责任期满收到质保金:

  借:银行存款   3 270

    贷:应收账款——乙公司   3 270

  借:应交税费——待转销项税额   270

    贷:应交税费——应交增值税(销项税额) 270

(5)缺陷责任期内,发生质量缺陷,发包方发生维修支出1 090万元,从质保金中扣除。

以下分3种情形阐述质保金的账务处理。

情形1:甲公司已就质保金开具3 270万元发票,收到2 180万元款项,开具红字专用发票1 090万元。

开票3 270万元确认增值税额:

  借:应交税费——待转销项税额   270

    贷:应交税费——应交增值税(销项税额) 270

收到质保金款项:

  借:银行存款   2 180

    贷:应收账款——乙公司   2 180

甲公司开具红字专用发票1 090万元：

  借：应收账款——乙公司   -1 090

    贷：合同结算——价款结算   -1 000

      应交税费——应交增值税（销项税额）   -90

  借：合同结算——收入结转   -1 000

    贷：主营业务收入   -1 000

> 【提示】此处分录通过"合同结算"科目核算的说明：
>
> 此处分录如果直接通过"主营业务收入"科目核算，则"合同结算——收入结转"科目的借方累计发生额与"主营业务收入"科目贷方累计发生额不符，或者"合同结算——价款结算"科目与应收账款等科目失去钩稽关系，为严谨起见，方便科目之间互相钩稽核对，采取上述分录处理方式较为合理。

情形2：甲公司未就质保金3 270万元开具发票，收到2 180万元款项，开具2 180万元发票。

开票2 180万元确认增值税额：

  借：应交税费——待转销项税额   180

    贷：应交税费——应交增值税（销项税额）   180

收到质保金款项：

  借：银行存款   2 180

    贷：应收账款——乙公司   2 180

冲销之前多确认的款项：

  借：应收账款   -1 090

    贷：合同结算——价款结算   -1 000

      应交税费——待转销项税额   -90

  借：合同结算——收入结转   -1 000

    贷：主营业务收入   -1 000

情形3：甲公司已经开具3 270万元发票，收到2 180万元款项，甲公司将未收回款项作为坏账处理，开票3 270万元确认增值税额：

  借：应交税费——待转销项税额   270

    贷：应交税费——应交增值税（销项税额）   270

收到质保金款项：

```
借：银行存款                                    2 180
    贷：应收账款——乙公司                        2 180
借：坏账准备                                    1 090
    贷：应收账款——乙公司                        1 090
```

分析：客户因质量问题扣除甲公司质保金，其实质为甲公司因工程质量原因向乙公司在售价上做的减让，属于销售折让，应该按照销售折让相关的规定进行处理，在税务上甲公司应开具红字专用发票，减少销项税额以及收入。

实务中，有的建筑企业将未收回的质保金作为坏账准备处理，有一定的税务风险，同时也不符合新收入准则对于收入确认的相关规定。

税务相关规定如下：

《国家税务总局关于确认企业所得税收入若干问题的通知》（国税函〔2008〕875号）：

> 企业因售出商品的质量不合格等原因而在售价上给的减让属于销售折让；企业因售出商品质量、品种不符合要求等原因而发生的退货属于销售退回。企业已经确认销售收入的售出商品发生销售折让和销售退回，应当在发生当期冲减当期销售商品收入。

【提示】中国证监会在《2018年上市公司年报会计监管报告》曾经对部分上市公司未正确区分应收账款减值和收入调整进行了阐述：

"导致合同价款发生变化或调整的原因，如果是因所销售的商品或者提供的劳务本身未达到合同要求，或是向客户提供了折扣等因素，导致客户无需支付合同款项，应当作为合同对价的调整，将预计无法收回的款项冲减收入；如果是由于在后续期间相关情况发生变化导致前期确认的应收账款（例如应收政府节能补贴款）无法收回，应将其视为对商品销售收入估计的调整，将预计无法收回的补贴款冲减当期收入；如果是由于客户的信用风险导致款项很可能无法收回，则应当对该应收账款进行减值测试，并根据减值测试的结果计提坏账准备"。

本例中，甲公司提供建筑服务工程款被扣减，是由于提供的建筑服务本身未达到合同要求（工程质量出现了问题），其实质为销售折让，应作为合同价款的调整，将预计无法收回的质保金冲减收入，而不能作为应收账款减值处理。

3.上市公司相关公告

（1）某股份有限公司年报部分内容如下：

"本集团提供的工程承包类服务通常整体构成单项履约义务，并属于在某一时段内履行的履约义务,本集团采用投入法,按照累计实际发生的成本占预计总成本的比例确定履约进度。工程承包服务需定期与客户进行结算,相关合同对价于结算完成后构成本集团拥有的无条件向客户收取对价的权利,于应收款项列示。一般情况下,工程承包服务合同的履约进度与结算进度存在时间上的差异。截至2018年12月31日,部分工程承包服务合同的履约进度大于结算进度,从而形成相关合同资产,其将于合同对价结算时转入应收款项。

本集团提供的工程承包类服务与客户结算后形成的工程质保金,本集团于质保期结束且未发生重大质量问题后拥有无条件向客户收取对价的权利。因此,该部分工程质保金形成合同资产,并于质保期结束且未发生重大质量问题后转入应收款项。"

(2)某股份有限公司年报部分内容如下:

"本集团依据新收入准则将建造合同应收质量保证金记入其他非流动资产及一年内到期的非流动资产即合同资产——长期,按原收入准则记入长期应收款及一年内到期的非流动资产。"

案例75
房地产企业预收房款的重大融资成分

某股份有限公司年报部分内容如下:

根据新收入准则,若根据合同约定,客户付款期间与转移承诺商品或服务的期间不同,则交易价格与销售所得收入金额需就融资成分的影响(如重大)做出调整。本集团认为,考虑到客户付款及向客户交付物业之间的时差以及市场当前利率,融资成分金额重大,需对销售价格进行贴现,以计算重大融资成分。本集团就从客户处收取包含重大融资成分的垫款利息确认合同负债。对于预计客户取得商品控制权与客户支付价款间隔未超过一年的,本集团未考虑合同中存在的重大融资成分。此外,客户垫款尚未结算的余额已从预收款项重分类至合同负债。

报告期内,本集团因执行新收入准则,对于年初尚未完成的预售商品房合约中存在重大融资成分的预收账款计算利息成本,并考虑相关利息成本于商品房建设完工前资本化的影响,根据新收入准则衔接规定相关要求,调增年初流动资产项下"存货"人民币525 250.51元,调增年初非流动资产项下"递延所得税资产"人民币1 661 004.98元,调增年初流动负债项下"预收账款"人民币7 169 270.43元,调减年初未分配利润人民币3 488 110.46元,调减年初少数股东权益人民币1 494 904.48元。

解析

1. 预收房款与转移商品房控制权的时间间隔可能产生重大融资成分

公司预售商品房,先收取房款,在以后期间转移房产控制权,如果付款时间为客户或企业就转让商品的交易提供了重大融资利益,则合同中包含了重大融资成分,企业在确定交易价格时,应当对已承诺的对价金额做出调整,以剔除货币时间价值的影响(企业预计客户取得商品控制权与客户支付价款间隔不超过一年的,可以简化处理,不考虑合同中存在的重大融资成分)。

本例中,集团认为客户付款及向客户交付物业之间的时差具有重大融资成分,需对交易价格进行调整,在制定相关价格时考虑了不同时间收取房款的资金时间价值(时间间隔未超过一年的情形不予调整)。

2. 新旧收入准则衔接时调整年初金额解析

《企业会计准则第14号——收入》(财会〔2017〕22号文件印发)第七章第四十三条规定:"首次执行本准则的企业,应当根据首次执行本准则的累积影响数,调整首次执行本准则当年年初留存收益及财务报表其他相关项目金额,对可比期间信息不予调整。企业可以仅对在首次执行日尚未完成的合同的累积影响数进行调整。同时,企业应当在附注中披露,与收入相关会计准则制度的原规定相比,执行本准则对当期财务报表相关项目的影响金额,如有重大影响的,还需披露其原因。

已完成的合同,是指企业按照与收入相关会计准则制度的原规定已完成合同中全部商品的转让的合同。尚未完成的合同,是指除已完成的合同之外的其他合同"。

该集团自2018年1月1日开始执行新收入准则,对于2017年未完成的预售商品房合同中的重大融资成分,假设自2017年即按照新收入准则处理,其模拟账务处理如下:

  借:未确认融资费用   7 169 270.43
    贷:合同负债   7 169 270.43
  借:开发成本   525 250.51(资本化金额)
    财务费用   6 644 019.92(费用化金额)
    贷:未确认融资费用   7 169 270.43

该账务处理影响2017年资产负债表期末数:

存货增加525 250.51元;

税前未分配利润减少6 644 019.92元;

所得税费用减少1 661 004.98元(6 644 019.92×25%);

税后未分配利润减少 4 983 014.94 元（6 644 019.92×75%）；

合同负债增加 7 169 270.43 元。

> 【提示】本例中的集团公司将预收的房款中的重大融资成分列示在年初流动负债项下"预收账款"，按照新收入准则的规定，根据其流动性，应在资产负债表中分别列示为"合同负债"或"其他非流动负债"项目。

新旧收入准则衔接规定，调整首次执行该准则当年年初留存收益及财务报表其他相关项目金额，对可比期间信息不予调整，因此对上述影响直接调整 2018 年年初数。

调整分录为：

借：开发成本　　　　　　　　　　　　　　525 250.51
　　利润分配——未分配利润　　　　　　　4 983 014.94
　　递延所得税资产　　　　　　　　　　　1 661 004.98
　　贷：合同负债　　　　　　　　　　　　7 169 270.43

说明：暂不考虑盈余公积、少数股东权益等因素。

> 【提示】关于递延所得税的说明：
> 该公司因预收房款识别出的重大融资成分中费用化的金额，在账务上没有计入相关损益，未能税前扣除。但因此增加了将来期间会计上计入收入的金额，在企业所得税上并不认可该收入，将来确认收入期间应纳税调减，因此形成了可抵扣暂时性差异，计入递延所得税资产。

3. 预收房款存在重大融资成分时的账务处理

（1）预收房款时（假设预收房款不含税 100 万元，融资成分为 10 万元）（单位：万元，下同）：

借：银行存款　　　　　　　　　　　　　　109
　　贷：合同负债　　　　　　　　　　　　100
　　　　应交税费——待转销项税额　　　　　9
借：未确认融资费用　　　　　　　　　　　 10
　　贷：合同负债　　　　　　　　　　　　 10

（2）摊销时：

借：财务费用或者开发成本

贷：未确认融资费用

（3）将来交付房产时：

　　借：合同负债　　　　　　　　　　　　　　　　　　110
　　　　贷：主营业务收入　　　　　　　　　　　　　　　　　110
　　借：应交税费——待转销项税额　　　　　　　　　　　9
　　　　贷：应交税费——应交增值税（销项税额）　　　　　　9

4. 上市公司相关公告

某股份有限公司年报部分内容如下：

与原收入准则相比，执行新收入准则当期对资产负债表和利润表的影响列示如下（见表5-9）：

表5-9

会计政策变更的内容和原因	受影响的报表项目	影响金额增加/（减少）
因执行新收入准则，本集团在确定交易价格时，考虑了合同中存在的重大融资成分，对尚未完成的合同的累计影响进行调整。	财务费用	26 836 440
	合同负债	26 836 440
	所得税费用	(6 709 110)
	递延所得税资产	6 709 110

案例76
证监会监管规则适用指引案例
——国家部门履行审批程序导致的时间间隔确认重大融资成分的问题

中国证监会2020年11月13日发布的《监管规则适用指引——会计类第1号》部分内容如下：

"1-16　重大融资成分的确定

根据收入准则的相关规定，合同中包含重大融资成分的，企业在确定交易价格时，应当剔除合同约定价款中包含的重大融资成分的影响，按照现销价格确认收入。企业向客户转让商品或服务的时间与客户付款的时间间隔不超过一年的，可以不考虑合同中存在的融资成分的影响；超过一年的，如果相关事实和情况表明合同中约定的付款时间并未向客户或企业就转让商品或服务的交易提供重大融资利益，则认为合同中没有包含重大融资成分。

监管实践发现，某些交易中，公司向客户转让商品或服务的时间与收款的时间间隔可能较长，例如，公司从事光伏发电业务，作为发电收入对价组成部分的可再生能源上网电价补贴款收取时间与公司并网发电并确认发电收入的时间间隔可能超过一年；又如，公司从事新能源汽车的生产与销售，作为新能源汽车销售对价组成部分的新能源汽车补贴款的收取时间与公司销售新能源汽车并确认收入的时间间隔可能超过一年等，部分公司对于上述情形是否存在重大融资成分的判断存在分歧。如果相关事实和情况表明，导致该时间间隔的主要原因是国家有关部门需要履行相关的审批程序，且该时间间隔是履行上述程序所需经历的必要时间，其性质并非是提供融资利益，可认为公司取得的前述可再生能源电价补贴款和新能源汽车补贴款等款项不存在重大融资成分。"

解析

1. 国家部门履行必要相关程序导致收款时间间隔，其性质并非是提供融资利益

企业向客户转让商品与客户支付相关款项之间的时间间隔并非是确定合同中是否包含重大融资成分的决定性因素，应用指南给予了三种虽然存在上述时间间隔，但合同没有包含重大融资成分的情形：

"一是客户就商品支付了预付款，且可以自行决定这些商品的转让时间。例如，企业向客户出售其发行的储值卡，客户可随时到该企业持卡购物；再如，企业向客户授予奖励积分，客户可随时到该企业兑换这些积分等。

二是客户承诺支付的对价中有相当大的部分是可变的，该对价金额或付款时间取决于某一未来事项是否发生，且该事项实质上不受客户或企业控制。例如，按照实际销售量收取的特许权使用费。

三是合同承诺的对价金额与现销价格之间的差额是由于向客户或企业提供融资利益以外的其他原因所导致的，且这一差额与产生该差额的原因是相称的。例如，合同约定的支付条款是为了向企业或客户提供保护，以防止另一方未能依照合同充分履行其部分或全部义务。"

本例中，企业转移光伏发电业务和新能源汽车生产和销售业务相关商品控制权的时间和收到政府的补贴时间间隔可能超过一年，该时间间隔并不属于上述应用指南规定的任何情形之一，但如果相关事实和情况表明，导致该时间间隔的主要原因是国家有关部门需要履行相关的审批程序，且该时间间隔是履行上述程序所需经历的必要时间，其性质并非是提供融资利益，可认为公司取得的前述补贴款不存在重大融资成分。

2.合同签订时即未考虑融资成分

本例中,企业与政府在合同中未明确(也未以隐含的方式明确)约定的付款时间为企业就转让商品的交易提供了重大融资利益,在签订合同时并未考虑合同交易价格中的融资成分,即,此时确认的交易价格,反映了相关商品的现销价格,从而不包含融资成分。

从实务中来看,企业在签订此类合同时,一般不能确定实际收到补贴款的确切日期,制定时也不太可能考虑资金时间价值。

3.应用指南相关规定

合同中存在重大融资成分。当企业将商品的控制权转移给客户的时间与客户实际付款的时间不一致时,如企业以赊销的方式销售商品,或者要求客户支付预付款等,如果各方以在合同中明确(或者以隐含的方式)约定的付款时间为客户或企业就转让商品的交易提供了重大融资利益,则合同中即包含了重大融资成分,企业在确定交易价格时,应当对已承诺的对价金额作出调整,以剔除货币时间价值的影响。

5.3 非现金对价

> **案例77**
> 非现金对价的可变对价
> ——因对价形式以外的原因而发生的变动

甲公司为客户生产一台专用设备。双方约定,如果甲公司能够在30天内交货,则可以额外获得100股客户的股票作为奖励。合同开始日,该股票的价格为每股5元;由于缺乏执行类似合同的经验,当日,甲公司估计,该100股股票的公允价值计入交易价格将不满足累计已确认的收入极可能不会发生重大转回的限制条件。合同开始日之后的第25天,企业将该设备交付给客户,从而获得了100股股票,该股票在此时的价格为每股6元。假定企业将该股票作为以公允价值计量且其变动计入当期损益的金融资产核算。

解析

1. 该股票奖励既是非现金对价又是可变对价

甲公司通常应当按照非现金对价在合同开始日的公允价值确定交易价格,非现金对价公允价值不能合理估计的,企业应当参照其承诺向客户转让商品的单独售价间接确定交易价格。由于该股票可否取得存在变数,取决于甲公司能否在30天内交货,因此其同时也属于可变对价,应满足可变对价计入交易价格极可能不会发生重大转回的限制条件。

由于缺乏执行类似合同的经验,甲公司不能保证将股票公允价值计入交易价格满足累计已确认的收入极可能不会发生重大转回的限制条件,因此甲公司未将其纳入合同开始日的交易价格。

2. 股票本身价值的变化不计入交易价格,除此之外的价值变化按照可变对价处理

应用指南规定,"当企业因转让商品而有权向客户收取的对价是非现金形式时,如实物资产、无形资产、股权、客户提供的广告服务等。企业通常应当按照非现金对价在合同开始日的公允价值确定交易价格。非现金对价公允价值不能合理估计的，企业应当参照其承诺向客户转让商品的单独售价间接确定交易价格。

非现金对价的公允价值可能会因对价的形式而发生变动（例如，企业有权向客户收取的对价是股票，股票本身的价格会发生变动），也可能会因为其形式以外的原因而发生变动（例如，企业有权收取非现金对价的公允价值因企业的履约情况而发生变动）。合同开始日后，非现金对价的公允价值因对价形式以外的原因而发生变动的，应当作为可变对价，按照与计入交易价格的可变对价金额的限制条件相关的规定进行处理；合同开始日后，非现金对价的公允价值因对价形式而发生变动的，该变动金额不应计入交易价格"。

本例中，合同约定甲公司是否取得该股票将取决于交付货物时间，此种因企业的履约情况而发生的价值变动即属于"因对价形式以外的原因而发生的变动"的情形，其价值为合同签订时的500元，根据新收入准则规定，甲公司应将股票"因对价形式以外的原因而发生的变动"500元按照可变对价的规则计入交易价格。

交付货物日，股票公允价值增加了100元，该变动属于因股票本身的价格发生的变动，即为"因对价形式原因而发生的变动"，该变动金额不应计入交易价格。

参考《国际财务报告准则第15号——客户合同产生的收入》结论基础：

> BC252　IASB和FASB认为，无论对价金额是以现金还是非现金形式收取，将估计可变对价的限制要求应用于相同类型的可变性是最为恰当的。因此，IASB和FASB决定，在估计非现金对价的公允价值时，如果该估计的可变性与除对价形式之外的原因（即由于非现金对价价格变动之外的原因）引致的公允价值变动相关，则应对该估计的可变性作出限制。例如，如果主体有权获得以非现金对价形式支付的业绩奖金，主体应针对其是否将获得该奖金的不确定性应用限制可变对价估计的要求，因为该不确定性是与对价形式之外的原因（即主体的履约）相关。

3. 甲公司账务处理

（1）甲公司在第25天交货时（假设货款含税价11 300元）：

借：应收账款——乙公司　　　　　　　　　　　　　　11 300
　　贷：主营业务收入　　　　　　　　　　　　　　　　　10 000
　　　　应交税费——应交增值税（销项税额）　　　　　　 1 300
借：主营业务成本
　　贷：库存商品

（2）将股票的非现金对价500元计入交易价格：

借：应收账款——乙公司　　　　　　　　　　　　　　500

　　贷：主营业务收入　　　　　　　　　　430.97（500-69.03）

　　　　应交税费——应交增值税（销项税额）

　　　　　　　　　　　　　　　69.03［600÷（1+13%）×13%］

【提示】1.在签订合同日，由于缺乏执行类似合同的经验，甲公司估计，该100股股票的公允价值计入交易价格将不满足累计已确认的收入极可能不会发生重大转回的限制条件。在合同约定的30日之内交付了货物后，甲公司可以确认获得该股票，因此将该100股股票的公允价值计入交易价格。

2.关于增值税额的说明。

根据新收入准则相关规定，甲公司应将股票价值500元计入收入，但在增值税的概念中，认为甲公司销售货物收取了11 300元的现金对价与公允价值为600元的非现金对价，对于股票部分应按照其公允价值600元计算增值税销售额。

（3）收到股票时：

借：交易性金融资产——成本　　　　　　　　　　　　500

　　贷：应收账款——乙公司　　　　　　　　　　　　500

【提示】金融商品转让不得开具增值税专用发票，此处无进项税。

借：交易性金融资产——公允价值变动　　　　　　　　100

　　贷：公允价值变动损益　　　　　　　　　　　　　100

（4）收到货款时：

借：银行存款　　　　　　　　　　　　　　　　　11 300

　　贷：应收账款——乙公司　　　　　　　　　　　11 300

4.新收入准则相关规定

第十八条　客户支付非现金对价的，企业应当按照非现金对价的公允价值确定交易价格。非现金对价的公允价值不能合理估计的，企业应当参照其承诺向客户转让商品的单独售价间接确定交易价格。非现金对价的公允价值因对价形式以外的原因而发生变动的，应当作为可变对价，按照本准则第十六条规定进行会计处理。

单独售价，是指企业向客户单独销售商品的价格。

案例78
非现金对价在新收入准则与非货币性资产交换准则的差异

甲公司和乙家具制造公司均为增值税一般纳税人，适用的增值税税率均为13%。经协商，甲公司与乙公司于2020年1月30日签订资产交换合同，当日生效。合同约定，甲公司以生产经营过程中使用的一台设备与乙公司生产的一批办公家具进行交换，用于交换的设备和办公家具当日的公允价值均为7.5万元。合同签订日即交换日，甲公司设备的账面价值为7.4万元（其中账面原价为10万元，已计提折旧2.6万元）；乙公司办公家具的账面价值为7万元。甲公司将换入的办公家具作为固定资产使用和管理；乙公司将换入的设备作为固定资产使用和管理。甲公司和乙公司开具的增值税专用发票注明的计税价格均为7.5万元，增值税额9 750元。交易过程中，甲公司以银行存款支付设备清理费用1 500元。

假设甲公司和乙公司此前均未对上述资产计提减值准备。整个交易过程中未发生除增值税以外的其他税费。

解析

1. 甲公司应按照非货币性资产交换准则进行会计处理

本例中，甲公司以自用的设备交换乙公司自产的存货，对于甲公司来讲，未发生以存货换取客户的非货币性资产的情况，因此不适用新收入准则。甲公司在整个交换过程没有涉及收付货币性资产，交换的资产为办公家具和设备，属于非货币性资产交换。

对甲公司来说，换入的办公家具虽然也作为固定资产使用和管理，但其未来现金流量是通过员工的使用来实现，而换出的设备的未来现金流量是通过生产产品并对外销售而产生，二者产生的现金流量在风险、时间和金额方面存在明显差异，因而交换具有商业实质。同时，两项资产的公允价值都能够可靠地计量，符合以公允价值为基础计量的条件。假设没有确凿证据表明换入资产的公允价值更加可靠，按照非货币性资产交换准则的规定，甲公司应以换出资产的公允价值为基础确定换入资产的成本，并确认换出资产产生的损益。

2. 甲公司账务处理

（1）结转固定资产清理：

借：固定资产清理　　　　　　　　　　　　　　　　　　85 250

累计折旧	26 000
贷：固定资产——设备	100 000
银行存款	1 500
应交税费——应交增值税（销项税额）	9 750（75 000×13%）

（2）交换资产确认相关损益：

借：固定资产——办公家具	75 000
应交税费——应交增值税（进项税额）	9 750
资产处置损益	500
贷：固定资产清理	85 250

3. 乙公司按照新收入准则进行会计处理

《企业会计准则第14号——收入》（财会〔2017〕22号文件印发）规定：

"三、企业以存货换取客户的固定资产、无形资产等的，按照本准则的规定进行会计处理；其他非货币性资产交换，按照《企业会计准则第7号——非货币性资产交换》的规定进行会计处理"。

乙公司用生产的一批办公家具交换甲公司的设备，属于《企业会计准则第14号——收入》规定的销售商品取得非现金对价情形，乙公司通常应当按照非现金对价在合同开始日的公允价值确定交易价格，非现金对价公允价值不能合理估计的，企业应当参照其承诺向客户转让商品的单独售价间接确定交易价格。

4. 乙公司账务处理

借：固定资产——设备	75 000
应交税费——应交增值税（进项税额）	9 750
贷：主营业务收入	75 000
应交税费——应交增值税（销项税额）	9 750

同时，乙公司还应将换出存货的成本结转为当期营业成本。

5. 总结非货币性资产交换准则与新收入准则的差异

本例中，从新收入准则的角度来看，乙公司销售生产的办公家具，从客户甲公司处取得的对价为非现金对价，即生产过程中使用的一台设备。按照新收入准则相关规定，客户支付非现金对价的，乙公司应当按照非现金对价（设备）的公允价值确定交易价格。本例中非现金对价（设备）的公允价值为75 000元，因此乙公司应按照75 000元确认交易价格。假设非现金对价的公允价值不能合理估计，则企业应当参照其承诺向客户转让商品的单独售价间接确定交易价格。

而《企业会计准则第7号——非货币性资产交换》的原则为，非货币性资产交换具有商业实质,以公允价值为基础计量时,换入资产和换出资产的公允价值均能够可靠计量的,应当以换出资产的公允价值为基础计量,但有确凿证据表明换入资产的公允价值更加可靠的除外。两者差异总结如下:

①新收入准则:

首选以换入资产公允价值为基础计量,其次选择转让商品的单独售价;

②非货币性资产交换准则:

首选以换出资产公允价值为基础计量,其次选择换入资产公允价值。

6.非货币性资产交换准则相关规定

第六条 非货币性资产交换同时满足下列条件的,应当以公允价值为基础计量:

(一)该项交换具有商业实质;

(二)换入资产或换出资产的公允价值能够可靠地计量。

换入资产和换出资产的公允价值均能够可靠计量的,应当以换出资产的公允价值为基础计量,但有确凿证据表明换入资产的公允价值更加可靠的除外。

案例79
非现金对价
——房地产企业用安置房换取土地

甲房地产公司进行房地产开发业务,住宅建筑面积10万平方米,其中1万平方米用于安置回迁户,平均销售价格1万元/平方米,该项目开发成本5亿元。

解析

1.甲公司用自行开发的房产进行拆迁户的安置,实质上获得了非现金对价

甲公司用自行开发的房产进行拆迁户的安置,其实质为,甲公司因转让商品而有权收取的对价是非现金形式,根据新收入准则相关规定,通常应当按照非现金对价在合同开始日的公允价值确定交易价格。非现金对价公允价值不能合理估计的,应当参照转让商品的单独售价间接确定交易价格。

本例中,甲公司取得的非现金对价公允价值不能合理估计,应按照销售商品房的单独售价确定交易价格。

2.甲公司账务处理(单位:万元)

借:开发成本——拆迁补偿费   10 000(1×10 000)

贷：主营业务收入		10 000
借：开发产品	10 000	
贷：开发成本——拆迁补偿费		10 000
借：主营业务成本——土地征用费及拆迁补偿费	10 000	
贷：开发产品		10 000

案例80
建筑企业取得房地产企业的非现金对价

甲公司是建筑企业，增值税一般纳税人。2020年向乙房地产企业提供建筑服务，总造价1 000万元，其中有300万元工程款尚未收取，后经协商，乙房地产企业用自行开发的房产交付甲公司用于偿还工程款，合同签订日，房产的公允价值为250万元（不含税）。

解析

1. 甲公司收到的房产应按照债务重组准则处理

甲公司已经按照新收入准则相关规定，评估该建筑服务为一项在某一段时间内履行的履约义务，并按照履约进度分期确认收入，总额为1 000万元。

准则应用指南规定："当企业因转让商品而有权向客户收取的对价是非现金形式时，如实物资产、无形资产、股权、客户提供的广告服务等。企业通常应当按照非现金对价**在合同开始日的公允价值**确定交易价格"。

新收入准则对于非现金对价的规定是按照合同开始日的公允价值确定交易价格，在合同履行后用非现金对价代替原支付形式的，不属于准则中对于非现金对价的规范范围，应该按照债务重组准则的相关规定进行处理。

2. 甲公司账务处理（单位：万元）

借：固定资产——房产	250	
应交税费——应交增值税（进项税额）	22.5	
投资收益	27.5	
贷：应收账款——乙公司		300

> **【提示】** 根据债务重组准则，债权人初始受让非金融资产入账价值，以固定资产偿债的，按照债权人放弃债权的公允价值和使该固定资产达到预定可使用状态前发生的所有可直接归属的税费作为固定资产的初始入账金额。
>
> 本例中，甲公司放弃债权的公允价值与偿债固定资产的公允价值相同。

3.债务重组准则应用指南相关规定

债权人初始确认受让的金融资产以外的资产时，应当按照下列原则以成本计量：

（1）存货的成本，包括放弃债权的公允价值，以及使该资产达到当前位置和状态所发生的可直接归属于该资产的税金、运输费、装卸费、保险费等其他成本。

（2）对联营企业或合营企业投资的成本，包括放弃债权的公允价值，以及可直接归属于该资产的税金等其他成本。

（3）投资性房地产的成本，包括放弃债权的公允价值，以及可直接归属于该资产的税金等其他成本。

（4）固定资产的成本，包括放弃债权的公允价值，以及使该资产达到预定可使用状态前所发生的可直接归属于该资产的税金、运输费、装卸费、安装费、专业人员服务费等其他成本。确定固定资产成本时，应当考虑预计弃置费用因素。

（5）生物资产的成本，包括放弃债权的公允价值，以及可直接归属于该资产的税金、运输费、保险费等其他成本。

（6）无形资产的成本，包括放弃债权的公允价值，以及可直接归属于使该资产达到预定用途所发生的税金等其他成本。放弃债权的公允价值与账面价值之间的差额，记入"投资收益"科目。

案例81
建筑企业与房地产企业三方抵债

甲公司是房地产企业，增值税一般纳税人。乙公司是建筑企业，增值税一般纳税人，为甲公司提供建筑服务，工程完工时尚有1 000万元工程款未结清。乙公司是总包，与分包丙公司尚有 1 200 万元工程款未结清。甲公司由于资金问题，拟以自行开发的房产一套作价 1 000 万元交付乙公司，结清工程款。

以上价款均为不含税金额，上述企业均选择一般计税方法计征增值税。

解析

1. 甲公司账务处理

（1）销售房产给丙公司，并开具发票（单位：万元，下同）：

借：应收账款——丙公司　　　　　　　　　　　　　1 090
　　贷：主营业务收入　　　　　　　　　　　　　　　1 000
　　　　应交税费——应交增值税（销项税额）　　　　　90

（2）签订三方抵债协议，三方互相抵偿债权债务：

借：应付账款——乙公司　　　　　　　　　　　　　1 090
　　贷：应收账款——丙公司　　　　　　　　　　　　1 090

（3）取得乙公司开具的增值税专用发票：

借：应交税费——应交增值税（进项税额）　　　　　　90
　　贷：其他应收款——待转税额　　　　　　　　　　　90

> 【提示】由于甲公司尚未向乙公司支付工程款，乙公司并没有向其开具工程款发票，当时甲公司的账务处理为：
>
> 借：开发成本等　　　　　　　　　　　　　　　　1 000
> 　　其他应收款——待转税额　　　　　　　　　　　　90
> 　　贷：应付账款——乙公司　　　　　　　　　　　1 090
>
> 待甲公司取得该工程款发票时，将原记入"其他应收款——待转税额"科目的税额转入"应交税费——应交增值税（进项税额）"科目。
>
> 抵账后，甲公司之前的"应付账款——乙公司"科目余额 1 090 万元变为 0，该欠款处理完毕。

2. 乙公司账务处理

签订三方抵债协议，三方互相抵偿债权债务：

借：应付账款——丙公司　　　　　　　　　　　　　1 090
　　贷：应收账款——甲公司　　　　　　　　　　　　1 090

> **【提示】** 如乙公司之前达到增值税纳税义务发生时间，没有收到工程款项未开具发票，但进行了"未开具发票收入"申报，此时开具了发票，在增值税申报表中又申报了开票的销项税额，为避免重复纳税，应在增值税申报表中进行相应的处理，例如冲减申报当期的未开票收入销售额与销项税额等。
>
> 乙公司之前的"应付账款——丙公司"科目余额1 308万元 [1 200×（1+9%）]，经抵债后，尚有218万元（1 308-1 090），乙公司与丙公司继续进行往来账务的处理。
>
> 乙公司之前的"应收账款——甲公司"科目余额1 090万元，经抵债后变为0，该往来账目处理完毕。

3. 丙公司账务处理

（1）丙公司取得房产，并取得甲公司开具的增值税专用发票：

借：固定资产等　　　　　　　　　　　　　　　　1 000
　　应交税费——应交增值税（进项税额）　　　　　　 90
　贷：应付账款——甲公司　　　　　　　　　　　　1 090

（2）签订三方抵债协议，三方互相抵偿债权债务：

借：应付账款——甲公司　　　　　　　　　　　　1 090
　贷：应收账款——乙公司　　　　　　　　　　　　1 090

原"应收账款——乙公司"科目余额为1 308万元 [1 200×（1+9%）]，经抵债后，尚有218万元（1 308-1 090）。丙公司与乙公司继续进行往来账务的处理。

案例82
没有商业实质的非货币性资产交换税会差异

甲公司用自产的A商品换取乙公司类似规格型号的B商品。

A商品的成本为70万元，甲公司最近时期销售A商品的平均价格为100万元。

B商品的成本为60万元，乙公司最近时期销售B商品的平均价格为100万元。

以上均为不含税金额，甲乙公司均为增值税一般纳税人。

解析

1. 该非货币性资产交换不具有商业实质

甲乙公司均以存货交换获取非现金对价,因此应按照新收入准则相关规定进行处理。

新收入准则中关于识别合同同时满足的五个条件之一为,"该合同具有商业实质,即履行该合同将改变企业未来现金流量的风险、时间分布或金额",现就该合同的商业实质分析如下:

甲公司与乙公司用于交换的商品,在规格、用途、价格等方面均类似,流动性基本一致,两者产生现金流量的时间相差不大,未来现金流量的金额也没有显著不同。

同时,甲公司与乙公司的客户与市场基本类似,通过销售商品获得经济利益流入的风险相差不大,两者现金流量流入的风险或不确定性程度不存在明显差异。

综上,履行该合同将不会显著改变企业未来现金流量的风险、时间分布或金额,因而该交换不具有商业实质,不能就该合同确认相关收入。

2. 甲公司账务处理(单位:万元)

借:库存商品——B　　　　　　　　　　　　　　　　　70
　　应交税费——应交增值税(进项税额)　　13(100×13%)
　贷:库存商品——A　　　　　　　　　　　　　　　　　70
　　　应交税费——应交增值税(销项税额)　　13(100×13%)

3. 税会差异

对于以货换货的业务,会计上对收入确认要求具有商业实质,但是税法上并没有此类要求,只要发生了非货币性资产交换,不管是否具有商业实质及其他会计上的收入确认条件,就应当视同销售货物(国务院财政、税务主管部门另有规定的除外),在企业所得税申报时,纳税调整相关收入与销售成本。

甲公司企业所得税纳税调整如下:

对于换出的库存商品A,在A105000《纳税调整项目明细表》第2行视同销售收入(填写A105010)"调增金额"填写100万元,第13行视同销售成本(填写A105010)"调减金额"填写70万元。

对于换入的库存商品B,甲公司将来销售库存商品B时,可以按照100万元的计税基础进行纳税调整。

4. 应用指南相关规定

企业与客户之间的合同同时满足下列五项条件的,企业应当在履行了合同中的履约义务,即在客户取得相关商品控制权时确认收入:一是合同各方已批准该合同并承诺将履行各自义务;二是该合同明确了合同各方与所转让商品相关的权利和义务;三是该合同有明确的与所转让商品相关的支付条款;**四是该合同具有商业实质,即履行该合同将改变企业未来现金流量的风险、时间分布或金额**;五是企业因向客户转让商品而有权取得的对价很可能收回。企业在进行上述判断时,需要注意下列三点:

……

②合同具有商业实质,是指履行该合同将改变企业未来现金流量的风险、时间分布或金额。关于商业实质,应按照《企业会计准则第7号——非货币性资产交换》的有关规定进行判断。

5.税法相关规定

(1)《企业所得税法实施条例》:

第二十五条　企业发生**非货币性资产交换**,以及将货物、财产、劳务用于捐赠、偿债、赞助、集资、广告、样品、职工福利或者利润分配等用途的,应当视同销售货物、转让财产或者提供劳务,但国务院财政、税务主管部门另有规定的除外。

(2)《国家税务总局关于企业处置资产所得税处理问题的通知》(国税函〔2008〕828号):

二、企业将资产移送他人的下列情形,因资产所有权属已发生改变而不属于内部处置资产,应按规定视同销售确定收入。

(一)用于市场推广或销售;

(二)用于交际应酬;

(三)用于职工奖励或福利;

(四)用于股息分配;

(五)用于对外捐赠;

(六)其他改变资产所有权属的用途。

(3)《国家税务总局关于企业所得税有关问题的公告》(国家税务总局公告2016年第80号):

二、企业移送资产所得税处理问题

企业发生《国家税务总局关于企业处置资产所得税处理问题的通知》(国税函〔2008〕828号)第二条规定情形的,除另有规定外,应按照被移送资产的公允价值确定销售收入。

案例83
以存货进行债务重组与收入的关系

1. 情形1

甲公司向乙公司赊购一批材料,含税价为1 130万元,甲公司因发生财务困难,无法按合同约定偿还债务,双方协商进行债务重组。乙公司同意甲公司用其自产产品抵偿欠款,甲公司用于抵债的商品市价(不含增值税)为900万元,账面成本700万元,未计提存货跌价准备。

甲公司账务处理(单位:万元,下同):

    借:应付账款——乙公司   1 130
      贷:库存商品   700
        应交税费——应交增值税(销项税额)   117(900×13%)
        其他收益——债务重组收益   313

【提示】1.关于以存货进行债务重组在新旧债务重组准则中不同处理的说明:

按照老的债务重组准则,甲公司用存货偿还乙公司债务,应确认销售存货的收入与成本,而按照新债务重组准则,不再确认销售存货的收入与成本,本例计入"其他收益——债务重组收益"。

2.关于不再区分债务重组损益和资产处置损益的说明:

按照老的债务重组准则,甲公司应当区分债务重组损益和资产处置损益,其中,重组债务的账面价值与转让的非现金资产公允价值之间的差额作为债务重组损益,转让的非现金资产公允价值与其账面价值之的差额作为资产处置损益。而按照新债务重组准则,不再要求区分债务重组损益和资产处置损益,而是合并作为债务重组相关损益反映。

2. 情形2

甲公司向乙公司赊购一批材料,含税价为1 130万元,甲公司因发生财务困难,无法按合同约定偿还债务,双方协商进行债务重组。乙公司同意甲公司用其债权抵偿欠款,该债权是甲公司向乙公司销售自产产品形成,产品成本700万元,收入900万元,含税应收债权1 017万元。

甲公司账务处理:

```
借:应收账款——乙公司                    1 017
    贷:主营业务收入                              900
        应交税费——应交增值税(销项税额)    117(900×13%)
借:主营业务成本                         700
    贷:库存商品                                  700
```

用债权抵偿欠款:
```
借:应付账款——乙公司                    1 130
    贷:应收账款——乙公司                       1 017
        投资收益                                  113
```

3. 分析

比较两种情形的损益相关结果:

情形1:"其他收益——债务重组收益"313万元;

影响损益结果:313万元。

情形2:主营业务收入900万元,主营业务成本700万元,投资收益113万元;

影响损益结果:313万元。

虽然两者最终影响会计利润总额一致,但是情形2凸显了900万元的收入。

4. 相关规定

《企业会计准则第12号——债务重组》应用指南附录二《企业会计准则第12号——债务重组》修订说明:

> 七、关于债务重组相关损益
>
> 按照原准则,债务人应当区分债务重组损益和资产处置损益,其中,重组债务的账面价值与转让的非现金资产公允价值之间的差额作为债务重组损益,转让的非现金资产公允价值与其账面价值之的差额作为资产处置损益。按照该规定,债务人需要确定非现金资产的公允价值,实务中有些偿债资产的公允价值极难获得且需要花费较大成本,对债务重组损益和资产处置损益作出区分后均反映在相关损益中,报表使用者从该信息中获得的收益极为有限。因此,本准则不要求区分债务重组损益和资产处置损益而是合并作为债务重组相关损益反映。
>
> 八、关于多项资产清偿债务的处置损益
>
> 按照原准则,对于以多项资产清偿债务的情况债务人应当区分不同资产类型,将损益总额分配至不同资产的处置损益中分别确认,具体表现为固定资产的处置损益、长期股权投资的投资收益、存货的主营业务收入和主营业务成本、无形资产的其他业务收入和其他业务成本等。按照该规定企业需要分别确定转让的

非现金资产公允价值。实务中企业确定上述公允价值有时存在较大难度，因此往往采用简便做法，将处置损益总额合并反映。鉴于以多项资产清偿债务方式进行的债务重组一般属于不经常发生的交易，本准则不要求区分不同资产类型确认处置损益，而是将相关损益合并反映。

5.4 应付客户对价

案例84
"应付客户对价"中的客户范围

甲公司是一家酒店，增值税一般纳税人，乙旅行社介绍旅客在甲公司住宿消费，甲公司按照合同约定向乙旅行社支付一定比例的佣金。

对甲公司来讲，该佣金是否需要按照应付客户对价进行会计处理？

解析

1. 乙旅行社不是甲公司的客户或者"客户的客户"

根据新收入准则相关规定，甲公司（酒店）向客户或第三方支付对价的，应当将该应付对价冲减交易价格，但应付客户对价是为了自客户取得其他可明确区分商品的除外。本例中，关键点在于确认乙旅行社是否为甲酒店的客户或者第三方。

首先，在该佣金业务中，乙旅行社不是甲酒店的客户，反之，乙旅行社履行了合同中的履约义务，向甲酒店提供了服务，甲酒店向乙旅行社支付对价，甲酒店是乙旅行社的客户。

其次，判断乙旅行社是否为甲酒店的"客户的客户"。

这里的第三方通常指向企业的客户购买本企业商品的一方，即处于企业分销链上的"客户的客户"，例如，企业将其生产的产品销售给经销商，经销商再将这些产品销售给最终用户，最终用户即是第三方。有时，企业需要向其支付款项的第三方是本企业客户的客户，但处于企业分销链之外，如果企业认为该第三方也是本企业的客户，或者根据企业与其客户的合同约定，企业有义务向该第三方支付款项，则企业向该第三方支付的款项也应被视为应付客户对价进行会计处理。应付客户对价中包含可变金额的，企业应当根据准则有关可变对价的相关规定对其进行估计。

本例中，旅客是酒店的客户，旅行社不是旅客的客户，因此，旅行社不是酒店的客户的客户。

结论：乙旅行社既不是甲公司的客户，也不是第三方（客户的客户），因此，甲酒店向旅行社支付的佣金不应被视为应付客户对价，而应按照向其购买了一项可明确区分的服务进行会计处理。

2.甲公司账务处理

（1）甲公司向乙旅行社支付佣金时（单位：万元，下同）：

借：销售费用——销售佣金
　　应交税费——应交增值税（进项税额）
　贷：银行存款

【提示】1.关于此处将销售佣金计入销售费用的说明：

销售佣金摊销期限不超过一年，可以选择简化处理。

甲公司为取得合同向旅行社支付的佣金属于增量成本，所谓增量成本，即企业不取得合同就不会发生的成本，应当作为合同取得成本确认为一项资产。但为简化实务操作，该资产摊销期限不超过一年的，可以在发生时计入当期损益。企业采用该简化处理方法的，应当对所有类似合同一致采用。

甲公司确认相关收入与支付该增量成本的时间间隔较近，不超过一年，该资产摊销期限也不会超过一年，因此选择简化处理，在发生时计入当期损益。

详见本书关于合同取得成本的相关案例。

2.关于佣金限额税前扣除的说明：

《财政部 国家税务总局关于企业手续费及佣金支出税前扣除政策的通知》（财税〔2009〕29号）规定：

"一、企业发生与生产经营有关的手续费及佣金支出，不超过以下规定计算限额以内的部分，准予扣除；超过部分，不得扣除。

……

2.其他企业：按与具有合法经营资格中介服务机构或个人（不含交易双方及其雇员、代理人和代表人等）所签订服务协议或合同确认的收入金额的5%计算限额"。

根据上述规定，佣金手续费按照服务协议或合同确认的收入金额的5%计算限额，甲公司向乙旅行社支付的佣金手续费超过该限额的部分，不得税前扣除。

（2）甲公司确认收入时：

借：应收账款
　　贷：主营业务收入
　　　　应交税费——应交增值税（销项税额）

3. 应用指南相关规定

应付客户对价。企业在向客户转让商品的同时，需要向客户或第三方支付对价的，应当将该应付对价冲减交易价格，但应付客户对价是为了自客户取得其他可明确区分商品的除外。这里的应付客户对价还包括可以抵减应付企业金额的相关项目金额，如优惠券、兑换券等。这里的第三方通常指向企业的客户购买本企业商品的一方，即处于企业分销链上的"客户的客户"，例如，企业将其生产的产品销售给经销商，经销商再将这些产品销售给最终用户，最终用户即是第三方。有时，企业需要向其支付款项的第三方是本企业客户的客户，但处于企业分销链之外，如果企业认为该第三方也是本企业的客户，或者根据企业与其客户的合同约定，企业有义务向该第三方支付款项，则企业向该第三方支付的款项也应被视为应付客户对价进行会计处理。应付客户对价中包含可变金额的，企业应当根据本准则有关可变对价的相关规定对其进行估计。

企业应付客户对价是为了自客户取得其他可明确区分商品的，应当采用与企业其他采购相一致的方式确认所购买的商品。企业应付客户对价超过自客户取得的可明确区分商品公允价值的，超过金额应当作为应付客户对价冲减交易价格。自客户取得的可明确区分商品公允价值不能合理估计的，企业应当将应付客户对价全额冲减交易价格。

在对应付客户对价冲减交易价格进行会计处理时，企业应当在确认相关收入与支付（或承诺支付）客户对价二者孰晚的时点冲减当期收入。

案例85

电商平台给予的优惠券

——应付客户对价中"非分销链客户"的判断

商家通过某平台销售商品，商品的定价、发货以及售后服务等均由商家负责。商品款项由平台收取，平台在扣除5%的服务费后再将余额转付给商家。

平台为了推广平台的使用，向消费者提供优惠券。如消费者购买了100元商品，使用优惠券只需要向平台支付98元，但平台仍然需要按照全额商品价款100元扣除手续费5元后支付商家95元。

平台提供的优惠券应当冲减收入还是作为销售费用核算？

解析

1. 消费者是否为平台的客户

平台向商家提供服务并收取服务费，因此商家是平台的客户。虽然平台也向消费者提供使用平台的服务，但消费者并不向平台支付对价，因而消费者不是平台的客户。

准则相关规定：

《企业会计准则第14号——收入》（财会〔2017〕22号文件印发）第三条规定，"本准则所称客户，是指与企业订立合同以向该企业购买其日常活动产出的商品或服务（以下简称'商品'）并支付对价的一方"。

另外，虽然消费者向平台支付款项，但该款项实质为平台代收代付款项，不是平台的交易价格和收入，应作为负债处理。因此消费者并没有向平台支付对价，消费者不是平台的客户。

准则相关规定：

《企业会计准则第14号——收入》第十四条规定，"企业应当按照分摊至各单项履约义务的交易价格计量收入。

交易价格，是指企业因向客户转让商品而预期有权收取的对价金额。**企业代第三方收取的款项以及企业预期将退还给客户的款项，应当作为负债进行会计处理，不计入交易价格**"。

2. 消费者是否为平台"客户的客户"

根据新收入准则及其应用指南相关规定，新收入准则中的应付客户对价的"客户"范围包括三种情形：

第一种，直接客户，根据上述分析，消费者不是甲公司的客户；

第二种，分销链上的"客户的客户"，即企业销售商品给分销商，分销商再销售给客户。本例中，消费者不是甲公司分销链上的"客户的客户"；

第三种，非分销链上的"客户的客户"。

下面对第三种情形展开阐述分析：

应用指南对"客户的客户"的描述如下：

"企业需要向其支付款项的第三方是本企业客户的客户，但处于企业分销链之外，如果企业认为该第三方也是本企业的客户，或者根据企业与其客户的合同约定，企业有义务向该第三方支付款项，则企业向该第三方支付的款项也应被视为应付客户对价进行会计处理。应付客户对价中包含可变金额的，企业应当根据本准则有关可变对价的相关规定对其进行估计"。

根据上述规定，非分销链上的客户的客户，具备两个条件之一即属于准则所述的应付客户对价中的第三方，则企业向该第三方支付的款项也应被视为应付客户对价进行会计处理：

（1）企业认为该第三方也是本企业的客户；或者
（2）根据企业与其客户的合同约定，企业有义务向该第三方支付款项。

本例中，商家是平台的客户（平台向商家提供平台服务并收取服务费），消费者是商家的客户（商家向消费者销售商品），因此，消费者是平台非分销链上的客户的客户。

根据上述两个条件来判断非分销链上的客户关系是否按照应付客户对价进行处理：

（1）平台认为，第三方（消费者）不是自己的客户，因为消费者不是与平台订立合同以向平台购买其日常活动产出的商品并支付对价的一方，因此第（1）款并不符合。

（2）平台有义务向该第三方即消费者支付款项（提供优惠券），并不是平台与客户（商家）的合同约定的，而是平台为了推广自己的平台业务，自行支付给消费者的费用，因此第（2）款也不符合。

根据上述分析，平台认为消费者既不是自己的客户，又未根据其与客户（商家）的合同约定向其支付该费用，因此在此交易中，向消费者支付的费用不应按照应付客户对价进行会计处理。

笔者认为，企业如果应付某主体对价，而该主体可能是企业某客户的客户（非分销链上），此时如随便应用应付客户对价进行会计处理，则很可能产生不符合真实会计信息的结果，因此应用指南特意强调，**企业认为该第三方也是本企业的客户**，或者**根据企业与其客户的合同约定**，企业有义务向该第三方支付款项，此种应付客户的客户对价，才能按照应付客户对价进行会计处理。

3. 平台账务处理

假设商品售价含税价100万元，平台提供优惠券2万元，收取商家5%手续费（单位：万元）。

（1）收取款项时：

借：银行存款等　　　　　　　　　　　　　　　　　　98
　　销售费用——优惠券　　　　　　　　　　　　　　2
　贷：其他应付款——电商企业　　　　　　　　　　　100

> 【提示】1.关于此处"销售费用"账务处理的说明：
>
> 根据上述分析，平台向消费者提供的优惠券，不按照应付客户对价进行账务处理，而应计入相关费用。
>
> 2.关于此处"销售费用"税前扣除的说明：
>
> 平台提供给消费者优惠券，消费者并未向平台销售任何货物、服务等增值税应税行为。《企业所得税税前扣除凭证管理办法》（国家税务总局公告2018年第28号发布）第十条规定，"企业在境内发生的支出项目不属于应税项目的，对方为单位的，以对方开具的发票以外的其他外部凭证作为税前扣除凭证；对方为个人的，以内部凭证作为税前扣除凭证。
>
> 企业在境内发生的支出项目虽不属于应税项目，但按税务总局规定可以开具发票的，可以发票作为税前扣除凭证"。
>
> 由于平台发生的促销支出不属于应税项目，因此不需要对方开具发票作为税前扣除凭证，如对方为单位，则需要发票以外的其他外部凭证（比如收据等）；如果对方为个人，以内部凭证作为税前扣除凭证。

（2）支付商家款项时：

借：其他应付款——电商企业　　　　　　　　　　　100
　贷：银行存款等　　　　　　　　　　　　　　　　　95
　　　主营业务收入　　　　　　4.72［100×5%÷（1+6%）］
　　　应交税费——应交增值税（销项税额）
　　　　　　　　　　　　　0.28［100×5%÷（1+6%）×6%］

> 【提示】关于此处甲公司确认收入的说明：
>
> 由于甲公司在商品出售之前没有取得商品的控制权，因此甲公司在该业务中为代理人，应差额确认收入。主要责任人与代理人身份的判断在本书后续案例中详细介绍。

> **案例86**
> **推广公司支付给平台的服务费**
> ——应付客户对价中客户的判断

甲推广公司在乙平台上进行丙电商A商品的推广计划。

推广公司将获得A商品售价10%比例的佣金,平台将获得推广公司佣金的10%的软件服务费。电商负责商品的定价、运送及售后等,电商是主要责任人。

其资金流为:平台收取消费者通过平台支付的100元,向电商支付90元,向推广公司支付9元,剩余1元作为平台的收入。

推广公司被平台扣除的软件服务费,应计入相关费用还是冲减收入?

解析

1.推广公司与平台之间的客户关系判断

《企业会计准则第14号——收入》(财会〔2017〕22号文件印发)规定:"本准则所称客户,是指与企业订立合同以向该企业购买其日常活动产出的商品或服务(以下简称'商品')并支付对价的一方"。

本例中,负担推广公司服务费用的是商家,商家是推广公司的客户,而平台不是推广公司的客户。有观点认为推广公司在平台上进行商品推广,为平台带来了流量,因此认为平台也是推广公司的客户,笔者认为,如果照此类推,使用平台的相关方都可能为平台带来流量,那么可能会得出平台是所有使用平台的相关方的客户的结论,这有些牵强。与之相反,推广公司是平台的客户,因为平台收取推广公司的软件服务费。

对于电商和平台的关系,一般来说,电商是平台的客户,平台不是电商的客户,因此平台不是推广公司客户的客户。

综上,平台不是推广公司的客户,也不是推广公司客户的客户,因此推广公司向平台支付的"软件服务费"不能按照应付客户对价进行处理。

2.推广公司账务处理

(1)推广公司确认收入(A商品销售额106万元,推广公司佣金比例10%)(单位:万元,下同):

借:应收账款 10.6(106×10%)
 贷:主营业务收入 10〔106×10%÷(1+6%)〕
   应交税费——应交增值税(销项税额) 0.6

（2）收到平台扣除服务费后的款项，并取得其开具的"软件服务费"增值税专用发票：

借：银行存款　　　　　　　　　　　　　　9.54（10.6×90%）
　　销售费用等　　　　　　　　　　　　　1［10.6×10%÷（1+6%）］
　　应交税费——应交增值税（进项税额）
　　　　　　　　　　　　　　　　　　　0.06［10.6×10%÷（1+6%）×6%］
　　贷：应收账款　　　　　　　　　　　　　　　　　　　　　　10.6

案例87

汽车生产商向经销商提供的补贴是否构成应付客户对价

甲公司是汽车生产商，增值税一般纳税人，为扶持经销商，向其提供补贴如下：

（1）形象店建设补贴。

甲公司要求经销商按照统一要求装修，统一风格和展厅布置，装修完成经甲公司验收合格后，甲公司向其支付一定金额的形象店建设补贴。

（2）经销商培训补贴。

经销商有义务定期参加甲公司组织的培训和认证，经测评合格后甲公司根据评分级次给予一定的补贴。

甲公司支付给经销商的形象店建设补贴与经销商培训补贴是计入费用还是冲减收入？

解析

1. 甲公司向经销商提供的补贴属于应付客户对价

甲公司向经销商销售汽车，经销商是甲公司的客户，因此甲公司支付的上述补贴应按照应付客户对价处理，原则上应当将该应付对价冲减销售给经销商商品的交易价格，但应付客户对价是为了自经销商取得其他可明确区分商品的除外。

2. 该应付对价不是为了向经销商取得可明确区分商品

甲公司向经销商支付的形象店建设补贴与经销商培训补贴，不是甲公司因经销商向其销售商品或者提供服务而支付的对价，只是甲公司为了扶持经销商进行的补贴，虽然甲公司对上述两种补贴均具有控制权，但是其实质并不是从经销商处购买商品或者服务，即该应付客户对价不是为了自经销商取得其他可明确区分商品。

因此，应当将该应付对价冲减向经销商销售商品的交易价格。

3. 甲公司账务处理

（1）向经销商销售汽车时（单位：万元，下同）：

借：应收账款
　　贷：主营业务收入
　　　　应交税费——应交增值税（销项税额）

（2）确认应支付的补贴（假设计算的补贴为10万元）：

贷：主营业务收入　　　　　　　　　　　　　　　　　　　　　　　　　−10
　　其他应付款　　　　　　　　　　　　　　　　　　　　　　　　　　 10

（3）核销补贴时：

借：其他应付款　　　　　　　　　　　　　　　　　　　　　　　　　　 10
　　贷：应收账款　　　　　　　　　　　　　　　　　　　　　　　　　 10

> **【提示】** 关于甲公司税务处理的说明：
>
> 经销商未向甲公司提供任何服务，经销商不能向甲公司开具相关的发票。如果装修公司将装修费发票开给甲公司，甲公司是否可凭此票据在企业所得税前扣除？
>
> 由于甲公司负担的是经销商的费用，不符合《企业所得税法》第八条规定的企业实际发生的与取得收入有关的支出准予在计算应纳税所得额时扣除的税前扣除原则，因此甲公司不能以此装修费发票税前扣除。
>
> 实务操作中，有的公司要求经销商就补贴开具发票，并不符合税法相关要求。
>
> 此时，在各方面条件允许的情况下，可以考虑将该补贴按照销售折扣的方式进行处理，甲公司用承担装修费的方式抵减了应收经销商的款项，笔者认为甲公司可以向经销商开具红字专用发票，此时还应进行冲减销项税额的账务处理。

案例88

上市公司负担经销商入场费等是否构成费用

某股份有限公司招股说明书的部分内容如下：

公司对于经销商下辖的重点地方商场、超市，尽管在公司直营范围之外，但仍属于重要的终端零售点，且经销商进入该类渠道的营销费用较高，难以单独承担该部分费用,故公司承担经销商进驻该等商场、超市的相关营销费用,主要包括入场费、陈列费、终端广宣制作及发布费等。

公司营销费用分担会计处理:

(1)经销商根据营销费用分担政策向公司提出费用申请并实施相关营销活动,公司在当月以应向经销商给予费用的金额进行全额计提:

借:销售费用
　　贷:其他应付款

(2)经销商提供相关营销活动的单据进行核销时:

借:销售费用
　　贷:应收账款

同时,冲回原计提的费用分担金额:

借:其他应付款
　　贷:销售费用

公司严格按照《企业会计准则》的要求对折扣和营销费用分担机制进行会计处理,并制定了相应的内部控制制度,从费用和折扣额度申请、报销和核销等环节进行把控。同时,公司在期末均会按照权责发生制的要求对折扣和营销费用分担进行计提,并根据收到的相关单据予以核销,不存在跨期的情况。

解析

1. 公司负担的经销商营销费用应按照应付客户对价冲减交易价格处理

公司以少收经销商销售款项的形式,负担了经销商进驻商场、超市的相关营销费用,根据新收入准则对于应付客户对价的相关规定,"企业在向客户转让商品的同时,需要向客户或第三方支付对价的,应当将该应付对价冲减交易价格,但应付客户对价是为了自客户取得其他可明确区分商品的除外",该营销费用应作为应付客户对价,冲减与经销商的交易对价或者作为取得其他可明确区分的商品进行处理。公司虽然负担了经销商的营销费用,但是并没有取得可明确区分的商品(公司并未购买该服务),因此,应当将该应付对价冲减交易价格。

2. 应付对价冲减交易价格的账务处理

(1)经销商根据营销费用分担政策向公司提出费用申请并实施相关营销活动,公司在当月以应向经销商给予费用的金额进行账务处理:

贷:主营业务收入(负数)
贷:其他应付款

【提示】公司应当在确认相关收入与支付（或承诺支付）该营销费用二者孰晚的时点冲减当期收入。

应用指南相关规定：

在对应付客户对价冲减交易价格进行会计处理时，企业应当在确认相关收入与支付（或承诺支付）客户对价二者孰晚的时点冲减当期收入。

（2）经销商提供相关营销活动的单据进行核销时：

借：其他应付款

贷：应收账款

3.公司税务处理

公司税务处理同上一案例，此处略。

案例89
供应商如何判断"自客户取得其他可明确区分商品"

甲公司是家用电器生产销售企业，入驻乙大型商场。2020年8月，甲公司向乙商场转移商品控制权并结算商品不含税价款1 000万元，向其开具增值税专用发票。同时，甲公司9月份向乙商场支付入场费、陈列费等106万元（含税价）。该款项旨在就商场需更改货架以使其适合放置甲公司的产品向商场做出补偿。

解析

1.甲公司向乙商场支付的款项属于应付客户对价

乙商场是甲公司的客户，甲公司向乙商场支付的上述款项属于应付客户对价。

2.该支付对价未构成"自客户取得其他可明确区分商品"

企业在向客户转让商品的同时，需要向客户或第三方支付对价的，应当将该应付对价冲减交易价格，但应付客户对价是为了自客户取得其他可明确区分商品的除外。

关于如何判断该支付对价是否构成"自客户取得其他可明确区分商品"，新收入准则及其应用指南没有给予明确的标准。根据"可明确区分商品"的相关定义，可以得出其基本的判断标准：甲公司是否取得了该商品的控制权，即甲公司是否取得了对其商品铺货的相关权利的控制权。如果取得了控制权，则认为甲公司自客户取得其他可明确区分商品,应和其他采购业务一样处理,否则,应冲减交易价格和收入。

甲公司一般情况下并不能取得该控制权,因此,该应付客户对价并不能构成"自客户取得其他可明确区分商品",应冲减相关交易价格。

参考《国际财务报告准则第15号——客户合同产生的收入》示例32:

> IE161 主体考虑了《国际财务报告准则第15号》第70段至第72段的要求,并得出结论认为,向客户支付的该笔款项并非旨在取得客户向主体转让的可明确区分的商品或服务。这是因为**主体并未取得对客户货架任何相关权利的控制**。因此,主体确定,根据《国际财务报告准则第15号》第70段,该CU1500000的付款额为交易价格的抵减。

3. 甲公司账务处理

(1) 8月份转移货物控制权(单位:万元,下同):

借:应收账款——乙商场　　　　　　　　　　　　　　1 130
　　贷:主营业务收入　　　　　　　　　　　　　　　　　1 000
　　　　应交税费——应交增值税(销项税额)　　　　　　 130

(2) 9月份支付费用时(乙商场开具6%增值税专用发票):

借:应交税费——应交增值税(进项税额)　　　　　　　 6
　　贷:应收账款——乙商场　　　　　　　　　　　　　　 106
　　　　主营业务收入　　　　　　　　　　　　　　　　　-100

> 【提示】关于开具6%增值税专用发票的说明:
>
> 虽然甲公司在账务上冲减了销售收入,但是在增值税相关政策中,乙商场向甲公司收取的该部分款项,与商品销售量、销售额无必然联系,且乙商场向甲公司提供了铺货的服务,乙商场收取该费用时,应向甲公司开具服务增值税专用发票。
>
> 如果该费用与商品销售量、销售额挂钩,且是按照销售量、销售额一定比例计算的,则甲公司应向乙商场开具红字专用发票。

税务相关规定如下:

《国家税务总局关于商业企业向货物供应方收取的部分费用征收流转税问题的通知》(国税发〔2004〕136号):

一、商业企业向供货方收取的部分收入,按照以下原则征收增值税或营业税:

(一)对商业企业向供货方收取的与商品销售量、销售额无必然联系,且商业企业向供货方提供一定劳务的收入,例如进场费、广告促销费、上架费、展示费、管理费等,不属于平销返利,不冲减当期增值税进项税金,应按营业税的适用税目税率征收营业税。

(二)对商业企业向供货方收取的与商品销售量、销售额挂钩(如以一定比例、金额、数量计算)的各种返还收入,均应按照平销返利行为的有关规定冲减当期增值税进项税金,不征收营业税。

> 【提示】该文件在全面营改增之前发布,当时对于文件中第(一)款情形,需缴纳营业税,营改增后,根据文件精神,应征收增值税。
>
> 此处的税会差异:
>
> 会计上:未取得销货相关权利控制权的,应冲减交易对价;反之,计入相关费用。
>
> 增值税:与商品销售量、销售额挂钩的,甲公司开具红字发票;反之并提供一定服务的,乙商场向甲公司开具服务发票。

案例90

商场供应商应付客户对价
——确认收入与支付对价孰晚原则

甲公司是家用电器生产销售企业,入驻乙大型商场。2020年8月,甲公司与乙商场结算商品不含税价款1 000万元,并向其开具增值税专用发票。2020年6月,甲公司与乙商场书面合同约定,甲公司需向乙商场支付上架费等106万元(含税价),该款项旨在就商场需更改货架以使其适合放置甲公司的产品向商场做出补偿,但甲公司承诺仅当已履行其履约义务且已确认收入之后才向客户支付该对价,并约定该款项支付时间在甲公司第一次结算价款后。该款项实际在2020年9月支付。

解析

1.甲公司应付客户对价应冲减交易价格

甲公司由于未取得上架费等费用的控制权,因此应将该应付客户对价冲减交易价格。

2. 根据孰晚原则冲减收入

应用指南规定:"在对应付客户对价冲减交易价格进行会计处理时,企业应当在确认相关收入与支付(或承诺支付)客户对价二者孰晚的时点冲减当期收入"。

本例中,甲公司确认收入时点为2020年8月,承诺支付对价时点为2020年6月,实际支付对价时点为2020年9月。因此,在2020年8月确认收入时,即应将承诺的应付客户对价反映在交易价格中。此种处理旨在将承诺支付的客户对价反映在交易价格中。

同时需注意,甲公司在2020年6月承诺支付对价时,根据上述"孰晚"原则,尚不能将承诺的应付客户对价反映在交易价格中。

参考《国际财务报告准则第15号——客户合同产生的收入》结论基础:

BC258 如果对价的支付作为交易价格的抵减进行会计处理,主体会在其履行相关履约义务时确认较少的收入。然而在某些情况下,主体承诺仅当已履行其履约义务且已确认收入之后才向客户支付对价。如果属于这种情况,收入的抵减应立即予以确认。据此,IASB和FASB澄清,收入的抵减应在以下二者中较晚发生的事件发生时确认:

(1)主体向客户转让商品或服务时,及

(2)主体承诺支付对价时。

通过使用"承诺支付"的表述,IASB和FASB明确主体应当在交易价格中反映取决于未来事件的对客户的支付(例如,以客户进行规定数量的购买为条件的向客户付款的承诺需在主体作出该承诺时反映在交易价格中)。

3. 甲公司账务处理

(1)2020年8月份确认收入时即应将承诺支付的对价反映在交易价格中(单位:万元,下同):

```
借:应收账款——乙商场                          1 130
   贷:主营业务收入                              1 000
       应交税费——应交增值税(销项税额)          130
       其他应付款——乙商场                        100
       主营业务收入                              -100
```

(2)2020年9月支付该款项并取得乙商场开具的增值税专用发票:

```
借:其他应付款——乙商场                          106
   贷:银行存款或应收账款等                        106
借:应交税费——应交增值税(进项税额)              6
   贷:其他应付款——乙商场                          6
```

【提示】由于甲公司向乙商场支付的该费用与商品销售量、销售额无必然联系，且乙商场向甲公司提供了一定的服务，因此乙商场应向甲公司开具服务的增值税专用发票。本书在之前案例中已经做过详细分析，在此不再赘述。

案例91
应付客户对价取得可明确区分商品
——相关权利的控制及孰晚原则

某消费品制造商甲公司订立一项向一家全球大型连锁零售店客户销售商品的一年期合同。客户承诺在年内购买至少价值1 000万元的产品。合同同时规定，甲公司须在合同开始时向客户支付106万元的不可返还款项。该笔款项旨在就客户需更改货架以使其适合放置甲公司的产品向客户做出补偿。

解析

1. 甲公司未取得对客户货架任何相关权利的控制

企业在向客户转让商品的同时，需要向客户或第三方支付对价的，应当将该应付对价冲减交易价格，但应付客户对价是为了自客户取得其他可明确区分商品的除外。

甲公司得出结论认为，向客户支付的该笔款项并非旨在取得客户向甲公司转让的可明确区分的商品或服务。这是因为甲公司并未取得对客户货架任何相关权利的控制。因此，该货架付款额作为交易价格的抵减进行会计处理。

2. 每一商品的交易价格均应考虑应付客户对价的冲减，并考虑相关税务因素

甲公司在向客户转让商品时，将每一商品的交易价格按照预付的款项占总销售额的比例冲减收入。

本例中，甲公司支付的货架相关费用，与商品销售量、销售额无必然联系，根据相关税务政策，应由客户开具服务费发票，甲公司在处理预付款项业务时应考虑此因素，以扣除掉可以抵扣的进项税后的余额来抵减此后产生的收入。

3. 甲公司账务处理

（1）向客户支付106万元不可返还款项（单位：万元，下同）：

借：预付账款　　　　　　　　　　　　　　　　　　　　　106
　　贷：银行存款　　　　　　　　　　　　　　　　　　　　106

(2)取得客户6%服务增值税专用发票：

借：应交税费——应交增值税（进项税额）　　　　　　6 [106÷(1+6%)×6%]
　　贷：预付账款　　　　　　　　　　　　　　　　　　6

(3)第一个月向客户转让200万元的商品：

借：应收账款　　　　　　　　　　　　　　　　　　226
　　贷：主营业务收入　　　　　　　　　　　180 [200×(1−100÷1 000)]
　　　　预付账款　　　　　　　　　　　　　　　　　20
　　　　应交税费——应交增值税（销项税额）　　　　26

以后每月均按照相同比例冲减相关交易价格。

本例也体现了应付客户对价确认收入与支付（或承诺支付）孰晚的原则，虽然在合同开始日甲公司支付了应付客户对价，但尚未确认对客户的收入，应在确认客户收入时冲减当期收入。

【提示】实务中的操作建议：

对于应抵减交易对价的应付客户对价，应在每次确认收入时体现出相应的抵减金额。实际操作中，在某些情况下，如果能符合报表使用者对于报表截止期间的预期，比如使用者更关注年底这一资产负债表日的报表情况，那么在某个时间点统一对此收入抵减事项进行处理，也是可以考虑的方式之一，其目的主要是减少财务工作人员工作量的同时也不违反相关准则的规定。

4. 客户账务处理

(1)收取甲公司106万元不可返还款项（单位：万元，下同）：

借：银行存款　　　　　　　　　　　　　　　　　　106
　　贷：合同负债　　　　　　　　　　　　　100 [106÷(1+6%)]
　　　　应交税费——待转销项税额　　　　　6 [106÷(1+6%)×6%]

(2)提供相关服务时：

借：合同负债　　　　　　　　　　　　　　　　　　100
　　贷：其他业务收入　　　　　　　　　　　　　　　100
借：应交税费——待转销项税额　　　　　　　　　　6
　　贷：应交税费——应交增值税（销项税额）　　　　6

(3)采购甲公司商品：

借：库存商品 200
　　应交税费——应交增值税（进项税额） 26
　　贷：应付账款 226

案例92
企业取得了应付客户对价控制权
——应付客户对价超过公允价值的处理

甲公司是一家大型商场，乙公司向甲公司常年供应货物。乙公司为自身经营需要，也经常向甲公司采购相关办公用品等。双方均为增值税一般纳税人，相关商品税率均为13%。

2020年8月份，乙公司向甲公司销售商品价值1 000万元，乙公司向甲公司采购办公用品100万元。

以上价格均不包含增值税。

解析

1. 乙公司冲减收入或按照采购处理的判断

企业在向客户转让商品的同时，需要向客户或第三方支付对价的，应当将该应付对价冲减交易价格，但应付客户对价是为了自客户取得其他可明确区分商品的除外。

乙公司自甲商场采购办公用品后，可以主导这些办公用品的使用并从中获得几乎全部经济利益，取得了其控制权。因此，乙公司应采用与其他采购相一致的方式确认所购买的商品，而并非冲减交易价格。

2. 乙公司账务处理

（1）向甲公司销售商品时（单位：万元，下同）：

借：应收账款 1 130
　　贷：主营业务收入 1 000
　　　　应交税费——应交增值税（销项税额） 130

（2）向甲公司采购办公用品时：

借：管理费用等——办公用品 100
　　应交税费——应交增值税（进项税额） 13
　　贷：应付账款 113

3. 应付客户对价超过自客户取得的可明确区分商品公允价值的处理

本例中，乙公司向甲商场销售货物1 000万元，同时乙公司还向甲商场采购办公用品100万元，如果乙公司从甲商场采购的办公用品公允价值为80万元，但乙公司向甲商场支付了100万元的对价，这很可能说明，本来独立的两个事件（即乙公司向甲商场销售商品，以及乙公司从甲商场采购办公用品）可能存在一定的关联，例如，假如甲商场不会取得乙公司的付款，则甲商场可能会为乙公司提供的商品或服务支付更高的金额。

因此，为了在这种情况下如实地反映收入金额，新收入准则规定，乙公司从甲商场采购的办公用品支付的价款100万元大于该办公用品公允价值80万元的差额，应冲减交易价格。

（上述价格均为不含税金额。）

此时乙公司的账务处理应为：

借：管理费用等——办公用品　　　　　　　　　　　80
　　应交税费——应交增值税（进项税额）　　　　　13
　贷：主营业务收入　　　　　　　　　　　　　　　−20
　　　应付账款　　　　　　　　　　　　　　　　　113

如果该办公用品公允价值不能合理估计，乙公司应当将应付客户对价100万元全额冲减交易价格。也就是说，即便乙公司取得可明确区分的商品，如果不能合理估计其公允价值，也要按照冲减交易价格规则进行处理。

4. 应用指南相关规定

> 企业应付客户对价是为了自客户取得其他可明确区分商品的，应当采用与企业其他采购相一致的方式确认所购买的商品。企业应付客户对价超过自客户取得的可明确区分商品公允价值的，超过金额应当作为应付客户对价冲减交易价格。自客户取得的可明确区分商品公允价值不能合理估计的，企业应当将应付客户对价全额冲减交易价格。

5. 参考《国际财务报告准则第15号——客户合同产生的收入》结论基础

> BC257　就商品或服务从客户收取的对价金额与就商品或服务向该客户支付的对价金额即使是单独的事件，两者之间也可能相互关联。例如，假如客户不会取得主体的付款，该客户可能会为主体提供的商品或服务支付更高的金额。因此，IASB和FASB决定，为在这种情况下如实地反映收入，**作为就所取得的商品或服务支付给客户的付款处理的任何金额，应当以这些商品或服务的公允价值为限，任何超过公允价值的部分应确认为交易价格的抵减。**

案例93
快消企业对消费者的折扣
——"客户的客户"以及应付客户对价包括可变对价的处理

甲公司是饮料销售企业,增值税一般纳税人,向经销商乙公司销售商品。甲公司在销售旺季开展促销活动,顾客消费饮料后,扫描瓶盖上的二维码即可获得现金红包0.5元,该现金红包费用由甲公司承担。该饮料不含税单价10元,2020年12月销售了1万瓶。预计会有90%的消费者扫描二维码并获取现金红包。

解析

1. 消费者是甲公司的"客户的客户"

根据应用指南相关规定,甲公司在向客户转让商品的同时,需要向客户或第三方支付对价的,应当将该应付对价冲减交易价格,但应付客户对价是为了自客户取得其他可明确区分商品的除外。此处的"第三方",通常指的是向甲公司的客户购买商品或服务的一方,即处于企业分销链上的"客户的客户",本例中,甲公司将其生产的产品销售给经销商,经销商再将这些产品销售给消费者,消费者即是应付客户对价中的第三方。

因此,甲公司向"客户的客户"即消费者支付现金红包费用,应视为应付客户对价进行会计处理。

2. 甲公司向消费者支付对价应冲减交易价格

甲公司向消费者支付现金红包,并未向消费者购买任何商品或者服务,不是为了自客户取得其他可明确区分商品,而是为了扩大市场份额等原因开展的促销活动,最终会影响甲公司取得的交易价格,因此该支付客户对价应冲减交易价格,并按照调整后的交易价格确认收入。

3. 应付客户对价中包括可变对价的,应按照可变对价规则进行处理

根据上述分析,甲公司向消费者支付的现金红包构成了应付客户对价,但该对价的金额取决于将来消费者扫描二维码的比例,因此符合可变对价的定义,应按照可变对价的规定对其进行估计。本例中,甲公司按照历史交易经验,采用期望值法预计将来会有90%的消费者扫描二维码并获取现金红包,同时考虑了极可能不会发生重大转回的限制性条件,甲公司认为按照90%的比例来估计发生的现金红包支出是合适的。

应用指南相关规定：

应付客户对价中包含可变金额的，企业应当根据本准则有关可变对价的相关规定对其进行估计。

4. 甲公司账务处理

（1）2020年12月销售了1万瓶，销售收入：1×10=10（万元），预计现金红包1×0.5×90%=0.45（万元）（单位：万元，下同）。

借：应收账款——乙公司　　　　　　　　　　　　　　　11.3
　　贷：主营业务收入　　　　　　　　　　　　　　　9.55（10-0.45）
　　　　预计负债——现金红包　　　　　　　　　　　　0.45
　　　　应交税费——应交增值税（销项税额）　　　　　1.3

（2）将来支付现金红包时：

假设实际有80%的消费者获取了现金红包，实际支付红包金额为：1×0.5×80%=0.4（万元）。

借：预计负债——现金红包　　　　　　　　　　　　　　0.45
　　贷：银行存款等　　　　　　　　　　　　　　　　　0.4
　　　　主营业务收入　　　　　　　　　　　　　　　　0.05

5. 甲公司税务处理

2020年会计计入收入9.55万元，企业所得税应确认10万元的收入，因此应在企业所得税汇算清缴时纳税调增0.45万元，在实际支付现金红包的年度再予以纳税调减。

案例94
可变对价和应付客户对价的区别与联系

某股份有限公司首次公开发行股票并在创业板上市的招股说明书部分内容如下：
新收入准则实施在收入确认方面产生的影响。

公司现有业务模式中，经销商模式、线上自营模式和其他销售模式在新收入准则实施前后收入确认政策无差异，因此对该两类业务收入确认方面无影响；统一入仓模式和线下直销模式下，公司新收入准则实施前后收入确认时点未因新收入准则的变化而发生改变。但是上述业务模式下，公司在新收入准则实施前后收入确认总金额方面存在一定差异，具体分析如下：

新收入准则第十九条规定:"企业应付客户(或向客户购买本企业商品的第三方,本条下同)对价的,应当将该应付对价冲减交易价格,并在确认相关收入与支付(或承诺支付)客户对价二者孰晚的时点冲减当期收入,但应付客户对价是为了向客户取得其他可明确区分商品的除外。"

目前,上述业务模式中部分客户在与公司签订合同时提前约定一定比例的合同扣点(客户销售返利,结算时客户开具发票并抵扣货款)。因此,公司在执行新收入准则后,原计入销售费用的应付客户对价(合同扣点)应冲减当期收入。

由于该调整事项同时调减当期营业收入和销售费用,故不会对当期净损益产生任何影响。

解析

1.可变对价和应付客户对价的区别与联系

应用指南对于可变对价的释义为:"企业与客户的合同中约定的对价金额可能是固定的,也可能会因折扣、价格折让、返利、退款、奖励积分、激励措施、业绩奖金、索赔等因素而变化。此外,企业有权收取的对价金额,将根据一项或多项或有事项的发生有所不同的情况,也属于可变对价的情形,例如,企业售出商品但允许客户退货时,由于企业有权收取的对价金额将取决于客户是否退货,因此该合同的交易价格是可变的。企业在判断交易价格是否为可变对价时,应当考虑各种相关因素(如企业已公开宣布的政策、特定声明、以往的习惯做法、销售战略以及客户所处的环境等),以确定其是否会接受一个低于合同标价的金额,即企业向客户提供一定的价格折让"。

由上述释义可知,可变对价最显著的特征之一是发生对价变化的或然性,将来某些事项的发生或者不发生或者发生的程度可能使合同的交易价格发生改变,也就是说,将来的或有事项可能会影响对价的金额。

而对于应付客户对价,只要是应该向客户支付的对价,即应按照应付客户对价规则进行处理,应付客户对价也可能包含可变对价,此时应当根据有关可变对价的相关规定对其进行估计,详见之前的案例。

2.应付客户对价包括可变对价的处理方式

本例中,企业与客户约定的一定比例的合同扣点,其实质为企业应向客户支付的对价,属于新收入准则中应付客户对价的范围,同时还要考虑,该应付客户对价是否包括可变对价。

如果销售方按照销售额或者销售量的完成情况决定客户是否可以取得该扣点以及

取得多少扣点,则应当根据有关可变对价的相关规定对其进行估计。

3.总结

应向客户支付的对价,属于应付客户对价,应付客户对价中包含可变金额的,企业应当根据有关可变对价的相关规定对其进行估计。

06 关于将交易价格分摊至各单项履约义务

案例95
买赠合同计入销售费用与分摊收入的辨析

甲公司主营销售家用电器，增值税一般纳税人。甲公司开展促销活动，销售家电5 000元，一个月后客户可无偿领取价值500元的名牌运动鞋。

以上均为含税价格。

解析

1. 销售家电产品和赠送商品构成两项履约义务

甲公司在合同中向客户提供了两项承诺：销售家电产品和赠送商品。

在商品本身层面，客户可从两项产品使用中单独受益；在合同层面，两项承诺未形成组合产出、不存在重大修改和定制、高度关联等情况，从而甲公司认为，合同中转移商品的承诺与合同中其他承诺彼此之间可明确区分，销售家电产品和赠送商品是两项单独的履约义务。

在执行新收入准则之前，企业在销售的同时赠送商品的业务，实务中存在将赠品计入销售费用和营业成本的争议，有的观点认为这是促销发生的费用，有的观点认为这是销售收入对应的营业成本。执行新收入准则后，买赠的业务处理比较明确，在赠品构成单项履约义务的情况下，将赠品作为销售费用处理不符合新收入准则的相关规定。

2. 分摊多项履约义务的原则——按照单独售价的相对比例

根据新收入准则及其应用指南的相关规定，当合同中包含两项或多项履约义务时，需要将交易价格分摊至各单项履约义务，以使企业分摊至各单项履约义务（或可明确区分的商品）的交易价格能够反映其因向客户转让已承诺的相关商品而预期有权收取的对价金额。

分摊的一般原则为，合同中包含两项或多项履约义务的，企业应当在合同开始日，按照各单项履约义务所承诺商品的**单独售价的相对比例**，将交易价格分摊至各单项履约义务。

3. 如何确定单独售价

对于单独售价的确定，应用指南给予了四种方式：

（1）观察法：企业在类似环境下向类似客户单独销售某商品的价格，应作为确定该商品单独售价的最佳证据。

（2）市场调整法：企业根据某商品或类似商品的市场售价，考虑本企业的成本和毛利等进行适当调整后的金额，确定其单独售价的方法。

（3）成本加成法：企业根据某商品的预计成本加上其合理毛利后的金额，确定其单独售价的方法。

（4）余值法：企业根据合同交易价格减去合同中其他商品可观察单独售价后的余额，确定某商品单独售价的方法。

本例中，运用观察法，甲公司确定家用电器的单独售价为4 424.78元［5 000÷（1+13%）］；运用市场调整法，确定运动鞋的单独售价为442.48元［500÷（1+13%）］。

4.甲公司账务处理

销售家电的履约义务分摊交易价格=5 000÷（1+13%）×4 424.78÷（4 424.78+442.48）=4 022.53（元）；

赠送运动鞋的履约义务分摊交易价格=5 000÷（1+13%）×442.48÷（4 424.78+442.48）=402.25（元）。

（1）甲公司销售家用电器确认收入：

借：银行存款　　　　　　　　　　　　　　　　　　　　5 000
　　贷：主营业务收入——家用电器　　　　　　　　　　　4 022.53
　　　　合同负债——赠品　　　　　　　　　　　　　　　402.25
　　　　应交税费——应交增值税（销项税额）
　　　　　　　　　　　　　　　　575.22［5 000÷（1+13%）×13%］

（2）赠送运动鞋确认收入：

借：合同负债　　　　　　　　　　　　　　　　　　　　402.25
　　贷：主营业务收入——运动鞋　　　　　　　　　　　　402.25

【提示】如该业务不经常发生，也可记入"其他业务收入"等科目。

（3）结转成本：

借：主营业务成本
　　贷：库存商品——家用电器
　　　　　　　　——运动鞋

（4）如客户过期后没有领取赠送的运动鞋：

借：合同负债 402.25
　　贷：主营业务收入——家用电器 402.25

> 【提示】客户放弃了领取运动鞋的权利，相当于甲公司只履行了销售家用电器的履约义务，并没有履行提供运动鞋的履约义务，因此只需确认销售家用电器的收入即可。

5. 甲公司税务处理

销售家用电器同时赠送运动鞋，在增值税上属于销售折扣，赠送的运动鞋无须视同销售计征增值税。但需注意，实操中应符合相关文件的规定，将销售家用电器和销售折扣开在一张发票的金额栏上，或者是按照一定标准分摊两者的价值，在一张发票上开具。

税务相关文件依据如下：

（1）《国家税务总局关于印发〈增值税若干具体问题的规定〉的通知》（国税发〔1993〕154号）：

二、计税依据

（二）纳税人采取折扣方式销售货物，**如果销售额和折扣额在同一张发票上分别注明的，可按折扣后的销售额征收增值税**；如果将折扣额另开发票，不论其在财务上如何处理，均不得从销售额中减除折扣额。

（2）《国家税务总局关于折扣额抵减增值税应税销售额问题通知》（国税函〔2010〕56号）：

《国家税务总局关于印发〈增值税若干具体问题的规定〉的通知》（国税发〔1993〕154号）第二条第（二）项规定："纳税人采取折扣方式销售货物，如果销售额和折扣额在同一张发票上分别注明的，可按折扣后的销售额征收增值税"。纳税人采取折扣方式销售货物，销售额和折扣额在同一张发票上分别注明是指**销售额和折扣额在同一张发票上的"金额"栏分别注明的**，可按折扣后的销售额征收增值税。未在同一张发票"金额"栏注明折扣额，而仅在发票的"备注"栏注明折扣额的，折扣额不得从销售额中减除。

6. 应用指南相关规定

单独售价，是指企业向客户单独销售商品的价格。企业在类似环境下向类似客户单独销售某商品的价格，应作为确定该商品单独售价的最佳证据。合同或价目表上的标价可能是商品的单独售价，但不能默认其一定是该商品的单独售价。

例如，企业为其销售的产品制定了标准价格，但是，在实务中经常以低于该标准价格的折扣价格对外销售，此时，企业在估计该产品的单独售价时，应当考虑这一因素。

单独售价无法直接观察的，企业应当综合考虑其能够合理取得的全部相关信息，采用市场调整法、成本加成法、余值法等方法合理估计单独售价，应考虑的信息包括市场情况（如，商品的市场供求状况、竞争、限制和趋势等）、企业特定因素（如，企业的定价策略和实务操作安排等）以及与客户有关的信息（如，客户类型、所在地区和分销渠道等）等；企业应当最大限度地采用可观察的输入值，并对类似的情况采用一致的估计方法。

市场调整法，是指企业根据某商品或类似商品的市场售价，考虑本企业的成本和毛利等进行适当调整后的金额，确定其单独售价的方法。企业可以对其销售商品的市场进行评估，进而估计客户在该市场上购买本企业的商品所愿意支付的价格，也可以参考其竞争对手销售类似商品的价格，并在此基础上进行必要调整以反映本企业的成本及毛利。

成本加成法，是指企业根据某商品的预计成本加上其合理毛利后的金额，确定其单独售价的方法。其中，预计成本应当与企业在定价时通常会考虑的成本因素一致，既包括直接成本，也包括间接成本；企业在确定合理毛利时，应当考虑的因素包括类似商品单独售价的毛利水平、行业内的历史毛利水平、行业平均售价、市场情况以及企业的利润目标等。

余值法，是指企业根据合同交易价格减去合同中其他商品可观察单独售价后的余额，确定某商品单独售价的方法。企业在商品近期售价波动幅度巨大，或者因未定价且未曾单独销售而使售价无法可靠确定时，可采用余值法估计其单独售价。其中，售价波动幅度巨大，是指企业在相同或相近的时间向不同客户出售同一种商品时的价格差异很大，因而导致企业无法从以往的交易或其他可观察的证据中识别出具有代表性的单独售价；未定价且未曾单独销售，是指企业尚未对该商品进行定价，且该商品过往未曾单独出售过，即销售价格尚未确定。例如，企业以10万元的价格向客户销售A、B、C三件可明确区分的商品，其中，A商品和B商品经常单独对外销售，销售价格分别为2.5万元和4.5万元，C商品为新产品，企业尚未对其定价且未曾单独销售，市场上也无类似商品出售，在这种情况下，企业采用余值法估计C商品的单独售价为3万元，即合同价格10万元减去A商品和B商品的单独售价之和7万元（2.5+4.5）后的余额。

如果合同中存在两项或两项以上的商品，其销售价格变动幅度较大或尚未确定，企业可能需要采用多种方法相结合的方式，对合同所承诺的商品的单独售价进行估计。例如，企业可能采用余值法估计销售价格变动幅度较大或尚未确定的多项可明确区分商品的单独售价总和，然后再采用其他方法估计其中包含的每一项可明确区分商品的单独售价。企业采用多种方法相结合的方式估计合同所承诺的每一项商品的单独售价时，应当评估该方式是否满足交易价格分摊的目标，即，企业分摊至各单项履约义务（或可明确区分的商品）的交易价格能够反映其因向客户转让已承诺的相关商品而预期有权收取的对价金额。例如，当企业采用余值法估计确定的某单项履约义务的单独售价为零或仅为很小的金额时，企业应当评估该结果是否恰当，这是因为合同中包含的可明确区分商品对于客户而言都应该是有一定价值的。

案例96
经常以折扣模式销售对于单独售价的考虑

丙公司向客户销售设备并承诺3年内提供耗材，合同约定总价为1 100万元，其中设备价格为1 000万元，耗材价格为100万元，增值税税率均为13%。如单独销售该设备，则价格为1 100万元，如单独销售该耗材，则价格为120万元，由于两者的功能紧密相连，因此丙公司一般以上述折扣模式销售，而非单独销售。销售设备与销售耗材是两项单独的履约义务。

以上均为不含税价格。

解析

1.在估计单独售价时，应考虑经常以低于标准价格的折扣价格对外销售这一因素

应用指南规定："单独售价，是指企业向客户单独销售商品的价格。企业在类似环境下向类似客户单独销售某商品的价格，应作为确定该商品单独售价的最佳证据。合同或价目表上的标价可能是商品的单独售价，但不能默认其一定是该商品的单独售价。例如，企业为其销售的产品制定了标准价格，但是，**在实务中经常以低于该标准价格的折扣价格对外销售**，此时，企业在估计该产品的单独售价时，应当考虑这一因素。"

根据丙公司的销售政策或者价目表等，丙公司为相关商品制定了标准价格，但在实际销售时,经常将上述两种商品组合以折扣的模式对外销售(设备1 000万元,耗材100万元),此时,在评估单独售价时应考虑这一因素。

丙公司结合常用的销售模式,在充分考虑了所有相关因素后,评估该合同中设备的单独售价为1 000万元,耗材的单独售价为100万元。

2.丙公司账务处理

(1)销售设备:

借:应收账款　　　　　　　　　　　　　　　　　　　1 130
　　贷:主营业务收入——设备　　　　　　　　　　　1 000
　　　　应交税费——应交增值税(销项税额)　　　　 130

(2)销售耗材:

借:应收账款　　　　　　　　　　　　　　　　　　　 113
　　贷:主营业务收入——耗材　　　　　　　　　　　 100
　　　　应交税费——应交增值税(销项税额)　　　　 13

案例97
不经常以折扣模式销售对于单独售价的考虑

丙公司向客户销售设备并承诺3年内提供耗材,合同约定总价为1 100万元,其中设备价格为1 000万元,耗材价格为100万元,增值税税率均为13%。如单独销售该设备,则价格为1 100万元,如单独销售该耗材,则价格为120万元,丙公司不经常采用上述折扣模式销售,而是经常单独销售上述商品。销售设备与销售耗材是两项单独的履约义务。

以上均为不含税价格。

解析

1.确认设备和耗材的单独售价并分摊交易价格

丙公司为设备和耗材等产品制定了标准价格,而且经常在类似环境下向类似客户按照标准价格单独销售,因此,丙公司结合销售模式,在充分考虑了所有相关因素后,评估该合同中设备的单独售价为1 100万元,耗材的单独售价为120万元。

销售设备履约义务应分摊的交易价格:1 100×1 100÷(1 100+120)=991.8(万元);

销售耗材履约义务应分摊的交易价格:1 100-991.8=108.2(万元)。

2.丙公司账务处理

(1) 销售设备时（单位：万元，下同）：

借：应收账款　　　　　　　　　　　　　　　　　　　　　　1 130
　　贷：主营业务收入——设备　　　　　　　　　　　　　　　　991.8
　　　　合同负债——耗材　　　　　　　　　　　　　　　　　　　8.2
　　　　应交税费——应交增值税（销项税额）　　　　　　　　　　130

> 【提示】分录中"合同负债"表明将来向客户转移耗材的价值包括8.2万元。

(2) 销售耗材时：

借：应收账款　　　　　　　　　　　　　　　　　　　　　　113
　　合同负债——耗材　　　　　　　　　　　　　　　　　　　8.2
　　贷：主营业务收入——耗材　　　　　　　　　　　　　　　108.2
　　　　应交税费——应交增值税（销项税额）　　　　　　　　　　13

案例98
合同折扣分摊至全部或者部分履约义务解析

甲公司与客户签订合同，向其销售A、B、C三种产品，合同总价款为120万元，这三种产品构成三项履约义务。企业经常以50万元单独出售A产品，其单独售价可直接观察；B产品和C产品的单独售价不可直接观察，企业采用市场调整法估计的B产品单独售价为25万元，采用成本加成法估计的C产品单独售价为75万元。甲公司通常以50万元的价格单独销售A产品，并将B产品和C产品组合在一起以70万元的价格销售。

上述价格均不包含增值税。

解析

1.合同折扣分摊至所有履约义务或者部分履约义务的标准

当合同中各单项履约义务所承诺商品的单独售价之和高于合同交易价格的金额时，表明客户取得了合同折扣。企业应当在各单项履约义务之间按比例分摊合同折扣。有确凿证据表明合同折扣仅与合同中一项或多项（而非全部）履约义务相关的，企业应当将该合同折扣分摊至相关的一项或多项履约义务。

本例中，三种产品的单独售价合计为150万元，而该合同的价格为120万元，该合同的整体折扣为30万元。由于甲公司经常将B产品和C产品组合在一起以70万元的价格销售，该价格与其单独售价之和（100万元）的差额为30万元，与该合同的整体折扣一致，而A产品单独销售的价格与其单独售价一致，证明该合同的整体折扣仅应归属于B产品和C产品。因此，在该合同下，分摊至A产品的交易价格为50万元，分摊至B产品和C产品的交易价格合计为70万元，甲公司应当进一步按照B产品和C产品单独售价的相对比例将该价格在二者之间进行分摊：B产品应分摊的交易价格为17.5万元（25÷100×70），C产品应分摊的交易价格为52.5万元（75÷100×70）。分摊明细如下（见表6-1）：

表6-1 分摊明细

产品	单独售价	组合销售	分摊价格	分摊公式
A	50	50	50	
B	25	70	17.5	70×25÷(25+75)
C	75		52.5	70×75÷(25+75)
合计	150	120	120	

2. 合同折扣分摊至一项或多项履约义务的三个条件分析

应用指南规定，同时满足下列三项条件时，企业应当将合同折扣全部分摊至合同中的一项或多项（而非全部）履约义务：

"一是企业经常将该合同中的各项可明确区分商品单独销售或者以组合的方式单独销售"，本例中，甲公司经常单独销售合同中的A产品，也经常以组合的方式销售B、C产品。

"二是企业也经常将其中部分可明确区分的商品以组合的方式按折扣价格单独销售"，本例中，甲公司经常将可明确区分的B、C产品以组合的方式按折扣价格70万元单独销售。

"三是归属于上述第二项中每一组合的商品的折扣与该合同中的折扣基本相同，且针对每一组合中的商品的分析为将该合同的整体折扣归属于某一项或多项履约义务提供了可观察的证据"，本例中，整个合同的折扣是30万元，而B、C产品组合的折扣也是30万元，两者相等。

3. 甲公司账务处理

（1）转移A产品控制权时（单位：万元，下同）：

　　借：应收账款　　　　　　　　　　　　　　　　　　56.5
　　　　贷：主营业务收入——A产品　　　　　　　　　　50
　　　　　　应交税费——应交增值税（销项税额）　　　　6.5

（2）转移B、C产品控制权时：

　　借：应收账款　　　　　　　　　　　　　　　　　　79.1
　　　　贷：主营业务收入——B产品　　　　　　　　　　17.5
　　　　　　　　　　　　——C产品　　　　　　　　　　52.5
　　　　　　应交税费——应交增值税（销项税额）　　　　9.1

4. 应用指南相关规定

分摊合同折扣。

当客户购买的一组商品中所包含的各单项商品的单独售价之和高于合同交易价格时，表明客户因购买该组商品而取得了合同折扣。合同折扣，是指合同中各单项履约义务所承诺商品的单独售价之和高于合同交易价格的金额。企业应当在各单项履约义务之间按比例分摊合同折扣。**有确凿证据表明合同折扣仅与合同中一项或多项（而非全部）履约义务相关的，企业应当将该合同折扣分摊至相关的一项或多项履约义务。**

同时满足下列三项条件时，企业应当将合同折扣全部分摊至合同中的一项或多项（而非全部）履约义务：

一是企业经常将该合同中的各项可明确区分商品单独销售或者以组合的方式单独销售；

二是企业也经常将其中部分可明确区分的商品以组合的方式按折扣价格单独销售；

三是归属于上述第二项中每一组合的商品的折扣与该合同中的折扣基本相同，且针对每一组合中的商品的分析为将该合同的整体折扣归属于某一项或多项履约义务提供了可观察的证据。

5. 参考《国际财务报告准则第15号——客户合同产生的收入》

81　如果合同所承诺的商品或服务的单独售价之和超过合同所承诺的对价，则客户因购买一揽子商品或服务而取得了一项折扣。除非主体有第82段所述的可观察证据，**其表明全部折扣仅与合同中的一项或多项（而非全部）履约义务相关，否则主体应将该折扣按比例分摊至合同中的所有履约义务。** 导致在这种情况下按比例分摊折扣的原因在于，主体需基于相关可明确区分的商品或服务单独售价的相对比例将交易价格分摊至每一项履约义务。

82 如果符合下列所有标准，则主体应将折扣全部分摊至合同中的一项或多项（而非全部）履约义务：

（1）主体经常单独出售合同中每一项可明确区分的商品或服务（或每项可明确区分的一揽子商品或服务）；

（2）主体也经常将其中部分可明确区分的商品或服务作为一揽子商品或服务单独出售，其售价相对于该一揽子商品或服务中各项商品或服务的单独售价而言是一个折扣价；以及

（3）第82（2）段所述的归属于每项一揽子商品或服务的折扣与合同中的折扣基本相同，且针对每项一揽子商品或服务中的商品或服务所作的分析就合同的全部折扣归属于哪一项（或哪几项）履约义务提供了可观察的证据。

6. 参考《国际财务报告准则第15号——客户合同产生的收入》结论基础

BC282 某些反馈意见者质疑《国际财务报告准则第15号》第82段中**有关分摊折扣的要求是否过于严格**，并因此产生与某些交易的经济实质不一致的结果。然而，IASB和FASB指出，纳入这些要求是为了保持单独售价分摊的严谨性和规范性，从而适当限制折扣不应按比例分摊至合同中所有履约义务的情况。

案例99
授权使用专利技术的可变对价分摊至与之相关的某项履约义务的条件解析

甲公司与乙公司签订合同，将其拥有的两项专利技术X和Y授权给乙公司使用。假定两项授权均分别构成单项履约义务，且都属于在某一时点履行的履约义务。合同约定，授权使用专利技术X的价格为80万元，授权使用专利技术Y的价格为乙公司使用该专利技术所生产的产品销售额的3%。专利技术X和Y的单独售价分别为80万元和100万元。甲公司估计其就授权使用专利技术Y而有权收取的特许权使用费为100万元。

上述价格均不包含增值税。

解析

1. 可变对价分摊至整个合同或者特定部分的规则

当合同的交易价格中包括可变对价时，该可变对价分摊至合同包含的全部履约义务，但在同时符合两个条件时，企业应当将可变对价及可变对价的后续变动额全部分摊至与之相关的某项履约义务，或者构成单项履约义务的一系列可明确区分商品中的某项商品。

本例中，该合同中包含固定对价和可变对价，其中，授权使用专利技术X的价格为固定对价，且与其单独售价一致，授权使用专利技术Y的价格为乙公司使用该专利技术所生产的产品销售额的3%，属于可变对价，甲公司应考虑将该可变对价分摊至合同中包括的授权专利技术X和Y的履约义务，还是仅将该可变对价分摊至引起交易价格可变的授权专利技术Y的履约义务。

2. 可变对价分摊至特定部分的两个条件解析

应用指南规定："同时满足下列两项条件的，企业应当将可变对价及可变对价的后续变动额全部分摊至与之相关的某项履约义务，或者构成单项履约义务的一系列可明确区分商品中的某项商品：

一是可变对价的条款专门针对企业为履行该项履约义务或转让该项可明确区分商品所作的努力（或者是履行该项履约义务或转让该项可明确区分商品所导致的特定结果）；

二是企业在考虑了合同中的全部履约义务及支付条款后，将合同对价中的可变金额全部分摊至该项履约义务或该项可明确区分商品符合分摊交易价格的目标"。

根据上述规定，逐条分析本例中的两个条件如下：

（1）第一个条件，本例中，关于授权使用专利技术Y的交易价格基于将来客户使用该专利产生的销售额的比例计算，该可变对价全部与授权使用专利技术Y能够收取的对价有关，是专门针对甲公司履行授权使用专利技术Y的履约义务所导致的特定结果。

（2）第二个条件，本例中，甲公司合同中的可变对价（客户产品销售额的3%）完全与授权使用专利技术Y相关，但不足以确保将该可变对价完全分摊至授权使用专利技术Y的履约义务，还要满足一个重要的条件：

将该可变对价分摊至授权使用专利技术Y的履约义务符合分摊交易价格的目标。

甲公司基于客户实际销售情况估计收取的专利技术Y特许权使用费的金额为100万元，而专利技术Y的单独售价为100万元，即符合了上述的"将合同对价中的可变金额全部分摊至该项履约义务或该项可明确区分商品符合分摊交易价格的目标"的条件。这是因为，分摊交易价格的目标是分摊的交易价格能够反映因向客户转让已承诺的相关商品而预期有权收取的对价金额，甲公司基于实际销售情况估计收取的特许权使用费的金额与专利技术Y的单独售价相等。因此，甲公司将可变对价部分的特许权使用费金额全部由专利技术Y承担符合交易价格的分摊目标。

3. 甲公司账务处理

（1）授权使用专利技术X时（单位：万元，下同）：

借：应收账款　　　　　　　　　　　　　　　　　　84.8
　　贷：主营业务收入——专利技术X使用权　　　　　80
　　　　应交税费——应交增值税（销项税额）　　　　4.8

（2）授权使用专利技术Y时：

由于分摊至专利技术Y的对价是基于客户销售额的特许使用费形式，因此甲公司此时并不确认收入。

（3）按照乙公司使用该专利技术Y使用权所生产的产品销售额的3%确认收入（假设乙公司在某一年度使用该专利技术Y所生产的产品销售额为1 000万元）：

借：应收账款　　　　　　　　　　　　　　　　　　31.8
　　贷：主营业务收入——专利技术Y使用权　　　　　30（1 000×3%）
　　　　应交税费——应交增值税（销项税额）　　　　1.8

以后年度继续按照上述分录进行处理。

4. 企业所得税相关处理

（1）《企业所得税法实施条例》：

第二十条　企业所得税法第六条第（七）项所称特许权使用费收入，是指企业提供专利权、非专利技术、商标权、著作权以及其他特许权的使用权取得的收入。

特许权使用费收入，按照合同约定的特许权使用人应付特许权使用费的日期确认收入的实现。

（2）《国家税务总局关于确认企业所得税收入若干问题的通知》（国税函〔2008〕875号）：

二、企业在各个纳税期末，提供劳务交易的结果能够可靠估计的，应采用完工进度（完工百分比）法确认提供劳务收入。

……

（四）下列提供劳务满足收入确认条件的，应按规定确认收入：

……

7.特许权费。属于提供设备和其他有形资产的特许权费,在交付资产或转移资产所有权时确认收入;属于提供初始及后续服务的特许权费,在提供服务时确认收入。

根据上述规定,甲公司向乙公司提供的专利技术使用权,不属于提供设备和其他有形资产的特许权费,也不属于提供初始及后续服务的特许权费,因此,应该按照《企业所得税法实施条例》第二十条规定,按照合同约定的特许权使用人应付特许权使用费的日期确认收入的实现。

本例中,合同约定在乙公司实现销售额时按照一定比例计算应收取的特许权使用费,因此甲公司按照乙公司销售额比例计算收入的时点,即为企业所得税确认收入的时点。

5.转让技术使用权相关税务优惠政策

现行政策中,可以享受转让技术使用权企业所得税优惠的政策包括:

(1)《企业所得税法》:

第二十七条 企业的下列所得,可以免征、减征企业所得税:

……

(四)符合条件的技术转让所得;

(2)《企业所得税法实施条例》:

第九十条 企业所得税法第二十七条第(四)项所称符合条件的技术转让所得免征、减征企业所得税,是指一个纳税年度内,居民企业技术转让所得不超过500万元的部分,免征企业所得税;超过500万元的部分,减半征收企业所得税。

(3)《财政部 国家税务总局关于居民企业技术转让有关企业所得税政策问题的通知》(财税〔2010〕111号):

二、本通知所称技术转让,是指居民企业转让其拥有符合本通知第一条规定技术的所有权或**5年以上(含5年)全球独占许可使用权**的行为。

(4)《财政部 国家税务总局关于将国家自主创新示范区有关税收试点政策推广到全国范围实施的通知》(财税〔2015〕116号):

二、关于技术转让所得企业所得税政策

1.自2015年10月1日起,全国范围内的居民企业转让**5年以上非独占许可使用权取得的技术转让所得**,纳入享受企业所得税优惠的技术转让所得范围。居民企业的年度技术转让所得不超过500万元的部分,免征企业所得税;超过500万元的部分,减半征收企业所得税。

2.本通知所称技术,包括专利(含国防专利)、计算机软件著作权、集成电路布图设计专有权、植物新品种权、生物医药新品种,以及财政部和国家税务总局确定的其他技术。其中,专利是指法律授予独占权的发明、实用新型以及非简单改变产品图案和形状的外观设计。

(5)《国家税务总局关于许可使用权技术转让所得企业所得税有关问题的公告》(国家税务总局公告2015年第82号):

二、企业转让符合条件的5年以上非独占许可使用权的技术,**限于其拥有所有权的技术**。技术所有权的权属由国务院行政主管部门确定。其中,专利由国家知识产权局确定权属;国防专利由总装备部确定权属;计算机软件著作权由国家版权局确定权属;集成电路布图设计专有权由国家知识产权局确定权属;植物新品种权由农业部确定权属;生物医药新品种由国家食品药品监督管理总局确定权属。

6. 应用指南相关规定

分摊可变对价。合同中包含可变对价的,**该可变对价可能与整个合同相关,也可能仅与合同中的某一特定组成部分有关**,后者包括两种情形:一是可变对价可能与合同中的一项或多项(而非全部)履约义务有关,例如,是否获得奖金取决于企业能否在指定时期内转让某项已承诺的商品。二是可变对价可能与企业向客户转让的构成单项履约义务的一系列可明确区分商品中的一项或多项(而非全部)商品有关,例如,为期两年的保洁服务合同中,第二年的服务价格将根据指定的通货膨胀率确定。

同时满足下列两项条件的,企业应当将可变对价及可变对价的后续变动额全部分摊至与之相关的某项履约义务,或者构成单项履约义务的一系列可明确区分商品中的某项商品:

一是可变对价的条款专门针对企业为履行该项履约义务或转让该项可明确区分商品所作的努力(或者是履行该项履约义务或转让该项可明确区分商品所导致的特定结果);

二是企业在考虑了合同中的全部履约义务及支付条款后,将合同对价中的可变金额全部分摊至该项履约义务或该项可明确区分商品符合分摊交易价格的目标。

对于不满足上述条件的可变对价及可变对价的后续变动额,以及可变对价及其后续变动额中未满足上述条件的剩余部分,企业应当按照分摊交易价格的一般原则,将其分摊至合同中的各单项履约义务。对于已履行的履约义务,其分摊的可变对价后续变动额应当调整变动当期的收入。

7. 参考《国际财务报告准则第15号——客户合同产生的收入》

84 合同所承诺的可变对价可能归属于整项合同或者合同的特定部分，例如以下任一项：

（1）合同中的一项或多项（而非全部）履约义务（例如，是否获得奖金可能取决于主体是否在指定时期内转让某项已承诺的商品或服务）；或者

（2）在构成第22（2）段所述的单一履约义务的一部分的一系列可明确区分的商品或服务中，已承诺的一项或多项（而非全部）可明确区分的商品或服务（例如，为期两年的保洁服务合同承诺第二年的对价将根据指定的通货膨胀指数变动而提高）。

85 如果同时满足下列两项条件，则主体应将可变金额（及该金额的后续变动）全部分摊至一项履约义务或构成第22（2）段所述的单一履约义务的一部分的一项可明确区分的商品或服务：

（1）有关可变付款额的条款专门针对主体为履行该履约义务或转让该可明确区分的商品或服务所作的努力（或履行该履约义务或转让该可明确区分的商品或服务所导致的特定结果）；以及

（2）在考虑合同中的全部履约义务及付款条款后，主体认为将对价的可变金额全部分摊至该履约义务或可明确区分的商品或服务符合第73段所述的分摊目标。

86 主体应当应用第73段至第83段的分摊要求来分摊不满足第85段所述标准的剩余交易价格金额。

8. 参考《国际财务报告准则第15号——客户合同产生的收入》结论基础

分摊可变对价（第84段至第86段）

BC284 IASB和FASB同意反馈意见者，主体将交易价格中的可变对价分摊至合同中所有履约义务的做法并非总是适当。例如，主体可能订立一项在不同时间提供两种产品的合同，并且奖金仅在第二种产品能够及时交付时才能取得。在本例中，将交易价格所含的可变对价归属于两种产品可能并不恰当。同样地，**主体可能订立一项在不同时间提供两种产品的合同，并且针对第一种产品收取反映该产品的单独售价的固定金额，及针对第二种产品收取取决于的交付情况的可变金额。这一可变金额可能排除在交易价格的估计之外（即，由于须交易价格的估计限制的要求）**。在这种情况下，将交易价格所含的固定对价归属于两种产品可能并不恰当。因此，IASB和FASB在《国际财务报告准则第15号》第84段至第86段中明确了有关标准，以识别主体应将可变对价全额分摊至一项履约义务或者（构成单一履约义务一部分的）可明确区分的商品或服务，而非整个合同的情况。

IASB和FASB决定，如果交易价格中包含可变对价，则有必要采用这些标准以确保交易价格的适当分摊。

案例100
授权使用专利技术的可变对价分摊至全部履约义务解析

甲公司与乙公司签订合同，将其拥有的两项专利技术X和Y授权给乙公司使用。假定两项授权均分别构成单项履约义务，且都属于在某一时点履行的履约义务。合同约定，授权使用专利技术X的价格为30万元，授权使用专利技术Y的价格为乙公司使用该专利技术所生产的产品销售额的3%。**专利技术X和Y的单独售价分别为80万元和100万元**。甲公司估计其就授权使用专利技术Y而有权收取的特许权使用费为150万元。上述价格均不包含增值税。

专利技术Y使用权在合同开始日转让给乙公司，半年后将专利技术使用权X转让给乙公司。

解析

1. 可变对价全部分摊至授权使用专利技术Y不符合分摊交易价格的目标

本例中，虽然可变付款额明确地与甲公司授权使用专利技术Y的履约义务的结果相关（即根据客户后续使用专利技术Y产生的销售额的比例计算使用费），但将可变对价全部分摊至授权使用专利技术Y将不符合分摊交易价格的目标。将30万元分摊至专利技术X并将150万元分摊至专利技术Y未能反映出基于两者的单独售价（分别为80万元和100万元）对交易价格进行的合理分摊，即不符合分摊交易价格的目标。

应用指南规定："同时满足下列两项条件的，企业应当将可变对价及可变对价的后续变动额全部分摊至与之相关的某项履约义务，或者构成单项履约义务的一系列可明确区分商品中的某项商品：

一是可变对价的条款专门针对企业为履行该项履约义务或转让该项可明确区分商品所作的努力（或者是履行该项履约义务或转让该项可明确区分商品所导致的特定结果）；

二是企业在考虑了合同中的全部履约义务及支付条款后，将合同对价中的可变金额全部分摊至该项履约义务或该项可明确区分商品符合分摊交易价格的目标"。

本例中，符合了将合同可变对价分摊至特定部分的第一个条件，但是不符合第二个条件，因此企业不应当将可变对价及可变对价的后续变动额全部分摊至与之相关的某项履约义务，或者构成单项履约义务的一系列可明确区分商品中的某项商品。企业应当按照分摊交易价格的一般原则，将其分摊至合同中的各单项履约义务。对于已履行的履约义务，其分摊的可变对价后续变动额应当调整变动当期的收入。

2. 将固定价格分摊至全部履约义务

授权使用专利技术X的价格为固定金额30万元，将其分摊到专利技术X使用权与专利技术Y使用权。在合同开始日转让专利技术Y使用权时，甲公司将分摊至专利技术Y使用权的16.67万元（30×100÷180）确认为收入，在半年后转让专利技术X使用权时，甲公司将分摊至专利技术X使用权的13.33万元（30×80÷180）确认为收入。

3. 将可变对价分摊至全部履约义务

根据客户使用专利技术Y产生的销售额的比例计算特许权使用费，并将其按照单独售价分摊至合同中包括的两项履约义务。

假设根据客户第一个月使用专利技术Y产生的销售额计算的特许使用费为20万元，应将分摊至专利技术Y使用权（已转让给客户，因此是已履行的履约义务）的11.11万元（20×100÷180）确认为收入。分摊至专利技术X使用权的8.89万元（20×80÷180）确认为一项合同负债。

如此处理的原因在于以下所述的"孰晚原则"：

企业提供知识产权许可证并以基于销售的特许使用费形式收取对价的，应当在客户后续销售或使用行为实际发生与企业履行相关履约义务二者孰晚的时点确认收入。

本例中，尽管客户在第一个月已经发生后续销售，但甲公司尚未向客户转让专利技术X，该履约义务尚未得到履行，根据孰晚时点原则，此时不能将分摊至专利技术X使用权的交易价格8.89万元确认收入，而应计入合同负债，待履行转让专利技术X使用权义务时，再将其确认为收入。

4. 甲公司账务处理

（1）合同开始日转让专利技术Y使用权时（单位：万元，下同）：

　　借：应收账款　　　　　　　　　　　　　　　　　　　16.67
　　　　贷：主营业务收入——专利技术Y使用权　　16.67（30×100÷180）

> 【提示】关于计入专利技术Y使用权收入的说明：
> 30万元固定价格分摊至专利技术Y使用权的交易价格为16.67万元。在转让专利技术Y使用权时应将其确认为收入。

(2)第一个月按照客户销售额计算应收特许权Y的使用费为20万元:

借:应收账款　　　　　　　　　　　　　　　　　　　　21.2
　　贷:主营业务收入——专利技术Y使用权　　　　11.11($20\times100\div180$)
　　　　合同负债——专利技术X使用权　　　　　　8.89($20\times80\div180$)
　　　　应交税费——应交增值税(销项税额)　　　　1.2

> 【提示】关于计入合同负债的说明:
>
> 企业提供知识产权许可证并以基于销售的特许使用费形式收取对价的,应当在客户后续销售或使用行为实际发生与企业履行相关履约义务二者孰晚的时点确认收入。
>
> 客户在第一个月已经发生后续销售,甲公司尚未履行向客户转让专利技术X的履约义务,此时不能将分摊至专利技术X使用权的交易价格8.89万元确认收入,而应计入合同负债。

(3)半年后转让专利技术X使用权:

借:应收账款　　　　　　　　　　　　　　　　13.33($30\times80\div180$)
　　贷:主营业务收入——专利技术X使用权　　　　　　13.33

> 【提示】在转让专利技术X使用权时,甲公司将固定价格30万元分摊至专利技术X使用权的13.33万元($30\times80\div180$)确认为收入。

借:应收账款　　　　　　　　　　　　　　　　　　　　1.8
　　贷:应交税费——应交增值税(销项税额)　　　　1.8($30\times6\%$)

> 【提示】《营业税改征增值税试点实施办法》规定:
>
> "销售无形资产,是指转让无形资产所有权或者使用权的业务活动。无形资产,是指不具实物形态,但能带来经济利益的资产,包括技术、商标、著作权、商誉、自然资源使用权和其他权益性无形资产。
>
> 技术,包括专利技术和非专利技术。"
>
> 因此,甲公司转让专利技术使用权,增值税上属于销售无形资产,应按照6%税率计征增值税。在转让专利技术X使用权时确认增值税纳税义务发生时间。

借:合同负债——专利技术X使用权　　　　　　　　　　8.89

贷：主营业务收入——专利技术X使用权　　　　　　　　　　　8.89

> 【提示】8.89万元是客户第一个月销售产生的特许权使用费分摊至专利技术X使用权的金额，当时未转让专利技术X使用权因此计入合同负债，现在已履行转让义务，应将其计入收入。
>
> 甲公司应将半年内按照乙公司销售额计算的计入专利技术X使用权合同负债的特许权使用费金额全部转入主营业务收入。

5.应用指南相关规定

企业向客户授予知识产权许可，并约定按客户实际销售或使用情况（如按照客户的销售额）收取特许权使用费的，**应当在客户后续销售或使用行为实际发生与企业履行相关履约义务二者孰晚的时点确认收入**。这是估计可变对价的一个例外规定，该例外规定只有在下列两种情形下才能使用：一是特许权使用费仅与知识产权许可相关。二是特许权使用费可能与合同中的知识产权许可和其他商品都相关，但是，与知识产权许可相关的部分占有主导地位。当企业能够合理预期，客户认为知识产权许可的价值远高于合同中与之相关的其他商品时，该知识产权许可可能是占有主导地位的。对于不适用该例外规定的特许权使用费，应当按照估计可变对价的一般原则进行处理。

案例101
交易价格的后续变动

2020年9月1日，甲公司与乙公司签订合同，向其销售A产品和B产品。A产品和B产品均为可明确区分商品且两种产品单独售价相同，也均属于在某一时点履行的履约义务。合同约定，A产品和B产品分别于2020年11月1日和2021年3月31日交付给乙公司。合同约定的对价包括1 000元的固定对价和估计金额为200元的可变对价。假定甲公司将200元的可变对价计入交易价格，满足新收入准则有关将可变对价金额计入交易价格的限制条件。因此，该合同的交易价格为1 200元。上述价格均不包含增值税。

2020年12月1日，双方对合同范围进行了变更，乙公司向甲公司额外采购C产品，合同价格增加300元，C产品与A、B两种产品可明确区分，但该增加的价格不反映

C产品的单独售价。C产品的单独售价与A产品和B产品相同。C产品将于2021年6月30日交付给乙公司。

2020年12月31日，企业预计有权收取的可变对价的估计金额由200元变更为240元，该金额符合将可变对价金额计入交易价格的限制条件。因此，合同的交易价格增加了40元，且甲公司认为该增加额与合同变更前已承诺的可变对价相关。

假定上述三种产品的控制权均随产品交付而转移给乙公司。本例中，在合同开始日，该合同包含两项履约义务，甲公司应当将估计的交易价格分摊至这两项履约义务。由于两种产品的单独售价相同，且可变对价不符合分摊至其中一项履约义务的条件，因此，甲公司将交易价格1 200元平均分摊至A产品和B产品，即A产品和B产品各自分摊的交易价格均为600元。

2020年11月1日，当A产品交付给客户时，甲公司相应确认收入600元。

2020年12月1日，双方进行了合同变更。**该合同变更属于新收入准则第八条规定的第（二）种情形**，因此该合同变更应当作为原合同终止，并将原合同的未履约部分与合同变更部分合并为新合同进行会计处理。在该新合同下，合同的交易价格为900元（600+300），由于B产品和C产品的单独售价相同，分摊至B产品和C产品的交易价格的金额均为450元。

2020年12月31日，甲公司重新估计可变对价，增加了交易价格40元。由于该增加额与合同变更前已承诺的可变对价相关，因此应首先将该增加额分摊给A产品和B产品，之后再将分摊给B产品的部分在B产品和C产品形成的新合同中进行二次分摊。在本例中，由于A、B和C产品的单独售价相同，在将40元的可变对价后续变动分摊至A产品和B产品时，各自分摊的金额为20元。由于甲公司已经转让了A产品，在交易价格发生变动的当期即应将分摊至A产品的20元确认为收入。之后，甲公司将分摊至B产品的20元平均分摊至B产品和C产品，即各自分摊的金额为10元，经过上述分摊后，B产品和C产品的交易价格金额均为460元（450+10）。因此，甲公司分别在B产品和C产品控制权转移时确认收入460元。

解析

1.计算过程简化描述

上述内容比较复杂，现简单描述如下（本例前提：A、B、C产品单独售价均相等）：

老合同包括A、B产品，交易价格1 200元（1 000元固定价格+200元可变对价），由于可变对价不符合分摊至其中一项履约义务的条件（详见之前案例解析），因此全部分摊至A、B产品各600元，A产品已经交付。

合同增加了C产品300元，合同变更属于原合同剩余部分与新增部分形成新合同情形。（新增加的明确可区分的C产品，但其售价不反映C产品的单独售价，未转让商品与已转让商品可明确区分，属于合同变更中的第二种情形）。新合同交易价格：剩余B产品600元+新增C产品300元=900（元），B、C产品各分摊450元。

甲公司重新估计可变对价增加了40元，该增加额与合同变更前已承诺的可变对价相关，首先在A、B产品之间各分摊20元，然后再将分摊给B产品的部分20元在B、C产品之间二次分摊：B分摊10元，C分摊10元。

结果：

A分摊交易价格：600+20=620（元）；

B分摊交易价格：450+10=460（元）；

C分摊交易价格：450+10=460（元）；

交易价格合计=620+460+460=1 000+300+240=1 540（元）。

2. 甲公司账务处理

（1）2020年11月1日，当A产品交付给客户时：

借：应收账款	678
贷：主营业务收入——A产品	600
应交税费——应交增值税（销项税额）	78

（2）2020年12月31日，甲公司重新估计可变对价，增加了交易价格40元，A产品分摊了20元的交易价格。

借：应收账款	22.6
贷：主营业务收入——A产品	20
应交税费——应交增值税（销项税额）	2.6

（3）甲公司分别在B产品和C产品控制权转移时确认收入460元：

借：应收账款	519.8
贷：主营业务收入——B产品	460
应交税费——应交增值税（销项税额）	59.8
借：应收账款	519.8
贷：主营业务收入——C产品	460
应交税费——应交增值税（销项税额）	59.8

3. 参考《国际财务报告准则第15号——客户合同产生的收入》

90 主体应按照第18段至第21段对合同的修订所导致的交易价格变动进行会计处理。但是，对于合同修订后发生的交易价格变动，主体应当应用第87段至第89段的规定，采用下列方式中更为适用的一种来分摊交易价格的变动：

（1）如果交易价格变动归属于合同修订前已承诺的可变对价金额，并且合同的修订按照第21（1）段进行会计处理，则主体应将交易价格的变动分摊至合同修订前已识别的合同中的履约义务。

（2）在合同的修订依据第20段不作为单独合同进行会计处理的所有其他情况下，主体应将交易价格的变动分摊至修订后的合同中的履约义务（即，合同修订时全部或部分未履行的履约义务）。

4. 应用指南相关规定

交易价格的后续变动。合同开始日之后，由于相关不确定性的消除或环境的其他变化等原因，交易价格可能会发生变化，从而导致企业因向客户转让商品而预期有权收取的对价金额发生变化。交易价格发生后续变动的，企业应当按照在合同开始日所采用的基础将该后续变动金额分摊至合同中的履约义务。企业不得因合同开始日之后单独售价的变动而重新分摊交易价格。

对于**合同变更导致的交易价格后续变动**，应当按照本准则有关合同变更的规定进行会计处理。

合同变更之后发生可变对价后续变动的，企业应当区分下列三种情形分别进行会计处理：

一是合同变更属于本准则第八条（一）规定情形的，企业应当判断可变对价后续变动与哪一项合同相关，并按照分摊可变对价的相关规定进行会计处理。

二是合同变更属于本准则第八条（二）规定情形，且可变对价后续变动与合同变更前已承诺可变对价相关的，企业应当**首先将该可变对价后续变动额以原合同开始日确定的单独售价为基础进行分摊，然后再将分摊至合同变更日尚未履行履约义务的该可变对价后续变动额以新合同开始日确定的基础进行二次分摊。**

三是合同变更之后发生除上述第（一）和（二）种情形以外的可变对价后续变动的，企业应当将该可变对价后续变动额分摊至合同变更日尚未履行（或部分未履行）的履约义务。

案例102

单独售价与合同折扣在实务应用中的难题

甲公司为增值税一般纳税人，与客户签订销售设备合同。

合同约定，甲公司销售设备同时负责安装，并承诺在提供1年质保的基础上再向客户提供3年的免费维保服务。

设备价款1 000万元（不含增值税，下同）；安装服务价款100万元。

甲公司根据计价单计算：1年的质保作价2万元；3年的维保服务金额为10万元。

甲公司向直接使用设备的客户销售均为上述一揽子交易，同时也经常向代理商单独销售相同设备，向代理商销售的价格一般为上述设备金额的90%（900万元）。

解析

1. 该合同一共包括多少单项履约义务

合同中一共包括四个承诺：销售设备、提供安装服务、提供1年质保服务以及3年维保服务。

甲公司提供的1年质保服务是为了保证设备符合既定标准，属于保证类质量保证，因此不构成单项履约义务。

甲公司承诺的超过质保期后提供的3年免费维保服务，在向客户保证所销售的商品符合既定标准之外提供了一项单独的服务，属于服务类质量保证，该服务与设备可明确区分，应作为单项履约义务。

同时，上述承诺未构成重大整合服务、重大修改定制以及高度关联情形，因此在合同中可明确区分。

因此，在该合同下，甲公司的履约义务包括：

销售设备、提供安装服务以及提供3年的维保服务。

提供保证设备符合既定标准的保证类质量保证，应当按照《企业会计准则第13号——或有事项》的规定进行会计处理。

2. 如何确认单项履约义务的单独售价

（1）确认销售设备履约义务的单独售价。

当合同中包含两项或多项履约义务时，需要将交易价格分摊至各单项履约义务，以使企业分摊至各单项履约义务（或可明确区分的商品）的交易价格能够反映其因向客户转让已承诺的相关商品而预期有权收取的对价金额。

单独售价，是指企业向客户单独销售商品的价格。企业在类似环境下向类似客户单独销售某商品的价格，应作为确定该商品单独售价的最佳证据。

本例中，甲公司并没有向类似客户（直接使用设备的客户）单独销售设备，代理商并不是类似客户，因此不能直接将销售给代理商的售价作为确定该商品单独售价的最佳证据。

单独售价无法直接观察的，企业应当综合考虑其能够合理取得的全部相关信息，采用市场调整法、成本加成法、余值法等方法合理估计单独售价，应考虑的信息包括市场情况（如，商品的市场供求状况、竞争、限制和趋势等）、企业特定因素（如，企业的定价策略和实务操作安排等）以及与客户有关的信息（如，客户类型、所在地区和分销渠道等）等；企业应当最大限度地采用可观察的输入值，并对类似的情况采用一致的估计方法。

市场调整法，是指企业根据某商品或类似商品的市场售价，考虑本企业的成本和毛利等进行适当调整后的金额，确定其单独售价的方法。企业可以对其销售商品的市场进行评估，进而估计客户在该市场上购买本企业的商品所愿意支付的价格，也可以参考其竞争对手销售类似商品的价格，并在此基础上进行必要调整以反映本企业的成本及毛利。

本例中，甲公司向代理商的销售折扣，是基于销售模式的可持续性要求，将部分利润让渡给代理商享有。而如果直接向最终客户销售设备，考虑本企业的成本和毛利等进行适当调整后的设备金额为1 000万元（不同的客户和不同的市场条件下，价格有所差异）。同时，根据分摊交易价格的基本原则，分摊的交易价格能够反映其因向客户转让已承诺的相关商品而预期有权收取的对价金额，甲公司认为，1 000万元能够反映因向客户转让设备而预期有权收取的对价金额。因此，甲公司认为使用市场调整法确定的该设备的单独售价为1 000万元是合适的。

（2）确认提供安装服务履约义务的单独售价。

甲公司从未单独向客户提供安装服务，因此安装服务的单独售价无法直接用观察法确定。在使用市场调整法时，根据市场上同类安装服务的价格，同时考虑甲公司的成本和毛利进行适当调整后，甲公司认为100万元确认为安装服务履约义务的单独售价是合适的。

（3）确认提供维保服务履约义务的单独售价。

甲公司综合历史经验以及设备的使用情况，运用成本加成法估计提供维保服务履约义务的金额为10万元，甲公司认为3年的维保服务履约义务确认单独售价为10万元是合适的。

综上，各单项履约义务的单独售价如下：

销售设备履约义务单独售价：1 000万元（市场调整法）；

提供安装服务履约义务单独售价：100万元（市场调整法）；

提供3年维保服务履约义务单独售价：10万元（成本加成法）。

3.确定分摊合同折扣范围

当客户购买的一组商品中所包含的各单项商品的单独售价之和高于合同交易价格时，表明客户因购买该组商品而取得了合同折扣。合同折扣，是指合同中各单项履约义务所承诺商品的单独售价之和高于合同交易价格的金额。企业应当在各单项履约义务之间按比例分摊合同折扣。有确凿证据表明合同折扣仅与合同中一项或多项（而非全部）履约义务相关的，企业应当将该合同折扣分摊至相关的一项或多项履约义务。

本例中，一揽子交易各单项商品的单独售价之和为1 110万元（1 000+100+10），高于合同交易价格1 100万元，表明客户因购买该组商品而取得了合同折扣。

同时满足下列三项条件时，企业应当将合同折扣全部分摊至合同中的一项或多项（而非全部）履约义务：

一是企业经常将该合同中的各项可明确区分商品单独销售或者以组合的方式单独销售；

二是企业也经常将其中部分可明确区分的商品以组合的方式按折扣价格单独销售；

三是归属于上述第二项中每一组合的商品的折扣与该合同中的折扣基本相同，且针对每一组合中的商品的分析为将该合同的整体折扣归属于某一项或多项履约义务提供了可观察的证据。

本例中，甲公司从未将该合同中的各项可明确区分商品单独销售，或者将其中部分可明确区分的商品以组合的方式按折扣价格单独销售给使用设备的客户，未能满足上述条件，应将该合同折扣分摊到合同中识别出的所有履约义务。

分摊结果如表6-2所示。

表6-2 分摊结果

单位：万元

履约义务	合同价格①	单独售价②	分摊率③（1100÷1110）	分摊交易价格④=②×③
销售设备	1000	1000	99.10%	990.99
安装服务	100	100	99.10%	99.10
维保服务	–	10	99.10%	9.91
合　计	1100	1110	99.10%	1100.00

4.甲公司账务处理

（1）确认收入（单位：万元，下同）：

借：应收账款 1 233
　　贷：主营业务收入——销售设备　990.99（1 100×1 000÷1 110）
　　　　　　　　　　——销售安装服务　99.1（1 100×100÷1 110）
　　　　合同负债——维保服务　9.91（1 100×10÷1 110）
　　　　应交税费——应交增值税（销项税额）　130
　　　　　　　　——简易计税　3

> **【提示】** 关于此处简易计税的说明：
>
> 《国家税务总局关于明确中外合作办学等若干增值税征管问题的公告》（国家税务总局公告2018年第42号）第六条规定："一般纳税人销售自产机器设备的同时提供安装服务，应分别核算机器设备和安装服务的销售额，安装服务可以按照甲供工程选择适用简易计税方法计税。
>
> 一般纳税人销售外购机器设备的同时提供安装服务，如果已经按照兼营的有关规定，分别核算机器设备和安装服务的销售额，安装服务可以按照甲供工程选择适用简易计税方法计税。
>
> 纳税人对安装运行后的机器设备提供的维护保养服务，按照'其他现代服务'缴纳增值税。"

（2）计提保证类质保：

　　借：销售费用 2
　　　　贷：预计负债——产品质量保证 2

（3）在一年质保期内发生的维保服务：

　　借：预计负债——产品质量保证
　　　　贷：应付职工薪酬或原材料等

（4）在保修期结束时，将"预计负债——产品质量保证"科目余额冲销，同时冲减销售费用：

　　借：销售费用（负数）
　　借：预计负债——产品质量保证

（5）超过一年质保期发生的维保服务：

　　借：合同履约成本
　　　　贷：应付职工薪酬或原材料等
　　借：合同负债——维保服务

贷：主营业务收入——维保服务（或其他业务收入——维保服务等）

借：主营业务成本（或其他业务成本等）

贷：合同履约成本

（6）超过维保服务期限，将"合同负债——维保服务"科目余额结转：

借：合同负债——维保服务

贷：主营业务收入——维保服务（或其他业务收入——维保服务等）

> 【提示】关于此处计入维保服务收入的说明：
>
> 甲公司在提供了维保服务的前提下，维保服务到期时，企业不再负有向客户提供维保服务的义务，"合同负债——维保服务"科目余额转入维保服务的收入。"合同负债——维保服务"科目的金额表明了甲公司因向客户转让维保服务而预期有权收取的对价。
>
> 如甲公司后续未提供任何维保服务，甲公司未转移维保服务的任何控制权，笔者认为将"合同负债——维保服务"科目余额转入设备收入较为妥当。

5. 参考《国际财务报告准则第15号——客户合同产生的收入》结论基础

分摊折扣（第81段至第83段）

BC281 《国际财务报告准则第15号》规定，如果主体可获得合同中每一项履约义务的可观察售价、并且这些可观察的单独售价能够证明**合同中的折扣全部可明确归属于一项或多项履约义务**，则主体应将折扣全部分摊至合同中的一项或多项（但非所有）履约义务。这一要求很大程度上是基于2010年征求意见稿包含的"合同分割"原则，该原则仅允许在商品或服务是独立定价的基础上将折扣全部分摊至一项或多项履约义务。

BC282 某些反馈意见者质疑《国际财务报告准则第15号》第82段中有关**分摊折扣的要求是否过于严格，并因此产生与某些交易的经济实质不一致的结果**。然而，IASB和FASB指出，纳入这些要求是为了保持单独售价分摊的严谨性和规范性，从而适当限制折扣不应按比例分摊至合同中所有履约义务的情况。

6. 甲公司税务处理

（1）企业所得税。

现行企业所得税相关政策中，尚没有对分摊履约义务从而延迟确认收入的相关规定，因此应在相关年度纳税调增企业所得税收入，在实际发生时再予以调减。从实操的角度来看，企业应着重关注合同负债等相关科目的变动与余额，从而准确调整不同年度的纳税情况。

在减少税会差异的大背景下,希望早日制定与新收入准则差异趋同的税务政策。

(2)增值税。

甲公司销售设备,同时提供了安装服务,后期提供了维保服务,合同金额合计1 100万元(不含税)。在销售设备并同时提供安装服务时,安装服务可能与销售设备一起作为混合销售计征增值税,也可能单独计征增值税。对于维保服务来讲,由于其是销售货物之后发生的,因此维保服务与销售机器设备不能作为混合销售处理,而应该在实际提供维保服务时单独按照6%税率计征增值税。此时的难题在于,甲公司收取价款与提供维保服务产生了时间上的错配:

甲公司收取价款(包括设备和服务)在前,而提供维保服务在以后期间进行,在维保服务实际提供之前,从税法原理上纳税人不应确认维保服务增值税纳税义务,但在实务中采购方在支付价款时可能会向甲公司索取开具全部价款的发票。

对于上述情况,分析以下几种处理方式:

第一,在合同中分别列示所有应税行为的销售额,按照不同税目的不同销售额依照不同的税率或者征收率计征增值税。在销售设备并同时提供安装服务时按照上述规则计征增值税并开具发票。在实际提供维保服务时计征维保服务的增值税。

不过实务中,采购方对此方式的接受程度不同。

第二,甲公司按照销售设备并同时提供安装服务的税率(或征收率)就全部价款开具发票,这可能是实务中采用较多的方式之一,也是采购方接受程度比较高的方式,但严格来讲并不符合税法的相关规定。同时还应注意,甲公司还应考虑维保服务税率变化的价格因素。

第三,以后期间提供维保服务时,在增值税上作为视同销售处理,这是最不符合税理的,也是不正确的处理方式,因收取的价款中已经包含了维保服务的价款,并不构成视同销售。

案例103

向医院无偿提供医疗设备同时销售商品

——租赁和非租赁分摊交易价格

甲公司是医药器材公司,增值税一般纳税人,向乙医院无偿提供医疗设备一台,同时乙医院在3年内须从甲公司采购该设备相关的耗材。该设备所有权属于甲公司。

> **解析**

1. 租赁和非租赁部分进行分拆

《企业会计准则第21号——租赁》第九条规定:"合同中同时包含多项单独租赁的,承租人和出租人应当将合同予以分拆,并分别各项单独租赁进行会计处理。

合同中同时包含租赁和非租赁部分的,承租人和出租人应当将租赁和非租赁部分进行分拆,除非企业适用本准则第十二条的规定进行会计处理,租赁部分应当分别按照本准则进行会计处理,非租赁部分应当按照其他适用的企业会计准则进行会计处理。"

第十一条规定:"在分拆合同包含的租赁和非租赁部分时,承租人应当按照各租赁部分单独价格及非租赁部分的单独价格之和的相对比例分摊合同对价,出租人应当根据《企业会计准则第14号——收入》关于交易价格分摊的规定分摊合同对价。"

本例中,甲公司与乙公司的合同中,包含租赁和非租赁部分,即无偿提供医疗设备使用权(虽然该承诺可能并未体现在书面合同中)以及转让相关耗材,甲公司应当根据《企业会计准则第14号——收入》关于交易价格分摊的规定分摊合同对价。

2. 分摊交易价格

假设3年销售耗材合同交易价格为3 000万元,3年设备使用权市场公允价值为750万元。甲公司经评估认为,销售耗材单独售价为3 000万元,设备使用权单独售价为750万元。

分摊率=3 000÷(3 000+750)=80%;

耗材分摊的交易价格=3 000×80%=2 400(万元);

设备使用权分摊的交易价格=750×80%=600(万元)。

3. 甲公司账务处理

(1)第一年转移耗材控制权时(假设第一年转让耗材的不含税价格为1 000万元):

借:应收账款——乙医院	1 130
贷:主营业务收入——耗材收入	800(1 000×80%)
预收账款——经营租赁收入	200
应交税费——应交增值税(销项税额)	130

> **【提示】** 1.关于此处增值税的说明:
>
> 甲公司销售了耗材,发生了增值税应税行为,并开具了增值税发票,无论账务如何处理,甲公司均应按照货物的税率计算增值税销项税额130万元。

> 而对于无偿提供设备的使用权,理论上,销售耗材同时无偿提供设备的使用权,在增值税上属于销售折扣,无偿提供设备使用权无须视同销售。但在实务中可能很难做到将设备使用权作为折扣开到销售耗材的发票中,因此税务上认可销售折扣的难度较大,实操时很可能按照视同销售租赁服务计征增值税。
>
> 2.关于计入预收账款的说明:
>
> 企业因转让商品收到的预收款适用新收入准则进行会计处理时,不再使用"预收账款"科目及"递延收益"科目。
>
> 本例中,对于租赁预收的款项,仍然可以使用"预收账款"科目。

(2)分期确认租赁收入:

借:预收账款——经营租赁收入

　　贷:其他业务收入——经营租赁收入

(3)计提设备折旧:

借:其他业务支出等

　　贷:累计折旧

07
关于时段履约与时点履约

> **案例104**
> **财政部会计司收入准则应用案例**
> ——保荐服务收入确认时段履约的判断

甲公司与乙公司签订合同，约定在乙公司申请首次公开发行股票时，提供包括依法对乙公司申请文件、证券发行募集文件进行核查，出具保荐意见等保荐服务。乙公司在签订合同后支付10%保荐费，在首次公开发行股票申请被受理后再支付50%保荐费，其余40%保荐费在首次公开发行股票完成后支付，已支付的费用无须返还。如果因乙公司或其他方原因终止合同时（如乙公司首次公开发行股票申请未被受理），甲公司无权收取剩余款项，但可就其发生的差旅费等直接费用获取补偿。根据相关监管要求，保荐人应当结合尽职调查过程中获得的信息对发行人进行审慎核查，对其提供的资料和披露的内容进行独立判断，保荐人的工作底稿应当独立保存至少10年，如果乙公司更换保荐机构，新的保荐机构需要重新执行原保荐机构已完成的保荐工作，并且乙公司需要重新履行申报程序。假定该合同不涵盖承销服务及上市后的持续督导等其他服务。

解析

1. 保荐服务中的各项服务构成单项履约义务

本例中，除非甲公司完成乙公司上市前的全部保荐服务，乙公司不能从甲公司提供的各项服务本身获益，或将其与其他易于获得的资源一起使用并受益，即该保荐服务中的各项服务本身是不能够明确区分的。

2. 判断客户是否在企业履约的同时即取得并消耗企业履约所带来的经济利益

《企业会计准则第14号——收入》（财会〔2017〕22号文件印发）第十一条规定："满足下列条件之一的，属于在某一时段内履行履约义务；否则，属于在某一时点履行履约义务：

（一）客户在企业履约的同时即取得并消耗企业履约所带来的经济利益。

（二）客户能够控制企业履约过程中在建的商品。

（三）企业履约过程中所产出的商品具有不可替代用途，且该企业在整个合同期间内有权就累计至今已完成的履约部分收取款项"。

对于第一个条件，"客户在企业履约的同时即取得并消耗企业履约所带来的经济利益"，应用指南中提出了两种判断方式：

第一种，通过直观的判断获知。例如保洁服务等服务类的合同，可以通过直观的判断获知，企业在履行履约义务（即提供保洁服务）的同时，客户即取得并消耗了企业履约所带来的经济利益。

第二种，如果难以通过直观判断获得上述结论，企业可假定在企业履约的过程中更换为其他企业继续履行剩余履约义务，当该继续履行合同的企业实质上无须重新执行企业累计至今已经完成的工作时，表明客户在企业履约的同时即取得并消耗了企业履约所带来的经济利益。

本例中，采用第二种判断方式，即假设中途更换供应商的方法，如果乙公司在首次发行股票申请过程中更换保荐机构，新的保荐机构需要重新执行原保荐机构已完成的保荐工作，乙公司在甲公司履约的同时并未取得并消耗甲公司提供服务所带来的经济利益。

参考《国际财务报告准则第15号——客户合同产生的收入》结论基础：

客户在主体履约的同时取得即消耗利益［第35（1）段］

BC125　在很多典型的服务合同中，主体的履约仅暂时地创造一项资产，因为该资产由客户同时取得和消耗。在这种情况下，**同时取得和消耗已创造的资产意味着客户在主体履约过程中获得了对主体产出的控制，因此主体的履约义务是在一段时间内履行**。例如，主体承诺代客户处理交易。客户会在每项交易的处理过程中同时取得和消耗相关的利益。

BC126　IASB和FASB留意到，在某些服务类合同中，客户是否取得和消耗主体在一段时间内履约所提供的利益可能并不明确。这是因为"利益"的概念可能具有主观性。考虑下面的例子：根据货运物流合同，主体同意将商品从温哥华运抵纽约市。许多反馈意见者认为，直至商品运抵纽约市之前，客户并未取得主体履约所提供的利益。然而，IASB和FASB认为，**如果商品仅运送一段路程（例如运至芝加哥），而另一主体无需在实质上重新执行主体迄今为止已完成的工作——也就是说，另一主体无需将商品运回温哥华再运抵纽约市，则客户已获得了主体履约所提供的利益**。IASB和FASB认为，在这种情况下，有关另一主体是否需要在实质上重新执行迄今为止已完成的工作的评估结果，可作为确定客户是否在主体履约过程中获得其提供的利益的客观依据。

参照某上市公司公告：

本集团从事证券承销业务在承销合同中约定的**履约义务完成时点**按照合同或协议约定的金额确认收入;本集团从事证券发行上市保荐业务,在合同开始日对保荐业务合同中包含的各单项履约义务进行识别,**并在各单项履约义务完成时点按照合同或协议约定的金额确认收入。**

3.判断客户能否控制企业履约过程中在建的商品

对于上述时段履约与时点履约判断的第二个条件,甲公司按照相关监管要求独立进行核查并出具保荐意见,工作底稿归甲公司所有且应当独立保存至少10年,**乙公司不能控制甲公司正在履行的保荐服务。**

4.判断甲公司是否满足不可替代且收取补偿款项的条件

对于上述时段履约与时点履约判断的第三个条件,虽然甲公司是针对乙公司的具体情况提供保荐服务,该服务具有不可替代用途,但是,该合同约定首付款仅10%,后续进度款直到首发申请被受理及首发完成才支付,并且由于乙公司或其他方原因终止合同时,甲公司无权收取剩余款项,仅可就发生的差旅费等直接费用获取补偿,因此,上述情况表明甲公司并不能在整个合同期间内任一时点就累计至今已完成的履约部分收取能够补偿其已发生成本和合理利润的款项。

综合上述情况,甲公司提供的保荐服务不满足在某一时段内履行履约义务的条件,属于在某一时点履行的履约义务。

5.甲公司账务处理

假设合同价款不含税1 000万元,甲公司增值税税率6%(单位:万元)。

(1)签订合同后收取10%保荐费:

借:银行存款	106
贷:合同负债——乙公司	100
应交税费——待转销项税额	6

【提示】1.关于此处记入"合同负债"科目的说明:

甲公司在签订合同时尚未提供任何服务,此时收到的款项表明将来向客户转让商品或服务的义务,因此记入"合同负债"科目。同时根据"合同负债"的定义,该科目核算的是向客户转让商品的义务,因此其核算内容不应包括相关增值税额。

2.关于记入"应交税费——待转销项税额"科目的说明:

在签订合同时点,甲公司并未向乙公司提供任何增值税应税行为,未发生增

> 值税纳税义务,因此应记入"应交税费——待转销项税额"科目。如果此时甲公司应乙公司要求开具了增值税发票,在实务中甲公司很可能需进行增值税申报。

观点讨论:在增值税纳税义务发生之前开具发票的争议。

对于在发生应税行为之前,纳税人可否开具增值税发票的问题,实务中争议比较大,现对此分析如下:

根据《国家税务总局关于修订〈增值税专用发票使用规定〉的通知》(国税发〔2006〕156号)第十一条规定,增值税专用发票应"按照增值税纳税义务的发生时间开具",纳税人在发生增值税应税行为之前不应开具增值税专用发票。

对于增值税专用发票之外的发票:

《营业税改征增值税试点实施办法》第四十五条规定,"增值税纳税义务、扣缴义务发生时间为:(一)纳税人发生应税行为并收讫销售款项或者取得索取销售款项凭据的当天;先开具发票的,为开具发票的当天"。

此处的争议在于,纳税人以开具发票(非增值税专用发票)的当天为增值税纳税义务发生时间,是否以纳税人发生应税行为为前提。

笔者认为,增值税的纳税义务发生时间应在发生应税行为的前提下,在这个大的前提下,再考虑纳税人收讫销售款项时间、取得索取销售款项凭据时间,以及开具发票时间孰早的原则,即"一个前提,三个时点"的增值税纳税义务发生时间的判断标准,因此,纳税人以开具发票的当天为纳税义务发生时间的前提,是纳税人发生应税行为。

同时,增值税专用发票明确规定必须在发生应税行为的前提下开具,为保持增值税专用发票与增值税普通发票征税原则的一致,增值税普通发票也应在发生应税行为的前提下开具。

实务中有些情况下纳税人在增值税应税行为之前即开具增值税发票并申报,该行为其实并不符合相关税法规定。

《国家税务总局货劳司——营改增培训参考资料(20160415)》中的解释如下:

> 如何理解"先开具发票的,纳税义务发生时间为开具发票的当天"纳税人发生应税行为,由于增值税实行凭专用发票抵扣税款的办法,购买方在取得销售方开具的专用发票后,即使尚未向提供方支付相关款项,仍然可以按照有关规定凭专用发票抵扣进项税额。因此,如果再以收讫销售款项或者取得索取销售款项凭据的当天作为销售方的纳税义务发生时间,就会造成增值税的征收与抵扣相脱

节，即：销售方尚未申报纳税，购买方已经提前抵扣了税款。此外，为使纳税人开具增值税普通发票与开具专用发票的征税原则保持一致。本条规定：如果纳税人发生应税行为时先开具发票的，纳税义务发生时间为开具发票的当天。

需要注意的是，**以开具发票的当天为纳税义务发生时间的前提，是纳税人发生应税行为。**

（2）合同开始日提供保荐服务时：

借：应交税费——待转销项税额　　　　　　　　　　　　　　6
　　贷：应交税费——应交增值税（销项税额）　　　　　　　6

【提示】关于增值税纳税义务发生时间的说明：

《营业税改征增值税试点实施办法》第四十五条规定，"增值税纳税义务、扣缴义务发生时间为：（一）纳税人发生应税行为并收讫销售款项或者取得索取销售款项凭据的当天；先开具发票的，为开具发票的当天"。

根据上述规定，甲公司提供了保荐服务即发生了应税行为，收讫销售款项（包括发生应税行为之前收到的10%预收款）即达到了增值税纳税义务发生时间，此时应确认增值税纳税义务。

（3）首次公开发行股票申请被受理后收取50%保荐费（甲公司向乙公司开具了增值税专用发票）：

借：应收账款——乙公司　　　　　　　　　　　　　　　　530
　　贷：合同负债——乙公司　　　　　　　　　　　　　　500
　　　　应交税费——应交增值税（销项税额）　　　　　30（500×6%）
借：银行存款　　　　　　　　　　　　　　　　　　　　　530
　　贷：应收账款——乙公司　　　　　　　　　　　　　　530

【提示】1.关于提供服务后，收取的款项计入"合同负债"的说明：

"合同负债"核算企业已收或应收客户对价而应向客户转让商品的义务，但本例中甲公司收取乙公司的50%保荐费时，已经向乙公司提供了相关的服务，是否还符合"合同负债"的定义？

笔者认为，向客户转让商品的义务，指的是转让商品的控制权的义务，如为在某一段时间内履行的履约义务，则可理解为阶段性地向客户转移商品的控制权，因此阶段性地确认收入。本例中，虽然甲公司已经提供了服务，但甲公司提供的保荐服务不属于在某一段时间内履行的履约义务，即甲公司并未在履约过程中向客户转让服务的控制权，在此之前，已收或应收客户对价不应计入收入，而应计入"合同负债"，表明收取乙公司的款项而将来向乙公司转让服务控制权的义务。

因此，笔者认为，"合同负债"核算的是将来向客户转移商品控制权的义务，而不仅仅是简单交付商品或者提供服务的义务。

综上，企业在没有转移商品控制权之前已收或应收客户对价，计入"合同负债"较为妥当。

2.关于此处记入"合同负债"科目而不是使用"合同结算"科目的说明：

应用指南规定："合同资产和合同负债应当在资产负债表中单独列示。同一合同下的合同资产和合同负债应当以净额列示，不同合同下的合同资产和合同负债不能互相抵销。

通常情况下，企业对其已向客户转让商品而有权收取的对价金额应当确认为合同资产或应收账款；对于其已收或应收客户对价而应向客户转让商品的义务，应当按照已收或应收的金额确认合同负债。由于同一合同下的合同资产和合同负债应当以净额列示，企业也可以设置'合同结算'科目（或其他类似科目），以核算同一合同下属于在某一时段内履行履约义务涉及与客户结算对价的合同资产或合同负债，并在此科目下设置'合同结算——价款结算'科目反映定期与客户进行结算的金额，设置'合同结算——收入结转'科目反映按履约进度结转的收入金额。资产负债表日，'合同结算'科目的期末余额在借方的，根据其流动性，在资产负债表中分别列示为'合同资产'或'其他非流动资产'项目；期末余额在贷方的，根据其流动性，在资产负债表中分别列示为'合同负债'或'其他非流动负债'项目。"

根据上述规定，企业设置"合同结算"科目主要是核算同一合同下属于在某一时段内履行履约义务涉及与客户结算对价的合同资产或合同负债，且其主要目的是为了同一合同下的合同资产和合同负债以净额列示，而且该科目可以选择设置。

本例中，甲公司提供的保荐服务不属于在某一时段内履行的履约义务，因此不使用"合同结算"科目，使用"合同负债"科目更为妥当。

3.关于此处新收入准则和企业所得税确认收入的差异：

《国家税务总局关于确认企业所得税收入若干问题的通知》（国税函〔2008〕

875号)第二条规定:"企业在各个纳税期末,提供劳务交易的结果能够可靠估计的,应采用完工进度(完工百分比)法确认提供劳务收入。

(一)提供劳务交易的结果能够可靠估计,是指同时满足下列条件:

1. 收入的金额能够可靠地计量;
2. 交易的完工进度能够可靠地确定;
3. 交易中已发生和将发生的成本能够可靠地核算"。

本例中,甲公司收入的金额能够可靠地计量,交易的完工进度能够可靠地确定,交易中已发生和将发生的成本能够可靠地核算,因此,甲公司提供劳务交易的结果能够可靠估计,在企业所得税上,应采用完工进度(完工百分比)法确认提供劳务收入。而根据本例前述分析,在新收入准则上甲公司不能在履约过程中分期确认收入,而应在某一时点确认收入,此处产生了税会差异。

(4)在首次公开发行股票完成后收取40%保荐费(甲公司向乙公司开具了增值税专用发票):

借:应收账款——乙公司　　　　　　　　　　　　　　　　424
　　贷:合同负债——乙公司　　　　　　　　　　　　　　　400
　　　　应交税费——应交增值税(销项税额)　　24(400×6%)
借:银行存款　　　　　　　　　　　　　　　　　　　　　424
　　贷:应收账款——乙公司　　　　　　　　　　　　　　　424
借:合同负债——乙公司　　　　　　　　　　　　　　　1 000
　　贷:主营业务收入　　　　　　　　　　　　　　　　　1 000

【提示】首次公开发行股票完成后,甲公司已将提供的保荐服务的控制权转移给乙公司,应在此时点确认收入。

(5)如果首次公开发行股票未完成,甲公司不能收到40%保荐费。之前收取的款项无须退还,该款项是之前已经提供的保荐服务获得的对价,应将该无须退还的款项确认为收入。

借:合同负债——乙公司　　　　　　　　　　　　　　　　600
　　贷:主营业务收入　　　　　　　　　　　　　　　　　　600

【提示】关于将该无须退还的款项确认收入的说明：

根据新收入准则的核心原则，客户主导该商品的使用并从中获得几乎全部的经济利益，才符合控制权转移的定义，企业才能符合确认收入的条件。此处乙公司并没有从甲公司提供的服务中获益（首次公开发行股票未完成），甲公司可否确认收入？

笔者认为，虽然最终客户没有因该服务受益，但是鉴于甲公司已经提供了服务，也不再负有向客户转让商品的剩余义务，且已向客户收取的对价（包括全部或部分对价）无须退回，相关合同已经终止时，将该部分对价确认为收入较为妥当。

参考以下案例：

A企业为客户提供研发服务，收取了对价。客户取得该研发成果后，与其他企业提供的研发服务结合在一起研发某新型产品，历经三年时间最终未研发成功，最终的结果表明客户并未从A企业提供的研发服务中受益，但A企业并不能因此而不确认提供研发服务的相关收入。因此笔者认为，控制权中的客户是否受益是企业的职业判断，而并不要求客户在客观情况中真正地受益。

6.应用指南相关规定

满足下列条件之一的，属于在某一时段内履行履约义务，相关收入应当在该履约义务履行的期间内确认：

①客户在企业履约的同时即取得并消耗企业履约所带来的经济利益。企业在履约过程中是持续地向客户转移企业履约所带来的经济利益的，该履约义务属于在某一时段内履行的履约义务，企业应当在履行履约义务的期间确认收入。对于例如保洁服务的一些服务类的合同而言，**可以通过直观的判断获知，企业在履行履约义务（即提供保洁服务）的同时，客户即取得并消耗了企业履约所带来的经济利益。对于难以通过直观判断获知结论的情形，企业在进行判断时，可以假定在企业履约的过程中更换为其他企业继续履行剩余履约义务，当该继续履行合同的企业实质上无需重新执行企业累计至今已经完成的工作时，表明客户在企业履约的同时即取得并消耗了企业履约所带来的经济利益。**例如，甲公司承诺将客户的一批货物从A市运送到B市，假定该批货物在途经C市时，由乙运输公司接替甲公司继续提供该运输服务，由于A市到C市之间的运输服务是无需重新执行的，表明客户在甲公司履约的同时即取得并消耗了甲公司履约所

带来的经济利益，因此，甲公司提供的运输服务属于在某一时段内履行的履约义务。

企业在判断其他企业是否实质上无需重新执行企业累计至今已经完成的工作时，应当基于下列两个前提：一是不考虑可能会使企业无法将剩余履约义务转移给其他企业的潜在限制，包括合同限制或实际可行性限制，在上述甲公司提供运输服务的例子中，甲公司为客户提供运输服务时，双方可能会在合同中约定，合同双方均不得解除合同，在进行上述判断时不需要考虑这一约定；二是假设继续履行剩余履约义务的其他企业将不会享有企业目前已控制的、且在剩余履约义务转移给其他企业后仍然控制的任何资产的利益。

7. 总结：时段履约三种情况的实质理解

在某一时段内履行的履约义务，意味着该履约义务很可能分阶段确认收入。新收入准则对于时段履约列举了三种情况，这三种情况实际上都是一个主旨：客户取得了企业在履约过程中创造的资产的控制权。

第一种情况，客户在企业履约的同时即取得并消耗企业履约所带来的经济利益。

客户同时取得和消耗企业已创造的资产（服务理解为企业临时创造的资产），意味着客户在企业履约过程中获得了对企业产出的控制权，该控制权是在一段时间内逐步转移给客户的，因此根据控制权转移确认收入的原则，应在某一段时间内逐步确认收入。

第二种情况，客户能够控制企业履约过程中在建的商品。

由于客户控制了企业产出的所有在产品，客户在企业提供商品时获得其利益，因此该履约义务在一段时间内按照履约进度逐步确认收入。

第三种情况，企业履约过程中所产出的商品具有不可替代用途，且该企业在整个合同期间内有权就累计至今已完成的履约部分收取款项。

如果企业履约过程中所产出的商品不具有不可替代用途，企业可以轻易地将履约过程中创造的资产用于其他客户，则说明客户没有控制该资产。

如果企业在整个合同期间内有权就累计至今已完成的履约部分收取款项，则客户有义务就企业履约付款的事实表明客户已获得企业履约所提供的利益。

总而言之，客户控制了企业在履约过程中创造的资产，则履约义务作为在某一时段履行的履约义务，体现了新收入准则中"控制"的核心思想。

案例105
财政部会计司收入准则应用案例
——定制软件开发服务的时段履约判断

甲公司与乙公司签订合同,为其开发一套定制化的软件系统。合同约定,为确保系统安全以及开发后迅速与乙公司的系统对接,甲公司需在乙公司的办公现场通过乙公司的内部模拟系统进行软件开发,开发过程中所形成的全部电脑程序、代码等应储存于乙公司的内部模拟系统中,开发人员不得将程序代码等转存于其他电脑中,开发过程中形成的程序、文档等所有权和知识产权属于乙公司所有。**如果甲公司中途被替换,则其他供应商无法利用甲公司已完成工作,而需要重新执行软件定制工作。**乙公司对甲公司形成的代码和程序没有合理用途,乙公司并不能利用开发过程中形成的程序、文档,并从中获取利益。乙公司将组织里程碑验收和终验,并按照合同约定分阶段付款,其中预付款比例为合同价款的5%,里程碑验收时付款比例为合同价款的65%,终验阶段付款比例为合同价款的30%,如果乙公司违约,需支付合同价款10%的违约金。

解析

1. 判断甲公司的定制软件开发服务是否属于在某一段时间内履行的履约义务

根据新收入准则第十一条关于时段履约与时点履约判断的三个条件,判断该服务是否属于在某一段时间内履行的履约义务:

(1)假设中途更换供应商,需重新执行之前已经执行的工作。

如果甲公司被中途更换,则其他供应商无法利用甲公司的工作,而需重新执行软件定制工作,所以乙公司在甲公司履约的同时并未取得并消耗甲公司软件开发所带来的经济利益。

(2)客户不能控制在建商品。

甲公司虽然在乙公司办公场地的模拟系统中开发软件产品,乙公司也拥有开发过程中所形成的所有文档、程序所有权和知识产权,可以主导其使用,但上述安排主要是基于信息安全的考虑,乙公司并不能合理利用开发过程中创建的程序、文档,并从中获得全部的经济利益,所以乙公司不能控制甲公司履约过程中在建的商品。

【提示】并不是只要企业在客户的场地进行履约活动，即判断客户能够控制企业履约过程中在建的商品，还需结合其他条件进行综合分析。如本例，虽然企业在客户的办公场地履约，但客户不能从企业创建过程中的产出受益，因此客户没有取得甲公司履约过程中在建的商品的控制权。

（3）履约过程中的商品不可替代，但整个合同期间不能收回已履约部分的成本加合理利润的款项。

甲公司履约过程中产出的商品为定制软件，具有不可替代用途，但是乙公司根据合同约定分期付款，预付款仅5%，后续进度款仅在相关里程碑达到终验时才支付，且如果乙公司违约，仅需支付合同价款10%的违约金，表明甲公司并不能在整个合同期间内任一时点就累计至今已完成的履约部分收取能够补偿其已发生成本和合理利润的款项。

综上所述，该定制开发软件不满足属于在某一时段内履行履约义务的条件，属于在某一时点履行的履约义务。

2.甲公司账务处理

假设合同价款含税价10 600万元，增值税适用税率为6%（单位：万元）。

（1）收到5%预付款时：

借：应收账款——乙公司　　　　　　　　　　530（10 600×5%）
　　贷：合同负债——乙公司　　　　　　　　　　500
　　　　应交税费——待转销项税额　　　　　　　30（500×6%）

【提示】此时尚未发生应税行为，因此未达到增值税纳税义务发生时间，将增值税相关金额记入"应交税费——待转销项税额"科目。

借：银行存款　　　　　　　　　　　　　　　530
　　贷：应收账款——乙公司　　　　　　　　　　530

（2）开始提供服务时：

借：应交税费——待转销项税额　　　　　　　30
　　贷：应交税费——应交增值税（销项税额）　　30

（3）里程碑验收时付款比例为合同价款的65%：

借：应收账款——乙公司　　　　　　　　　　6 890（10 600×65%）

贷：合同负债——乙公司		6 500
应交税费——应交增值税（销项税额）		390（6 500×6%）
借：银行存款		6 890
贷：应收账款——乙公司		6 890

（4）终验阶段付款比例为合同价款的30%：

借：应收账款		3 180（10 600×30%）
贷：合同负债——乙公司		3 000
应交税费——应交增值税（销项税额）		180

（5）转移定制软件控制权确认收入时：

借：合同负债——乙公司		10 000
贷：主营业务收入		10 000

3.甲公司税会差异

（1）增值税税会差异。

会计在控制权转移时一次性确认收入，增值税纳税义务应遵循《营业税改征增值税试点实施办法》第四十五条规定，即"增值税纳税义务、扣缴义务发生时间为：

（一）纳税人发生应税行为并收讫销售款项或者取得索取销售款项凭据的当天；先开具发票的，为开具发票的当天。

收讫销售款项，是指纳税人销售服务、无形资产、不动产过程中或者完成后收到款项。

取得索取销售款项凭据的当天，是指书面合同确定的付款日期；未签订书面合同或者书面合同未确定付款日期的，为服务、无形资产转让完成的当天或者不动产权属变更的当天"。

本例中，纳税人已经发生了应税行为，无论是否按照合同约定阶段收款，在合同约定的收款日期均应确认增值税纳税义务。

【提示】对于预收的款项期限超过12个月的货物与服务不同的增值税待遇说明：

如果销售生产工期超过12个月的大型设备、船舶、飞机等货物，则收到预收款或者书面合同约定的收款日期的当天即达到了增值税纳税义务时间，但是对于本例中超过12个月的开发服务，现阶段并没有类似的政策，在收到预收款或者书面合同约定的收款日期的当天并不需要确认增值税纳税义务发生时间。

相关文件如下:

《增值税暂行条例实施细则》第三十八条:

"条例第十九条第一款第(一)项规定的收讫销售款项或者取得索取销售款项凭据的当天,按销售结算方式的不同,具体为:……(四)采取预收货款方式销售货物,为货物发出的当天,但生产销售生产工期超过12个月的大型机械设备、船舶、飞机等货物,为收到预收款或者书面合同约定的收款日期的当天"。

(2)企业所得税税会差异。

甲公司虽然在会计上未阶段性计入收入,但是在企业所得税上应按照相关规定,在符合条件的情况下,根据开发的完工进度确认收入。

注意,本例中的里程碑验收时付款比例为合同价款的65%,以及终验阶段付款比例为合同价款的30%,这些付款比例并不代表完工进度,企业所得税仍然需要根据相关规定计算完工进度确认收入。

相关规定如下:

①《企业所得税法实施条例》:

第二十三条 企业的下列生产经营业务可以分期确认收入的实现:

……

(二)企业受托加工制造大型机械设备、船舶、飞机,以及从事建筑、安装、装配工程业务或者提供其他劳务等,持续时间超过12个月的,按照纳税年度内完工进度或者完成的工作量确认收入的实现。

②《国家税务总局关于确认企业所得税收入若干问题的通知》(国税函〔2008〕875号):

二、企业在各个纳税期末,提供劳务交易的结果能够可靠估计的,应采用完工进度(完工百分比)法确认提供劳务收入。

……

(四)下列提供劳务满足收入确认条件的,应按规定确认收入:

……

3.软件费。为特定客户开发软件的收费,应根据开发的完工进度确认收入。

案例106

履约同时即取得并消耗经济利益
——阶段性的成果转移交付

某股份有限公司首次公开发行股票招股说明书的部分内容如下：

设计业务通常包括初步设计、招标设计、施工图设计、施工配合、后续服务等五个阶段，设计类业务有特定的产出成果（如设计图纸），**在项目服务过程中会产生成果的转移交付，并取得相应的客户确认或第三方证据**。因此，发行人以不同阶段成果的转移交付作为进度确认节点，以客户确认或第三方证据作为依据，按已完成进度节点工作量占项目全部工作量的比例确认收入。

解析

1. 阶段性的成果转移交付后，如中途更换供应商，新供应商无须重新执行已履约部分

企业如果在项目服务过程中产生成果的转移交付，并取得相应的客户确认或第三方证据，那么假定在企业履约的过程中更换为其他企业继续履行剩余履约义务，由于客户已经取得了阶段性的成果，新供应商很可能无须重新执行企业累计至今已经完成的工作，直接利用企业之前已经形成并交付的成果，因此，企业判断客户在企业履约的同时即取得并消耗了企业履约所带来的经济利益。

此外，从另一个角度，由于公司将产出成果转移交付给客户，则客户很可能获得了在建商品或者服务的控制权。

因此，该业务属于在某一时段内履行的履约义务，相关收入应当在该履约义务履行的期间内按照履约进度确认。

2. 关于服务类履约义务时段履约的误区澄清

如本例中的设计服务，一般来讲，在最终设计方案完成，图纸通过验收后，设计服务才可能使客户获得经济利益，因此有观点认为，类似此种设计服务不能作为在某一时段内履行的履约义务。实际上我们还要考虑应用指南给予的另一个判定标准，即假定在企业履约的过程中更换为其他企业继续履行剩余履约义务，当该继续履行合同的企业实质上无须重新执行企业累计至今已经完成的工作时，表明客户在企业履约的同时即取得并消耗了企业履约所带来的经济利益。此时可以判断该设计服务属于在某一时段内履行的履约义务。

这仍然体现了新收入准则中"控制"的核心理念。

3. 参考《国际财务报告准则第15号——客户合同产生的收入》示例14

IE69　主体与客户订立一项提供咨询服务的合同，服务的结果为主体向客户提供的专业意见。专业意见与该客户特有的事实和情况相关。如果客户基于并非主体未能按承诺履约之外的其他原因终止该咨询合同，合同要求客户按主体已发生的成本加上15%的毛利对主体作出补偿。该15%的毛利率近似于主体从类似合同赚取的毛利率。

IE70　主体考虑了《国际财务报告准则第15号》第35（1）段的标准和附录二应用指南第3段和第4段的要求以确定客户是否同时取得及消耗主体履约所提供的利益。**如果主体未能履行其义务且客户聘请另一家咨询公司提供意见，则另一家咨询公司将需要在实质上重新执行主体迄今为止已完成的工作，因为另一家咨询公司将无法从主体已执行的任何进行中的工作中获益。**专业意见的性质使得该客户只有在收到专业意见后才能取得主体履约所提供的利益。据此，主体得出结论，认为该合同并未满足《国际财务报告准则第15号》第35（1）段的标准。

案例107
检测服务收入确认时点

某股份有限公司首次公开发行股票招股说明书的部分内容如下：

公司主要提供电力系统二次设备检测服务，并衍生零星的与之相关的技术服务和产品销售。

（1）电力系统二次设备检测服务。

公司与客户之间的产品检测委托服务合同通常仅包含提供检测服务并出具检验报告形式的检验结果的履约义务。由于提供检测服务并出具检验报告形式的检验结果的控制权在公司将检验报告形式的检验结果交付客户时转移至客户（由于非公司原因造成交付劳务成果延后的，在检测工作及撰写报告完成后视同成果已交付），公司在相应的履约义务履行后，**并将检验报告形式的检验结果交付客户，收到价款或取得收取价款的证明时，确认收入。**

（2）与电力系统二次设备检测服务相关的技术服务。

公司与客户之间的技术服务合同通常仅包含提供技术服务的履约义务。由于提供技术服务的控制权在客户验收时转移至客户，公司在相应的履约义务履行后，经客户验收确认，收到价款或取得收取价款的证明时，确认收入。

（3）与电力系统二次设备检测服务相关的产品销售。

公司与客户之间的销售商品合同通常仅包含设备销售并安装调试的履约义务。由于设备销售并安装调试履约义务的控制权在客户验收时转移至客户，公司在相应的履约义务履行后，经客户验收合格，收到价款或取得收取价款的证明时，确认收入。

解析

1.设备检测服务是否属于在某一时段履行的履约义务的判断

在公司提供设备检测服务的过程中，客户并不能同时取得并消耗公司履约所带来的经济利益，而且在此过程中，并没有任何阶段性成果的交付与验收。假设中途更换检测服务的公司，新的公司需重新执行公司之前已经履行的工作，因此，客户在企业履约的同时不能取得并消耗公司履约所带来的经济利益。

公司在履约过程中，并没有任何阶段性成果的交付与验收，客户不能控制公司在履约过程中产生的商品或服务。

公司的设备检测服务针对客户进行，因此该服务具有不可替代用途，但没有合同相关条款支持公司在整个合同期间内任一时点就累计至今已完成的履约部分收取能够补偿其已发生成本和合理利润的款项。

综上所述，公司提供的设备检测服务不属于在某一时段内履行的履约义务，而属于在某一时点履行的履约义。

与设备检测服务相关的技术服务的分析同上。

2.设备检测服务相关的产品销售

公司与客户之间的销售商品合同通常仅包含设备销售并安装调试的履约义务，一般情况下，销售设备和安装服务在商品本身层面可以明确区分，在合同层面，如没有重大整合服务、重大定制修改以及高度关联的情形，也可明确区分，因此一般来讲，这是两项单独的履约义务，分别在控制权转移时确认收入的实现。

案例108

财政部会计司收入准则应用案例
——药品实验服务收入确认时假设中途更换供应商法的两个前提的理解

甲公司与乙公司签订合同，为其进行某新药的药理药效实验。合同约定，甲公司按照乙公司预先确定的实验测试的材料、方式和次数进行实验并记录实验结果,且需向乙公司实时汇报和提交实验过程中所获取的数据资料,实验完成后应向乙公司提交一份药理药效实验报告,用于乙公司后续的临床医药实验。假定该合同仅包含一项履约义务。该项实验工作的流程和所使用的技术相对标准化,如果甲公司中途被更换,乙公司聘请另一家实验类企业(以下简称新聘企业)可以在甲公司已完成的工作基础上继续进行药理药效实验并提交实验报告,新聘企业在继续履行剩余履约义务时将不会享有甲公司目前已控制的、且在将剩余履约义务转移给该企业后仍然控制的任何资产的利益。

本例中,甲公司在判断其他企业是否实质上无须重新执行甲公司累计至今已经完成的工作时,应当基于下列两个前提:一是不考虑可能会使甲公司无法将剩余履约义务转移给其他企业的合同限制或实际可行性限制;二是假设新聘企业将不享有甲公司目前已控制的、且在将剩余履约义务转移给该新聘企业后仍然控制的任何资产的利益。由于甲公司实验过程中的资料和数据已实时提交给乙公司,且如果在甲公司履约的过程中更换其他企业继续进行药理药效实验,其他企业可以在甲公司已完成的工作基础上继续进行药理药效实验并提交实验报告,实质上无须重复执行甲公司累计已经完成的工作,因此,乙公司在甲公司履约的同时即取得并消耗了甲公司履约所带来的经济利益,甲公司提供的实验服务**属于在某一时段内履行的履约义务**。[1]

解析

1. 乙公司在甲公司履约的同时即取得并消耗了甲公司履约所带来的经济利益

本例中,甲公司在履约过程中需向乙公司实时汇报和提交实验过程中所获取的数据资料,且该项实验工作的流程和所使用的技术相对标准化,因此假设当乙公司中途更换供应商时,新供应商可以在甲公司已完成的工作基础上继续进行药理药效实验并提交实验报告,表明客户在企业履约的同时即取得并消耗了企业履约所带来的经济利益。

因此,甲公司该实验服务属于在某一时段内履行的履约义务。

2. 假设中途更换供应商法的两个前提的理解

应用指南规定:"企业在判断其他企业是否实质上无须重新执行企业累计至今已经完成的工作时,应当基于下列两个前提:

---

[1] 本案例分析依据:《企业会计准则第14号——收入》第十一条等相关规定;《企业会计准则第14号——收入》应用指南(2018)》第33—34页等相关内容。

一是不考虑可能会使企业无法将剩余履约义务转移给其他企业的潜在限制，包括合同限制或实际可行性限制，在上述甲公司提供运输服务的例子中，甲公司为客户提供运输服务时，双方可能会在合同中约定，合同双方均不得解除合同，在进行上述判断时不需要考虑这一约定；

二是假设继续履行剩余履约义务的其他企业将不会享有企业目前已控制的、且在剩余履约义务转移给其他企业后仍然控制的任何资产的利益"。

现对上述两个前提解析如下：

（1）不考虑可能会使企业无法将剩余履约义务转移给其他企业的潜在限制。

假设甲乙公司在合同中约定，甲公司向乙公司提供的实验过程中所获取的数据资料，乙公司不能将其交由其他企业继续进行药理药效实验，如果考虑该限制，那么可能得出更换的供应商由于合同限制不能利用甲公司已经完成工作的结论，但该结论实际上很可能不符合业务的实质。这是由于甲公司在实验过程中，已经向乙公司提交了实验过程中的数据资料，而且该项实验工作的流程和所使用的技术相对标准化，乙公司聘请另一家实验类企业可以在甲公司已完成的工作基础上继续进行药理药效实验并提交实验报告。简单理解，如果考虑此限制，很可能得出不准确的结论。

另外，应用指南中的更换供应商是否需要重新执行原已履约部分的判断方式，只是一种假设，即假设更换供应商时，新供应商是否无须重新执行原已履约部分，以此来判断客户是否在企业履约同时即取得并消耗履约带来的经济利益，并不是真的要中途更换。

（2）假设新供应商将不会享有企业目前已控制的、且在剩余履约义务转移给其他企业后仍然控制的任何资产的利益。

如果中途更换新供应商，企业在转移剩余履约义务后仍然控制某些资产的利益，这些资产的利益并没有移交给客户，因此新供应商无法从客户手里拿到这部分资产利益从而在此基础上继续剩余的工作，企业据此判断客户并未在履约同时即取得并消耗了履约所带来的经济利益。

但是如果新供应商通过某种途径享有了上述资产利益（比如向原供应商购买该资产利益），那么新供应商很可能无须重新执行之前的工作，则得出的结论可能是在企业履约同时客户即取得并消耗了履约所带来的经济利益，该结论并不准确且导致运用更换供应商法来判断是否无须重新执行已完成工作失去了意义。

如果新供应商在没有通过其他手段获得上述资产利益的情况下，仍然无须重新执行之前的工作，则很可能说明客户在甲公司履约同时即取得并消耗了甲公司履约所带来的经济利益。

也就是说，如果没有这个假设前提，很可能得出不准确的结论。

为更好地理解，可做如下假设：

甲公司为乙公司提供研发服务，研发到了第一阶段，没有向乙公司移交任何成果，此时假设中途更换了供应商，甲公司将剩余履约义务转移给新供应商，如果新供应商从甲公司处购买该第一阶段成果，则无须重新执行之前已执行的工作，这样的话，即使甲公司没有移交成果也能得出在提供服务时客户即可受益的判断。但是这样的结论明显不准确，因此新收入准则规定，在判断其他企业是否实质上无须重新执行企业累计至今已经完成的工作时，需以假设继续履行剩余履约义务的其他企业将不会享有企业目前已控制的、且在剩余履约义务转移给其他企业后仍然控制的任何资产的利益为前提。

3. 甲公司账务处理

（1）发生成本：

借：合同履约成本

　　贷：应付职工薪酬、银行存款等

（2）按照履约进度确认收入（本例按照产出法更为合理）：

借：合同结算——收入结转

　　贷：主营业务收入

（3）结转主营业务成本：

借：主营业务成本

　　贷：合同履约成本

（4）与客户结算：

借：应收账款

　　贷：合同结算——价款结算

　　　　应交税费——应交增值税（销项税额）或应交税费——待转销项税额

> 【提示】本例中，甲公司提供的服务为在某一时段内履行的履约义务，对于同一合同下属于在某一时段内履行履约义务涉及与客户结算对价的合同资产或合同负债，企业可以设置"合同结算"科目对此进行核算。并在此科目下设置"合同结算——价款结算"科目反映定期与客户进行结算的金额，设置"合同结算——收入结转"科目反映按履约进度结转的收入金额。
>
> 这主要是基于同一合同下的合同资产和合同负债应当以净额列示，以及客户结算与按履约进度结转收入的错配的原因。

案例109
客户能够控制建筑企业履约过程中在建的商品

甲公司与客户签订合同，在客户拥有的土地上按照客户的设计要求为其建造厂房。在建造过程中客户有权修改厂房设计，并与甲公司重新协商设计变更后的合同价款。客户每月末按当月工程进度向甲公司支付工程款。如果客户终止合同，已完成建造部分的厂房归客户所有。

解析

1. 客户可以控制企业在建的商品

本例中，甲公司为客户建造厂房，该厂房位于客户的土地上，客户终止合同时，已建造的厂房归客户所有。这些均表明客户在该厂房建造的过程中就能够控制该在建的厂房。因此，甲公司提供的该建造服务属于在某一时段内履行的履约义务，企业应当在提供该服务的期间内确认收入。

2. 应用指南相关规定

在某一时段内履行履约义务的条件。满足下列条件之一的，属于在某一时段内履行履约义务，相关收入应当在该履约义务履行的期间内确认：

……

②客户能够控制企业履约过程中在建的商品。企业在履约过程中在建的商品包括在产品、在建工程、尚未完成的研发项目、正在进行的服务等，由于客户控制了在建的商品，客户在企业提供商品的过程中获得其利益，因此，该履约义务属于在某一时段内履行的履约义务，应当在该履约义务履行的期间内确认收入。

3. 参考《国际财务报告准则第15号——客户合同产生的收入》结论基础

履约创造或改良了客户在资产被创造时就控制的资产［第35（2）段］

BC129 IASB和FASB纳入该标准以涵盖主体的履约创造或改良了客户在资产被创造或改良时就明确控制该资产的情况。**在这种情况下，由于客户控制了所有在产品，客户在主体提供商品或服务时获得其利益，因此履约义务是在一段时间内履行。** 例如，对于主体在客户的土地上施工的建造合同，客户通常控制主体履约所形成的任何在产品。

> **案例110**
>
> **工期超过12个月的大型设备税会差异**
>
> ——不可替代与收款权利的深度解析

甲公司是一家造船企业，增值税一般纳税人，2020年1月与乙公司签订了一份船舶建造合同（工期2020年1月1日 – 2021年12月31日），按照乙公司的具体要求设计和建造船舶，预计造价1亿元，预计总成本8 000万元。

合同约定，合同签署日乙公司向甲公司支付合同造价10%的款项，开始建造时支付30%的款项，设备建造完成交付验收合格后支付50%的款项，质保期满无质量问题支付剩余10%的款项。

甲公司在自己的厂区内完成该船舶的建造，乙公司无法控制在建过程中的船舶。甲公司如果想把该船舶出售给其他客户，需要发生重大的改造成本。双方约定，如果乙公司单方面解约，乙公司需向甲公司支付相当于合同总价30%的违约金，且建造中的船舶归甲公司所有。假定该合同仅包含一项履约义务，即设计和建造船舶。

以上价格均不包含增值税。

解析

1. 判断甲公司建造船舶是否属于在某一时段内履行的履约义务

（1）客户是否在企业履约的同时即取得并消耗企业履约所带来的经济利益？

客户并没有在甲公司建造船舶的过程中取得并消耗甲公司履约所带来的的经济利益，客户需待甲公司交付船舶后，才能通过使用、出售、出租船舶等方式获得经济利益。

假设中途更换供应商，因客户并没有获得甲公司已经建造部分的控制权，新的供应商需要重新执行之前已经履约的部分，这表明客户并没有在甲公司建造船舶的过程中取得并消耗甲公司履约所带来的的经济利益。

（2）客户是否能够控制企业履约过程中在建的商品？

甲公司在自己的厂区内完成该船舶的建造，乙公司无法控制在建过程中的船舶。

（3）是否符合"履约过程中所产出的商品具有不可替代用途，且该企业在整个合同期间内有权就累计至今已完成的履约部分收取款项"这一条件？

甲公司如果把该船舶出售给其他客户，需要发生重大的改造成本，表明企业将该产品用于其他用途的能力受到实际可行性的限制，因此，该船舶满足"具有不可替代用途"的条件。

双方约定，如果乙公司单方面解约，乙公司需向甲公司支付相当于合同总价30%的违约金，表明甲公司无法在整个合同期间内都有权就累计至今已完成的履约部分收取能够补偿其已发生成本和合理利润的款项。

因此，甲公司为乙公司设计和建造船舶不符合上述三个条件中的任何一个，不属于在某一时段内履行的履约义务。

2. 结合国际财务报告准则相关内容理解上述时段履约的第三条标准

参考《国际财务报告准则第15号——客户合同产生的收入》结论基础：

履约并未创造具有替代用途的资产。

BC134　IASB和FASB制定了替代用途的概念以排除主体的履约并未导致在一段时间内向客户转移对商品或服务的控制的情况。这是因为**当主体的履约创造了可被主体用于替代用途的资产时，主体可以轻易地将资产用于另一客户，因此客户并未在资产被创造时控制该资产**。如果主体制造很多标准的存货类项目，并且主体可任意在与不同客户订立的合同间调换这些项目，则可能会发生这种情况。在这种情况下，客户不能控制资产，因为客户不具备限制主体将资产用于另一客户的能力。

简单理解上述段落：当履约过程中所产出的商品具有替代用途时，说明客户并未在履约过程中控制该资产，客户不具备限制主体将资产用于另一客户的能力。

主体具有就迄今为止已完成的履约部分获得付款的可执行权利。

BC142　IASB和FASB决定，对控制的评估与不具备替代用途和"获得付款的权利"这两项因素之间存在关联。这是因为，如果主体创造的资产不可被主体用于替代用途，则**主体实际上是根据客户的指示建造资产。因此，主体将希望在经济上受到保护以防出现客户终止合同而主体未保留任何资产或只保留对主体而言几乎无价值的资产的风险**。该保护将通过规定若合同被终止则客户必须就迄今为止已完成的履约部分向主体付款来确立。这与通常仅当交换交易中的客户已取得对商品或服务的控制时才有义务付款的其他交换合同相一致。因此，**客户有义务就主体的履约付款（或换言之，无法避免就该履约付款）的事实表明客户已获得主体履约所提供的利益。**

简单理解上述段落：履约过程中的商品具有不可替代用途，说明企业根据客户指示建造资产，因此企业希望经济上受到保护以防出现客户终止合同而企业未保留任何资产或只保留对企业而言几乎无价值的资产的风险。客户有义务就企业的履约付款的事实表明客户已获得了企业履约所提供的利益。

BC143 **IASB和FASB的意图是术语"获得付款的权利"应指就主体迄今为止已完成的履约部分向主体作出补偿的付款,而并非诸如保证金付款或就相关不便之处或利润损失向主体作出补偿的付款。**这是因为制定该标准的基本目标是确定主体是否在为客户创造资产的同时向该客户转移对商品或服务的控制。因此,假定行为是合理的且并无可能存在于客户合同范围外的更多的预期经济利益,则**主体只有在其能够就履行合同涉及的成本获得补偿并取得包含相应成本回报在内的毛利时,才会同意向客户转移对商品或服务的控制。**

简单理解上述段落:企业有权收取的该款项应当大致相当于累计至今已经转移给客户的商品的售价,即该金额应当能够补偿企业已经发生的成本和合理利润。企业有权收取的款项为保证金或仅是补偿企业已经发生的成本或可能损失的利润的,不满足这一条件。

3. 甲公司账务处理

(1)第一年发生履约成本4 000万元(暂不考虑进项税额)(单位:万元,下同):

借:合同履约成本　　　　　　　　　　　　　4 000
　　贷:银行存款、应付职工薪酬等　　　　　　　　4 000

(2)第二年发生履约成本(暂不考虑进项税额):

借:合同履约成本　　　　　　　　　　　　　4 000
　　贷:银行存款、应付职工薪酬等　　　　　　　　4 000

(3)合同签署日收取10%款项时:

借:银行存款　　　　　　　1 130(11 300×10%)
　　贷:合同负债——船舶款　　　　　　　　　　1 130
借:合同负债——增值税　　　　　　　　　　　130
　　贷:应交税费——应交增值税(销项税额)　　　　130

【提示】1.关于此处确认增值税纳税义务发生时间的说明:

《增值税暂行条例实施细则》第三十八条规定:"条例第十九条第一款第(一)项规定的收讫销售款项或者取得索取销售款项凭据的当天,按销售结算方式的不同,具体为:……(四)采取预收货款方式销售货物,为货物发出的当天,但生产销售生产工期超过12个月的大型机械设备、船舶、飞机等货物,为收到预收款或者书面合同约定的收款日期的当天"。

由于甲公司生产该船舶工期超过12个月,因此,在收到预收款时即应确认增值税纳税义务,即使没有收到预收款,在合同约定的收款日期当天也应确认增值税纳税义务发生时间。

2. 关于此处将增值税额记入"合同负债"科目的说明:

为了方便与客户核对合同负债的往来款项(客户一般将预付账款作为含税金额核算),因此将"合同负债——船舶款"核算为含税金额,用此明细科目来与客户核对往来款项。甲公司资产负债表中合同负债项目列示的金额自动为不含税金额。

此种账务处理只是在实务中的经验总结,企业可根据自身实际情况选择合适的账务处理方式。

(4)收取30%款项时:

借:银行存款　　　　　　　　　　　　　　　　3 390(11 300×30%)
　　贷:合同负债——船舶款　　　　　　　　　　　　　　　3 390
借:合同负债——增值税　　　　　　　　　　　　　　　390
　　贷:应交税费——应交增值税(销项税额)　　　　　　　390

【提示】此处确认增值税纳税义务发生时间的说明:

《增值税暂行条例实施细则》第三十八条规定:"条例第十九条第一款第(一)项规定的收讫销售款项或者取得索取销售款项凭据的当天,按销售结算方式的不同,具体为:……(三)采取赊销和**分期收款**方式销售货物,为书面合同约定的收款日期的当天,无书面合同的或者书面合同没有约定收款日期的,为货物发出的当天"。

甲公司建造并销售大型船舶,合同约定分期收款,这属于采取分期收款方式销售货物,应按照合同约定的收款日期当天确认增值税纳税义务时间。在合同约定收取30%款项时间到达时,不论是否实际收到该款项,均应按照该款项确认对应的增值税额。

（5）验收后收取50%款项时：

借：银行存款　　　　　　　　　　　　　　　5 650（11 300×50%）
　　贷：合同负债——船舶款　　　　　　　　　　　　　　5 650
借：合同负债——增值税　　　　　　　　　　650
　　贷：应交税费——应交增值税（销项税额）　　　　　　650

（6）转移设备控制权时：

借：合同负债——船舶款　　　　　　　　　10 170（11 300×90%）
　　贷：主营业务收入　　　　　　　　　　　　　　　　　9 000
　　　　合同负债——增值税　　　　　　　　　　　　　　1 170
借：合同资产　　　　　　　　　　　　　　　1 130（11 300×10%）
　　贷：主营业务收入　　　　　　　　　　　　　　　　　1 000
　　　　应交税费——待转销项税额　　　　　　　　　　　130

【提示】1.关于此处记入"合同资产"科目的说明：

甲公司10%的质保金能否收到，以及收到的金额多少与质量缺陷期内船舶的质量相关，不属于仅仅随着时间的流逝即可收款的权利，该权利除了时间流逝之外，还取决于其他条件才能收取相应的合同对价，此时尚不能计入应收账款，而应计入合同资产。

2.关于此处增值税的说明：

本例中，合同约定甲公司的质保金在质量缺陷期满后才能收取，此时尚未达到书面合同约定的收款日期，无须确认增值税纳税义务。

注意，本例中甲公司提供的不是建筑服务，因此不能按照《国家税务总局关于在境外提供建筑服务等有关问题的公告》（国家税务总局公告2016年第69号）第四条所述的建筑服务的质保金增值税纳税义务发生时间的规定处理。

（7）结转成本：

借：主营业务成本　　　　　　　　　　　　　8 000
　　贷：合同履约成本　　　　　　　　　　　　　　　　　8 000

（8）收到质保金并开具发票时：

借：银行存款　　　　　　　　　　　　　　　1 130
　　贷：合同资产　　　　　　　　　　　　　　　　　　　1 130

借：应交税费——待转销项税额　　　　　　　　　　　　　　　130
　　贷：应交税费——应交增值税（销项税额）　　　　　　　　　　130

4.甲公司企业所得税处理

《企业所得税法实施条例》第二十三条规定："企业的下列生产经营业务可以分期确认收入的实现：

（一）以分期收款方式销售货物的，按照合同约定的收款日期确认收入的实现；

（二）企业受托加工制造大型机械设备、船舶、飞机，以及从事建筑、安装、装配工程业务或者提供其他劳务等，持续时间超过12个月的，按照纳税年度内完工进度或者完成的工作量确认收入的实现。"

根据上述规定，虽然甲公司在账务上没有按照履约进度分期确认收入，但甲公司应在各个纳税期末，按照完工百分比法确认企业所得税收入的实现。

在第一年汇算清缴时，收入账载金额为0元，完工百分比为50%（4 000÷8 000），企业所得税收入金额为5 000万元（10 000×50%），应纳税调增5 000万元，在A105020《未按权责发生制确认收入纳税调整明细表》中的第7行"（二）持续时间超过12个月的建造合同收入"中进行调整。

在第二年汇算清缴时，收入账载金额为10 000万元，企业所得税收入金额为5 000万元（10 000×50%），应纳税调减5 000万元。

企业所得税申报表填报如表7-1、表7-2所示。

表7-1　A105020　未按权责发生制确认收入纳税调整明细表（第一年）

行次	项　目	合同金额（交易金额）	账载金额		税收金额		纳税调整金额
			本年	累计	本年	累计	
		1	2	3	4	5	6（4-2）
5	二、分期确认收入（6+7+8）						
6	（一）分期收款方式销售货物收入						
7	（二）持续时间超过12个月的建造合同收入		0	0	5 000	5 000	5 000
8	（三）其他分期确认收入						
14	合计（1+5+9+13）		0	0	5 000	5 000	5 000

表7-2　A105020　未按权责发生制确认收入纳税调整明细表（第二年）

行次	项目	合同金额（交易金额）	账载金额		税收金额		纳税调整金额
			本年	累计	本年	累计	
		1	2	3	4	5	6（4-2）
5	二、分期确认收入（6+7+8）						
6	（一）分期收款方式销售货物收入						
7	（二）持续时间超过12个月的建造合同收入		10 000	10 000	5 000	10 000	-5 000
8	（三）其他分期确认收入						
14	合计（1+5+9+13）		10 000	10 000	5 000	10 000	-5 000

关于该事项在企业所得税申报表中调整的位置说明：

A105000《纳税调整项目明细表》填报说明第45行"六、其他"：填报其他会计处理与税收规定存在差异需纳税调整的项目金额，**包括企业执行《企业会计准则第14号——收入》（财会〔2017〕22号发布）产生的税会差异纳税调整金额"**。

笔者认为，虽然本事项的税会差异是因为执行新收入准则产生的，但在申报表中有明确的位置可以填报的情况下，还是填在有具体规定的地方更为妥当。

5.应用指南相关规定

在某一时段内履行履约义务的条件。满足下列条件之一的，属于在某一时段内履行履约义务，相关收入应当在该履约义务履行的期间内确认：

……

③企业履约过程中所产出的商品具有不可替代用途，且该企业在整个合同期间内有权就累计至今已完成的履约部分收取款项。

一是，商品具有不可替代用途。具有不可替代用途，是指因合同限制或实际可行性限制，企业不能轻易地将商品用于其他用途。当企业产出的商品只能提供给某特定客户，而不能被轻易地用于其他用途（例如销售给其他客户）时，该商品就具有不可替代用途。在判断商品是否具有不可替代用途时，企业既应当考虑合同限制，也应当考虑实际可行性限制，但无需考虑合同被终止的可能性。企业在判断商品是否具有不可替代用途时，需要注意下列四点：

第一，判断时点是合同开始日。企业应当在合同开始日判断所承诺的商品是否具有不可替代用途，此后，除非发生合同变更，且该变更显著改变了原合同约定的履约义务，否则，企业无需重新进行判断。

第二，考虑合同限制。当合同中存在实质性的限制条款，导致企业不能将合同约定的商品用于其他用途时，该商品满足具有不可替代用途的条件。在判断限制条款是否具有实质性时，应当考虑企业试图把合同中约定的商品用于其他用途时，客户是否可以根据这些限制条款，主张其对该特定商品的权利，如果是，那么这些限制条款就是实质性的；相反，如果合同中约定的商品和企业的其他商品在很大程度上能够互相替换（例如企业生产的标准化产品），而不会导致企业违约，也无需发生重大的成本，则表明该限制条款不具有实质性。此外，如果合同中的限制条款仅为保护性条款，也不应考虑。例如，企业与客户约定，当企业清算时，不能向第三方转让代客户销售的某商品，该限制条款的目的是在企业清算时为客户提供保护，因此，应作为保护性条款，在判断该商品是否具有可替代用途时不应考虑。

第三，考虑实际可行性限制。虽然合同中没有限制条款，但是，当企业将合同中约定的商品用作其他用途，将导致企业遭受重大的经济损失时，企业将该商品用作其他用途的能力实际上受到了限制。企业遭受重大经济损失的原因可能是需要发生重大的返工成本，也可能是只能在承担重大损失的情况下才能将这些商品销售给其他客户。例如，企业根据某客户的要求，为其专门设计并生产了一套专用设备，由于该设备是定制化产品，企业如果将其销售给其他客户，需要发生重大的改造成本，表明企业将该产品用于其他用途的能力受到实际可行性的限制，因此，该产品满足"具有不可替代用途"的条件。

第四，基于最终转移给客户的商品的特征判断。当商品在生产的前若干个生产步骤是标准化的，只是从某一时点（或者某一流程）才进入定制化的生产时，企业应当根据最终转移给客户时该商品的特征来判断其是否满足"具有不可替代用途"的条件。例如，某汽车零部件生产企业，为客户提供定制零部件的生产，该生产通常需要经过四道工序，前两道工序是标准工序，后两道工序是特殊工序，处于前两道工序的在产品，可以用于任一客户的需要，但是，进入第三道工序后的产品只能销售给某特定客户。在企业与该特定客户之间的有关最终产品的合同下，最终产品符合"具有不可替代用途"的条件。

二是，企业在整个合同期间内有权就累计至今已完成的履约部分收取款项。有权就累计至今已完成的履约部分收取款项，是指在由于客户或其他方原因终止合同的情况下，企业有权就累计至今已完成的履约部分收取能够补偿其已发生成本和合理利润的款项，并且该权利具有法律约束力。需要强调的是，合同终止必须是由于客户或其他方而非企业自身的原因所致，在整个合同期间内的任一时点，企业均应当拥有此项权利。企业在进行判断时，需要注意下列五点：

第一，企业有权收取的该款项应当大致相当于累计至今已经转移给客户的商品的售价，即该金额应当能够补偿企业已经发生的成本和合理利润。企业有权收取的款项为保证金或仅是补偿企业已经发生的成本或可能损失的利润的，不满足这一条件。补偿企业的合理利润并不意味着补偿金额一定要等于该合同的整体毛利水平。下列两种情形都属于补偿企业的合理利润：一是根据合同终止前的履约进度对该合同的毛利水平进行调整后确定的金额作为补偿金额。二是如果该合同的毛利水平高于企业同类合同的毛利水平，以企业从同类合同中能够获取的合理资本回报或者经营毛利作为利润补偿。此外，当客户先行支付的合同价款金额足够重大（通常指全额预付合同价款），以致能够在整个合同期间内任一时点补偿企业已经发生的成本和合理利润时，如果客户要求提前终止合同，企业有权保留该款项并无需返还，且有相关法律法规支持的，则表明企业能够满足在整个合同期间内有权就累计至今已完成的履约部分收取款项的条件。

第二，该规定并不意味着企业拥有现时可行使的无条件收款权。企业通常会在与客户的合同中约定，只有在达到某一重要时点、某重要事项完成后或者整个合同完成之后，企业才拥有无条件的收取相应款项的权利。在这种情况下，企业在判断其是否有权就累计至今已完成的履约部分收取款项时，应当考虑，假设在发生由于客户或其他方原因导致合同在该重要时点、重要事项完成前或合同完成前终止时，企业是否有权主张该收款权利，即是否有权要求客户补偿其累计至今已完成的履约部分应收取的款项。

第三，当客户只有在某些特定时点才有权终止合同，或者根本无权终止合同时，客户终止了合同（包括客户没有按照合同约定履行其义务），但是，合同条款或法律法规要求，企业应继续向客户转移合同中承诺的商品并因此有权要求客户支付对价，此种情况也符合"企业有权就累计至今已完成的履约部分收取款项"的要求。

第四，企业在进行判断时，既要考虑合同条款的约定，还应当充分考虑适用的法律法规、补充或者凌驾于合同条款之上的以往司法实践以及类似案例的结果等。例如，即使在合同没有明确约定的情况下，相关的法律法规等是否支持企业主张相关的收款权利；以往的司法实践是否表明合同中的某些条款没有法律约束力；在以往的类似合同中，企业虽然拥有此类权利，却在考虑了各种因素之后没有行使该权利，这是否会导致企业主张该权利的要求在当前的法律环境下不被支持等。

第五，企业和客户之间在合同中约定的付款时间进度表，不一定就表明企业有权就累计至今已完成的履约部分收取款项，这是因为合同约定的付款进度和企业的履约进度可能并不匹配。此种情况下，企业仍需要证据对其是否有该收款权进行判断。

案例111
大型设备建造不能合理确定履约进度

某股份有限公司2020年半年度报告部分内容如下：

集团的营业收入主要包括船舶建造及海工产品、船舶维修、机电产品和钢结构等。收入确认的具体政策和方法如下：

（1）船舶建造及海工产品。

集团提供的船舶建造及海工产品业务，在合同生效日对合同进行评估，判断合同履约义务是否满足"某一时段内履行"条件。

满足"某一时段内履行"条件的，集团在该段时间内按照履约进度确认收入。集团采用投入法确定恰当的履约进度，按累计实际发生的合同成本占合同预计总成本的比例确定。当履约进度不能合理确定时，已经发生的成本预计能够得到补偿的，按照已经发生的成本金额确认收入，直到履约进度能够合理确定为止；如果已经发生的成本预计不可能收回，在发生时立即确认为费用，不确认收入。

集团在合同总收入能够可靠计量、**与合同相关的经济利益很可能流入集团**、实际发生的合同成本能够清楚区分和可靠计量、合同完工进度和为完成合同尚需发生的成本能够可靠确定时，**视为可以合理预见合同结果，履约进度能够合理确定。长期船舶建造及海工产品合同如属首制船，则在履约进度达到50%时，视为可以合理预见合同结果；而对于批量建造的非首制船舶则在履约进度达到30%时，视为可以合理预见合同结果。**

不满足"某一时段内履行"条件的，集团在船舶及海工产品完工交付时根据合同或交船文件确定的交易价格确认收入。

履约义务的说明：

集团的履约义务主要系完成船舶及配套产品的建造、交付及保修等事项，履约义务的时间基本和船舶的完成进度一致，主要包括开工、合拢、进坞、下水、试航、交付等节点。

集团与客户合同中根据节点确定进度款支付的时间和比例，双方按照合同条款履行相应义务，如过程中任何一方发生违约或不能及时履行合同义务的情况，若属于本集团的责任，需退还客户预先支付的款项，并退还已构成的合同资产，**若属于客户的责任，集团有权利要求客户继续履约或对合同履约所发生成本和利润予以补偿**；通常合同的质保期限在1年，对于非故意、航行风险、自然损毁等原因造成的缺陷，企业免于收取费用提供修复服务。

解析

1. 履约进度合理确定与对价很可能收回无关

应用指南规定："对于在某一时段内履行的履约义务，只有当其履约进度能够合理确定时，才应当按照履约进度确认收入。企业如果无法获得确定履约进度所需的可靠信息，则无法合理地确定其履行履约义务的进度。当履约进度不能合理确定时，企业已经发生的成本预计能够得到补偿的，应当按照已经发生的成本金额确认收入，直到履约进度能够合理确定为止"。

根据上述规定，对于在某一时段内履行的履约义务，只有履约进度能够合理确定时，才应当按照履约进度确认收入，否则只能将预计能够得到补偿的已发生成本金额确认收入。但履约进度合理确定的规定中并没有合同对价是否很可能收回的相关规定。

同时，在履约进度的产出法和投入法确认过程中，并未有关于合同对价是否很可能收回的任何表述，也就是说，在履约进度的合理确定中，并没有考虑对价很可能收回这一因素。当对价很可能无法收回时，需按照对价很可能无法收回的规则进行处理（参考本书相关案例）。

2. 根据上述结论，分析本例中的相关表述

本例中公司的相关表述："在合同总收入能够可靠计量、**与合同相关的经济利益很可能流入集团**、实际发生的合同成本能够清楚区分和可靠计量、合同完工进度和为完成合同尚需发生的成本能够可靠确定时，**视为可以合理预见合同结果，履约进度能够合理确定**。长期船舶建造及海工产品合同如属首制船，则在履约进度达到50%时，视为可以合理预见合同结果；而对于批量建造的非首制船舶则在履约进度达到30%时，视为可以合理预见合同结果"。

推断上述表述含义为：与合同相关的经济利益很可能流入集团时，视为可以合理预见合同结果，履约进度能够合理确定。集团在首制船的履约进度达到50%之前（非首制船舶履约进度达到30%前），因不能合理预见合同结果，履约进度不能合理确定，因此并没有按照履约进度分期确认收入，而是在达到上述进度后才按照履约进度分期确认收入。

但实际上，新收入准则中并没有经济利益很可能流入企业或者对价很可能收回是履约进度合理确定的前提类似这样的表述。

以下对新旧收入准则对此规定的差异进行分析：

新收入准则中的"履约进度能够合理确定"，与原建造合同准则中的"合同的结果能够可靠估计"相类似，如果两者不能合理确定，都将导致企业不能按照履约进度确认收入，但是其不同之处在于，满足后者的条件之一是与合同相关的经济利益很可能流入企业，但前者在新收入准则中并没有类似规定。

在新收入准则中，履约进度合理确定是关于收入如何确认的问题，而合同对价是否很可能收回是收入能否确认的前提。原建造合同准则将其放在一个层面进行表述，具体表现在："合同的结果能够可靠估计"的判定条件中既包括"与合同相关的经济利益很可能流入企业"，又包括"合同完工进度和为完成合同尚需发生的成本能够可靠地确定"等条件。而新收入准则合并了原建造合同准则，将其分开在两个层面分别表述，即将"对价很可能收回"放在了识别合同的条件中，将履约进度合理确定放在了"在某一时段内履行的履约义务的收入确认"中。

综上所述，在新收入准则中，履约进度合理确定与对价很可能收回并无直接关系，履约进度按照相关规定确定，如果企业评估合同对价很可能无法收回，那么按照对价很可能无法收回的规则处理。笔者认为，在进行类似表述时，应严格以新收入准则的相关规定为准，从而避免表述的内容是新收入准则的"面子"，却以原建造合同准则的思维为"底子"。

3. 大型船舶建设如何适用时段履约

满足下列条件之一的，属于在某一时段内履行履约义务，相关收入应当在该履约义务履行的期间内确认：

①客户在企业履约的同时即取得并消耗企业履约所带来的经济利益；

②客户能够控制企业履约过程中在建的商品；

③企业履约过程中所产出的商品具有不可替代用途，且该企业在整个合同期间内有权就累计至今已完成的履约部分收取款项。

现对上述第三个条件中的收款权利分析如下：

集团在履约义务的说明中描述，"如属于客户的责任，集团有权利要求客户继续履约或对合同履约所发生成本和利润予以补偿"，为"企业在整个合同期间内有权就累计至今已完成的履约部分收取款项"的条件达成给予了强有力的支持。

该合同条款很可能导致集团具有就迄今为止已完成的履约部分获得付款的权利，补偿集团迄今为止已完成的履约部分发生的成本加合理利润。如果集团具有该权利，说明客户有义务就集团的履约付款或者无法避免该履约付款，该事实表明客户已获得集团履约所提供的利益，从而符合在某一时段内履行履约义务的条件。

注意：假设本例中，集团履约过程中所产出的商品具有不可替代用途。

4. 上市公司相关公告

某股份有限公司2019年年度报告部分内容如下：

"（3）建造合同收入

在建造合同的结果能够可靠估计的情况下，本集团于资产负债表日按照完工百分比法确认合同收入和合同费用。通常，**船舶建造合同在建造进度达到下水阶段即可合理预计合同结果；首制船舶或特殊船舶，按实际情况确定何时可以合理预计合同结果。合同完工进度按累计实际发生的合同成本占合同预计总成本的比例确定。舰艇建造合同在建造工序达到特定工序节点即可合理预计合同结果，合同完成情况按照业主方实际确认的节点进度作为完工程度。**建造合同的结果能够可靠估计是指同时满足：①合同总收入能够可靠地计量；②与合同相关的经济利益很可能流入企业；③实际发生的合同成本能够清楚地区分和可靠地计量；④合同完工进度和为完成合同尚需发生的成本能够可靠地确定。

如建造合同的结果不能可靠地估计，但合同成本能够收回的，合同收入根据能够收回的实际合同成本予以确认，合同成本在其发生的当期确认为合同费用；合同成本不可能收回的，在发生时立即确认为合同费用，不确认合同收入。使建造合同的结果不能可靠估计的不确定因素不复存在的，按照完工百分比法确定与建造合同有关的收入和费用。

合同预计总成本超过合同总收入的，将预计损失确认为当期费用。

在建合同累计已发生的成本和累计已确认的毛利（亏损）与已结算的价款在资产负债表中以抵销后的净额列示。在建合同累计已发生的成本和累计已确认的毛利（亏损）之和超过已结算价款的部分作为存货列示；在建合同已结算的价款超过累计已发生的成本与累计已确认的毛利（亏损）之和的部分作为预收款项列示。"

案例112
咨询服务有权收回成本加合理利润款项对时段履约的影响

甲公司与乙公司签订合同，针对乙公司的实际情况和面临的具体问题，为改善其业务流程提供咨询服务，并出具专业的咨询意见。双方约定，甲公司仅需要向乙公司提交最终的咨询意见，而无须提交任何其在工作过程中编制的工作底稿和其他相关资料；在整个合同期间内，**如果乙公司单方面终止合同，乙公司需要向甲公司支付违约金，违约金的金额等于甲公司已发生的成本加上15%的毛利率，该毛利率与甲公司在类似合同中能够赚取的毛利率大致相同。**

解析

1. 更换供应商需重新执行之前的工作为时段履约的判断提供了重要依据

本例中，在合同执行过程中，由于乙公司无法获得甲公司已完成工作的工作底稿和其他任何资料，假设在执行合同的过程中，因甲公司无法履约而需要由其他公司来继续提供后续咨询服务并出具咨询意见时，其需要重新执行甲公司已经完成的工作，表明乙公司并未在甲公司履约的同时即取得并消耗了甲公司履约所带来的经济利益。

2. 客户无法控制甲公司在履约过程中创造的工作底稿和其他资料

合同约定，甲公司仅需要向乙公司提交最终的咨询意见，而无须提交任何其在工作过程中编制的工作底稿和其他相关资料，乙公司无法控制甲公司正在履行的咨询服务。

3. 咨询服务具有不可替代用途，且甲公司在整个合同期间内有权就累计至今已完成的履约部分收取款项

由于该咨询服务是针对乙公司的具体情况而提供的，甲公司无法将最终的咨询意见用作其他用途，表明其具有不可替代用途；此外，在整个合同期间内，如果乙公司单方面终止合同，甲公司根据合同条款可以主张乙公司支付等于其已发生的成本及合理利润的款项，表明甲公司在整个合同期间内有权就累计至今已完成的履约部分收取款项。

因此，甲公司向乙公司提供的咨询服务属于在某一时段内履行的履约义务，甲公司应当在其提供服务的期间内按照适当的履约进度确认收入。

【提示】本例中，合同条款"如果乙公司单方面终止合同，乙公司需要向甲公司支付违约金，违约金的金额等于甲公司已发生的成本加上15%的毛利率，该毛利率与甲公司在类似合同中能够赚取的毛利率大致相同"，并未约定具体的违约金金额，而是约定了已发生的成本加上合理利润（与在类似合同中能够赚取的毛利率大致相同）的金额，这对于时段履约的收款权利条件的达成具有非常重要的借鉴意义。

4.甲公司账务处理

假设合同交易价格为100万元（不含税），预计总成本为80万元（单位：万元）。

（1）第一年发生成本时：

借：合同履约成本　　　　　　　　　　　　　　　　　　40
　　贷：银行存款、应付职工薪酬等　　　　　　　　　　　　40

【提示】关于"合同履约成本"报表列示的说明：

当企业在资产负债表日尚未结转合同履约成本时，初始确认时摊销期限不超过一年或一个正常营业周期的，在资产负债表中计入"存货"项目40万元；初始确认时摊销期限在一年或一个正常营业周期以上的，在资产负债表中计入"其他非流动资产"项目40万元。

参考应用指南相关规定：

"合同履约成本和合同取得成本。

根据本准则规定确认为资产的合同履约成本，初始确认时摊销期限不超过一年或一个正常营业周期的，在资产负债表中计入'存货'项目；初始确认时摊销期限在一年或一个正常营业周期以上的，在资产负债表中计入'其他非流动资产'项目。"

（2）根据履约进度确认收入时（履约进度=40÷80=50%）：

借：合同结算——收入结转　　　　　　　　50（100×50%）
　　贷：主营业务收入　　　　　　　　　　　　　　　　　50
借：主营业务成本　　　　　　　　　　　　　　　　　　40
　　贷：合同履约成本　　　　　　　　　　　　　　　　　40

（3）结算服务款项（假设结算10万元）：

借：应收账款 10.6
　　贷：合同结算——价款结算 10
　　　　应交税费——待转销项税额 0.6

> 【提示】关于"合同结算"报表列示项目的说明：
> "合同结算"科目的余额为借方40万元（50-10），表明甲公司已经履行履约义务但尚未与客户结算的金额为40万元，由于该部分金额将在当年内结算，因此，应在资产负债表中作为"合同资产"列示。

（4）按照合同约定日期收到款项时：
　　借：银行存款 10.6
　　　　贷：应收账款 10.6
　　借：应交税费——待转销项税额 0.6
　　　　贷：应交税费——应交增值税（销项税额） 0.6

注意：如果在合同约定收款日期没有收到款项，也应确认增值税纳税义务。

（5）第二年累计发生成本56万元（履约进度=56÷80=70%）：
　　借：合同履约成本 16
　　　　贷：银行存款、应付职工薪酬等 16

（6）根据履约进度确认收入时：
　　借：合同结算——收入结转 20（100×70%-50）
　　　　贷：主营业务收入 20
　　借：主营业务成本 16
　　　　贷：合同履约成本 16

（7）结算服务款项（本次结算80万元）：
　　借：应收账款 84.8
　　　　贷：合同结算——价款结算 80
　　　　　　应交税费——待转销项税额 4.8

> 【提示】关于"合同结算"报表列示项目的说明：
> "合同结算"科目的余额为贷方20万元（80-20-40），表明甲公司已经与客户结算但尚未履行履约义务的金额为20万元，由于甲公司预计该部分履约义务将在当年内完成，因此，应在资产负债表中作为"合同负债"列示。

（8）按照合同约定日期收到款项时：

　　借：银行存款　　　　　　　　　　　　　　　　　　　84.8
　　　　贷：应收账款　　　　　　　　　　　　　　　　　　84.8
　　借：应交税费——待转销项税额　　　　　　　　　　　　4.8
　　　　贷：应交税费——应交增值税（销项税额）　　　　　4.8

注意：如果在合同约定收款日期没有收到款项，也应确认增值税纳税义务。

5.上市公司相关公告

某股份有限公司年报部分内容如下：

"本集团与客户之间的提供服务合同通常包含工程建设管理服务履约义务，由于本集团履约过程中所提供的服务具有不可替代用途，且本集团在整个合同期间内有权就累计至今已完成的履约部分收入款项，本集团将其作为在某一时段内履行的履约义务，按照履约进度确认收入，履约进度不能合理确定的除外。"

案例113

房地产企业可否时段履约确认收入

甲公司是房地产开发企业，增值税一般纳税人。2020年销售自行开发的未完工房屋，收到款项10 900万元，增值税税率9%。合同约定了向客户销售的房屋的具体房号，甲公司不能将该房屋用于其他用途（例如销售给其他客户），客户可以根据合同中的限制条款，主张其对该房屋的权利。

合同约定，如果客户违约，则需支付甲公司房款30%的违约金。

甲公司在建设房屋期间，销售给客户的未完工房屋，可否分期确认收入？

解析

1.根据时段履约的三个条件判断是否属于在某一时段内履行的履约义务

（1）客户在企业履约的同时即取得并消耗企业履约所带来的经济利益。

客户不能在甲公司建造房屋的过程中取得并消耗甲公司履约所带来的经济利益，客户需待甲公司交付房屋后，才能通过使用、出售、出租等方式获得经济利益。

（2）客户能够控制企业履约过程中在建的商品。

甲公司在自己的土地上完成该房屋的建造，客户无法控制在建过程中的房屋。

（3）企业履约过程中所产出的商品具有不可替代用途，且该企业在整个合同期间内有权就累计至今已完成的履约部分收取款项。

合同约定，甲公司不能将该房屋用于其他用途，如果甲公司试图将该资产用于其他用途，客户可以根据合同中的限制条款，主张其对该房屋的权利。因此，合同中的限制条款是实质性的，该预售的房屋具有不可替代用途。

合同约定，如果客户单方面解约，客户需向甲公司支付相当于合同总价30%的违约金，该违约金无法涵盖甲公司在整个合同期间内就累计至今已完成的履约部分补偿其已发生成本和合理利润的款项。

在判断该合同是否满足"该企业在整个合同期间内有权就累计至今已完成的履约部分收取款项"时，应基于在客户或其他方原因终止合同的前提下，并且该权利具有法律约束力，在整个合同期间内的任一时点，企业均应当拥有此项权利。

综上，甲公司向客户销售的未完工房屋，不符合上述三个条件中的任何一个（注意第三个条件是两者同时符合），不属于在某一时段内履行的履约义务，不能分期确认收入，而是在某一时点确认收入。

2. 甲公司账务处理

（1）收到预收房款（单位：万元，下同）：

借：银行存款　　　　　　　　　　　　　　　　　　　　　10 900
　　贷：合同负债——房款　　　　　　　　　　　　　　　　　10 900
借：合同负债——增值税　　　　　　　　　　　　　　　　　　900
　　贷：应交税费——待转销项税额　　　　　　　　　　　　　　900

【提示】此处使用"合同负债——增值税"科目的目的是保持"合同负债"不含税，且方便应用"合同负债——房款"明细科目核对往来科目。

（2）预缴增值税及附加：

借：应交税费——预交增值税　　　300［10 900÷（1+9%）×3%］
　　贷：银行存款　　　　　　　　　　　　　　　　　　　　　300
借：应交税费——应交城市维护建设税　　21（300×7%）
　　　　　　——应交教育费附加　　　　　9（300×3%）
　　　　　　——应交地方教育附加　　　　6（300×2%）
　　贷：银行存款　　　　　　　　　　　　　　　　　　　　　　36

预缴增值税相关规定如下：

《房地产开发企业销售自行开发的房地产项目增值税征收管理暂行办法》(国家税务总局公告2016年第18号发布):

第十条 一般纳税人采取预收款方式销售自行开发的房地产项目,应在收到预收款时按照3%的预征率预缴增值税。

第十一条 应预缴税款按照以下公式计算:

应预缴税款=预收款÷(1+适用税率或征收率)×3%。

(3)预缴土地增值税,假设当地土地增值税预缴率为2%。

应预缴土地增值税=(10 900–300)×2%=212(万元)。

借:应交税费——应交土地增值税　　　　　　　　　　　　　212

　　贷:银行存款　　　　　　　　　　　　　　　　　　　　212

税务相关规定如下:

《国家税务总局关于营改增后土地增值税若干征管规定的公告》(国家税务总局公告2016年第70号):

一、关于营改增后土地增值税应税收入确认问题

营改增后,纳税人转让房地产的土地增值税应税收入不含增值税。适用增值税一般计税方法的纳税人,其转让房地产的土地增值税应税收入不含增值税销项税额;适用简易计税方法的纳税人,其转让房地产的土地增值税应税收入不含增值税应纳税额。

为方便纳税人,简化土地增值税预征税款计算,房地产开发企业采取预收款方式销售自行开发的房地产项目的,可按照以下方法计算土地增值税预征计征依据:

土地增值税预征的计征依据=预收款–应预缴增值税税款。

【提示】关于预缴土地增值税公式的说明:

上述文件规定房地产开发企业"可"按照上述方法计算。

(4)季度预缴企业所得税(按照当地企业所得税预计毛利率计算):

借:所得税费用

　　贷:应交税费——应交企业所得税

借:应交税费——应交企业所得税

　　贷:银行存款

【提示】关于企业所得税预缴时扣除土地增值税等税金及附加的说明：

《国家税务总局关于发布〈中华人民共和国企业所得税月（季）度预缴纳税申报表（A类）〉的公告》（国家税务总局公告2021年第3号）规定：

"4.第4行'特定业务计算的应纳税所得额'：从事房地产开发等特定业务的纳税人，填报按照税收规定计算的特定业务的应纳税所得额。房地产开发企业销售未完工开发产品取得的预售收入，按照税收规定的预计计税毛利率计算出预计毛利额，扣除实际缴纳且在会计核算中未计入当期损益的土地增值税等税金及附加后的金额，在此行填报"。

根据上述规定，甲公司销售未完工开发产品实际预缴的城市维护建设税及附加以及土地增值税等，会计核算中未计入当期损益，可以在填报《中华人民共和国企业所得税月（季）度预缴纳税申报表（A类）》第4行"加：特定业务计算的应纳税所得额"时，将其从预计毛利额中扣除。

(5) 年度企业所得税汇算清缴（单位：万元）。

A105010《视同销售和房地产开发企业特定业务纳税调整明细表》：

第21行"三、房地产开发企业特定业务计算的纳税调整额（22-26）"：填报1 252。

第22行"(一) 房地产企业销售未完工开发产品特定业务计算的纳税调整额（24-25）"：填报1 252（1 500-248）。

第23行"1.销售未完工产品的收入"：填报10 000。

第24行"2.销售未完工产品预计毛利额"：填报1 500。

第25行"3.实际发生的税金及附加、土地增值税"：填报248（36+212）。

A105000《纳税调整项目明细表》：

第40行"(四) 房地产开发企业特定业务计算的纳税调整额（填写A105010）"调增金额：填报1 252。

【提示】与季度预缴企业所得税款比较，多退少补。

(6) 房屋控制权转移实现收入：

借：合同负债——房款　　　　　　　　　　　　　　　　　10 900

贷：主营业务收入 10 000

合同负债——增值税 900

（7）预收房款转收入年度企业所得税汇算清缴（仅针对该预收款）。

A105010《视同销售和房地产开发企业特定业务纳税调整明细表》：

第21行"三、房地产开发企业特定业务计算的纳税调整额（22-26）"：填报-1 252。

第26行"（二）房地产企业销售的未完工产品转完工产品特定业务计算的纳税调整额（28-29）"：填报1 252（1 500-248）。

第27行"1.销售未完工产品转完工产品确认的销售收入"：填报10 000。

第28行"2.转回的销售未完工产品预计毛利额"：填报1 500。

第29行"3.转回实际发生的税金及附加、土地增值税"：填报248（36+212）。

A105000《纳税调整项目明细表》：

第40行"（四）房地产开发企业特定业务计算的纳税调整额（填写A105010）"调减金额：填报1 252。

（8）达到增值税纳税义务发生时间：

借：应交税费——待转销项税额

贷：应交税费——应交增值税（销项税额）

3.上市公司相关公告

（1）某股份有限公司2019年年度报告部分内容如下：

"2019年度营业收入91 273.19万元，其中房地产开发销售收入66 197.03万元，占营业收入比重72.53%；建造合同收入23 670.23万元，占营业收入比重25.93%。

在以下所有条件均已满足时确认房地产开发销售收入：

（1）房屋完工并验收合格；（2）签订商品房销售合同，并收取了买方全部付款或收取了首期款并办妥银行按揭；（3）办理完成商品房实物移交手续。"

（2）某发展控股集团股份有限公司2019年年度报告部分内容如下：

"公司的收入主要包括房地产销售收入、劳务收入、物业出租收入和物业管理收入等，其确认原则为：

（1）房地产销售收入：在房产完工并验收合格，签订了销售合同，取得了买方付款证明并交付使用时确认销售收入的实现。买方接到书面交房通知，无正当理由拒绝接收的，于书面交房通知确定的交付使用时限结束后确认收入的实现。"

案例114
房地产企业销售现房时点履约税会差异

甲公司是房地产开发企业,增值税一般纳税人。2019年销售现房一套,售价1 090万元(含税价),12月收到首付款30%,剩余按揭款在2020年收到。合同约定在2020年3月交付房屋,实际在2020年4月交付。

解析

1. 根据时段履约的三个条件判断是否属于在某一时段内履行的履约义务

根据本书上一案例的分析,甲公司销售房屋属于在某一时点履行的履约义务。

在会计上,一般来讲,综合考虑后应以该房屋办理交房手续或者办理房产证等时点作为控制权转移的时点,因此本例中,收到首付款时不应确认会计上的收入。

2. 甲公司账务处理

(1) 收到首付款时(单位:万元,下同):

借:银行存款　　　　　　　　　　　　327(1 090×30%)
　　贷:合同负债——房款　　　　　　　　　　　　327
借:合同负债——增值税　　　　　　　　27
　　贷:应交税费——待转销项税额　　　　　　　　27

(2) 收到按揭款时:

借:银行存款　　　　　　　　　　　　763(1 090×70%)
　　贷:合同负债——房款　　　　　　　　　　　　763
借:合同负债——增值税　　　　　　　　63
　　贷:应交税费——待转销项税额　　　　　　　　63

(3) 房屋转移控制权时:

借:合同负债——房款　　　　　　　　1 090
　　贷:主营业务收入　　　　　　　　　　　　　1 000
　　　　合同负债——增值税　　　　　　　　　　　90
借:应交税费——待转销项税额　　　　　90
　　贷:应交税费——应交增值税(销项税额)　　　90

3. 甲公司税务处理

(1) 增值税。

《营业税改征增值税试点实施办法》规定:"增值税纳税义务、扣缴义务发生时间为:

(一)纳税人发生应税行为并收讫销售款项或者取得索取销售款项凭据的当天;先开具发票的,为开具发票的当天。

收讫销售款项,是指纳税人销售服务、无形资产、不动产过程中或者完成后收到款项。

取得索取销售款项凭据的当天,是指书面合同确定的付款日期;未签订书面合同或者书面合同未确定付款日期的,为服务、无形资产转让完成的当天或者不动产权属变更的当天"。

根据上述条款,**发生应税行为是增值税纳税义务发生时间的前提**,对房地产企业来讲,确定发生应税行为时点可参考以下地区政策:

"房地产开发企业销售自行开发的房地产项目,其发生应税行为的时间为销售合同约定的交房时间。若实际交房时间早于销售合同约定交房时间的,以实际交房时间为准;若实际交房时间晚于销售合同约定交房时间的,以销售合同约定的交房时间为准"。

实务中一般也是以该口径为主。

因此,在合同约定交付房屋时点与实际交付时点孰早前,甲公司在增值税上并未发生销售房屋的应税行为,虽然收到了房款或者合同约定的收款时间到达,但是纳税义务发生时间的前提没有实现,在此之前收到首付款和按揭款均不应确认为增值税纳税义务发生时间。

(2)企业所得税。

《房地产开发经营业务企业所得税处理办法》(国税发〔2009〕31号文件印发)第三条规定:"企业房地产开发经营业务包括土地的开发,建造、销售住宅、商业用房以及其他建筑物、附着物、配套设施等开发产品。除土地开发之外,其他开发产品符合下列条件之一的,应视为已经完工:

1.开发产品竣工证明材料已报房地产管理部门备案。

2.开发产品已开始投入使用。

3.开发产品已取得了初始产权证明"。

甲公司已在房地产相关管理部门进行了备案,在企业所得税上已作为已完工产品。因此应确认企业所得税相关的收入和扣除项目,按照实际毛利率计算销售房屋所得额。

会计上没有确认收入和成本,但是企业所得税上需要确认,应进行纳税调整。

【提示】1.企业所得税收入应根据以下规定确认：

《房地产开发经营业务企业所得税处理办法》第六条规定："企业通过正式签订《房地产销售合同》或《房地产预售合同》所取得的收入，应确认为销售收入的实现，具体按以下规定确认：

……

（三）采取银行按揭方式销售开发产品的，应按销售合同或协议约定的价款确定收入额，其首付款应于实际收到日确认收入的实现，余款在银行按揭贷款办理转账之日确认收入的实现"。

根据上述条款，甲公司应在2020年汇算清缴期间对2019年度进行企业所得税汇算清缴时计入300万元的收入；在2021年汇算清缴期间对2020年度进行企业所得税汇算清缴时计入700万元的收入，并同时结转对应的成本。

2.对该案例中企业所得税预缴的说明：

销售已完工产品，账面上未计入收入，是否需要在季度预缴时申报缴纳？

《房地产开发经营业务企业所得税处理办法》第九条规定："企业销售未完工开发产品取得的收入，应先按预计计税毛利率分季（或月）计算出预计毛利额，计入当期应纳税所得额。开发产品完工后，企业应及时结算其计税成本并计算此前销售收入的实际毛利额，同时将其实际毛利额与其对应的预计毛利额之间的差额，计入当年度企业本项目与其他项目合并计算的应纳税所得额。

在年度纳税申报时，企业须出具对该项开发产品实际毛利额与预计毛利额之间差异调整情况的报告以及税务机关需要的其他相关资料"。

根据上述条款，企业销售"未完工开发产品"取得的收入，应先按预计计税毛利率分季（或月）计算出预计毛利额，计入当期应纳税所得额；而对于**销售已完工产品**，并没有要求在季度预缴时申报缴纳，除非销售已完工产品在季度预缴时账面上计入了收入，才应暂按账面利润季度预缴。本案例中，季度预缴时并没有计入账面收入，因此无须预缴，应根据《房地产开发经营业务企业所得税处理办法》第六条规定确认收入，在汇算清缴时进行调整。

案例115

物业公司收入确认税会差异

甲公司是物业公司，增值税一般纳税人。2019年12月收取业主两年的物业费（服务期间为2020年1月1日—2021年12月31日)100万元。同时向一次性缴纳两年物业费的业主赠送价值10万元的花生油。

以上价格均不包含增值税。

解析

1. 甲公司提供的物业服务属于在某一时段内履行的履约义务

运用观察法：甲公司在提供物业服务的同时，业主即取得并消耗了甲公司履约所带来的经济利益。

运用中途更换供应商法：假设中途更换物业公司，则新的物业公司无须重新执行甲公司之前已经履约的部分。

因此，业主在甲公司履约的同时即取得并消耗了甲公司履约所带来的经济利益，甲公司提供的物业服务属于在某一时段内履行的履约义务，应当按照履约进度分期确认收入。

参考上市公司公告：

"本集团与客户之间的提供服务合同通常包含装修设计、物业管理等履约义务，由于本集团履约的同时客户即取得并消耗本集团履约所带来的经济利益，且本集团在整个合同期间内有权就累计至今已完成的履约部分收取款项，本集团将其作为在某一时段内履行的履约义务，按照履约进度确认收入，履约进度不能合理确定的除外"。

2. 销售物业服务同时赠送花生油的财税处理

合同中有两个承诺：提供物业服务同时提供花生油，无论在商品层面还是合同层面均是可明确区分的商品，是两项单独的履约义务。

在执行新收入准则前，对于此种买赠的业务，企业一般将赠品计入相关的销售费用。在执行新收入准则后，企业应考虑赠品是否构成了单项履约义务，如构成则分摊合同交易价格，相应地，其对应的支出也应计入营业成本相关科目。

提供物业服务履约义务的单独售价为100万元（不含税）；

提供花生油履约义务的单独售价为10万元（不含税）。

提供物业服务履约义务分摊的交易价格=100×100÷(100+10)=90.91（万元）；

提供花生油履约义务分摊的交易价格=100×10÷(100+10)=9.09（万元）。

甲公司账务处理（单位：万元）：

（1）2019年12月份收取两年的物业费：

借：银行存款　　　　　　　　　　　　　　　　　　　　　　106
　　贷：合同负债——物业服务　　　　　　　　　　　　　　　90.91

——赠品		9.09
应交税费——待转销项税额		6

开始提供服务时确认增值税纳税义务：

　　借：应交税费——待转销项税额　　　　　　　　　　6
　　　　贷：应交税费——应交增值税（销项税额）　　　6

（2）控制权转移时确认收入（每月平均确认物业服务收入）：

　　借：合同负债——物业服务　　　　　　3.79（90.91÷24）
　　　　　　　　——赠品　　　　　　　　9.09
　　　　贷：主营业务收入——物业服务　　3.79
　　　　　　　　　　　　——赠品　　　　9.09

【提示】1.关于此处每月平均确认收入的说明：

应用指南规定："当企业从事的工作或发生的投入是在整个履约期间内平均发生时，企业也可以按照直线法确认收入"。

甲公司向业主提供的物业服务，是在合同约定的服务期限内持续地发生，如果按照发生成本占总成本比例或者按照产出工作量比例的方式计算履约进度，并不能反映甲公司真实的履约进度。鉴于甲公司的物业服务在整个履约期间内平均发生，在整个履约期间按照直线法平均确认收入较为妥当。

2.关于此处开具发票的说明：

为了满足税务相关文件规定，甲公司开具发票时，应将该花生油的价值作为销售折扣开到同一张发票的金额栏中，或者按照分摊的价值开具发票。

3.关于企业所得税收入确认的说明：

《国家税务总局关于确认企业所得税收入若干问题的通知》（国税函〔2008〕875号）第三条规定，"企业以买一赠一等方式组合销售本企业商品的，不属于捐赠，应将总的销售金额按各项商品的公允价值的比例来分摊确认各项的销售收入"。

因此，在企业所得税上，提供物业服务同时赠送的赠品，不需视同销售。

虽然文件只规定了商品买赠方式的处理，但笔者认为服务也是一样的性质，均属于捆绑销售，应按照上述文件执行。

根据国税函〔2008〕875号文件的规定，"长期为客户提供重复的劳务收取的劳务费，在相关劳务活动发生时确认收入"。

物业服务属于长期为客户提供重复的劳务，应在相关劳务活动发生时确认收入，所得税上应分期确认收入。

4.关于此处增值税纳税义务发生时间的说明：

一次性收到2年的物业费，在提供物业服务开始时点一次性确认增值税纳税义务，还是在服务期限内分期确认增值税纳税义务？

《营业税改征增值税试点实施办法》第四十五条规定，"增值税纳税义务、扣缴义务发生时间为：

（一）纳税人发生应税行为并收讫销售款项或者取得索取销售款项凭据的当天；先开具发票的，为开具发票的当天。

收讫销售款项，是指纳税人销售服务、无形资产、不动产过程中或者完成后收到款项。

取得索取销售款项凭据的当天，是指书面合同确定的付款日期；未签订书面合同或者书面合同未确定付款日期的，为服务、无形资产转让完成的当天或者不动产权属变更的当天"，发生应税行为并收到销售款项时，即应按照收到的销售款项计征增值税，除非有特殊规定，比如分期确认增值税销售额等规定，而在该业务中，并没有此种例外规定，因此，应在开始提供物业服务并收取销售款项的时点一次性确认增值税纳税义务。

3.物业服务加计抵减增值税应纳税额的财税处理

假设甲公司当期销项税额6万元，进项税额4万元，当期增值税应纳税额为2万元，根据相关规定，物业公司可按照可抵扣的进项税额的10%抵减当期实现的增值税应纳税额。假设甲公司符合服务业加计抵减的政策。

抵减后的增值税应纳税额=（6-4）-4×10%=1.6（万元）。

甲公司账务处理：

  借：应交税费——应交增值税（转出未交增值税）   2

    贷：应交税费——未交增值税   2

  借：应交税费——未交增值税   2

    贷：银行存款   1.6

      其他收益   0.4

税务相关规定：

（1）《财政部 税务总局 海关总署关于深化增值税改革有关政策的公告》（财政部 税务总局 海关总署公告2019年第39号）：

  七、自2019年4月1日至2021年12月31日，允许生产、生活性服务业纳税人按照当期可抵扣进项税额加计10%，抵减应纳税额（以下称加计抵减政策）。

（一）本公告所称生产、生活性服务业纳税人，是指提供邮政服务、电信服务、现代服务、生活服务（以下称四项服务）取得的销售额占全部销售额的比重超过50%的纳税人。四项服务的具体范围按照《销售服务、无形资产、不动产注释》（财税〔2016〕36号印发）执行。

2019年3月31日前设立的纳税人，自2018年4月至2019年3月期间的销售额（经营期不满12个月的，按照实际经营期的销售额）符合上述规定条件的，自2019年4月1日起适用加计抵减政策。

2019年4月1日后设立的纳税人，自设立之日起3个月的销售额符合上述规定条件的，自登记为一般纳税人之日起适用加计抵减政策。

纳税人确定适用加计抵减政策后，当年内不再调整，以后年度是否适用，根据上年度销售额计算确定。

纳税人可计提但未计提的加计抵减额，可在确定适用加计抵减政策当期一并计提。

（2）关于《财政部 税务总局 海关总署关于深化增值税改革有关政策的公告》适用《增值税会计处理规定》有关问题的解读：

近期，我部、税务总局和海关总署印发了《关于深化增值税改革有关政策的公告》（财政部 税务总局 海关总署公告2019年第39号，以下简称"第39号公告"），规定"自2019年4月1日至2021年12月31日，允许生产、生活性服务业纳税人按照当期可抵扣进项税额加计10%，抵减应纳税额"。现就该规定适用《增值税会计处理规定》（财会〔2016〕22号）的有关问题解读如下：

生产、生活性服务业纳税人取得资产或接受劳务时，应当按照《增值税会计处理规定》的相关规定对增值税相关业务进行会计处理；实际缴纳增值税时，按应纳税额借记"应交税费——未交增值税"等科目，按实际纳税金额贷记"银行存款"科目，按加计抵减的金额贷记"其他收益"科目。

财政部会计司
2019年4月18日

案例116

运输服务时段履约

某股份有限公司年报部分内容如下：

如航次在同一会计期间内开始并完成的，在航次结束时确认船舶运输收入的实现；

如航次的开始和完成分别属于不同的会计期间，则在航次的结果能够可靠估计的情况下，于资产负债表日按照航行开始日至资产负债表日的已航行天数占航行总天数的比例确定完工程度，按照完工百分比法确认船舶运输收入，否则按已经发生并预计能够补偿的航次成本金额确认收入，并将已发生的航次成本作为当期费用。已经发生的航次成本如预计不能得到补偿则不确认收入。

解析

1. 运输服务属于在某一时段内履行的履约义务

假定在企业提供运输服务的过程中更换为其他企业继续履行剩余的运输服务的履约义务，当该继续履行合同的企业实质上无须重新执行企业累计至今已经完成的运输工作时，表明客户在企业履行运输服务义务的同时即取得并消耗了企业履约所带来的经济利益。

因此，公司提供的运输服务属于在某一时段内履行的履约义务，按照履约进度分期确认收入。

2. 新收入准则中已没有"结果能够可靠估计"的表述

在原收入准则中，如果提供劳务交易结果能够可靠估计，应当采用完工百分比法确认和计量合同收入和费用，反之，根据能够收回的实际合同成本确认收入。

新收入准则中已经没有类似表述，代之以履约进度是否能可靠计量，对于在某一时段内履行的履约义务，企业应当在该段时间内按照履约进度确认收入，但是，履约进度不能合理确定的除外。

因此，执行新收入准则后，上述"在航次的结果能够可靠估计的情况下"的表述应为"在航次的履约进度能够可靠估计的情况下"。

3. 账务处理

（1）归集运输成本时：

借：合同履约成本
　　应交税费——应交增值税（进项税额）
　贷：应付账款

（2）根据履约进度确认收入和成本：

借：合同结算——收入结转
　贷：主营业务收入
借：主营业务成本
　贷：合同履约成本

（3）结算运输价款：

借：应收账款
　　贷：合同结算——价款结算
　　　　应交税费——应交增值税（销项税额）

案例117
同一项履约义务可否采用不同的履约进度

甲公司是建筑企业，增值税一般纳税人。2020年为乙公司提供建筑服务。

甲公司有部分工程分包给丙建筑公司，部分自己施工。分包出去的工程，根据工程确认计量单等资料，按照产出法确认履约进度。自己施工的部分，采用投入法（已发生成本占全部成本的比例）计算履约进度。

甲公司对乙公司的承诺为一项履约义务，属于在某一段时间内履行的履约义务，可否在同一个履约义务中采用两种不同的方法确定履约进度？

解析

1. 应用指南相关规定

应用指南规定，"对于每一项履约义务，企业只能采用一种方法来确定其履约进度，并加以一贯运用。对于类似情况下的类似履约义务，企业应当采用相同的方法（例如，成本法）确定履约进度"。

因此，甲公司在该工程中只能采用一种方法确定履约进度。

2. 参考《国际财务报告准则第15号——客户合同产生的收入》

40　主体应当采用单一的方法来计量每一项在一段时间内履行的履约义务的进度，并且主体应当将该方法一致地运用于相似情形下类似的履约义务。在每一报告期末，主体应当重新计量其在一段时间内履行的履约义务的进度。

案例118
安装电梯履约进度的调整

2020年10月，甲公司与客户签订合同，为客户装修一栋办公楼，包括安装一部电梯，合同总金额为100万元。甲公司预计的合同总成本为80万元，其中包括电梯的采购成本30万元。

2020年12月，甲公司将电梯运达施工现场并经过客户验收，客户已取得对电梯的控制权，但是，根据装修进度，预计到2021年2月才会安装该电梯。截至2020年12月，甲公司累计发生成本40万元，其中包括支付给电梯供应商的采购成本30万元以及因采购电梯发生的运输和人工等相关成本5万元。

假定：该装修服务（包括安装电梯）构成单项履约义务，并属于在某一时段内履行的履约义务，甲公司是主要责任人，但不参与电梯的设计和制造；甲公司采用成本法确定履约进度；上述金额均不含增值税。

解析

1. 投入法下履约进度的调整

当某项履约义务被认定为在某一段时间内履行时，企业应当在该段时间内按照履约进度确认收入，企业应当采用产出法或投入法确定恰当的履约进度。其中投入法是根据企业履行履约义务的投入确定履约进度的方法，通常按照累计实际发生的成本占预计总成本的比例（即成本法）确定履约进度。投入法所需要的投入指标虽然易于获得，但是，投入指标与企业向客户转移商品的控制权之间未必存在直接的对应关系。

在下列情形下，企业在采用成本法确定履约进度时，可能需要对已发生的成本进行适当的调整：

一是，已发生的成本并未反映企业履行履约义务的进度。例如，因企业生产效率低下等原因而导致的非正常消耗。

二是，已发生的成本与企业履行履约义务的进度不成比例。当企业已发生的成本与履约进度不成比例，企业在采用成本法确定履约进度时需要进行适当调整，通常仅以其已发生的成本为限确认收入。

本例即是对投入法下履约进度调整的上述第二种情形的阐述。

2. 履约进度的调整与收入成本的确认

本例中，截至2020年12月，甲公司发生成本40万元（包括电梯采购成本30万元以及因采购电梯发生的运输和人工等相关成本5万元），甲公司认为其已发生的成本和履约进度不成比例，因此需要对履约进度的计算做出调整，将电梯的采购成本排除在已发生成本和预计总成本之外。在该合同中，该电梯不构成单项履约义务，其成本相对于预计总成本而言是重大的，甲公司是主要责任人，但是未参与该电梯的设计和制造，客户先取得了电梯的控制权，随后才接受与之相关的安装服务，因此，甲公司在客户取得该电梯控制权时，按照该电梯采购成本的金额确认转让电梯产生的收入。

2020年12月，该合同的履约进度为20%［(40-30)÷(80-30)］，应确认的收入和成本金额分别为44万元［(100-30)×20%+30］和40万元［(80-30)×20%+30］。

3. 未安装、使用或耗用的商品排除在履约进度计算之外的条件解析

根据应用指南相关规定，对于施工中尚未安装、使用或耗用的商品（本段的商品不包括服务）或材料成本等，当企业在合同开始日就预期将能够满足下列所有条件时，应在采用成本法确定履约进度时不包括这些成本：

第一，该商品或材料不可明确区分，即不构成单项履约义务。

本例中，甲公司需提供重大的服务将电梯与其他商品或者服务进行整合，以形成合同约定的一项组合产出（即办公楼）转让给客户。因此，在该合同中，电梯与其他商品彼此之间不能单独区分，电梯不构成单项履约义务。

第二，客户先取得该商品或材料的控制权，之后才接受与之相关的服务。

本例中，甲公司在2020年12月已将电梯运达施工现场并经过客户验收，客户已取得对电梯的控制权，安装电梯的服务在2021年2月才预计将要发生，因此客户先取得电梯控制权，之后才接受相关的服务。如果在相关服务发生之前将客户已取得控制权但尚未安装的电梯成本纳入履约进度的计算中，很明显据此计算的履约进度与实际发生进度不符。

第三，该商品或材料的成本相对于预计总成本而言是重大的。

甲公司预计的合同总成本为80万元，电梯的采购成本30万元，电梯成本相对于预计总成本而言是重大的。

之所以强调重大成本比例，主要是考虑到如果成本比例较小，则对于真实履约进度的影响不构成重大，可以不予考虑。

第四，企业自第三方采购该商品或材料，且未深入参与其设计和制造，对于包含该商品的履约义务而言，企业是主要责任人。

本例中，甲公司外购电梯，甲公司是主要责任人，但不参与电梯的设计和制造。

如果甲公司深入参与了电梯的设计和制造，则意味着甲公司很可能已经开始履行了该服务，应考虑电梯成本是否计入履约进度的成本中。

4. 甲公司账务处理（部分分录）

（1）2020年发生成本（单位：万元，下同）：

借：合同履约成本　　　　　　　　　　　　　　　　　　　　　40

　　应交税费——应交增值税（进项税额）　　　　　3.9（30×13%）

　　贷：应付账款——电梯　　　　　　　　　　　　　　　　　33.9

　　　　应付职工薪酬、银行存款等　　　　　　　　　　　　　　　　10

（2）2020年按照履约进度结转收入和成本：

履约进度=[（40-30）÷（80-30）]=20%。

　　借：合同结算——收入结转　　　　　14[（100-30）×20%]
　　　　贷：主营业务收入　　　　　　　　　　　　　　　　14
　　借：主营业务成本　　　　　　　　　　10[（80-30）×20%]
　　　　贷：合同履约成本　　　　　　　　　　　　　　　　10

（3）电梯控制权转移时结转收入和成本：

　　借：合同结算——收入结转　　　　　　　　　　　　　　30
　　　　贷：主营业务收入　　　　　　　　　　　　　　　　30
　　借：主营业务成本　　　　　　　　　　　　　　　　　　30
　　　　贷：合同履约成本　　　　　　　　　　　　　　　　30

5. 甲公司税务处理

《国家税务总局关于确认企业所得税收入若干问题的通知》（国税函〔2008〕875号）第二条规定："企业在各个纳税期末，提供劳务交易的结果能够可靠估计的，应采用完工进度（完工百分比）法确认提供劳务收入。

……

（二）企业提供劳务完工进度的确定，可选用下列方法：

1. 已完工作的测量；

2. 已提供劳务占劳务总量的比例；

3. 发生成本占总成本的比例。

（三）企业应按照从接受劳务方已收或应收的合同或协议价款确定劳务收入总额，根据纳税期末提供劳务收入总额乘以完工进度扣除以前纳税年度累计已确认提供劳务收入后的金额，确认为当期劳务收入；同时，按照提供劳务估计总成本乘以完工进度扣除以前纳税期间累计已确认劳务成本后的金额，结转为当期劳务成本"。

在企业所得税上，并不会考虑对于履约进度的调整相关问题，当年应计算履约进度为：40÷80×100%=50%，企业所得税计入收入=100×50%=50（万元），企业所得税计入成本=80×50%=40（万元）。

新收入准则上计入收入44万元，计入成本40万元，因此当年应调增企业所得税应纳税所得额6万元[（50-40）-（44-40）]。

6. 应用指南相关规定

　　投入法所需要的投入指标虽然易于获得，但是，投入指标与企业向客户转移商品的控制权之间未必存在直接的对应关系。因此，企业在采用投入法确定履约进度时，应当扣除那些虽然已经发生、但是未导致向客户转移商品的投入。例如，企业为履行合同应开展一些初始活动，如果这些活动并没有向客户转移企业承诺的服务，则企业在使用投入法确定履约进度时，不应将为开展这些活动发生的相关投入包括在内。

实务中，通常按照累计实际发生的成本占预计总成本的比例（即，成本法）确定履约进度，累计实际发生的成本包括企业向客户转移商品过程中所发生的直接成本和间接成本，如直接人工、直接材料、分包成本以及其他与合同相关的成本。在下列情形下，企业在采用成本法确定履约进度时，可能需要对已发生的成本进行适当的调整：

一是，已发生的成本并未反映企业履行履约义务的进度。例如，因企业生产效率低下等原因而导致的非正常消耗，包括非正常消耗的直接材料、直接人工及制造费用等，不应包括在累计实际发生的成本中，这是因为这些非正常消耗并没有为合同进度做出贡献，但是，企业和客户在订立合同时已经预见会发生这些成本并将其包括在合同价款中的除外。

二是，已发生的成本与企业履行履约义务的进度不成比例。当企业已发生的成本与履约进度不成比例，企业在采用成本法确定履约进度时需要进行适当调整，通常仅以其已发生的成本为限确认收入。对于施工中尚未安装、使用或耗用的商品（本段的商品不包括服务）或材料成本等，**当企业在合同开始日就预期将能够满足下列所有条件时，应在采用成本法确定履约进度时不包括这些成本：**

第一，该商品或材料不可明确区分，即不构成单项履约义务；

第二，客户先取得该商品或材料的控制权，之后才接受与之相关的服务；

第三，该商品或材料的成本相对于预计总成本而言是重大的；

第四，企业自第三方采购该商品或材料，且未深入参与其设计和制造，对于包含该商品的履约义务而言，企业是主要责任人。

企业为履行属于在某一时段内履行的单项履约义务而发生的支出并非均衡发生的，在采用某种方法（例如成本法）确定履约进度时，可能会导致企业对于较早生产的产品确认更多的收入和成本。例如，企业承诺向客户交付一定数量的商品，且该承诺构成单项履约义务，在履约的前期，由于经验不足、技术不成熟、操作不熟练等原因，企业可能会发生较高的成本，而随着经验的不断累积，企业的生产效率逐步提高，导致企业的履约成本逐步下降。这一结果是合理的，因为这表明企业在合同早期的履约情况具有更高的价值，正如企业只销售一件产品的售价可能会高于销售多件产品时的平均价格一样。如果该单项履约义务属于在某一时点履行的履约义务,企业则需要按照其他相关会计准则对相关支出进行会计处理(例如,按照《企业会计准则第1号——存货》,生产商品的成本将作为存货进行累计,企业应选择适当方法计量存货);不属于其他相关企业会计准则规范范围的,应当按照本准则第二十六条和第二十七条的规定判断将其确认为一项资产还是计入当期损益。

每一资产负债表日,企业应当对履约进度进行重新估计。当客观环境发生变化时,企业也需要重新评估履约进度是否发生变化,以确保履约进度能够反映履约情况的变化,该变化应当作为会计估计变更进行会计处理。对于每一项履约义务,企业只能采用一种方法来确定其履约进度,并加以一贯运用。对于类似情况下的类似履约义务,企业应当采用相同的方法(例如,成本法)确定履约进度。

对于在某一时段内履行的履约义务,只有当其履约进度能够合理确定时,才应当按照履约进度确认收入。企业如果无法获得确定履约进度所需的可靠信息,则无法合理地确定其履行履约义务的进度。当履约进度不能合理确定时,企业已经发生的成本预计能够得到补偿的,应当按照已经发生的成本金额确认收入,直到履约进度能够合理确定为止。

7. 参考《国际财务报告准则第15号——客户合同产生的收入》附录二应用指南

19 投入法的缺点在于,主体的投入与向客户转移对商品或服务的控制之间可能不存在直接关系。因此,主体应当根据第39段所述的计量履约进度的目标,将投入于未反映主体向客户转移商品或服务控制权履约情况的部分的影响排除在投入法之外。

例如,在运用以成本为基础的投入法时,在下列情况下可能需要对履约进度的计量作出调整:

(1)已发生的成本无助于推进主体履行履约义务的进度。例如,主体不会以未在合同价格中反映的因主体履约中明显的低效率而发生的成本(例如,未预期的为履行履约义务而发生,浪费的材料、人工或其他资源的成本金额)为基础确认收入。

(2)已发生的成本与主体履行履约义务的进度不成比例。**在这种情况下,对主体履约的最佳反映可能是调整投入法,仅以已发生的成本为限确认收入。**例如,如果主体在合同开始时预计将满足下列所有条件,则如实反映主体履约情况的方式可能是按履行履约义务所使用的商品成本的金额确认收入:

① 该商品不可明确区分;

② 预计客户在取得与该商品相关的服务之前很早既已获得对该商品的控制；

③ 已转移的该商品的成本相对于完全履行履约义务的预计总成本而言是重大的；以及

④ 主体自第三方采购了商品，并且未深入参与该商品的设计和制造（但根据附录二应用指南第34段至第38段，主体作为当事人）。

案例119
健身俱乐部服务履约进度的确认

甲公司经营一家健身俱乐部。2020年2月1日，某客户与甲公司签订合同，成为甲公司的会员，并向甲公司支付会员费3 600元（不含税价），可在未来的12个月内在该俱乐部健身，且没有次数的限制。

解析

1. 不限次数的健身服务属于在某一时段内履行的履约义务，按照直线法确认收入

本例中，客户在会籍期间可随时来俱乐部健身，且没有次数限制，客户已使用俱乐部健身的次数不会影响其未来继续使用的次数，甲公司在该合同下的履约义务是承诺随时准备在客户需要时为其提供健身服务，因此，该履约义务属于在某一时段内履行的履约义务，并且该履约义务在会员的会籍期间内随时间的流逝而被履行。因此，甲公司按照直线法确认收入，即每月应当确认的收入为300元（3 600/12），截至2020年12月31日，甲公司应确认的收入为3 300元（300×11）。

2. 限次数的健身服务属于在某一时段内履行的履约义务，按照次数确认收入

如果客户购买的是确定数量的服务，如在未来12个月内，客户可随时来健身俱乐部健身100次，则甲公司的履约义务是为客户提供这100次健身服务，而不是随时准备为其提供健身服务的承诺。因此，甲公司应当按照客户已使用健身服务的次数确认收入。

3. 甲公司账务处理

（1）收取会员费3 600元：

借：银行存款　　　　　　　　　　　　　　　　　　3 816
　　贷：合同负债　　　　　　　　　　　　　　　　　3 600
　　　　应交税费——待转销项税额　　　　　　　　　216（3 600×6%）

（2）在提供健身服务时一次性确认增值税纳税义务：

  借：应交税费——待转销项税额   216

    贷：应交税费——应交增值税（销项税额）   216

> 【提示】甲公司在发生应税行为（提供健身服务）时按照收讫的销售款项确认增值税纳税义务。

（3）每月平均确认收入：

  借：合同负债   300

    贷：主营业务收入   300

08
关于合同成本

8.1 合同履约成本

案例120

合同履约成本
——增加企业未来用于履行履约义务的资源

甲公司与乙公司签订合同,为乙公司信息中心提供管理服务,合同期限为5年。在向乙公司提供服务之前,甲公司设计并搭建了一个信息技术平台供其内部使用,该信息技术平台由相关的硬件和软件组成。甲公司需要提供设计方案,将该信息技术平台与乙公司现有的信息系统对接,并进行相关测试。该平台并不会转让给乙公司,但是,将用于向乙公司提供服务。甲公司为该平台的设计、购买硬件和软件以及信息中心的测试发生了成本。除此之外,甲公司专门指派两名员工,负责向乙公司提供服务。

解析

1. 合同履约成本定义

企业为履行合同发生的各种成本,不属于其他企业会计准则规范范围且同时满足下列条件的,应当作为合同履约成本确认为一项资产:

(1)该成本与一份当前或预期取得的合同直接相关。

(2)该成本增加了企业未来用于履行(包括持续履行)履约义务的资源。

(3)该成本预期能够收回。

2. 硬件和软件分别按照固定资产和无形资产准则进行会计处理

本例中,甲公司为履行合同发生的上述成本中,购买硬件和软件的成本应当分别按照固定资产和无形资产准则进行会计处理。

3. 设计服务成本和信息中心的测试成本属于合同履约成本

设计服务成本和信息中心的测试成本不属于其他企业会计准则的规范范围,这些成本与履行该合同直接相关，并且增加了甲公司未来用于履行履约义务（即提供管理服务）的资源，如果甲公司预期该成本可通过未来提供服务收取的对价收回，则甲公司应当将这些成本确认为一项资产。

4. 项目员工工资费用处理的分析

应用指南对此的处理为："虽然与向乙公司提供服务有关，但是由于其并未增加企业未来用于履行履约义务的资源，因此，应当于发生时计入当期损益"。

笔者认为，甲公司向两名负责向乙公司提供服务的员工支付的工资费用，未形成信息技术平台的资源，但是该工资费用增加了企业未来用于履行（包括持续履行）履约义务的资源，即增加了将来为客户提供服务的资源。同时，对于以服务作为营业收入的业务，为提供服务发生的员工的工资，也应属于成本的概念，而不是费用。

因此，设计服务成本和信息中心的测试成本归集计入平台的合同履约成本，而两名员工的工资费用，应在提供服务时归集计入合同履约成本，待确认营业收入时将其转入营业成本。

5. 甲公司账务处理

（1）购买软件和硬件：

借：无形资产

　　固定资产

　　应交税费——应交增值税（进项税额）

贷：银行存款、应付账款等

（2）设计服务成本和信息中心的测试成本：

借：合同履约成本

　　应交税费——应交增值税（进项税额）

贷：银行存款、应付职工薪酬等

（3）提供服务时项目员工工资费用：

借：合同履约成本

贷：应付职工薪酬

（4）结转成本：

借：主营业务成本

贷：合同履约成本

6. 应用指南相关规定

合同履约成本

企业为履行合同可能会发生各种成本，企业应当对这些成本进行分析，属于其他企业会计准则（例如，《企业会计准则第1号——存货》《企业会计准则第4号——固定资产》以及《企业会计准则第6号——无形资产》等）规范范围的，应当按照相关企业会计准则进行会计处理；不属于其他企业会计准则规范范围且同时满足下列条件的，应当作为合同履约成本确认为一项资产。

　　1.该成本与一份当前或预期取得的合同直接相关。预期取得的合同应当是企业能够明确识别的合同，例如，现有合同续约后的合同、尚未获得批准的特定合同等。与合同直接相关的成本包括直接人工（例如，支付给直接为客户提供所承诺服务的人员的工资、奖金等）、直接材料（例如，为履行合同耗用的原材料、辅助材料、构配件、零件、半成品的成本和周转材料的摊销及租赁费用等）、制造费用（或类似费用，例如，组织和管理相关生产、施工、服务等活动发生的费用，包括管理人员的职工薪酬、劳动保护费、固定资产折旧费及修理费、物料消耗、取暖费、水电费、办公费、差旅费、财产保险费、工程保修费、排污费、临时设施摊销费等）、明确由客户承担的成本以及仅因该合同而发生的其他成本（例如，支付给分包商的成本、机械使用费、设计和技术援助费用、施工现场二次搬运费、生产工具和用具使用费、检验试验费、工程定位复测费、工程点交费用、场地清理费等）。

　　2.该成本增加了企业未来用于履行（包括持续履行）履约义务的资源。
　　3.该成本预期能够收回。

案例121
财政部会计司收入准则应用案例
——酒店等服务行业的合同成本（合同相关的成本并非特指）

　　甲公司经营一家酒店，为增值税一般纳税人。该酒店是甲公司的自有资产。在进行会计核算时，除发生的餐饮、商品材料等成本外，还需要计提与酒店经营相关的固定资产折旧（如酒店、客房以及客房内的设备家具等）、无形资产摊销（如酒店使用权等）费用等，应如何对这些折旧、摊销进行会计处理？

【解析】

1.与客房服务相关的折旧和摊销计入合同履约成本

本例中，甲公司经营一家酒店，主要通过提供客房服务赚取收入，而**客房服务的**

提供直接依赖于酒店物业（包含土地）以及家具等相关资产，即与客房服务相关的资产折旧和摊销属于甲公司为履行与客户的合同而发生的服务成本。该成本需先考虑是否满足新收入准则第二十六条规定的资本化条件，如果满足，应作为合同履约成本进行会计处理，并在收入确认时对合同履约成本进行摊销，计入营业成本。此外，这些酒店物业等资产中与客房服务不直接相关的，例如财务部门相关的资产折旧等费用或者销售部门相关的资产折旧等费用，需要按功能将相关费用计入管理费用或者销售费用等。

2.与合同相关的成本并不是特指一项合同

企业为履行合同发生的各种成本，不属于其他企业会计准则规范范围且同时满足三个条件的，应当作为合同履约成本确认为一项资产。其中第一个条件，"该成本与一份当前或预期取得的合同直接相关"，从本例中可以看出，第一个条件中所述的合同，并不是特定的合同，而是泛指的概念。酒店、客房以及客房内的设备家具等固定资产折旧、酒店使用权等无形资产摊销，无法与特定的某一项或几项合同一一对应，因此，只要是与客房服务直接相关的，为履行与客户的合同而发生的服务成本，在符合其他条件的前提下，即属于新收入准则所述的合同履约成本，而不需与某一项或几项特定合同直接相关。

3.甲公司账务处理

（1）甲公司计提折旧、摊销时：

借：合同履约成本——累计折旧

　　　　　　——累计摊销

　贷：累计折旧

　　　累计摊销

（2）甲公司确认收入时：

借：应收账款、银行存款等

　贷：主营业务收入

　　　应交税费——应交增值税（销项税额）

（3）甲公司结转主营业务成本：

借：主营业务成本

　贷：合同履约成本——累计折旧

　　　　　　　——累计摊销

案例122
某上市公司运输活动计入合同履约成本的税会差异

某股份有限公司首次公开发行股票并在科创板上市招股说明书部分内容如下:

公司与客户签订的合同约定,由公司负责将产品运送至客户指定的地点,公司承担相关的运输费用。公司的运输活动发生在产品的控制权转移给客户之前,不构成单项履约义务,而是公司为履行合同发生的必要活动。2020年1-6月因履行与客户签订的销售合同发生的运输费用,由执行新收入准则之前计入"销售费用"项目变更为计入"存货"项目,2020年1-6月因履行与客户签订的销售合同发生运输费用3 217 232.55元。

解析

1. 该运费增加了企业未来用于履行履约义务的资源

公司销售货物发生的运输费用,在执行新收入准则之前计入"销售费用",执行新收入准则后,在所销售货物控制权转移之前发生的运输活动,是企业为了履行合同而从事的活动,不属于其他企业会计准则规范范围且同时满足以下三个条件的,应当作为合同履约成本确认为一项资产:

(1)该成本与合同直接相关;
(2)该成本增加了企业未来用于履行(包括持续履行)履约义务的资源;
(3)该成本预期能够收回。

公司尚未转移商品控制权,合同尚未履行完毕,在此之前发生的支出形成了履行交付货物的履约义务的资源,即上述条件中的第(2)条,"该成本增加了企业未来用于履行(包括持续履行)履约义务的资源"。

公司在执行新收入准则后,上述运费符合计入"合同履约成本"的条件。

2. 公司税务处理

旧收入准则下,公司将上述运费计入"销售费用",在满足其他税前扣除的条件下,公司在企业所得税汇算清缴时扣除该费用。在新收入准则下,将其计入"合同履约成本"而非当期损益,其他条件均不变,是否可在企业所得税前扣除?

账务上未计入成本费用的支出可否税前扣除,是个具有争议与风险的税务问题,在此不做展开,可以参照《国家税务总局关于企业所得税应纳税所得额若干税务处理问题的公告》(国家税务总局公告2012年第15号)第八条。

笔者认为,账务上记入相关损益科目时,可税前扣除。

8.2 合同取得成本

> **案例 123**
> 合同取得成本相关组成内容分析

甲公司是一家咨询公司,通过竞标赢得一个新客户,为取得与该客户的合同,甲公司聘请外部律师进行尽职调查支付相关费用15 000元,为投标而发生的差旅费为10 000元,支付销售人员佣金5 000元。甲公司预期这些支出未来均能够收回。此外,甲公司根据其年度销售目标、整体盈利情况及个人业绩等,向销售部门经理支付年度奖金10 000元。

解析

1. 增量成本:不取得合同就不会发生的成本

应用指南规定:"企业为取得合同发生的增量成本预期能够收回的,应当作为合同取得成本确认为一项资产。增量成本,是指企业不取得合同就不会发生的成本,如销售佣金等。为简化实务操作,该资产摊销期限不超过一年的,可以在发生时计入当期损益。企业采用该简化处理方法的,应当对所有类似合同一致采用。

企业为取得合同发生的、除预期能够收回的增量成本之外的其他支出,例如,无论是否取得合同均会发生的差旅费、投标费、为准备投标资料发生的相关费用等,应当在发生时计入当期损益,除非这些支出明确由客户承担。"

本例中,甲公司如果能取得合同,则会发生佣金费用;如果未能取得合同,则无须向销售人员支付佣金,该佣金是"不取得合同就不会发生的成本",属于增量成本。

甲公司为签订合同支付的律师费、差旅费等,如果取得了合同,这些费用将会发生,如果未取得合同,这些费用也会发生,无论是否取得合同均会发生的费用,不属于增量成本,应当在发生时计入当期损益,除非这些支出明确由客户承担。

甲公司向销售部门经理支付的年度奖金也不是为取得合同发生的增量成本，这是因为该奖金发放与否以及发放金额还取决于其他因素（包括公司的盈利情况和个人业绩），并不能直接归属于可识别的合同。

综上所述，上述费用中，只有佣金费用属于为取得合同发生的增量成本。

2. 取得合同发生成本的处理方式

企业为取得合同发生的增量成本预期能够收回的，应当作为合同取得成本确认为一项资产，但为简化实务操作，该资产摊销期限不超过一年的，可以在发生时计入当期损益。

为取得合同发生的其他支出（合同增量成本之外），应当在发生时计入当期损益，除非这些支出明确由客户承担。例如，合同约定客户报销企业发生的差旅费等，则企业不应将这些费用计入当期损益，而应作为往来款项处理。

3. 合同续约或者变更支付的佣金

企业因现有合同续约或发生合同变更需要支付的额外佣金，也属于为取得合同发生的增量成本。实务中，当涉及合同取得成本的安排比较复杂时，企业需要运用判断，对发生的合同取得成本进行恰当的会计处理，例如，合同续约或合同变更时需要支付额外的佣金、企业支付的佣金金额取决于客户未来的履约情况或者取决于累计取得的合同数量或金额等。

4. 甲公司账务处理

（1）聘请外部律师进行尽职调查支付相关费用15 000元，为投标而发生的差旅费为10 000元：

  借：销售费用——销售佣金   25 000
    贷：银行存款等   25 000

如取得进项税抵扣凭证，还应进行进项税额抵扣的相关分录处理。

（2）支付销售人员佣金5 000元（资产摊销期间超过1年）：

  借：合同取得成本——销售佣金   5 000
    贷：应付职工薪酬   5 000
  借：应付职工薪酬   5 000
    贷：银行存款   5 000

（3）根据收入确认进度摊销合同取得成本：

  借：应收账款
    贷：主营业务收入
      应交税费——应交增值税（销项税额）

借：销售费用——销售佣金　　　　　　　　　　　　　　5 000
　　贷：合同取得成本——销售佣金　　　　　　　　　　　　　　5 000

如资产摊销期间不超过1年，该增量成本可直接计入当期损益：

借：销售费用——销售佣金　　　　　　　　　　　　　　5 000
　　贷：应付职工薪酬　　　　　　　　　　　　　　　　　　　　5 000
借：应付职工薪酬　　　　　　　　　　　　　　　　　5 000
　　贷：银行存款　　　　　　　　　　　　　　　　　　　　　　5 000

（4）向销售部门经理支付年度奖金10 000元：

借：销售费用——年度奖金　　　　　　　　　　　　　10 000
　　贷：应付职工薪酬　　　　　　　　　　　　　　　　　　　　10 000
借：应付职工薪酬　　　　　　　　　　　　　　　　　10 000
　　贷：银行存款　　　　　　　　　　　　　　　　　　　　　　10 000

5. 甲公司税务处理

销售人员是甲公司的员工，支付给员工的销售佣金不需要按照合同确认的收入金额的5%计算限额。

相关规定如下：

《财政部　国家税务总局关于企业手续费及佣金支出税前扣除政策的通知》（财税〔2009〕29号）：

一、企业发生与生产经营有关的手续费及佣金支出，不超过以下规定计算限额以内的部分，准予扣除；超过部分，不得扣除。

……

2.其他企业：按与具有合法经营资格中介服务机构或个人（**不含交易双方及其雇员**、代理人和代表人等）所签订服务协议或合同确认的收入金额的5%计算限额。

案例124

房地产企业销售佣金在新收入准则下的税会差异

甲房地产开发公司销售自行开发的商品房，2020年10月向房屋销售中介公司支付佣金500万元（不含税），房屋销售中介公司向甲公司开具税率6%的增值税专用发票。售房合同约定2年后交付房屋。

解析

1. 企业为取得合同发生的增量成本预期能够收回的,应当作为合同取得成本确认为一项资产

本例中,甲公司向销售中介公司支付的佣金属于为取得合同发生的增量成本,合同约定2年后交付房屋,合同取得成本确认的资产摊销期限超过一年,应将其确认为一项资产。

2. 甲公司账务处理

(1)支付佣金时:

借:合同取得成本——销售佣金　　　　　　　　500
　　应交税费——应交增值税(进项税额)　　　　30
　　贷:银行存款等　　　　　　　　　　　　　　　　530

> 【提示】关于"合同取得成本"报表列示的说明:
>
> 在合同取得成本初始确认时,预计摊销期限超过一年,合同取得成本在资产负债表中应在"其他非流动资产"项目中列示500万元。
>
> 在2021年12月31日的资产负债表日,由于该资产摊销期限到2022年10月,摊销期限不足一年,此时需注意,合同取得成本不得归类为流动资产,仍在非流动资产项目中填列,不转入"一年内到期的非流动资产"项目。
>
> 相关规定如下:
>
> 《财政部关于修订印发2019年度一般企业财务报表格式的通知》(财会〔2019〕6号)附件2一般企业财务报表格式(适用于已执行新金融准则、新收入准则和新租赁准则的企业)中的"二、关于资产负债表"之"有关项目说明"指出:
>
> "13.'年内到期的非流动资产'项目,通常反映预计自资产负债表日起一年内变现的非流动资产。对于按照相关会计准则采用折旧(或摊销、折耗)方法进行后续计量的固定资产、使用权资产、无形资产和长期待摊费用等非流动资产,折旧(或摊销、折耗)年限(或期限)只剩一年或不足一年的,或预计在一年内(含一年)进行折旧(或摊销、折耗)的部分,不得归类为流动资产,仍在各该非流动资产项目中填列,不转入'一年内到期的非流动资产'项目"。

(2)2年后交付房屋确认销售房屋收入同时摊销合同取得成本:

借:应收账款

    贷：主营业务收入
        应交税费——应交增值税（销项税额）
    借：销售费用——销售佣金   500
    贷：合同取得成本——销售佣金   500

3.甲公司税务处理

甲公司支付给销售公司的佣金，会计上计入"合同取得成本"，账面上没有反映当期损益，而是将其资本化，可否在企业所得税前扣除？

《财政部 国家税务总局关于企业手续费及佣金支出税前扣除政策的通知》（财税〔2009〕29号）规定：

"一、企业发生与生产经营有关的手续费及佣金支出，不超过以下规定计算限额以内的部分，准予扣除；超过部分，不得扣除。

……

2.其他企业：按与具有合法经营资格中介服务机构或个人（不含交易双方及其雇员、代理人和代表人等）所签订服务协议或**合同确认的收入金额的**5%计算限额。

……

四、企业已计入固定资产、无形资产等相关资产的手续费及佣金支出，应当通过**折旧、摊销等方式分期扣除**，不得在发生当期直接扣除"。

根据上述规定，已计入资产的佣金支出，应当通过折旧、摊销等方式分期扣除，不得在发生当期直接扣除。因此，甲公司应在相应收入确认并摊销该资产计入损益时税前扣除该佣金支出，同时还需受合同确认的收入金额的5%限额等条件的约束，超过5%限额部分的佣金，应在摊销并税前扣除时纳税调整。

4.应用指南相关规定

合同履约成本和合同取得成本。

根据本准则规定确认为资产的合同履约成本，初始确认时摊销期限不超过一年或一个正常营业周期的，在资产负债表中计入"存货"项目；初始确认时摊销期限在一年或一个正常营业周期以上的，在资产负债表中计入"其他非流动资产"项目。

根据本准则规定确认为资产的合同取得成本，初始确认时摊销期限不超过一年或一个正常营业周期的，在资产负债表中计入"其他流动资产"项目；初始确认时摊销期限在一年或一个正常营业周期以上的，在资产负债表中计入"其他非流动资产"项目。

案例125
房地产企业资本化的增量成本税前扣除风险分析

甲股份有限公司年度报告部分内容如下:

公司为签订商品房销售合同而支付给销售代理机构的佣金可以被销售对价覆盖,因此,公司将相关金额资本化确认为合同取得成本,在相关收入确认时进行摊销。

合同取得成本500 000万元,合同取得成本对应的应纳税暂时性差异150 000万元,对应的递延所得税负债37 500万元。

解析

1. 资本化的佣金应在摊销时税前扣除

企业在执行新收入准则之前,将销售佣金计入当期损益,在税法规定的范围内税前扣除。执行新收入准则后,超过一年摊销期限的销售佣金按照增量成本的规定,计入合同取得成本予以资本化。根据本书上一案例的分析,按照《财政部 国家税务总局关于企业手续费及佣金支出税前扣除政策的通知》(财税〔2009〕29号)的规定,企业已经资本化的手续费及佣金支出,应当通过折旧、摊销等方式分期扣除,不得在发生当期直接扣除。

2. 计入递延所得税负债的分析

上述"合同取得成本"对应的应纳税暂时性差异,推测其情况应为:

企业在计入"合同取得成本"的期间税前扣除了手续费及佣金支出(由于账面未计入损益,因此在企业所得税申报表中予以纳税调减),将来摊销"合同取得成本"计入相关损益时,因不能重复税前扣除,企业所得税申报表中予以纳税调增。这种情况下才可能会出现应纳税暂时性差异。

根据本书上一案例分析,该企业在将手续费及佣金支出资本化时,不应在企业所得税前扣除,也不应出现应纳税暂时性差异,而应该在摊销时税前扣除。

以上,由于没有取得全部的资料,仅是笔者个人推测。

3. 企业账务处理

(1)佣金计入合同取得成本:

借:合同取得成本——销售佣金
　　应交税费——应交增值税(进项税额)
　贷:应付账款等

企业在账面上将手续费佣金计入资产，根据税务相关规定，当期不得税前扣除，该企业在企业所得税税前扣除了手续费佣金，应该是在汇算清缴申报表中进行了纳税调减。

（2）确认合同收入时摊销合同取得成本：

借：应收账款
　　贷：主营业务收入
　　　　应交税费——应交增值税（销项税额）
借：销售费用——销售佣金
　　贷：合同取得成本——销售佣金

由于之前将手续费佣金计入资产的年度已经在企业所得税税前扣除，则企业在摊销该资产计入当期损益的期间不能再税前扣除，在企业所得税汇算清缴时进行纳税调增。这即是该企业的合同取得成本产生应纳税暂时性差异的原因。根据之前的分析，这种处理方式并不完全符合税法相关规定。

案例126
合同续约、合同变更的增量成本

根据甲公司的相关政策，销售部门的员工每取得一份新的合同，可以获得提成100元，现有合同每续约一次，员工可以获得提成60元，甲公司预期上述提成均能够收回。

甲公司相关政策还规定，当合同变更时，如果客户在原合同的基础上，向甲公司支付额外的对价以购买额外的商品，则甲公司需根据该新增的合同金额向销售人员支付一定的提成。

解析

1. 为取得新合同和为合同续约支付的提成，均属于增量成本

本例中，甲公司为取得新合同支付给员工的提成100元，属于为取得合同发生的增量成本，且预期能够收回，因此，应当确认为一项资产。同样地，甲公司为现有合同续约支付给员工的提成60元，也属于为取得合同发生的增量成本，这是因为如果不发生合同续约，就不会支付相应的提成，由于该提成预期能够收回，甲公司应当在每次续约时将应支付的相关提成确认为一项资产。

2.合同变更新增对价的提成为增量成本

无论相关合同变更属于新收入准则第八条规定的哪一种情形,甲公司均应当将应支付的提成视同为取得合同(变更后的合同)发生的增量成本进行会计处理。

案例127

合同取得成本与合同履约成本的区别

甲公司是建筑企业,增值税一般纳税人。2020年取得某工程施工合同,为取得该合同,发生相关的差旅费、投标费、律师费、佣金费用等。

上述费用能否纳入运用投入法计算履约进度的范围?

解析

1.投入法计算履约进度的成本属于合同履约成本

运用投入法计算一项在某一段时间内履行的履约义务的履约进度时,根据企业履行履约义务的投入确定履约进度,通常可采用投入的材料数量、花费的人工工时或机器工时、发生的成本和时间进度等投入指标确定履约进度。实务中,通常按照累计实际发生的成本占预计总成本的比例(即,成本法)确定履约进度,即按照合同履约成本占预计总成本的比例确定履约进度。

2.合同履约成本与合同取得成本的区别

合同履约成本是为了履行合同而发生的成本,合同取得成本是为了取得合同而发生的成本。其中,合同取得成本又分为无论是否取得合同均会发生的成本(在发生时计入当期损益),以及不取得合同就不会发生的成本(属于增量成本,应当作为合同取得成本确认为一项资产)。

本例中,甲公司发生的差旅费、投标费、律师费,无论合同是否最终取得,均会发生,因此计入当期损益;为取得该合同发生的佣金,属于增量成本,如果摊销期限超过一年,应确认为一项资产,根据收入确认进度进行摊销。

以上费用,无论计入损益或资产,均属于取得合同发生的成本,不属于为履行合同而发生的成本,因此不纳入运用投入法计算履约进度的范围。

3.上市公司相关公告

某股份有限公司年报部分内容如下:

"合同成本包括合同履约成本和合同取得成本。本集团为提供线上店铺运营劳务而发生的成本,确认为合同履约成本,并在确认收入时,按照已完成劳务的进度结转计入主营业务成本。本集团将为获取线上店铺运营劳务合同而发生的增量成本,确认为合同取得成本,对于摊销期限不超过一年的合同取得成本,在其发生时计入当期损益;对于摊销期限在一年以上的合同取得成本,本集团按照相关合同下与确认线上店铺运营劳务收入相同的基础摊销计入损益。"

09 关于合同资产与合同负债

9.1 合同资产

> **案例128**
> 合同资产不是一项无条件收款权

2020年3月1日，甲公司与客户乙公司签订合同，向其销售A、B两项商品，合同价款为2 000元。合同约定，A商品于合同开始日交付，B商品在一个月之后交付，只有当A、B两项商品全部交付之后，甲公司才有权收取2 000元的合同对价。假定A商品和B商品构成两项履约义务，其控制权在交付时转移给客户，分摊至A商品和B商品的交易价格分别为400元和1 600元。

上述价格均不包含增值税。

解析

1. 交付A商品应收取的款项计入合同资产

应用指南规定："合同资产，是指企业已向客户转让商品而有权收取对价的权利，且该权利取决于时间流逝之外的其他因素。

合同资产和应收款项都是企业拥有的有权收取对价的合同权利，二者的区别在于，**应收款项代表的是无条件收取合同对价的权利，即企业仅仅随着时间的流逝即可收款**，而合同资产并不是一项无条件收款权，该权利除了时间流逝之外，还取决于其他条件（例如，履行合同中的其他履约义务）才能收取相应的合同对价。因此，与合同资产和应收款项相关的风险是不同的，应收款项仅承担信用风险，而合同资产除信用风险之外，还可能承担其他风险，如履约风险等"。

> **【提示】** 应用指南此处的表述"应收款项代表的是无条件收取合同对价的权利，即企业仅仅随着时间的流逝即可收款"，严格来讲应是"企业仅仅随着时间的流逝即可收款的权利"，如果企业仅仅随着时间的流逝即可收款，则应收账款可能连信用风险也无须承担。

本例中，甲公司将A商品交付给客户之后，与该商品相关的履约义务已经履行，但是需要等到后续交付B商品时，企业才具有无条件收取合同对价的权利，因此，甲公司应当将因交付A商品而有权收取的对价400元确认为合同资产，而不是应收账款。

2. 甲公司账务处理

（1）交付A商品时：

　　借：合同资产——乙公司　　　　　　　　　　　　　　　　452
　　　　贷：主营业务收入　　　　　　　　　　　　　　　　　400
　　　　　　应交税费——待转销项税额　　　　　　　　　　　52（400×13%）

> 【提示】关于此处增值税的说明：
>
> 甲公司在交付A商品控制权时，增值税上发生了应税行为，但是并未收讫销售款项，同时也未取得索取销售款项的凭据（合同约定只有当两项商品全部交付之后，甲公司才有权收取合同对价），暂不确认增值税纳税义务，应在合同约定交付B商品取得无条件收取合同对价的权利时即"取得索取销售款项凭据"时点确认增值税纳税义务。
>
> 相关规定如下：
>
> 《增值税暂行条例》第十九条规定："增值税纳税义务发生时间：
>
> 　发生应税销售行为，为收讫销售款项或者取得索取销售款项凭据的当天；先开具发票的，为开具发票的当天"。

（2）交付B商品时：

　　借：应收账款——乙公司　　　　　　　　　　　　　　　　452
　　　　贷：合同资产——乙公司　　　　　　　　　　　　　　452
　　借：应交税费——待转销项税额　　　　　　　　　　　　　52
　　　　贷：应交税费——应交增值税（销项税额）　　　　　　52
　　借：应收账款——乙公司　　　　　　　　　　　　　　　1 808
　　　　贷：主营业务收入　　　　　　　　　　　　　　　　1 600
　　　　　　应交税费——应交增值税（销项税额）　　　　　208（1 600×13%）

3. 上市公司相关公告

某股份有限公司首次公开发行股票并在科创板上市招股说明书部分内容如下：

"本公司自2020年1月1日起执行新收入准则。根据准则的规定，本公司仅对在首次执行日尚未完成的合同的累积影响数调整2020年年初留存收益以及财务报表其他相关项目金额，2019年度的财务报表不做调整。执行该准则的主要影响如下：

2020年1月1日：

应收账款：-44 631 317.55

合同资产：44 631 317.55"

案例129
建筑企业合同资产与合同负债报表列示

2020年1月1日，甲建筑公司与乙公司签订一项大型设备建造工程合同，根据双方合同，该工程的造价为6 300万元，工程期限为1年半，甲公司负责工程的施工及全面管理，乙公司按照第三方工程监理公司确认的工程完工量，每半年与甲公司结算一次；预计2021年6月30日竣工；预计可能发生的总成本为4 000万元。假定该建造工程整体构成单项履约义务，并属于在某一时段履行的履约义务，甲公司采用成本法确定履约进度，增值税税率为9%，不考虑其他相关因素。

2020年6月30日，工程累计实际发生成本1 500万元，甲公司与乙公司结算合同价款2 500万元，甲公司实际收到价款2 000万元；

2020年12月31日，工程累计实际发生成本3 000万元，甲公司与乙公司结算合同价款1 100万元，甲公司实际收到价款1 000万元；2021年6月30日，工程累计实际发生成本4 100万元，乙公司与甲公司结算了合同竣工价款2 700万元，并支付剩余工程款3 300万元。

上述价款均不包含增值税。假定甲公司与乙公司结算时即发生增值税纳税义务，乙公司在实际支付工程价款的同时支付其对应的增值税款。

解析

1.甲公司账务处理

（1）2020年1月1日至6月30日实际发生工程成本时：

借：合同履约成本　　　　　　　　　　　　　　　　　　15 000 000

　　贷：原材料、应付职工薪酬等　　　　　　　　　　　　　15 000 000

（2）2020年6月30日：

履约进度=15 000 000÷40 000 000×100%=37.5%；

合同收入=63 000 000×37.5%=23 625 000（元）。

借：合同结算——收入结转　　　　　　　　　　　　23 625 000
　　贷：主营业务收入　　　　　　　　　　　　　　　　23 625 000
借：主营业务成本　　　　　　　　　　　　　　　15 000 000
　　贷：合同履约成本　　　　　　　　　　　　　　　　15 000 000
借：应收账款　　　　　　　　　　　　　　　　　27 250 000
　　贷：合同结算——价款结算　　　　　　　　　　　　25 000 000
　　　　应交税费——应交增值税（销项税额）
　　　　　　　　　　　　　　　　　2 250 000（25 000 000×9%）
借：银行存款　　　　　　21 800 000 [20 000 000×（1+9%）]
　　贷：应收账款　　　　　　　　　　　　　　　　　　21 800 000

> 【提示】1.对于此处"合同结算"科目账务处理及报表列示的说明：
>
> 对于在某一段时间内履行的履约义务来讲，需按照履约进度分期确认收入，但客户的结算价款时点可能与此不同。在确认收入时，可能需要计入合同资产，在确认结算时，可能需要计入合同负债。根据相关规定，合同资产和合同负债应当在资产负债表中单独列示，同一合同下的合同资产和合同负债应当以净额列示，为方便核算，企业也可以设置"合同结算"科目（或其他类似科目），以核算同一合同下属于在某一时段内履行履约义务涉及与客户结算对价的合同资产或合同负债，并在此科目下设置"合同结算——价款结算"科目反映定期与客户进行结算的金额，设置"合同结算——收入结转"科目反映按履约进度结转的收入金额。
>
> 资产负债表日，"合同结算"科目的期末余额在借方的，说明确认的收入额大于与客户的结算额，表明企业已经履行履约义务但尚未与客户结算的金额，根据其流动性，在资产负债表中分别列示为"合同资产"或"其他非流动资产"项目；期末余额在贷方的，说明确认的收入额小于与客户的结算额，表明企业已经与客户结算但尚未履行履约义务的金额，根据其流动性，在资产负债表中分别列示为"合同负债"或"其他非流动负债"项目。
>
> 本例中，"合同结算"科目的余额为贷方137.5万元（2 500–2 362.5），表明甲公司已经与客户结算但尚未履行履约义务的金额为137.5万元，由于甲公司预计该部分履约义务将在2020年内完成，因此，应在资产负债表中作为"合同负债"项目列示。
>
> 2.对于此处"应交税费——应交增值税（销项税额）"的说明：
>
> 本例的前提是假设甲公司与乙公司结算时即发生增值税纳税义务。其实在实务中，一般来讲，建筑服务结算时可能不会发生增值税纳税义务，原因有二：

其一，合同约定的付款时间一般不是结算期间，而是结算期后的某一段时间；

其二，合同约定的付款金额一般不是结算的全额而是部分比例金额。

因此，一般来讲，会计分录如下：

结算工程款时：

借：应收账款　　　　　　　　　　　　　　　　　27 250 000
　　贷：合同结算——价款结算　　　　　　　　　　25 000 000
　　　　应交税费——待转销项税额　　2 250 000（25 000 000×9%）

待实际收款或者虽未收款但达到合同约定付款日期时：

借：应交税费——待转销项税额
　　贷：应交税费——应交增值税（销项税额）

本例已经假设了结算时即发生增值税纳税义务，在结算时计入"应交税费——应交增值税（销项税额）"即可。

（3）2020年7月1日至12月31日实际发生工程成本时：

借：合同履约成本　　　　　　　　　　　　　　　　15 000 000
　　贷：原材料、应付职工薪酬等　　　　　　　　　　15 000 000

（4）2020年12月31日：

履约进度=30 000 000÷40 000 000×100%=75%。

借：合同结算——收入结转

　　　　　　　　　　　23 625 000（63 000 000×75%-23 625 000）
　　贷：主营业务收入　　　　　　　　　　　　　　　23 625 000
借：主营业务成本　　　　　　　　　　　　　　　　15 000 000
　　贷：合同履约成本　　　　　　　　　　　　　　　15 000 000
借：应收账款　　　　　　　　　　　　　　　　　　11 990 000
　　贷：合同结算——价款结算　　　　　　　　　　11 000 000
　　　　应交税费——应交增值税（销项税额）
　　　　　　　　　　　　　　　　　　990 000（11 000 000×9%）
借：银行存款　　　　　　　10 900 000 [10 000 000×（1+9%）]
　　贷：应收账款　　　　　　　　　　　　　　　　　10 900 000

当日，"合同结算"科目的余额为借方1 125万元（2 362.5-1 100-137.5），表明甲公司已经履行履约义务但尚未与客户结算的金额为1 125万元，由于该部分金额将在2021年内结算，因此，应在资产负债表中作为"合同资产"项目列示。

> **【提示】** 关于此处新旧准则的区别：
>
> 在原建造合同准则中，此部分在资产负债表中列示为"存货"项目，而新收入准则将其列入资产负债表中的"合同资产"项目，其原因分析如下：
>
> "合同结算"科目的借方余额，是已履约部分大于客户结算款项的金额，表示的是应该收取的客户的款项，而"存货"项目的含义是企业建造商品或者服务形成的历史成本，因此，已履约部分大于结算的金额，列示"存货"项目并不能准确描述业务实质。
>
> 从另一角度看，既然企业已经将提供的建筑服务按照履约进度分期计入了营业收入，说明相关的控制权已逐步转移，相应的建筑成本也转入了营业成本，也就不会再存在"存货"项目。
>
> 综上，新收入准则在此处的改变更加合理。

（5）2021年1月1日至6月30日实际发生工程成本时：

借：合同履约成本　　　　　　　　　　　　　　　　11 000 000
　　贷：原材料、应付职工薪酬等　　　　　　　　　　11 000 000

（6）2021年6月30日。由于当日该工程已竣工决算，其履约进度为100%。合同收入=63 000 000−23 625 000−23 625 000=15 750 000（元）。

借：合同结算——收入结转　　　　　　　　　　　　15 750 000
　　贷：主营业务收入　　　　　　　　　　　　　　　15 750 000
借：主营业务成本　　　　　　　　　　　　　　　　11 000 000
　　贷：合同履约成本　　　　　　　　　　　　　　　11 000 000
借：应收账款　　　　　　　　　　　　　　　　　　29 430 000
　　贷：合同结算——价款结算　　　　　　　　　　　27 000 000
　　　　应交税费——应交增值税（销项税额）
　　　　　　　　　　　　　　　　2 430 000（27 000 000×9%）
借：银行存款　　　　35 970 000［33 000 000×（1+9%）］
　　贷：应收账款　　　　　　　　　　　　　　　　　35 970 000

当日，"合同结算"科目的余额为0（1 125+1 575−2 700）。

2.应用指南相关规定

合同资产和合同负债应当在资产负债表中单独列示。同一合同下的合同资产和合同负债应当以净额列示，不同合同下的合同资产和合同负债不能互相抵销。

通常情况下，企业对其已向客户转让商品而有权收取的对价金额应当确认为合同资产或应收账款；对于其已收或应收客户对价而应向客户转让商品的义务，应当按照已收或应收的金额确认合同负债。由于同一合同下的合同资产和合同负债应当以净额列示，企业也可以设置"合同结算"科目（或其他类似科目），以核算同一合同下属于在某一时段内履行履约义务涉及与客户结算对价的合同资产或合同负债，并在此科目下设置"合同结算——价款结算"科目反映定期与客户进行结算的金额，设置"合同结算——收入结转"科目反映按履约进度结转的收入金额。资产负债表日，"合同结算"科目的期末余额在借方的，根据其流动性，在资产负债表中分别列示为"合同资产"或"其他非流动资产"项目；期末余额在贷方的，根据其流动性，在资产负债表中分别列示为"合同负债"或"其他非流动负债"项目。

合同资产和合同负债。合同一方已经履约的，即企业依据合同履行履约义务或客户依据合同支付合同对价，企业应当根据其履行履约义务与客户付款之间的关系，在资产负债表中列示合同资产或合同负债。企业拥有的、无条件（即仅取决于时间流逝）向客户收取对价的权利应当作为应收款项单独列示。

企业在向客户转让商品之前，如果客户已经支付了合同对价或企业已经取得了无条件收取合同对价的权利，则企业应当在客户实际支付款项与到期应支付款项孰早时点，将该已收或应收的款项列示为合同负债。合同负债，是指企业已收或应收客户对价而应向客户转让商品的义务。例如，企业与客户签订不可撤销的合同，向客户销售其生产的产品，合同开始日，企业收到客户支付的合同价款1 000元，相关产品将在2个月之后交付给客户，这种情况下，企业应当将该1 000元作为合同负债进行处理。

相反，在客户实际支付合同对价或在该对价到期应付之前，企业如果已经向客户转让了商品，则应当将因已转让商品而有权收取对价的权利列示为合同资产，但不包括应收款项。合同资产，是指企业已向客户转让商品而有权收取对价的权利，且该权利取决于时间流逝之外的其他因素。企业应当按照《企业会计准则第22号——金融工具确认和计量》评估合同资产的减值，该减值的计量、列报和披露应当按照《企业会计准则第22号——金融工具确认和计量》和《企业会计准则第37号——金融工具列报》的规定进行会计处理。

应收款项是企业无条件收取合同对价的权利。只有在合同对价到期支付之前仅仅随着时间的流逝即可收款的权利，才是无条件的收款权。有时，企业有可能需要在未来返还全部或部分的合同对价（例如，企业在附有销售退回条款的合同下收取的合同对价），但是，企业仍然拥有无条件收取合同对价的权利，未来返还合同对价的潜在义务并不会影响企业收取对价总额的现时权利，因此，企业仍应当确认一项应收款项，同时将预计未来需要返还的部分确认为一项负债。需要说明的是，合同资产和应收款项都是企业拥有的有权收取对价的合同权利，二者的区别在于，应收款项代表的是无条件收取合同对价的权利，即企业仅仅随着时间的流逝即可收款，而合同资产并不是一项无条件收款权，该权利除了时间流逝之外，还取决于其他条件（例如，履行合同中的其他履约义务）才能收取相应的合同对价。因此，与合同资产和应收款项相关的风险是不同的，应收款项仅承担信用风险，而合同资产除信用风险之外，还可能承担其他风险，如履约风险等。

3. 上市公司相关公告

（1）某股份有限公司年报部分内容如下：

"于2018年1月1日，本集团/本公司根据工程项目履约进度确认的收入金额超过已办理结算价款的被重分类为合同资产，其中预计1年以上收回的款项列报为其他非流动资产。本集团/本公司的预收款项被重分类至合同负债"。

（2）某股份有限公司年报部分内容如下：

"有关合同负债的定性分析

本集团的合同负债主要来自工程承包服务合同及销货合同。

本集团提供的工程承包服务需定期与客户进行结算。一般情况下，工程承包服务合同的履约进度与结算进度、收款进度均存在时间上的差异。截至2018年12月31日，部分工程承包服务合同的履约进度小于结算进度或收款进度，即本集团在履行履约义务前已经收取了合同对价或已经取得了无条件收取合同对价的权利，从而形成工程承包服务相关的合同负债。

本集团的销货合同通常属于在某一时点履行的履约义务，本集团在客户取得相关商品控制权的时点确认收入。截至2018年12月31日，本集团部分销货合同履行履约义务的时间晚于客户付款的时间，从而形成销货合同相关的合同负债"。

案例130

建筑企业新旧准则科目与报表列示变化

2020年1月1日，甲建筑公司与乙公司签订一项工程施工合同，根据双方合同，

该工程的造价为15 000万元，预计总成本10 000万元。假定该建造工程整体构成单项履约义务，并属于在某一时段履行的履约义务，甲公司采用成本法确定履约进度，增值税税率为9%，不考虑其他相关因素。

以上价格均不包含增值税。

甲公司预计与客户结算但尚未履行的履约义务将在本年内完成，履行了履约义务但尚未与客户结算的金额将在本年内结算。

解析

1.建筑企业新旧准则报表列示项目比较情形一

建筑企业新旧准则报表列示项目比较情形一见表9-1。

表9-1

单位：万元

计算过程	新收入准则		原建造合同准则	
	金额	分录	金额	分录
累计发生成本（预计总成本10 000）	2 000	借：合同履约成本　　2 000 　贷：原材料、应付职工薪酬等 　　　　　　　　　　2 000	2 000	借：工程施工——合同成本 　　　　　　　　　　2 000 　贷：原材料、应付职工薪酬等 　　　　　　　　　　2 000
履约进度	20.00%（2 000÷10 000×100%）		20.00%（2 000÷10 000×100%）	
合同收入（总造价15 000）	3 000	借：合同结算——收入结转 　　　3 000（15 000×20%） 　贷：主营业务收入　　3 000	3 000	借：工程施工——合同毛利 　　　　　　　　　　1 000 　　主营业务成本　　2 000 　贷：主营业务收入 　　　3 000（15 000×20%）
结转成本	2 000	借：主营业务成本　　2 000 　贷：合同履约成本　　2 000	2 000	
结算合同价款	3 500	借：应收账款　　　　3 815 　贷：合同结算——价款结算 　　　　　　　　　　3 500 　　应交税费——待转销项税额 　　　　　　　　　　315	3 500	借：应收账款　　　　3 815 　贷：工程结算　　　　3 500 　　应交税费——待转销项税额 　　　　　　　　　　315
实际收到价款	3 815	借：银行存款　　　　3 815 　贷：应收账款　　　　3 815	3 815	借：银行存款　　　　3 815 　贷：应收账款　　　　3 815
相关科目余额	合同结算贷方余额=3 500-3 000=500		工程施工余额 - 工程结算余额 =2 000+1 000-3 500=-500	
报表列示	在资产负债表中作为合同负债列示500		在资产负债表中作为预收账款列示500	

新旧准则变化点:

(1) "工程施工——合同成本"科目被"合同履约成本"科目替代;

(2) "工程结算"科目被"合同结算——价款结算"科目替代;

(3) "工程施工余额-工程结算余额"被"合同结算"余额替代;

(4) "工程施工——合同毛利"科目取消,确认收入时使用"合同结算——收入结转"科目;

(5) 报表相关项目计算对比:

原建造合同准则:"工程施工——合同毛利"+"工程施工——合同成本"-"工程结算"=1 000+2 000-3 500=-500(万元);

如为正数则报表列示为存货项目,如为负数则报表列示为预收账款项目。

原建造合同准则下本例报表列示为预收账款项目。

新收入准则:"合同结算"余额(负数为贷方余额,正数为借方余额)=3 000-3 500=-500(万元);

如为借方余额则报表列示为合同资产项目,如为贷方余额则报表列示为合同负债项目。

新收入准则下本例报表列示为合同负债项目。

简单理解:原建造合同准则是"(**毛利+成本**)-结算",新收入准则是"**收入-结算**",而(毛利+成本)=收入,因此两者实质上是一回事,只不过计算过程有所改变。

2. 建筑企业新旧准则报表列示项目比较情形二

建筑企业新旧准则报表列示项目比较情形二见表9-2。

表9-2

单位:万元

计算过程	新收入准则		原建造合同准则	
	金额	分录	金额	分录
累计发生成本(预计总成本10 000)	2 000	借:合同履约成本　　　2 000 　贷:原材料、应付职工薪酬等 　　　　　　　　　　2 000	2 000	借:工程施工——合同成本 　　　　　　　　　　2 000 　贷:原材料、应付职工薪酬等 　　　　　　　　　　2 000
履约进度	20.00%(2 000÷10 000×100%)		20.00%(2 000÷10 000×100%)	
合同收入(总造价15 000)	3 000	借:合同结算——收入结转 　　　3 000(15 000×20%) 　贷:主营业务收入　　3 000	3 000	借:工程施工——合同毛利 　　　　　　　　　　1 000 　　主营业务成本　　2 000 　贷:主营业务收入 　　　3 000(15 000×20%)
结转成本	2 000	借:主营业务成本　　　2 000 　贷:合同履约成本　　2 000	2 000	

续表

计算过程		新收入准则		原建造合同准则
结算合同价款	2 000	借：应收账款　　　　2 180 　贷：合同结算——价款结算 　　　　　　　　　　2 000 　　　应交税费——待转销项 　　　税额　　　　　　180	2 000	借：应收账款　　　　2 180 　贷：工程结算　　　　2 000 　　　应交税费——待转销项税额 　　　　　　　　　　180
实际收到价款	2 180	借：银行存款　　　　2 180 　贷：应收账款　　　　2 180	2 180	借：银行存款　　　　2 180 　贷：应收账款　　　　2 180
相关科目余额		合同结算借方余额 =3 000−2 000=1 000		工程施工余额 − 工程结算余额 =2 000+1 000−2 000=1 000
报表列示		在资产负债表中作为合同资产列示 1 000		在资产负债表中作为存货列示 1 000

新旧准则变化点：

报表相关项目计算对比：

原建造合同准则："工程施工——合同毛利"+"工程施工——合同成本"−"工程结算"=2 000+1 000−2 000=1 000（万元）；

如为正数则报表列示为存货项目，如为负数则报表列示为预收账款项目。

原建造合同准则下本例报表列示为存货项目。

新收入准则："合同结算"余额（负数为贷方余额，正数为借方余额）=3 000−2 000=1 000（万元）；

如为借方余额则报表列示为合同资产项目，如为贷方余额则报表列示为合同负债项目。

新收入准则下本例报表列示为合同资产项目。

案例131

建筑业亏损合同的新旧准则处理差异

甲建筑企业签订不可撤销的固定总价合同15 000万元。结算频率每年一次，预计发生的总成本为10 000万元。第二年，预计总成本上升到16 000万元，以后每年预计总成本均为16 000万元。甲公司按照投入法确定履约进度。以上价格均不包含增值税。

合同约定，客户扣除合同造价的10%作为质保金，含税价为1 635万元［15 000×(1+9%)×10%］。

> 解析

1. 亏损合同产生的义务符合条件应确认为预计负债

《企业会计准则第13号——或有事项》第八条规定:"待执行合同变成亏损合同的,该亏损合同产生的义务满足本准则第四条规定的,应当确认为预计负债。

待执行合同,是指合同各方尚未履行任何合同义务,或部分地履行了同等义务的合同。

亏损合同,是指履行合同义务不可避免会发生的成本超过预期经济利益的合同。"

第四条规定:"与或有事项相关的义务同时满足下列条件的,应当确认为预计负债:

(一)该义务是企业承担的现时义务;

(二)履行该义务很可能导致经济利益流出企业;

(三)该义务的金额能够可靠地计量。"

本例中,甲公司与客户签订的工程施工合同,履行了部分合同义务,属于待执行合同,虽然该合同预计亏损,但甲公司出于合同限制,比如违约责任,或者出于与客户长期合作信用等方面考虑,决定继续执行该合同,则履行该合同义务不可避免会发生的成本超过预期经济利益,该合同从待执行合同变成了亏损合同。

由于与该亏损合同相关的义务不可撤销,因此甲公司存在了现时义务,同时履行该义务很可能导致经济利益流出企业,且该义务的金额能够可靠地计量,满足《企业会计准则第13号——或有事项》第四条的规定,该义务应当确认为预计负债。

2. 甲公司账务处理

第一年(单位:万元,下同):

(1)实际发生合同成本2 000万元:

借:合同履约成本	2 000
贷:原材料、应付职工薪酬等	2 000

(2)结转成本和收入:

履约进度=2 000÷10 000×100%=20%。

借:合同结算——收入结转	3 000(15 000×20%)
贷:主营业务收入	3 000
借:主营业务成本	2 000
贷:合同履约成本	2 000

(3)结算合同价款3 815万元:

借：应收账款 3 815
  贷：合同结算——价款结算 3 500
    应交税费——待转销项税额 315

"合同结算"科目贷方余额500万元（3 500-3 000），表明甲公司已经与客户结算但尚未履行履约义务的金额为500万元，由于甲公司预计该部分履约义务将在年内完成，因此，应在资产负债表中作为合同负债列示。

（4）按照合同约定收到80%工程款项时：

借：银行存款 3 052（3 815×80%）
  贷：应收账款 3 052
借：应交税费——待转销项税额 252［3 052÷（1+9%）×9%］
  贷：应交税费——应交增值税（销项税额） 252

> 【提示】合同约定付款时间到达时，即使没有收到该款项，也应确认增值税纳税义务。

第二年：

（1）实际发生合同成本2 000万元：

借：合同履约成本 2 000
  贷：原材料、应付职工薪酬等 2 000

（2）结转成本和收入：

履约进度=4 000÷16 000×100%=25%；

应确认总收入=15 000×25%=3 750（万元）。

借：合同结算——收入结转 750（15 000×25%-3 000）
  贷：主营业务收入 750
借：主营业务成本 2 000
  贷：合同履约成本 2 000

（3）结算合同价款2 180万元：

借：应收账款 2 180
  贷：合同结算——价款结算 2 000
    应交税费——待转销项税额 180

（4）按照合同约定收到80%工程款项时：

借：银行存款 1 744（2 180×80%）

　　　　贷：应收账款　　　　　　　　　　　　　　　　　　　　1 744
　　　　借：应交税费——待转销项税额　　　144［1 744÷（1+9%）×9%］
　　　　贷：应交税费——应交增值税（销项税额）　　　　　　　144
　（5）确认合同损失：
　　　　借：主营业务成本　　　　　　　　　　　　　　　　　　750
　　　　贷：预计负债　　　　　　　　　　　　　　　　　　　　750

【提示】1.关于此处"预计负债"的说明：

当期合同预计损失=（预计总成本-预计总造价）×（1-履约进度）-已经确认的预计负债=（16 000-15 000）×（1-25%）-0 =750（万元）。

预计合同总成本16 000万元大于合同总收入15 000万元，预计损失总额1 000万元，在账面上已经反映了250万元［（16 000-15 000）×25%］的亏损，因此还需确认完成履约义务预计发生的剩余损失750万元（1 000-250）。

"（预计总成本-预计总造价）×（1-履约进度）"的含义是：预计总损失减去已经在账面上按照履约进度确认的亏损的余额，即为应确认的预计合同损失总额。

2.关于"预计负债"企业所得税纳税调整的说明：

由于亏损合同预计的损失尚未实际发生，因此在本纳税年度不得在税前扣除其对应的成本费用，应在实际发生年度扣除，本纳税年度应在企业所得税申报时纳税调增750万元。

3.关于新旧准则区别的说明：

在原建造合同准则讲解中，对此的会计分录是：

　　　　借：资产减值损失　　　　　　　　　　　　　　　　　　750
　　　　贷：存货跌价准备　　　　　　　　　　　　　　　　　　750

为便于理解，我们比较存货准则与或有事项准则中的相关处理：

（1）《企业会计准则讲解》第二章——存货：

如果企业持有存货的数量少于销售合同订购数量，实际持有与该销售合同相关的存货应以销售合同所规定的价格作为可变现净值的计算基础。如果该合同为亏损合同，还应同时按照《企业会计准则第13号——或有事项》的规定确认预计负债。

（2）《企业会计准则讲解》第十四章——或有事项：

亏损合同产生的义务满足预计负债确认条件的，应当确认为预计负债。其中，亏损合同，是指履行合同义务不可避免会发生的成本超过预期经济利益的合同。预计负债的计量应当反映退出该合同的最低净成本，即履行该合同的成本与未能履行该合同而发生的补偿或处罚两者之中的较低者。

总结：（1）原建造合同准则下，将工程施工余额大于工程结算余额的差额，在报表中列示为存货项目，个人认为，即使作为存货项目列示（根据本书相关案例分析，原建造合同准则将其列入存货项目并不妥当），也不应计提存货跌价准备，从实质来看，继续履行合同的总成本超过预计总收入的合同，按照预计负债中的亏损合同进行处理更为合适；

（2）新收入准则下，合同资产取代了存货的报表列示项目，因此更不能按照存货跌价准备处理，而应按照或有事项中的亏损合同处理。

当然，企业的其他存货项目，如建筑材料，周转物资等，仍然需要按照存货准则相关规定处理。

参考中国证监会《2018年上市公司年报会计监管报告》的相关内容：

"二、企业会计准则和财务信息披露规则执行问题

……

（二）收入准则相关问题

1.新收入准则实施相关问题

……

（2）对合同资产和合同负债的重分类调整金额不正确

年报分析发现，部分上市公司在对首次执行日的资产负债表按照新收入准则进行调整时，直接将原计入存货的已完工未结算款和预收账款的账面价值分别重分类为合同资产和合同负债，而未将原计入存货跌价准备的亏损合同产生的预计合同损失重分类为预计负债，亦未将原预收账款中包含的增值税予以扣除。"

第三年：

（1）实际发生合同成本8 800万元：

借：合同履约成本	8 800
贷：原材料、应付职工薪酬等	8 800

（2）结转成本和收入：

履约进度=（4 000+8 800）÷16 000×100%=80%；

应确认总收入=15 000×80%=12 000（万元）。

借：合同结算——收入结转　　　　　　8 250（15 000×80%－3 000－750）
　　贷：主营业务收入　　　　　　　　　　　　　　　　　　8 250
　　借：主营业务成本　　　　　　　　　　　　　　　　　　8 800
　　贷：合同履约成本　　　　　　　　　　　　　　　　　　8 800

（3）结算合同价款8 720万元：
　　借：应收账款　　　　　　　　　　　　　　　　　　　　8 720
　　贷：合同结算——价款结算　　　　　　　　　　　　　　8 000
　　　　应交税费——待转销项税额　　　　　　　　　　　　　720

（4）按照合同约定收到80%工程款项时：
　　借：银行存款　　　　　　　　　　　　　　6 976（8 720×80%）
　　贷：应收账款　　　　　　　　　　　　　　　　　　　　6 976
　　借：应交税费——待转销项税额　　　　　576〔6 976÷（1+9%）×9%〕
　　贷：应交税费——应交增值税（销项税额）　　　　　　　　576

（5）确认合同损失：
　　借：主营业务成本　　　　　　　　　　　　　　　　　　－550
　　借：预计负债　　　　　　　　　　　　　　　　　　　　　550

【提示】1.关于此处"预计负债"的说明：

当期合同预计损失=（预计总成本－预计总造价）×（1－履约进度）－已经确认的预计负债=（16 000－15 000）×（1－80%）－750=－550（万元）。

预计合同总成本16 000万元大于合同总收入15 000万元，预计损失总额1 000万元，在账务中已经反映了800万元〔（16 000－15 000）×80%〕的亏损，因此还需确认完成履约义务预计发生的剩余损失200万元（1 000－800），之前已经确认了750元的预计负债，因此尚需计入预计负债的金额为：－550万元（200－750）。

此时，"预计负债"余额为贷方200万元（750－550）。

2.关于"预计负债"企业所得税纳税调整的说明：

亏损合同预计的损失750万元在以前年度进行了企业所得税纳税调增的处理，在本年度其中的550万元实际发生，因此应纳税调减550万元。一般来讲，其公式为：

当年预计负债企业所得税纳税调整额=预计负债贷方期末数－预计负债贷方期初数；

如结果为正数则纳税调增，为负数则纳税调减。

第四年：

（1）实际发生合同成本3 200万元：

借：合同履约成本　　　　　　　　　　　　　　　　　　　　　　　3 200
　　贷：原材料、应付职工薪酬等　　　　　　　　　　　　　　　　3 200

（2）结转成本和收入：

履约进度=（2 000+2 000+8 800+3 200）÷16 000×100%=100%；

应确认总收入=15 000×100%=15 000（万元）。

借：合同结算——收入结转

　　　　　　　　　　　3 000（15 000×100%–3 000–750–8 250）
　　贷：主营业务收入　　　　　　　　　　　　　　　　　　　　　3 000
借：主营业务成本　　　　　　　　　　　　　　　　　　　　　　　3 200
　　贷：合同履约成本　　　　　　　　　　　　　　　　　　　　　3 200

（3）结算合同价款1 635万元：

借：应收账款　　　　　　　　　　　　　　　　　　　　　　　　　1 635
　　贷：合同结算——价款结算　　　　　　　　　　　　　　　　　1 500
　　　　应交税费——待转销项税额　　　　　　　　　　　　　　　　135

（4）按照合同约定收到工程款项时：

借：银行存款　　　　　　　　　　　　　　　　　　　　　　　　　2 943
　　贷：应收账款　　　　　　　　　　　　　　　　　　　　　　　2 943
借：应交税费——待转销项税额　　　243［2 943÷（1+9%）×9%］
　　贷：应交税费——应交增值税（销项税额）　　　　　　　　　　　243

此时合同结算的余额为0，应收账款的余额为借方1 635万元，表示客户从总造价中扣除的10%的质保金。

此时"应交税费——待转销项税额"的贷方余额为135万元，表示质保金1 635万元中包含的增值税额，现在尚未达到增值税纳税义务发生时间。

> **【提示】**关于质保金账务处理、报表列示方式差异的说明：
>
> 方式一：质保金计入应收账款。
>
> 如本例上述账务处理，企业与客户结算时，将质保金1 635万元记入"应收账款"与"合同结算——价款结算"科目，则此时"合同结算"科目的余额为0，"应收账款"科目的借方余额1 635万元表示该工程的质保金金额，在报表中按照

流动性列示为"合同资产"或者"其他非流动资产"项目。

方式二：结算时质保金不计入应收账款。

企业与客户结算时，质保金1 635万元不记入"应收账款"与"合同结算——价款结算"科目，则此时"应收账款"科目的借方余额为0，将"合同结算"科目的借方余额在报表中按照流动性分别列示为"合同资产"或"其他非流动资产"项目，财政部会计司发布的《收入准则应用案例——亏损合同案例》中，即用此方式对质保金进行会计处理（该发布的案例中并未考虑增值税）。但是我们会发现，此时"合同结算"科目的借方余额为1 500万元，此为不含税金额，而质保金应为1 635万元的含税金额，此种处理方式并未准确地核算质保金的金额。

另一方面，根据应用指南相关规定，"企业也可以设置'合同结算'科目（或其他类似科目），以核算同一合同下属于在某一时段内履行履约义务涉及与客户结算对价的合同资产或合同负债，并在此科目下设置'合同结算——价款结算'科目反映定期与客户进行结算的金额，设置'合同结算——收入结转'科目反映按履约进度结转的收入金额。资产负债表日，'合同结算'科目的期末余额在借方的，根据其流动性，在资产负债表中分别列示为'合同资产'或'其他非流动资产'项目；期末余额在贷方的，根据其流动性，在资产负债表中分别列示为'合同负债'或'其他非流动负债'项目"。

"合同结算——价款结算"科目反映定期与客户进行结算的金额，本例中，业主已经与甲公司就总造价进行了工程的计算，因此"合同结算——价款结算"科目应反映全部结算金额，甲公司也可以从"合同结算——价款结算"科目相关发生额中得到结算的相关金额。如不及时在账上反映工程结算的业务活动，可能会产生一定的问题。而且，一般来讲，质保金应为客户已结算但尚未支付的金额。

综上，笔者认为，甲公司应将质保金的含税金额反映在"应收账款"科目的余额中，并在资产负债表中按照流动性分别列示为"合同资产"或"其他非流动资产"项目，而不应用"合同结算"科目的借方余额（不含税）来反映质保金的金额。

（5）确认合同损失：

借：主营业务成本　　　　　　　　　　　　　　　　　　　−200
借：预计负债　　　　　　　　　　　　　　　　　　　　　　200

【提示】1.关于此处"预计负债"的说明：

当期合同预计损失=（预计总成本−预计总造价）×（1−履约进度）−已经确认

的预计负债=(16 000−15 000)×(1−100%)−200=−200(万元)。

预计合同总成本16 000万元大于合同总收入15 000万元,预计损失总额1 000万元,在账面上已经反映了1 000万元[(16 000−15 000)×100%]的亏损,因此还需确认完成履约义务预计发生的剩余损失0万元(1 000−1 000),之前已经确认了200万元的预计负债,因此尚需计入预计负债的金额为:−200万元(0−200)。

此时,"预计负债"科目余额为贷方0万元(200−200)。

2.关于"预计负债"企业所得税纳税调整的说明:

当年预计负债企业所得税纳税调整额=预计负债期末数−预计负债期初数=0−200=−200(万元),应在本年进行企业所得税纳税调减200万元。

(6)质保金处理。

此时"应收账款"科目借方余额为1 635万元,为工程质保金,需等到缺陷责任期满且未发生重大质量问题后方能收款。

此时"应交税费——待转销项税额"科目贷方余额为135万元,根据《国家税务总局关于在境外提供建筑服务等有关问题的公告》(国家税务总局公告2016年第69号)第四条规定,"纳税人提供建筑服务,被工程发包方从应支付的工程款中扣押的质押金、保证金,未开具发票的,以纳税人实际收到质押金、保证金的当天为纳税义务发生时间",本例中,甲公司应收的质保金,工程完工时未开具发票,也未收到该款项,此时无须确认增值税纳税义务。

收到质保金时:

  借:银行存款   1 635
    贷:应收账款   1 635
  借:应交税费——待转销项税额   135
    贷:应交税费——应交增值税(销项税额) 135

【提示】关于建筑服务质保金纳税义务时间与一般纳税义务发生时间原则不同的说明:

如按照一般的确认增值税纳税义务发生时间原则,纳税人提供了建筑服务,未收到的质保金,未开具发票的,应按照合同约定的收讫该质保金的时间确认增值税纳税义务,但根据上述国家税务总局公告2016年第69号的规定,即便是达到了合同约定的收取质保金的时间,但尚未实际收到的,该时点也无须确认增值税纳税义务。

如质量缺陷期内发生质量问题,质保金的处理详见本书相关案例。

3. 上市公司相关公告

（1）某股份有限公司年报部分内容如下：

"本集团提供的工程承包类服务通常整体构成单项履约义务，并属于在某一时段内履行的履约义务，本集团采用投入法，按照累计实际发生的成本占预计总成本的比例确定履约进度。工程承包服务需定期与客户进行结算，相关合同对价于结算完成后构成本集团拥有的无条件向客户收取对价的权利，于应收款项列示。一般情况下，工程承包服务合同的履约进度与结算进度存在时间上的差异。截至2018年12月31日，部分工程承包服务合同的履约进度大于结算进度，从而形成相关合同资产，其将于合同对价结算时转入应收款项。

本集团提供的工程承包类服务与客户结算后形成的工程质保金，本集团于质保期结束且未发生重大质量问题后拥有无条件向客户收取对价的权利。因此，该部分工程质保金形成合同资产，并于质保期结束且未发生重大质量问题后转入应收款项"。

（2）某股份有限公司财务报表部分内容如下：

"预计负债：

船舶及海工产品合同预计损失：

年末余额：336 568 684.88

年初余额：436 285 785.52

注：船舶及海工产品合同预计损失是本集团根据已签订生效的船舶及海工产品合同，根据合同预计收入和合同预计总成本的差额确认的合同预计损失余额，将随着产品完工进度予以转销"。

（3）某股份有限公司年报部分内容如下：

"本集团依据新收入准则将建造合同预计损失记入预计负债，按原收入准则记入存货"。

（4）某股份有限公司年报部分内容如下：

"于2018年1月1日，本集团/本公司将尚未完成的合同中不满足无条件收款权的工程质量保证金根据其流动性列报为其他非流动资产"。

案例132

应收账款财务分析应包括合同资产余额

某股份有限公司首次公开发行股票并在科创板上市招股说明书部分内容如下：

应收账款变动分析：

2020年6月30日，发行人应收账款余额、账面值及占流动资产的比例均有不同程度的下降，主要是因为发行人因执行《企业会计准则第14号——收入》（2017年修订），将不满足无条件收款权的应收账款重分类为合同资产，合同资产账面值为6 536.06万元，账面余额为6 882.40万元，占流动资产的比例分别为4.08%和3.87%，应收账款和合同资产账面余额合计金额为22 650.88万元，账面值合计金额为20 677.13万元，占流动资产的比例分别为13.42%和12.25%。

下述分析过程中，为保证口径的可比性，除非特别说明，在进行对比分析时，**2020年6月30日应收账款余额和账面值均含重分类为合同资产的应收账款余额和账面值**。

应收账款主要客户分析：

报告期内，发行人下游客户主要集中在汽车行业，主要为汽车整车生产企业或者汽车动力总成等关键部件生产企业。应收账款主要客户情况见表9-3。

表9-3

金额单位：万元

序号	单位名称	期末余额	占比	坏账准备
1	中国第一汽车集团有限公司	3 745.49	16.54%	211.9
2	长城汽车股份有限公司	3 516.46	15.52%	192.34
3	盛瑞传动股份有限公司	3 466.38	15.30%	205.82
4	长安福特汽车有限公司	2 606.05	11.51%	244
5	上海汽车集团股份有限公司	1 928.94	8.52%	120.75
	合计	15 263.33	67.39%	974.81

上述前五大客户的**应收账款余额含重分类至合同资产的应收账款余额**。

解析

本例中，该公司在执行新收入准则后计入的合同资产在执行新收入准则前计入应收账款。在新收入准则中，合同资产与应收账款概念不同，可以简单理解合同资产为收取款项确定性差一些的应收款项，但在分析应收款项相关财务指标时，此种区分意义并不大，将合同资产包括在内，可更好地体现企业相关财务指标的真实性、合理性以及相关性。

9.2 合同负债

案例133
新收入准则取消了"预收账款"科目,其他准则仍可使用

某股份有限公司首次公开发行股票招股意向书部分内容如下:

将在2019年12月31日的预收款项1 566 216 305.18元中的1 563 598 641.38元调整至合同负债项目,在2020年1月1日资产负债表期初数中列报。剩余的预收款项2 617 663.80元,为2019年12月31日预收的房租,预收房租不按照收入准则,而应按照租赁准则,因此仍然在预收款项项目中列报。

执行新收入准则对公司2020年1月1日财务报表的主要影响如表9-4所示。

表9-4

单位:元

项目	资产负债表		
	2019年12月31日	新收入准则调整影响	2020年1月1日
预收款项	1 566 216 305.18	−1 563 598 641.38	2 617 663.80
合同负债		1 563 598 641.38	1 563 598 641.38

预收款项明细(2019年12月31日)如表9-5所示。

表9-5

单位:元

项目	金额
货款	1 563 598 641.38
房租	2 617 663.80
合计	1 566 216 305.18

解析

1. 首次执行新收入准则当年，应在报表期初数中将预收账款的不含税金额调整为合同负债

本例中，该公司2019年12月31日报表中"预收账款"项目金额为1 566 216 305.18元，其中有2 617 663.80元为预收房租的金额，将剩余的因销售商品或者服务形成的"预收账款"项目金额1 563 598 641.38元在开始执行新收入准则的报表期初数中列示为"合同负债"。如此处理，若预收账款本身含有增值税额，"合同负债"则成了含增值税金额，不符合"合同负债"的定义。

正确的做法是，将因销售商品或者服务形成的"预收账款"项目中不含增值税金额在首次执行新收入准则的当年报表期初数中列示为"合同负债"等项目，将其中的增值税额列示为"其他流动负债"等项目。

2. "预收账款"科目在新收入准则中被取消，但其他准则仍然可以使用

新收入准则应用指南规定，企业因转让商品收到的预收款适用该准则进行会计处理时，不再使用"预收账款"科目及"递延收益"科目。

因此，新收入准则取消了"预收账款"科目，但其他准则仍然可以继续使用该科目，比如本例中，公司预收的租金，仍然在"预收账款"科目中核算。

3. 中国证监会《2019年上市公司年报会计监管报告》相关内容

二、企业会计准则和财务信息披露规则执行问题

……

（三）收入准则相关问题

……

3.对合同负债的重分类调整金额不正确

根据企业会计准则及相关规定，合同负债是指企业已收或应收客户对价而应向客户转让商品的义务，不应包含增值税金额。年报分析发现，个别上市公司在对首次执行日的资产负债表按照新收入准则进行调整时，直接将原计入预收账款的账面价值重分类为合同负债，而未扣除其中包含的增值税金额。

案例134
建筑企业预收工程款抵减结算款项

甲公司为建筑企业，增值税一般纳税人。2020年10月与乙公司签订建筑合同，

为乙公司建设厂区，2年后交付。甲公司入场前，乙公司向其预付工程款109万元，合同约定，分5期从后期建筑工程应支付的结算款中扣除。甲公司就该项目适用一般计税方法，增值税税率9%。

解析

1. 甲公司在提供建筑服务前预收的款项，记入"合同负债"科目

"合同负债"科目核算企业已收或应收客户对价而应向客户转让商品的义务，甲公司在向客户转移建筑服务控制权之前，已收或者应收的款项，表明将来向客户转移建筑服务控制权的义务。该款项对应的增值税部分，由于不符合合同负债定义，因此不应记入"合同负债"科目。

2. 甲公司账务处理

以下为三种情形介绍相应的账务处理（单位：万元）。

情形一："合同负债"不设置含税明细科目。

（1）预收工程款：

借：银行存款　　　　　　　　　　　　　　　　　　　　　　　109
　　贷：合同负债——预收工程款　　　　　　　　100［109÷（1+9%）］
　　　　应交税费——待转销项税额　　　　　　　9［109÷（1+9%）×9%］

预缴增值税：

借：应交税费——预交增值税　　　　　　　　　2［109÷（1+9%）×2%］
　　贷：银行存款　　　　　　　　　　　　　　　　　　　　　　　2

甲公司收到预收工程款时，开具编码为612"建筑服务预收款"的不征税发票，发票税率栏应填写"不征税"。甲公司此时并不产生增值税纳税义务，需按照不征税发票上的金额预缴增值税。

建筑企业预收工程款预缴增值税相关规定如下：

《纳税人跨县（市、区）提供建筑服务增值税征收管理暂行办法》（国家税务总局公告2016年第17号发布）：

第五条　纳税人跨县（市、区）提供建筑服务，按照以下公式计算应预缴税款：

（一）适用一般计税方法计税的，应预缴税款=（全部价款和价外费用－支付的分包款）÷（1+11%[1]）×2%

（二）适用简易计税方法计税的，应预缴税款=（全部价款和价外费用－支付

---

[1] 现为9%。

的分包款）÷（1+3%）×3%

纳税人取得的全部价款和价外费用扣除支付的分包款后的余额为负数的，可结转下次预缴税款时继续扣除。

纳税人应按照工程项目分别计算应预缴税款，分别预缴。

《财政部 税务总局关于建筑服务等营改增试点政策的通知》（财税〔2017〕58号）：

三、纳税人提供建筑服务取得预收款，应在**收到预收款时**，以取得的预收款扣除支付的分包款后的余额，按照本条第三款规定的预征率预缴增值税。

按照现行规定**应在建筑服务发生地预缴增值税的项目**，纳税人收到预收款时在建筑服务发生地预缴增值税。按照现行规定无需在建筑服务发生地预缴增值税的项目，纳税人收到预收款时在机构所在地预缴增值税。

适用一般计税方法计税的项目预征率为2%，适用简易计税方法计税的项目预征率为3%。

《国家税务总局关于进一步明确营改增有关征管问题的公告》（国家税务总局公告2017年第11号）：

三、纳税人在同一地级行政区范围内跨县（市、区）提供建筑服务，不适用《纳税人跨县（市、区）提供建筑服务增值税征收管理暂行办法》（国家税务总局公告2016年第17号印发）。

（2）结算工程款65.4万元：

借：应收账款　　　　　　　　　　　　　　　　65.4
　　贷：合同结算——价款结算　　　　　　　　60〔65.4÷（1+9%）〕
　　　　应交税费——待转销项税额　　　　　　5.4〔65.4÷（1+9%）×9%〕

（3）达到合同约定收款日期并收取工程款时（约定收款80%）：

借：银行存款　　　　　　　　　　　30.52（65.4×80%-109÷5）
　　合同负债——预收工程款　　　　20〔109÷5÷（1+9%）〕
　　应交税费——待转销项税额　　　1.8〔109÷5÷（1+9%）×9%〕
　　贷：应收账款——工程款　　　　　　　　52.32（65.4×80%）

借：应交税费——待转销项税额
　　　　　　　　　　　　　　4.32〔65.4×80%÷（1+9%）×9%〕
　　贷：应交税费——应交增值税（销项税额）　　　　4.32

该分录中计提的4.32万元的销项税额中，包括之前预收工程款21.8万元对应的销项税额1.8万元和本期抵回预收工程款后应收款项对应的销项税额2.52万元〔（65.4×80%-21.8）÷1.09×9%〕，即预收工程款的增值税额，应按照将来抵回应收款的进度逐步实现。

此处有一定的观点争议。

观点一：预收工程款在提供服务开始即应一次性确认增值税纳税义务。

《营业税改征增值税试点实施办法》第四十五条规定，"增值税纳税义务、扣缴义务发生时间为：

（一）纳税人发生应税行为并收讫销售款项或者取得索取销售款项凭据的当天；先开具发票的，为开具发票的当天"。

甲公司预收工程款后，在开始提供建筑服务时，即满足了"发生应税行为并收讫销售款项"的条件，此时即应就预收的工程款全额一次性计征增值税。

如果按照观点一进行账务处理，则在开始提供服务时即全额一次性确认预收工程款的增值税纳税义务，在之后预收工程款逐步抵回进度款确认增值税纳税义务时，需扣除之前已经确认的增值税额。

观点二：预收工程款随着抵回应收款项的进度逐步确认增值税纳税义务。

本书针对观点二进行账务处理，实务中应注意不同观点理解的风险。

如上处理后，"应交税费——待转销项税额"科目贷方余额为8.28万元［（9−1.8）+（5.4−4.32）］，其组成包括：

预收工程款时计提的"应交税费——待转销项税额"9万元，本次转回1.8万元，剩余7.2万元，表示尚剩余四期需逐步实现的销项税额；

本次结算65.4万元工程款计提的"应交税费——待转销项税额"5.4万元，其中的80%确认增值税4.32万元，剩余的"应交税费——待转销项税额"1.08万元（65.4×20%÷1.09×9%），表示以后20%工程款达到增值税纳税义务发生时间时需确认的销项税额。

甲公司应向客户开具含税价52.32万元的发票。

（4）抵减预缴增值税：

借：应交税费——应交增值税（转出未交增值税）
　　贷：应交税费——未交增值税
借：应交税费——未交增值税
　　贷：应交税费——预交增值税

《增值税会计处理规定》（财会〔2016〕22号文件印发）规定："预缴增值税的账务处理。企业预缴增值税时，借记'应交税费——预交增值税'科目，贷记'银行存款'科目。月末，企业应将'预交增值税'明细科目余额转入'未交增值税'明细科目，借记'应交税费——未交增值税'科目，贷记'应交税费——预交增值税'

科目。房地产开发企业等在预缴增值税后，应直至纳税义务发生时方可从'应交税费——预交增值税'科目结转至'应交税费——未交增值税'科目"。

以后每期用预收工程款抵减进度工程款时，均如此处理。

情形二：合同负债设置含税明细科目。

（1）预收工程款：

借：银行存款　　　　　　　　　　　　　　　　　109
　　贷：合同负债——预收工程款　　　　　　　　　　　109
借：合同负债——增值税　　　　　　　　　　　　　9
　　贷：应交税费——待转销项税额　　　　　　　　　　9

该分录中采用"合同负债——增值税"科目，主要考虑是为了使用"合同负债——预收工程款"科目含税价方便与客户核对往来账，同时在抵减应收工程款时使用含税价，保持各账务处理环节独立，不与增值税科目纠缠，可提高账务处理的准确性与便捷性。如果企业没有此类要求，比如预收工程款较少等，可根据企业自身情形予以设置，也可不使用该明细科目。

预缴增值税：

借：应交税费——预交增值税　　　　2（109÷1.09×2%）
　　贷：银行存款　　　　　　　　　　　　　　　　　　2

（2）结算工程款65.4万元：

借：应收账款　　　　　　　　　　　　　　　　　65.4
　　贷：合同结算——价款结算　　　　　　　　　　　　60
　　　　应交税费——待转销项税额　　　　　　　　　5.4

（3）达到合同约定收款日期并收取工程款时（约定收款80%）：

借：银行存款　　　　　　30.52（65.4×80%-109÷5）
　　合同负债——预收工程款　　　　21.8（109÷5）
　　贷：应收账款——工程款　　　　　52.32（65.4×80%）
借：应交税费——待转销项税额　4.32［65.4×80%÷1.09×9%］
　　贷：应交税费——应交增值税（销项税额）　　　　4.32

该分录中计提的4.32万元的销项税额中，包括之前预收工程款21.8万元对应的销项税额1.8万元和本期抵回预收工程款后应收款项对应的销项税额2.52万元［（65.4×80%-21.8）÷1.09×9%］，即预收工程款的增值税额，应按照将来抵回应收款的进度逐步实现。

同时，结转"合同负债——增值税"与"应交税费——待转销项税额"科目：

借：应交税费——待转销项税额　　　　　　　　　　　　　　　　　　1.8
　　贷：合同负债——增值税　　　　　　　　　　　　　　　　　　　　1.8

注意，只要冲减"合同负债——预收工程款"明细科目，就须同时紧跟着冲减"应交税费——待转销项税额"科目与"合同负债——增值税"的分录，其金额即为冲减"合同负债——预收工程款"金额21.8万元对应的税额1.8万元。

如上处理后，"应交税费——待转销项税额"科目贷方余额为8.28万元〔（9-1.8）+（5.4-4.32）〕，其组成包括：

预收工程款时计提的"应交税费——待转销项税额"9万元，本次转回1.8万元，剩余7.2万元，表示尚剩余四期需逐步实现的销项税额；

本次结算65.4万元工程款计提的"应交税费——待转销项税额"5.4万元，其中的80%确认增值税4.32万元，剩余的"应交税费——待转销项税额"1.08万元（65.4×20%÷1.09×9%），表示以后20%工程款达到增值税纳税义务发生时间时需确认的销项税额。

甲公司应向客户开具含税价52.32万元的发票。

（4）抵减预缴增值税：

借：应交税费——应交增值税（转出未交增值税）
　　贷：应交税费——未交增值税
借：应交税费——未交增值税
　　贷：应交税费——预交增值税

以后每期用预收工程款抵减进度工程款时，均如此处理。

情形三：预收工程款开具增值税发票。

（1）预收工程款：

借：银行存款　　　　　　　　　　　　　　　　　　　　　　　　　　109
　　贷：合同负债——预收工程款　　　　　　　　　　　　　　　　　　100
　　　　应交税费——应交增值税（销项税额）　　　　　　　　　　　　　9

对于在没有发生应税行为之前开具发票的问题，理论和实务界以及不同地区有不同的观点，在此不予讨论。假设甲公司预收工程款后开具了发票并按照9%税率申报了增值税。

纳税人发生应税行为之前开具发票的争议详见本书保荐服务的案例解析。

（2）结算工程款65.4万元：

借：应收账款　　　　　　　　　　　　　　　　　　　　　　　　　　65.4
　　贷：合同结算——价款结算　　　　　　　　　　　　　　　　　　　60

应交税费——待转销项税额 5.4

（3）达到合同约定收款日期并收取工程款时（约定收款80%）：

借：银行存款 30.52（65.4×80%–109÷5）
　　合同负债——预收工程款 20（109÷5÷1.09）
　　应交税费——待转销项税额 1.8（109÷5÷1.09×9%）
　　贷：应收账款——工程款 52.32（65.4×80%）

借：应交税费——待转销项税额
　　　　　　　　　　　2.52［（65.4×80%–21.8）÷1.09×9%］
　　贷：应交税费——应交增值税（销项税额） 2.52

甲公司应向客户开具含税价30.52万元的发票。

如上处理后，"应交税费——待转销项税额"科目贷方余额为1.08万元（5.4–2.52–1.8），表示已结算的应收账款金额中有20%尚未收回同时也未达到合同约定收款时间，此时不需要确认增值税纳税义务，待以后在合同约定收款日期或者实际收取日期确认销项税额1.08万元（65.4×20%÷1.09×9%）。

案例135
合同负债中多税率的增值税问题

甲公司经营连锁超市，为增值税一般纳税人，销售商品或服务的税率包括13%、9%、6%，另还有免增值税的情形。2020年向顾客销售储值卡100万元，顾客可在任何一家连锁店内消费。无法准确预计将来实际销售商品或服务产生的增值税额。

解析

1. 合同负债不含增值税

《企业会计准则第14号——收入》（财会〔2017〕22号文件印发）第四十一条规定："合同负债，是指企业已收或应收客户对价而应向客户转让商品的义务。如企业在转让承诺的商品之前已收取的款项"。

企业在转让商品之前已收或应收客户的对价中，可能包含着预计将来向政府部门缴纳的增值税，而非针对客户，因此其中包含的增值税额不符合合同负债中"向客户转让商品的义务"的定义，只有商品价款部分应归属于合同负债。

参考财政部会计司收入准则实施问答：

问：企业在执行《企业会计准则第14号——收入》（财会〔2017〕22号）时，对于因转让商品收到的预收款及相关增值税应当使用什么会计科目？

答：根据《企业会计准则第14号——收入》（财会〔2017〕22号，以下简称"新收入准则"）的规定，合同负债，是指企业已收或应收客户对价而应向客户转让商品的义务。如企业在转让承诺的商品之前已收取的款项。企业因转让商品收到的预收款适用新收入准则进行会计处理时，使用"合同负债"科目，不再使用"预收账款"科目及"递延收益"科目。

根据新收入准则对合同负债的规定，尚未向客户履行转让商品的义务而已收或应收客户对价中的**增值税部分，因不符合合同负债的定义，不应确认为合同负债**。

发布日期：2020年12月11日

2. 如何在多税率情形下，将储值卡中的金额分解出增值税额

本例中，甲公司收到客户在储值卡中充值的款项，包括诸多税率/征收率或者免税情形，而且每种情形实现的增值税额也不尽相同，将其中包括的增值税额准确地分解出来基本不太现实。

为满足合同负债不含税的要求，甲公司可考虑按照历史经验（例如公司以往年度类似业务的综合税率等）估计客户使用该类储值卡购买不同税率商品的情况，将估计的储值卡款项中的增值税部分确认为"应交税费——待转销项额"，将剩余的商品价款确认为合同负债。实际消费情况与估计情况不符时，根据实际情况进行调整。后续每个资产负债表日根据最新信息对合同负债和应交税费的金额进行重新估计。

3. 甲公司账务处理

根据以往年度交易经验，使用该类储值卡销售商品产生的增值税额，占销售额的比例在10%左右。综合考虑以往交易的历史经验以及对将来储值卡消费的预期，甲公司认为按照增值税额占储值卡总额的10%比例来预测将要发生的增值税额是比较合适的。

（1）发行储值卡（单位：万元，下同）：

借：库存现金（银行存款等）　　　　　　　　　　　100
　　贷：合同负债——储值卡　　　　　　　　　　　　90
　　　　应交税费——待转销项税额　　　　　　　　　10

【提示】实务中，为方便核对储值卡系统等，可考虑采取将"合同负债"科目按照明细核算成含税金额，同时报表列示的合同负债为不含税金额的方式，详见本书相关案例。

（2）实际消费储值卡产生增值税额时：

借：应交税费——待转销项税额
　　贷：应交税费——应交增值税（销项税额）

（3）实际消费储值卡确认收入时：

借：合同负债——储值卡
　　贷：主营业务收入

如实际消费情况与估计情况不符，根据实际情况进行调整。

总结如下：

企业在转让商品之前已收或应收客户的对价，如果税率单一且提前可确定，则按照单一税率换算将来应缴纳的增值税额或现时应缴纳的增值税额（如预收款项时即已产生增值税纳税义务）；如果是多税率的情形，则无法准确确定将来实际向客户转让商品产生的增值税额，此种情况下，可按照历史规律或其他可靠证据预估增值税额。

参考财政部会计司发布的收入准则应用案例——合同负债（涉及不同增值税率的储值卡）：

"甲公司应根据历史经验（例如公司以往年度类似业务的综合税率等）估计客户使用该类储值卡购买不同税率商品的情况，将估计的储值卡款项中的增值税部分确认为应交税费——待转销项税额，将剩余的商品价款部分确认为合同负债"。

4.甲公司相关税务处理

《国家税务总局关于确认企业所得税收入若干问题的通知》（国税函〔2008〕875号）规定："销售商品采取预收款方式的，在发出商品时确认收入"。

根据上述规定，甲公司在收取储值卡款项时，尚未发生销售商品或服务的行为，属于采取预收款方式发生销售行为，应在发出商品或者实际提供服务时确认企业所得税收入。

> 【提示】虽然文件只规定了销售商品，但提供服务与其实质一样，在没有实际提供之前不应确认企业所得税收入。

案例136
合同负债不含税与往来对账的矛盾

甲公司为增值税一般纳税人，在转移商品控制权前收取款项1 130万元（含税价），达到了增值税纳税义务发生时间，增值税税率13%。

解析

在实务中,企业与客户定期核对合同负债的金额时,由于企业将合同负债核算成了不含增值税的金额,导致对合同负债的核对造成了困扰,尤其是有大量该类业务的企业。我们可以考虑采用一定的技巧进行处理。

1. 甲公司账务处理(单位:万元)

借:银行存款等　　　　　　　　　　　　　　　　　　1 130
　　贷:合同负债——预收款项(××客户)　　　　　　　1 130
借:合同负债——增值税　　　　　　　　　　　　　　　130
　　贷:应交税费——应交增值税(销项税额)　　　　　　130

转让商品确认收入时:

借:合同负债——预收款项(××客户)　　　　　　　　1 000
　　贷:主营业务收入　　　　　　　　　　　　　　　　1 000

业务结束时结转差额:

借:合同负债——预收款项(××客户)　　　　　　　　130
　　贷:合同负债——增值税　　　　　　　　　　　　　130

2. 总结

上述账务处理的优势在于:

(1)合同负债在报表的列示金额为:"合同负债——预收款项(××客户)"1 130-"合同负债——增值税"130=1 000万元,为不含税金额,符合新收入准则规定,"合同负债"科目借贷方互抵在账务系统中自动生成不含税金额。

(2)与客户核对合同负债往来款时,以"合同负债——预收款项(××客户)"含税价为核对科目,如此处理,可使财务人员的工作大大简化。

(3)企业也可不采取上述账务处理方式,根据自身情况进行选择。

案例137

发行储值卡赠送月饼的财税处理

甲公司是经营销售蛋糕的增值税一般纳税人,中秋节公司进行促销活动,顾客购买储值卡充值1 130元,赠送月饼两盒,价值130元。

以上价格均包含增值税。

> **解析**

1.月饼与将来转移的商品构成两项单独的履约义务

从商品本身与合同层面分析，甲公司向顾客将来交付商品与交付月饼的承诺构成两项单独的履约义务。

将来向顾客转移商品的履约义务分摊的交易价格=1 130÷（1+13%）×1 130÷（1 130+130）=896.83（元）；

交付月饼的履约义务分摊的交易价格=1 130÷（1+13%）-896.83=103.17（元）。

2.甲公司账务处理

（1）充值时：

借：银行存款　　　　　　　　　　　　　　　　　　1 130
　　贷：合同负债——××储值卡　　　　　　　　　　896.83
　　　　主营业务收入（或其他业务收入）——月饼　　103.17
　　　　应交税费——待转销项税额　　　130［1 130÷（1+13%）×13%］

【提示】1.关于"合同负债"结转至收入的比例的说明：

顾客充值1 130元，将来顾客消费时，可以使用的金额是1 130元，储值卡系统中记录的金额也是1 130元，但账务上记录的"合同负债"金额是896.83元，其比例为：896.83÷1 130=79.37%，也就是说，将来顾客每持卡消费1元，则甲公司结转"合同负债"至收入的金额应为0.793 7元。

2.关于储值卡充值赠送的月饼是否计征增值税的讨论：

理论上，甲公司销售储值卡承载的商品与月饼共收记款项1 130元，因此甲公司应以1 130元为基础计算商品与月饼的增值税额，而无须将赠送的月饼视同销售计征增值税。

实务中，鉴于甲公司将月饼作为折扣与商品开在一张发票金额栏上的操作难度较大，可考虑采取一定的措施，例如，以其他资料证实该捆绑销售的真实性，从而不将赠送的月饼做视同销售处理等方式。纳税人应注意按照当地主管税务机关的要求进行处理。

（2）顾客持卡消费113元时：

借：合同负债——××储值卡　　　89.69（113×79.37%）
　　贷：主营业务收入　　　　　　　　　　　　　　89.69

借：应交税费——待转销项税额　　　　　　　　　13　[113÷（1+13%）×13%]
　　　贷：应交税费——应交增值税（销项税额）　　　　　　　　　　　13

案例138
储值卡充值100元赠送25元的财税处理

甲公司是一家超市，增值税一般纳税人。2021年发布销售储值卡方案，客户充值100元，赠送25元，即客户充值100元，可获得金额为125元的储值卡，将来客户可以凭借该卡获取价值125元的商品或者服务。

暂不考虑客户放弃消费该储值卡的情况。

解析

1. 该储值卡应该确认100元的收入金额

客户支付了100元，获得了将来取得价值125元商品或服务的权利，该业务的实质是销售折扣，商品价格125元，折扣25元，收入应该确认100元。

应用指南规定："《企业会计准则第14号——收入》（以下简称'本准则'）主要规范了收入的确认、计量和相关信息的披露要求。根据本准则，企业确认收入的方式应当反映其向客户转让商品或提供服务（以下简称'转让商品'）的模式，**收入的金额应当反映企业因转让这些商品或提供这些服务而预期有权收取的对价金额**，以如实反映企业的生产经营成果，核算企业实现的损益"。

从以上规定可以看出，企业确认收入的金额是以转让这些商品或提供这些服务而**预期有权收取的对价金额**确定，而不是按照商品的本身价值确定。本例中，甲公司转让商品或服务收取的对价金额为100元，虽然商品或服务的价值是125元，但是确认收入的金额应为100元。

2. 甲公司账务处理

（1）充值时：

借：银行存款　　　　　　　　　　　　　　　　　　　100
　　合同负债——×××储值卡折扣　　　　　　　　　　25
　　贷：合同负债——×××储值卡　　　　　　　　　　　　　　125
借：合同负债——增值税　　　　　　　　11.50　[100÷（1+13%）×13%)]
　　贷：应交税费——待转销项税额　　　　　　　　　　　　　　11.50

【提示】关于合同负债账务处理的说明：

贷方计入"合同负债——×××储值卡"的金额为125，主要基于以下考虑：

第一，便于企业的账务金额与储值卡系统金额核对；

第二，可以体现折扣，将来消费储值卡时，方便核对；

第三，将储值卡与增值税分开核算，账务较清晰。

（2）用储值卡消费了40元商品时：

借：合同负债——×××储值卡　　　　　　　　　　　　　　40

　　贷：主营业务收入　　　　　　　　28.32［40×80%÷（1+13%）］

　　　　应交税费——应交增值税（销项税额）

　　　　　　　　　　　　　　　　3.68［40×80%÷（1+13%）×13%］

　　　　合同负债——×××储值卡折扣　　　　　　　8（40×20%）

【提示】关于此处主营业务收入的说明：

该储值卡折扣率为：100÷125=80%。

因此，当储值卡消费40元全额时，计入收入的金额为：40×80%÷（1+13%）=28.32（元）。

同时，甲公司在开具发票（或者超市小票）时，应当体现出7.08元［40×20%÷（1+13%）］的折扣，以满足税法上对于销售折扣在发票金额栏体现的要求。

甲公司可考虑在储值卡消费系统中对储值卡销售折扣进行设置，将不同储值卡的折扣率输入系统，同时体现在输出的相关票据上。

（3）同时结转原计提的待转销项税额：

借：应交税费——待转销项税额　　　　　　　　　　　　3.68

　　贷：合同负债——增值税　　　　　　　　　　　　　　3.68

【提示】实务中，企业每个月按照上述流程处理一次即可，有条件的企业可以在系统中进行设置后自动生成凭证。

此时，"合同负债——×××储值卡"余额为：125-40=85（元），与储值卡系统剩余金额相同，其对应的不含税金额为：85×80%÷（1+13%）=60.18（元），而"合同负债"余额为：125-25-11.5-40+8+3.68=60.18（元），核对相符。

案例139

财政部会计司收入准则应用案例
——合同负债（电商平台预售购物卡）

甲公司经营一家电商平台，平台商家自行负责商品的采购、定价、发货以及售后服务，甲公司仅提供平台商家与消费者进行交易并负责协商商家和消费者结算货款，甲公司按照货款的5%向商家收取佣金，并判断自己在商品买卖交易中是代理人。2020年甲公司向平台消费者销售了1 000张不可退还的电子购物卡，面值为200元，总额200 000元。

以上价格均包含增值税。

解析

1. 甲公司在交易中的身份是代理人

本例中，甲公司仅为商家和消费者提供平台及结算服务，并收取佣金，因此，甲公司在商品买卖交易中为代理人，甲公司销售电子购物卡收取的款项200 000元中，仅佣金部分代表甲公司已收客户（商家）对价而应在未来消费者消费时作为代理人向商家提供代理服务的义务，其中的不含税金额应当确认合同负债。其余部分为甲公司代商家收取的款项，作为其他应付款，待未来消费者消费时支付给相应的商家。

2. 甲公司账务处理

（1）甲公司收取电子购物卡款项时：

借：银行存款　　　　　　　　　　　　　　　　　　200 000
　　贷：合同负债——佣金服务　　9 433.96［200 000×5%÷（1+6%）］
　　　　应交税费——待转销项税额
　　　　　　　　　　　　566.04［200 000×5%÷（1+6%）×6%］
　　　　其他应付款——平台商家　　190 000（200 000×95%）

（2）消费者实际消费后，甲公司向对应的商家支付款项时（假设消费了100 000元）：

借：其他应付款——平台商家　　95 000（100 000×95%）
　　贷：银行存款　　　　　　　　　　　　　　　　　95 000

（3）提供佣金服务并开具服务发票时：

借：合同负债——佣金服务　　4 716.98［100 000×5%÷（1+6%）］
　　贷：主营业务收入——佣金服务　　　　　　　　　4 716.98

借：应交税费——待转销项税额

　　　　　　　　　283.02　[100 000×5%÷(1+6%)×6%]

　　贷：应交税费——应交增值税（销项税额）　　　283.02

3. 平台商家账务处理

（1）消费者实际消费时（假设消费了100 000元）：

　　借：应收账款　　　　　　　　　　　　　　　100 000

　　　贷：主营业务收入　　　88 495.58 [100 000÷(1+13%)]

　　　　　应交税费——应交增值税（销项税额）

　　　　　　　　　11 504.42 [100 000÷(1+13%)×13%]

（2）收到甲公司支付的款项时：

　　借：银行存款　　　　　　　95 000（100 000×95%）

　　　贷：应收账款　　　　　　　　　　　　　　95 000

（3）取得甲公司开具的服务增值税专用发票时：

　　借：销售费用　　　4 716.98 [100 000×5%÷(1+6%)]

　　　　应交税费——应交增值税（进项税额）

　　　　　　　　　283.02 [100 000×5%÷(1+6%)×6%]

　　　贷：应收账款　　　　　　　　　　　　　　5 000

> 【提示】关于平台商家支付给甲公司的佣金是否构成应付客户对价的说明：
> 甲公司不是平台商家的客户，因此不构成应付客户对价。
> 详见案例84"应付客户对价"中的客户范围。

10
关于主要责任人与代理人

> **案例140**
>
> **财政部会计司收入准则应用案例**
>
> ——主要责任人和代理人的判断之例一（百货公司与品牌服装供应商合作的经营模式）

甲公司是一家经营高端品牌的百货公司，采用与品牌服装供应商合作的经营模式。某高端品牌供应商乙公司在甲公司指定区域设立专柜（或专卖店）提供约定品牌商品，并委派营业员销售商品，假定本案例不包含租赁。乙公司负责专柜内的商品保管、出售、调配或下架，承担丢失和毁损风险，拥有未售商品的所有权。乙公司负责实际定价销售，甲公司负责对百货公司内销售的商品**统一收款，开具发票**。甲公司将收到客户款项扣除10%后支付给乙公司。

甲公司实施各种促销活动以提高百货公司的总体业绩。促销活动分为甲公司主导的促销活动和乙公司自行打折活动。甲公司主导的相关促销活动费用，有些由甲公司自行承担，有些由甲公司与乙公司共同承担。乙公司自行开展的打折活动需要获得甲公司同意，甲公司会要求其打折的幅度和范围符合甲公司的定位，例如打折幅度不能过大，保证不打折的新品的比例不能过低等。如果需办理退换货的，甲公司可自行决定为客户办理退换货、赔偿等事项，之后可向乙公司追偿。假定客户丙购买商品，向甲公司支付价款1 000元，甲公司扣除100元后支付给乙公司900元。假定不考虑其他因素。

本例中，企业应当根据其在向客户转让商品前是否拥有对该商品的控制权，来判断其从事交易时的身份是主要责任人还是代理人。在客户付款购买商品之前，**乙公司能够主导商品的使用，例如出售、调配或下架，并从中获得其几乎全部的经济利益，因此拥有对该商品的控制权，是主要责任人，在客户丙取得商品控制权时确认收入1 000元**。

甲公司在商品转移给客户之前，不能自行或者要求乙公司把这些商品用于其他用途，也不能禁止乙公司把商品用于其他用途，因此，甲公司没有获得对该商品的控制权，只是负责协助乙公司进行商品销售，是代理人，在客户丙取得商品控制权时确认收入100元。

另外需要说明的是，本例中对于与控制权相关的三个迹象：一是从客户的角度，甲公司承担退换货和赔偿的主要责任；二是乙公司承担了该商品的存货风险；三是销售商品价格主要是由供应商乙公司确定，但甲公司对于商品的定价权有一定的影响力。与控制权相关的三个迹象的分析，并不能明确区分主要责任人和代理人，这些相关事实和情况的迹象仅为支持对控制权的评估，不能取代控制权的评估，也不能凌驾于控制权评估之上，更不是单独或额外的评估。

综上，企业应当根据其在向客户转让商品前是否拥有对该商品的控制权，来判断其从事交易时的身份是主要责任人还是代理人。在客户付款购买商品之前，乙公司拥有对该商品的控制权，是主要责任人，**甲公司没有获得对该商品的控制权，是代理人。**[1]

解析

1. 关于主要责任人和代理人

应用指南规定："当企业向客户销售商品涉及其他方参与其中时，企业应当确定其自身在该交易中的身份是主要责任人还是代理人。主要责任人应当按照已收或应收对价总额确认收入；代理人应当按照预期有权收取的佣金或手续费的金额确认收入"。

新收入准则要求企业确认收入的方式应当反映向客户转让商品的模式。企业承诺自行向客户提供特定商品的，其销售模式是自行销售商品，其身份是主要责任人，应就销售商品全额确认收入；企业承诺安排他人提供特定商品的，其销售模式是为他人提供协助赚取手续费佣金等，其身份是代理人，应就差额即赚取的手续费佣金等确认收入。

2. 企业作为主要责任人的情形——转让商品前取得控制权

应用指南规定："当存在第三方参与企业向客户提供商品时，企业向客户转让特定商品之前能够控制该商品的，应当作为主要责任人。企业作为主要责任人的情形包括：（1）企业自该第三方取得商品或其他资产控制权后，再转让给客户"。

本例中，乙公司负责专柜内的商品保管、出售、调配或下架，承担丢失和毁损风险，拥有未售商品的所有权，乙公司负责实际定价销售，综合以上情况，可以合理判断乙公司在商品出售之前主导了商品的使用，并从中获得其几乎全部经济利益，取得了商品的控制权，因此乙公司是主要责任人，甲公司是代理人。

3. 判断控制权的相关事实和情况的迹象仅为对结论的支持

当存在第三方参与企业向客户提供商品时，企业向客户转让特定商品之前能够控

---

[1] 本案例分析依据：《企业会计准则第14号——收入》第四条、第三十四条等相关规定；《〈企业会计准则第14号——收入〉应用指南（2018）》第12页、第87-93页等相关内容。

制该商品的,应当作为主要责任人,而企业在判断其在向客户转让特定商品之前是否已经拥有对该商品的控制权时,不应仅局限于合同的法律形式,而应当综合考虑所有相关事实和情况进行判断,应用指南对此给予了三个需要考虑的相关事实和情况的迹象(包括但不仅限于),但需注意,这些相关事实和情况的迹象对判断是否取得控制权不具有绝对意义,仅为对判断结果的支持。

当企业已经判断对转让前的商品具有了控制权(主导商品使用并且可以从中获得几乎全部经济利益),又从这三个迹象中获得关于获得控制权的正向支持,则更加确定了获得控制权的结论;如果其中一个或几个迹象提供了对于获得控制权的反向结论,不能简单地否定之前的评估,仍然要以企业在特定商品转让给客户之前是否能够控制该商品为原则,需要根据各种因素综合判断。即这些迹象不能取代控制权的评估,也不能凌驾于控制权评估之上,更不是单独或额外的评估。并且,这些迹象并无权重之分,其中某一项或几项也不能被孤立地用于支持某一结论。

4.判断控制权的相关事实和情况的迹象在本例中的应用

(1)企业承担向客户转让商品的主要责任。

企业在评估是否承担向客户转让商品的主要责任时,**应当从客户的角度进行评估**,即客户认为哪一方承担了主要责任。

本例中,从客户的角度,甲公司承担退换货和赔偿的主要责任,客户认为甲公司承担了主要责任。该迹象不能给予乙公司是主要责任人的结论支持,但并不会影响乙公司是主要责任人的判断。

(2)企业在转让商品之前或之后承担了该商品的存货风险。

本例中,乙公司负责专柜内的商品保管、出售、调配或下架,承担丢失和毁损风险,乙公司承担了该商品转让之前的存货风险。

甲公司承担退换货和赔偿的主要责任后,可向乙公司追偿,乙公司承担了该商品转让之后的存货风险。

综上,乙公司在转让商品之前及之后都承担了该商品的存货风险,该迹象给予乙公司是主要责任人的结论支持。

(3)企业有权自主决定所交易商品的价格。

本例中,销售商品价格主要是由供应商乙公司确定,但甲公司在一定程度上也拥有定价权,比如乙公司自行开展的打折活动需要获得甲公司同意,甲公司会要求其打折的幅度和范围符合甲公司的定位,例如打折幅度不能过大,保证不打折的新品的比例不能过低等。

这说明甲公司对于商品的定价权有一定的影响力,该迹象不能给予乙公司是主要责任人的结论支持,但并不会影响乙公司是主要责任人的判断。

应用指南相关规定如下:

需要考虑的相关事实和情况。实务中,企业在判断其在向客户转让特定商品之前是否已经拥有对该商品的控制权时,不应仅局限于合同的法律形式,而应当综合考虑所有相关事实和情况进行判断,这些事实和情况包括但不仅限于:

(1)企业承担向客户转让商品的主要责任。该主要责任包括就特定商品的可接受性(例如,确保商品的规格满足客户的要求)承担责任等。当存在第三方参与向客户提供特定商品时,如果企业就该特定商品对客户承担主要责任,则可能表明该第三方是在代表企业提供该特定商品。企业在评估是否承担向客户转让商品的主要责任时,应当从客户的角度进行评估,即客户认为哪一方承担了主要责任。例如,客户认为谁对商品的质量或性能负责、谁负责提供售后服务、谁负责解决客户投诉等。

(2)企业在转让商品之前或之后承担了该商品的存货风险。当企业在与客户订立合同之前已经购买或者承诺将自行购买特定商品时,这可能表明企业在将该特定商品转让给客户之前,承担了该特定商品的存货风险,企业有能力主导特定商品的使用并从中取得几乎全部的经济利益。在附有销售退回条款的销售中,企业将商品销售给客户之后,客户有权要求向该企业退货,这可能表明企业在转让商品之后仍然承担了该商品的存货风险。

(3)企业有权自主决定所交易商品的价格。企业有权决定与客户交易的特定商品的价格,可能表明企业有能力主导该商品的使用并从中获得几乎全部的经济利益。然而,在某些情况下,代理人可能在一定程度上也拥有定价权(例如,在主要责任人规定的某一价格范围内决定价格),以便其在代表主要责任人向客户提供商品时,能够吸引更多的客户,从而赚取更多的收入。例如,当代理人向主要责任人的客户提供一定折扣优惠,以激励该客户购买主要责任人的商品时,即使代理人有一定的定价能力,也并不表明其身份是主要责任人,代理人只是放弃了一部分自己应当赚取的佣金或手续费而已。

需要强调的是,企业在判断其是主要责任人还是代理人时,应当以该企业在特定商品转让给客户之前是否能够控制该商品为原则。**上述相关事实和情况仅为支持对控制权的评估,不能取代控制权的评估,也不能凌驾于控制权评估之上,更不是单独或额外的评估**;并且这些事实和情况并无权重之分,其中某一项或几项也不能被孤立地用于支持某一结论。企业应当根据相关商品的性质、合同条款的约定以及其他具体情况，综合进行判断。不同的合同可能需要采用上述不同的事实和情况提供支持证据。

当第三方承担了企业的履约义务并享有了合同中的权利，从而使企业不再负有自行向客户转让特定商品的义务时，企业不再是主要责任人，不应再按照主要责任人确认收入，而应当评估其履约义务是否是为该第三方取得合同，即企业是否为代理人，并确认相应的收入。

5.供应商发票开具以及收入确认的分析

如果由供应商向顾客开具发票，则供应商应开具1 000元的发票，同时确认1 000元的收入，并取得商场开具的6%的服务费发票100元。

但由于供应商和商场联营模式的特性，实务中一般是由商场向消费者开具1 000元的发票，供应商向商场开具900元的发票，供应商确认900元的收入。财政部会计司发布的该案例中，明确指出供应商乙公司应确认1 000元的收入，"在客户付款购买商品之前，乙公司能够主导商品的使用，例如出售、调配或下架，并从中获得其几乎全部的经济利益，因此拥有对该商品的控制权，是主要责任人，**在客户丙取得商品控制权时确认收入1 000元**"。

分析以下三种收入确认方式：

第一种：供应商向商场开具1 000元的发票，确认1 000元的收入，商场向供应商开具6%的服务费发票。

该方式下，因准则的要求而变更商业模式，在实务中可能颇有难度，且该方式的操作更加复杂。

第二种：供应商向商场开具900元的发票，确认1 000元的收入，因此应增加100元的销售费用。商场不再向供应商开具6%的服务费发票。

该方式下，理论上供应商因增加收入而确认的100元的销售费用可在企业所得税前扣除，但在实务操作中有一定的税务风险。

第三种：供应商向商场开具900元的发票，确认900元的收入。商场不再向供应商开具6%的服务费发票。

该方式下，供应商确认了900元的收入，从理论上来说，供应商作为主要责任人应全额确认销售商品的收入，但在实务操作中有一定的难度。且从企业销售商品预期取得的对价这一角度来讲，确认900元的收入也并非不可接受。并且，从税务角度来看，该方式也是税务机关接受程度较高且风险较小的一种方案。

综合各方面考虑，笔者个人认为，第三种方式在实务中应是比较切实、简单易行的方案。

以上为笔者个人观点，企业可根据自身情况进行综合考虑。

（本段金额均不包括增值税。）

以下按照第三种方式进行账务处理（本书其他相关案例的账务处理均是基于第三种方式）。

6. 甲公司账务处理

（1）甲公司销售商品统一收款，开具发票：

借：应收账款、银行存款等	1 130
贷：主营业务收入	1 000
应交税费——应交增值税（销项税额）	130

（2）从乙公司处采购并取得增值税专用发票：

借：库存商品	900
应交税费——应交增值税（进项税额）	117（900×13%）
贷：应付账款——乙公司	1 017

（3）结转成本：

借：主营业务成本	900
贷：库存商品	900

（4）期末冲销成本和收入：

借：主营业务成本	-900
贷：主营业务收入	-900
借：库存商品	-900
贷：库存商品	-900

【提示】上述采取在期末一次性冲销成本和收入的账务处理方式，主要是为了减少账务设置与核算工作量，如果企业情况较为复杂，比如发票、出入库、确认收入和成本时点不均衡等情形，企业也可考虑将上述收入成本用相关往来科目代替，总的原则是甲公司作为代理人只能差额确认代理服务收入。

7. 乙公司账务处理

与甲公司结算，向其开具增值税专用发票1 017元（含税价）：

借：应收账款	1 017
贷：主营业务收入	900
应交税费——应交增值税（销项税额）	117

8. 上市公司相关公告

某上市公司相关公告部分内容如下：

"根据新收入准则，本集团根据向客户转让商品前是否拥有对该商品的控制权，来判断从事交易时的身份是主要责任人还是代理人。本集团所售商品在出售给终端消费者前由本集团控制。在百货商场零售网点门店中的零售服务人员为本集团雇佣的员工，由这些员工负责向终端客户销售商品并提供商品销售前后的各种服务，本集团承担向客户转让商品的主要责任。在转让商品之前由本集团负责商品的保存和陈列，所售商品的退换货风险也均由本集团承担，因此本集团在转让商品前后均承担商品的存货风险。商品的吊牌价由本集团决定并在商品的吊牌上标注，百货商场及电商平台收取固定比例的扣点，当百货商场/电商平台举办促销活动时，本集团可以选择是否参与此类促销活动。如果本集团选择参与约定折扣比例的促销活动，参与促销上架的商品种类以及每件商品的原价仍由本集团决定，因此本集团有权自主决定所交易商品的价格。

综上，本集团的客户是终端消费者，而非百货商场及电商平台，本集团作为主要责任人，根据终端消费者支付价款的总额确认为收入，将百货商场及电商平台的扣点确认为费用"。

案例141
财政部会计司收入准则应用案例
——主要责任人和代理人的判断之例二（百货公司自主选择品牌直营模式）

甲公司是一家经营高端品牌的百货公司，采用自主选择品牌直营模式。甲公司根据品牌定位，挑选某高端品牌乙公司作为其供应商之一，乙公司提供约定品牌商品，并与其他品牌同类商品统一摆放在甲公司指定位置。甲公司委派营业员销售该品牌商品，并负责专柜内的商品保管、出售、调配或下架，承担丢失和毁损风险，拥有未售商品的所有权。甲公司对百货公司内商品统一定价，统一收款。需办理退换货的，甲公司可自行决定为客户办理退换货、赔偿等事项，如属商品质量问题，可向乙公司追偿。假定不考虑其他因素。

本例中，企业应当根据其在向客户转让商品前是否拥有对该商品的控制权，来判断其从事交易时的身份是主要责任人还是代理人。在客户付款购买商品之前，甲公司能够主导商品的使用，例如出售、调配或下架，并从中获得其几乎全部的经济利益，拥有对该商品的控制权，是主要责任人，在客户取得商品控制权时确认收入。[1]

> **解析**

1. 本例中有关控制权判断的分析

甲公司委派营业员销售该品牌商品，并负责专柜内的商品保管、出售、调配或下架，承担丢失和毁损风险，拥有未售商品的所有权，综合以上情况，可以合理判断甲公司在商品出售之前主导了商品的使用，并从中获得其几乎全部经济利益，取得了商品的控制权，因此甲公司是主要责任人。

2. 判断控制权的相关事实和情况的迹象在本例中的应用

（1）企业承担向客户转让商品的主要责任。

企业在评估是否承担向客户转让商品的主要责任时，应当从客户的角度进行评估，即客户认为哪一方承担了主要责任。

本例中，虽然乙公司承担因商品质量问题产生的损失，但从客户的角度，客户认为是甲公司承担了退换货和赔偿的主要责任。该迹象给予甲公司是主要责任人的结论支持。

（2）企业在转让商品之前或之后承担了该商品的存货风险。

本例中，甲公司承担商品的丢失和毁损风险，甲公司在转让商品之前承担了该商品的存货风险，该迹象给予甲公司是主要责任人的结论支持。

甲公司可自行决定为客户办理退换货、赔偿等事项，如属商品质量问题，可向乙公司追偿，甲公司在转让商品之后并未承担该商品的存货风险，该迹象不能给予甲公司是主要责任人的结论支持，但并不会影响甲公司是主要责任人的判断。

（3）企业有权自主决定所交易商品的价格。

本例中，甲公司对百货公司内商品统一定价，统一收款，有权自主决定所交易商品的价格，该迹象给予甲公司是主要责任人的结论支持。

3. 甲公司账务处理

（1）甲公司销售商品统一收款（假设收到1 000元，向乙公司支付900元），开具发票：

借：应收账款　　　　　　　　　　　　　　　　　　　　　　　1 130

　　贷：主营业务收入　　　　　　　　　　　　　　　　　　　　1 000

---

[1] 本案例分析依据：《企业会计准则第14号——收入》第四条、第三十四条等相关规定；《〈企业会计准则第14号——收入〉应用指南（2018）》第12页、第87-93页等相关内容。

应交税费——应交增值税（销项税额）	130

（2）从乙公司处取得专票：

借：库存商品	900
应交税费——应交增值税（进项税额）	117
贷：应付账款——乙公司	1 017

（3）向乙公司支付款项：

借：应付账款——乙公司	1 017
贷：银行存款	1 017

（4）结转成本：

借：主营业务成本	900
贷：库存商品	900

4. 乙公司账务处理

向甲公司开具专票：

借：应收账款	1 017
贷：主营业务收入	900
应交税费——应交增值税（销项税额）	117

案例142

财政部会计司收入准则应用案例
——主要责任人和代理人的判断之例三（服装零售商与生产商合作模式）

甲公司是一家知名服装品牌生产零售商，拥有数百家直营连锁店。小型服装生产商乙公司向甲公司供应服装，乙公司将按照甲公司选定《供货清单》的要求将商品发送到甲公司指定的直营门店。商品收到后，甲公司组织验货，按照《供货清单》核对商品，确保没有短溢、货不对板等情形。甲公司将从乙公司采购的服装与其自产的服装一起管理并负责实际销售，其商标为甲公司商标，对外宣传为联名款。

甲乙双方协商确定吊牌价，甲公司在吊牌价7折以上可自行对外销售并制定相应的促销策略，7折以下需得到乙公司的许可。甲乙双方根据销售收入每月五五分成。

如果商品自上架陈列30日仍未售出，甲公司有权将未出售的商品全部退回给乙公司，但在甲公司决定将商品退回前，乙公司不得取回、调换或移送商品。如果需办理退换货，甲公司可自行决定为客户办理退换货、赔偿等事项，之后可向乙公司追偿。假定不考虑其他因素。

本例中，企业应当根据其在向客户转让商品前是否拥有对该商品的控制权，来判断其从事交易时的身份是主要责任人还是代理人。**在客户付款购买商品之前，甲公司能够主导商品的使用，例如出售、调配或下架，并从中获得其几乎全部的经济利益，因此拥有对该商品的控制权，是主要责任人。**

另外需要说明的是，本例中对于与控制权相关的三个迹象：一是从客户的角度，甲公司承担销售、退换货和赔偿的主要责任；二是在转让商品之前，甲乙公司均承担了该商品的存货风险，转让商品之后，乙公司承担了该商品的存货风险；三是双方协商确定吊牌价，甲乙双方均无权自主决定所交易商品的价格。与控制权相关的三个迹象的分析，并不能明确区分主要责任人和代理人，这些相关事实和情况的迹象仅为支持对控制权的评估，不能取代控制权的评估，也不能凌驾于控制权评估之上，更不是单独或额外的评估。

综上，企业应当根据其在向客户转让商品前是否拥有对该商品的控制权，来判断其从事交易时的身份是主要责任人还是代理人。**商品的控制权在转移给客户之前，甲公司拥有对该商品的控制权，是主要责任人。**

另外，乙公司将商品发送到甲公司指定的直营门店并经甲公司验收后（假定该时点为商品控制权转移的时点）应该确认销售收入。由于30日未售出的商品或消费者退回的商品，甲公司有权退回给乙公司或向乙公司追偿，乙公司应当按照附有销售退回条款的销售进行会计处理。[1]

解析

1.本例中有关控制权判断的分析

在客户付款购买商品之前，甲公司能够主导商品的使用，例如出售、调配或下架，并从中获得其几乎全部的经济利益，因此拥有对该商品的控制权，是主要责任人。

2.判断控制权的相关事实和情况的迹象在本例中的应用

（1）企业承担向客户转让商品的主要责任。

本例中，如果需办理退换货，甲公司可自行决定为客户办理退换货、赔偿等事项。

---

[1] 本案例分析依据：《企业会计准则第14号——收入》第四条、第三十二条、第三十四条等相关规定；《企业会计准则第14号——收入》应用指南（2018）》第12页、第81-85页、第87-93页等相关内容。

从客户的角度，甲公司承担退换货和赔偿的主要责任，该迹象给予甲公司是主要责任人的结论支持。

（2）企业在转让商品之前或之后承担了该商品的存货风险。

本例中，转让商品之前，甲乙公司均承担了该商品的存货风险，转让商品之后，乙公司承担了该商品的存货风险。

该迹象并不能明确区分主要责任人和代理人。

（3）企业有权自主决定所交易商品的价格。

本例中，双方协商确定吊牌价，甲乙双方均无权自主决定所交易商品的价格。

该迹象并不能明确区分主要责任人和代理人。

3. 甲公司账务处理

同上一案例账务处理。

4. 乙公司账务处理

本例中，商品自上架陈列30日仍未售出的，甲公司有权将未出售的商品全部退回给乙公司，因此乙公司应按照附有销售退回条款业务进行账务处理。

（1）发出货物时：

借：应收账款

　　贷：主营业务收入［不含税收入×（1-估计退货率）］

　　　　预计负债——应付退货款（不含税收入×估计退货率）

　　　　应交税费——应交增值税（销项税额）

借：主营业务成本［不含税成本×（1-估计退货率）］

　　应收退货成本（不含税成本×估计退货率）

　　贷：库存商品

（2）实际发生退货时：

借：库存商品

　　预计负债——应付退货款

　　主营业务成本

　　贷：应收退货成本

　　　　主营业务收入

　　　　应交税费——应交增值税（销项税额）（负数）

　　　　银行存款

详见本书11.1节"附有销售退回条款的销售"案例。

案例143

证监会监管规则适用指引案例
——零售百货行业联营模式下的主要责任人和代理人身份辨析

中国证监会2020年11月13日发布的《监管规则适用指引——会计类第1号》部分内容如下：

"1-15 按总额或净额确认收入

根据收入准则的相关规定，企业向客户销售商品或提供劳务涉及其他方参与其中时，应当根据合同条款和交易实质，判断其身份是主要责任人还是代理人。企业在将特定商品或服务转让给客户之前控制该商品或服务的，即企业能够主导该商品或服务的使用并从中获得几乎全部的经济利益，为主要责任人，否则为代理人。在判断是否为主要责任人时，企业应当综合考虑其是否对客户承担主要责任、是否承担存货风险、是否拥有定价权以及其他相关事实和情况进行判断。企业应当按照有权向客户收取的对价金额确定交易价格，并计量收入。主要责任人应当按照已收或应收的对价总额确认收入，代理人应当按照预期有权收取的佣金或手续费（即净额）确认收入。

监管实践发现，部分公司在按照总额或净额确认收入方面，存在判断和理解上的分歧。现就具体事项如何适用上述原则的意见如下：

一、零售百货行业联营模式下的收入确认

联营模式是零售百货行业普遍采用的业务模式。该业务模式下，供应商在百货商场分配的专柜向顾客销售商品，百货商场根据约定的分成比例与供应商进行结算，部分供应商对商场收取的分成有保底承诺。百货商场与供应商签订合同，约定各自的权利义务。商品向顾客售出之前，所有权属于供应商，供应商负责保管商品，并承担商品毁损和灭失的风险。供应商有权决定商品的上架和下架时间，以及在不同的门店或专柜之间调换货物。商品价格主要由供应商制定，有时需要经过百货商场的审核，其主要目的是避免供应商定价过高或过度打折，从而对该商品在本商场的销售情况或商场的整体商业定位造成不利影响。百货商场举办促销活动时，促销方案和价格主要由百货商场主导，供应商可以选择参加或不参加，如参加，则可能需要和百货商场共同承担相关费用。专柜销售人员由供应商直接委派，但需要接受商场的培训，遵循商场的管理要求并接受商场的监督。百货商场为供应商提供经营场地以及相应的综合管理服务，监督进店的商品，并提供统一收银等服务。顾客在百货商场购物时，通常取得以百货商场抬头开具的销售凭证。供应商在商场售出的商品出现质量问题时，百货商场负责先行赔付，随后再根据与供应商的协议约定向供应商进行追偿。假定上述联营模式安排中不包含租赁。

实务中，虽然百货商场按照商品的销售金额向客户开具销售凭证，但是，在确认收入时，应当按照收入准则中有关主要责任人和代理人的原则判断收入确认金额。在上述联营模式下，顾客直接在供应商的专柜购买商品，在此之前，商品的所有权归属于供应商，供应商有权主导商品的销售活动，例如决定商品的上架和下架时间，是否在不同的门店、专柜之间调换货物，主导商品定价以及促销方式等，并获取销售商品的经济利益，也承担因商品滞销或打折销售等造成的损失。相反，在商品销售给顾客之前，百货商场不能决定如何销售这些商品，不能自行或者要求供应商将商品用于其他用途，也不能禁止供应商把商品用于其他用途；某些情况下，虽然百货商场可能有权对供应商销售的商品进行干预，例如新增商品品牌需要经过百货商场认可，滞销或过季的商品应及时下架等，但其目的主要是维护百货商场的商业定位和形象，并不表明百货商场能够主导这些商品的销售。

因此，特定商品在销售给顾客之前由供应商控制，供应商有权主导商品的使用并获取其经济利益；百货商场并未取得商品的控制权，其身份是协助供应商销售特定商品，应被认定为代理人，按照净额确认收入。

除零售百货业务外，代为执行采购或销售的供应链企业、代理外贸进出口或跨境业务企业、大宗商品配送或医药配送企业、电子商务平台企业及以电商平台为依托开展电商业务的企业等，应参照上述原则和分析，结合业务模式和合同约定，判断在将商品销售给客户之前是否取得对商品的控制，并确定是以总额还是净额确认收入。"

解析

1. 新收入准则对联营模式下收入的确认进行了明确

上述联营模式也称代理模式，在执行新收入准则前，该模式就经常产生如何确认收入的争议，很多企业（商场）就此模式全额确认了收入，出于业务性质并结合合同条款等情况综合判断，应以差额确认收入较为妥当，但当时并没有明确的指引。新收入准则引入了主要责任人和代理人的概念，以转让前是否取得商品的控制权作为主要判断原则，给予了会计主体在该模式下全额或者差额确认收入明确的指引。

本例中商场在联营模式下，获取的盈利点即为事先与供应商谈判的扣点，转让商品之前未取得商品的控制权，因此商场在该交易中应以代理人的身份差额确认收入。

2. 商场账务处理

同本书之前的案例，此处略。

3. 商场税务处理

由于供应商的商品销售需通过商场系统，且由商场向消费者开具发票，因此在税务上，商场的增值税销售额按照全额确认，而账务收入按照净额确认，会导致商场的增值税销售额大于账面及企业所得税收入额，企业说明原因即可。

案例144

证监会监管规则适用指引案例

——以购销合同方式进行委托加工按照总额或净额确认收入

中国证监会2020年11月13日发布的《监管规则适用指引——会计类第1号》部分内容如下：

"二、以购销合同方式进行的委托加工收入确认

公司（委托方）与无关联第三方公司（加工方）通过签订销售合同的形式将原材料'销售'给加工方并委托其进行加工，同时，与加工方签订商品采购合同将加工后的商品购回。在这种情况下，公司应根据合同条款和业务实质判断加工方是否已经取得待加工原材料的控制权，即加工方是否有权主导该原材料的使用并获得几乎全部经济利益，例如原材料的性质是否为委托方的产品所特有、加工方是否有权按照自身意愿使用或处置该原材料、是否承担除因其保管不善之外的原因导致的该原材料毁损灭失的风险、是否承担该原材料价格变动的风险、是否能够取得与该原材料所有权有关的报酬等。**如果加工方并未取得待加工原材料的控制权，该原材料仍然属于委托方的存货**，委托方不应确认销售原材料的收入，而应将整个业务作为购买委托加工服务进行处理；相应地，加工方实质是为委托方提供受托加工服务，应当按照净额确认受托加工服务费收入。"

解析

1. 购销的形式与加工的实质

实务中，鉴于某些特殊情况或者特殊考虑，委托方将委托加工业务调整为购销模式，委托方购进原材料后再将其销售给受托方，受托方将原材料加工为成品后，再将成品销售给委托方。

本次指引对于此种情形如何确认收入给予的判断原则为：加工方并未取得待加工原材料控制权的情况下，加工方应当按照净额确认受托加工服务费收入。

例如，加工方取得原材料不能自行决定用于生产或出售等；加工为成品后，不能自主决定向某客户销售，而只能销售给提供原材料的主体；不承担相关风险和享有相关利益等；都表明加工方并未取得待加工原材料的控制权。

同时委托方不能确认销售原材料的收入，仍然将该原材料作为存货管理，应将整个业务作为购买委托加工服务进行处理。

2.加工方账务处理

假设原材料价值100万元，加工费50万元，双方均为增值税一般纳税人，增值税税率均为13%。以上价格均不包含增值税。

（1）取得原材料并取得委托方开具的增值税专用发票（单位：万元，下同）。

借：应交税费——应交增值税（进项税额）　　　　　　　　　　　13
　　贷：其他应付款　　　　　　　　　　　　　　　　　　　　　　13

【提示】加工方取得委托方交付的原材料，由于未取得原材料控制权，因此不在账上反应，在备查簿中登记。

（2）加工过程中发生的成本：

借：合同履约成本
　　贷：应付职工薪酬、原材料等

（3）结转加工成本：

借：主营业务成本
　　贷：合同履约成本

（4）交付加工产品并开具增值税专用发票含税价169.5万元：

借：应收账款　　　　　　　　　　　　56.5［50×（1+13%）］
　　其他应付款　　　　　　　　　　　13
　　贷：主营业务收入　　　　　　　　　　　　　　　　　　　50
　　　　应交税费——应交增值税（销项税额）　　19.5（150×13%）

【提示】成品含税价格169.5万元［150×（1+13%）］。

（5）收取加工费：

借：银行存款　　　　　　　　　　　　　　　　　　　　　　　56.5
　　贷：应收账款　　　　　　　　　　　　　　　　　　　　　　56.5

3. 委托方账务处理

（1）购入原材料：

  借：原材料   100

    应交税费——应交增值税（进项税额） 13

   贷：银行存款等   113

（2）交付原材料并全额开具增值税专用发票：

  借：委托加工物资   113

   贷：原材料   100

    应交税费——应交增值税（销项税额） 13

（3）取得加工后物资并取得增值税专用发票：

  借：库存商品   150

    应交税费——应交增值税（进项税额） 19.5（150×13%）

   贷：委托加工物资   113

    应付账款   56.5

（4）支付加工费：

  借：应付账款   56.5

   贷：银行存款   56.5

案例145
价外费用中关于主要责任人和代理人身份的判断

  甲公司与乙公司签订销售合同，合同约定货物含税价格113万元，同时甲公司承诺将货物运送至乙公司指定地点，运费含税价格10.9万元。

  甲公司委托丙运输公司提供该运输服务，甲公司从乙公司处收取全部款项（包括货款和运费），并将运费支付给丙公司。合同约定，甲公司向乙公司开具税率为13%的货物增值税专用发票，丙运输公司向乙公司开具税率9%的运输服务增值税专用发票，甲公司将自己开具的货物增值税专用发票与丙公司开具的运费增值税专用发票交付给乙公司。

  合同同时约定，甲公司不承担运输的风险和责任，甲公司只是代收运费，同时运费的价格也由丙公司与客户乙公司协商确定。

> **解析**

1. 甲公司在运输业务中为代理人身份

应用指南规定:"当存在第三方参与企业向客户提供商品时,企业向客户转让特定商品之前能够控制该商品的,应当作为主要责任人。企业作为主要责任人的情形包括:……

(2)企业能够主导第三方代表本企业向客户提供服务。当企业承诺向客户提供服务,并委托第三方(例如分包商、其他服务提供商等)代表企业向客户提供服务时,如果企业能够主导该第三方代表本企业向客户提供服务,则表明企业在相关服务提供给客户之前能够控制该相关服务"。

本例中,甲公司不承担运输的风险和责任,运费的价格也由丙公司与客户乙公司协商确定,丙公司决定运输服务的执行方式,因此,甲公司并不能主导丙运输公司代表甲公司向客户提供运输服务,表明甲公司在运输服务提供给客户之前不能控制该运输服务。

2. 甲公司从乙公司收取的运输费用在增值税上作为代垫运输费用处理

《增值税暂行条例实施细则》第十二条规定,"条例第六条第一款所称价外费用,包括价外向购买方收取的手续费、补贴、基金、集资费、返还利润、奖励费、违约金、滞纳金、延期付款利息、赔偿金、代收款项、代垫款项、包装费、包装物租金、储备费、优质费、运输装卸费以及其他各种性质的价外收费。但下列项目不包括在内:

(一)受托加工应征消费税的消费品所代收代缴的消费税;

(二)同时符合以下条件的代垫运输费用:

1. 承运部门的运输费用发票开具给购买方的;

2. 纳税人将该项发票转交给购买方的"。

根据上述条款,丙运输公司的运输费用发票开具给客户乙公司,甲公司将该项发票转交给乙公司,该运输费用属于增值税概念中的代垫运输费用,甲公司不需要将该运费作为价外费用计征增值税。

3. 甲公司作为代理人的账务处理

(1)向乙公司销售货物(单位:万元,下同):

借:应收账款——乙公司　　　　　　　　　　　113
　　贷:主营业务收入——销售货物　　　　　　　　100
　　　　应交税费——应交增值税(销项税额)　　　　13

（2）从乙公司处收到款项：

　　借：银行存款　　　　　　　　　　　　　　　　　　　123.9
　　　　贷：应收账款——乙公司　　　　　　　　　　　　　113
　　　　　　其他应付款——丙公司　　　　　　　　　　　　10.9

（3）向丙公司支付运费：

　　借：其他应付款——丙公司　　　　　　　　　　　　　10.9
　　　　贷：银行存款　　　　　　　　　　　　　　　　　　10.9

如上述案例中，改为甲公司承担运输的风险和责任，同时运费的价格也由甲公司与客户乙公司协商确定（或将运费包含在销售合同价款中），发票是由丙运输公司开具给甲公司，甲公司再开具货物发票给客户，则该运费在增值税上作为价外费用处理。

此种情况下，甲公司可以主导丙公司代表甲公司向客户提供服务，表明甲公司在运输服务提供前取得了运输服务的控制权，甲公司应作为主要责任人进行会计处理。

4.甲公司作为主要责任人的账务处理

（1）向乙公司销售货物：

　　借：应收账款——乙公司　　　　　　　　　　　　　　113
　　　　　　　　——乙公司　　　　　　　　　　　　　　11.3
　　　　贷：主营业务收入——销售货物　　　　　　　　　100
　　　　　　　　　　　　——销售货物　　　　　　　　　10
　　　　　　应交税费——应交增值税（销项税额）　　　　13
　　　　　　　　　　——应交增值税（销项税额）　　　　1.3

> 【提示】1.由于甲公司收取乙公司的运费按照价外费用计征13%税率的增值税，因此甲公司可考虑将该税差反映在收取的价格中。
>
> 2.注意运费履约义务的判断。
>
> 应用指南规定："企业向客户销售商品的同时，约定企业需要将商品运送至客户指定的地点的情况下，企业需要根据相关商品的控制权转移时点判断该运输活动是否构成单项履约义务。通常情况下，控制权转移给客户之前发生的运输活动不构成单项履约义务，而只是企业为了履行合同而从事的活动，相关成本应当作为合同履约成本；相反，控制权转移给客户之后发生的运输活动则可能表明企业向客户提供了一项运输服务，企业应当考虑该项服务是否构成单项履约义务"。

> 本例中，如果是甲公司在商品控制权转移之前发生的运输活动，则从客户收取的款项全部计入货物销售收入；如果是控制权转移给客户之后发生的运输活动，则从客户收取的款项要考虑在货物和运输服务两项履约义务之间进行分摊，分别在货物和运输服务控制权转移时确认收入。
>
> 假设本例是在商品控制权转移之前发生的运输活动。

（2）从乙公司处收到款项：

借：银行存款　　　　　　　　　　　　　　　　　　　124.3
　　贷：应收账款——乙公司　　　　　　　　　　　　　　113
　　　　　　　　——乙公司　　　　　　　　　　　　　　11.3

（3）支付丙公司运输费用并取得9%的运费发票：

借：合同履约成本　　　　　　　　　　　　　　　　　10
　　应交税费——应交增值税（进项税额）　　　　　　 0.9
　　贷：银行存款等　　　　　　　　　　　　　　　　　10.9
借：主营业务成本　　　　　　　　　　　　　　　　　10
　　贷：合同履约成本　　　　　　　　　　　　　　　　10

案例146
无运输工具承运业务中主要责任人和代理人身份的判断

甲物流企业具有无车承运业务资格，委托乙运输公司将丙公司的货物运送至指定地点。甲丙公司签订的运输服务合同中，甲公司作为承运人，从丙公司收取运费并承担承运人责任。

解析

1. 甲公司可以主导运输公司代表自己提供运输服务，甲公司是主要责任人

应用指南规定："当存在第三方参与企业向客户提供商品时，企业向客户转让特定商品之前能够控制该商品的，应当作为主要责任人。企业作为主要责任人的情形包括：

……

（2）企业能够主导第三方代表本企业向客户提供服务。当企业承诺向客户提供服务，并委托第三方（例如分包商、其他服务提供商等）代表企业向客户提供服务时，如果企业能够主导该第三方代表本企业向客户提供服务，则表明企业在相关服务提供给客户之前能够控制该相关服务"。

本例中，甲公司以承运人身份与客户签订运输服务合同，收取运费并承担承运人责任，委托实际承运人完成运输服务，甲公司能够主导该实际承运人代表本企业向客户提供服务，表明甲公司在运输服务提供给客户之前能够控制该服务，因此，甲公司在此业务中是主要责任人身份。

2. 甲公司账务处理

（1）应收丙公司运费109万元（单位：万元，下同）：

借：应收账款——丙公司　　　　　　　　　　　　　　　　109
　　贷：主营业务收入　　　　　　　　　　　　　　　　　　100
　　　　应交税费——应交增值税（销项税额）　　　　　　　　9

> 【提示】关于无运输工具承运业务按照交通运输服务缴纳增值税的说明：
> 《营业税改征增值税试点实施办法》规定，"无运输工具承运业务，按照交通运输服务缴纳增值税。
> 无运输工具承运业务，是指经营者以承运人身份与托运人签订运输服务合同，收取运费并承担承运人责任，然后委托实际承运人完成运输服务的经营活动"。

（2）应付乙公司运费98.1万元：

借：主营业务成本　　　　　　　　　　　　　　　　　　　90
　　应交税费——应交增值税（进项税额）　　　　　　　　8.1
　　贷：应付账款——乙公司　　　　　　　　　　　　　　98.1

案例147

电商平台代理人身份辨析

甲公司经营某购物网站，在该网站购物的消费者可以明确获知在该网站上销售的商品均为其他零售商直接销售的商品，这些零售商负责发货以及售后服务等。甲公司与零售商签订的合同约定，该网站所售商品的采购、定价、发货以及售后服务等均由

零售商自行负责，甲公司仅负责协助零售商和消费者结算货款，并按照每笔交易的实际销售额收取5%的佣金。

> **解析**

1. 甲公司是主要责任人还是代理人身份的判断

本例中，甲公司经营的购物网站是一个购物平台，零售商可以在该平台发布所销售商品信息，消费者可以从该平台购买零售商销售的商品。消费者在该网站购物时，向其提供的特定商品为零售商在网站上销售的商品，除此之外，甲公司并未提供任何其他的商品。这些特定商品在转移给消费者之前，甲公司没有能力主导这些商品的使用，例如，甲公司不能将这些商品提供给购买该商品的消费者之外的其他方，也不能阻止零售商向该消费者转移这些商品，甲公司并未控制这些商品，甲公司的履约义务是安排零售商向消费者提供相关商品，而非自行提供这些商品，因此甲公司在该交易中的身份是代理人。

2. 甲公司账务处理

假设零售商销售货物不含税价格100元，增值税税率13%，甲公司按照销售额的5%收取佣金。

（1）收取销售款项时：

借：银行存款　　　　　　　　　　　　　　　　　　　　113

　　贷：其他应付款——零售商　　　　　107.35〔113×(1-5%)〕

　　　　主营业务收入——代理佣金收入　　5.33〔113×5%÷(1+6%)〕

　　　　应交税费——应交增值税（销项税额）

　　　　　　　　　　　　　　　　　　0.32〔113×5%÷(1+6%)×6%〕

【提示】如果此时甲公司尚未达到收入确认时点，可将佣金收入的不含税金额记入"合同负债"科目，待达到收入确认时点时再予以确认。

如果此时甲公司尚未达到增值税纳税义务发生时间，可将佣金收入对应的增值税额记入"应交税费——待转销项税额"科目，待达到增值税纳税义务发生时间时再将其转入"应交税费——应交增值税（销项税额）"科目。

（2）支付零售商款项时：

借：其他应付款——零售商　　　　　　　　　　　　　107.35

　　贷：银行存款　　　　　　　　　　　　　　　　　　107.35

3.零售商账务处理

（1）确认收入时：

借：应收账款		113
贷：主营业务收入		100
应交税费——应交增值税（销项税额）		13

（2）确认平台的佣金费用：

借：销售费用		5.33
应交税费——应交增值税（进项税额）		0.32
贷：应收账款		5.65

（3）收到销售款项时：

借：银行存款		107.35
贷：应收账款		107.35

案例148
电商支付淘宝客佣金的财税处理

甲公司（电商）在淘宝客平台发布佣金计划，淘宝客获得链接后进行推广，消费者通过链接成交，并确认收货，平台支付甲公司货款时，按照约定比例5%扣除应支付给淘宝客的佣金，平台支付淘宝客佣金时，收取淘宝客10%的手续费。

解析

1.销售链接商品时，平台是主要责任人还是代理人身份的判断

对于平台来讲，消费者通过链接采购的商品在转移控制权之前，平台没有能力主导这些商品的使用，平台不能决定商品的价格，不能将这些商品提供给购买该商品的消费者之外的其他方，也不能阻止电商向该消费者转移这些商品，平台并未控制这些商品，因此在此交易中平台的身份是代理人。

2.销售佣金服务时，平台是主要责任人还是代理人身份的判断

淘宝客向甲公司提供了推广服务，淘宝客通过平台渠道收取该服务的佣金，其方式为：平台收取了销售款项，扣除手续费后再支付给淘宝客佣金。这即属于新收入准则中的存在第三方参与企业向客户提供服务的情况。现在需要判断，销售佣金的业务中，平台是主要责任人还是代理人。

此处判断平台是主要责任人还是代理人的身份颇有难度，淘宝客和电商之间没有任何的接触，收取货款、支付淘宝客佣金等环节皆由平台进行操作，电商完全不知道是谁在为其提供推广服务。从该角度看，似乎平台控制了该佣金服务，是主要责任人。

应用指南中主要责任人的判断标准为：

"（2）企业能够主导第三方代表本企业向客户提供服务。

当企业承诺向客户提供服务，并委托第三方（例如分包商、其他服务提供商等）代表企业向客户提供服务时，如果企业能够主导该第三方代表本企业向客户提供服务，则表明企业在相关服务提供给客户之前能够控制该相关服务"。

在该佣金服务中，平台没有以合同、协议或者其他形式向电商承诺提供任何的推广服务，平台的责任是提供网络资源，以及安排各项资金收付，审核淘宝客资质等网络管理。

既然平台没有向电商承诺提供任何的推广服务，更何谈平台主导淘宝客代表平台向电商提供推广服务，平台也没有承担相关服务的风险和责任，因此，平台在此业务中的身份是代理人，应按照扣除淘宝客佣金后的金额确认收入。

3. 平台账务处理

（1）收取货款时（假设商品含税价113元，佣金比例5%）：

借：银行存款　　　　　　　　　　　　　　　　113

　　贷：其他应付款——甲公司　　　　　　　　107.35（113×95%）

　　　　　　　　——淘宝客佣金　　　　　　　5.65（113×5%）

（2）向淘宝客支付佣金时（平台收取淘宝客的手续费比例为10%）：

借：其他应付款——淘宝客佣金　　　　　　　　5.65

　　贷：主营业务收入　　　　　0.53［5.65×10%÷（1+6%）］

　　　　应交税费——应交增值税（销项税额）

　　　　　　　　　　　　0.03［5.65×10%÷（1+6%）×6%］

　　贷：银行存款　　　　　　　5.09（5.65×90%）

（3）向电商支付货款时：

借：其他应付款——甲公司　　　　　　　　　　107.35

　　贷：银行存款　　　　　　　　　　　　　　107.35

4. 电商甲公司账务处理

（1）销售商品时（假设商品含税价113元）：

借：应收账款　　　　　　　　　　　　　　　　113

贷：主营业务收入 100
     应交税费——应交增值税（销项税额） 13
（2）收取平台支付的款项时（佣金比例5%）：
  借：银行存款 107.35（113×95%）
     销售费用 5.65（113×5%）
  贷：应收账款 113

【提示】关于电商负担的佣金费用的进项税抵扣问题详见下段分析。

5.相关税务分析

（1）甲公司支付佣金的企业所得税税前扣除分析。

平台在该业务中是代收代付的角色，因此平台不是提供服务方，不能向甲公司开具佣金的发票。而甲公司完全不知道是谁在为其做推广，因此取得淘宝客开具或代开的发票颇有难度。

另外，《企业所得税税前扣除凭证管理办法》（国家税务总局公告2018年第28号发布）第九条规定："企业在境内发生的支出项目属于增值税应税项目（以下简称'应税项目'）的，对方为已办理税务登记的增值税纳税人，其支出以发票（包括按照规定由税务机关代开的发票）作为税前扣除凭证；对方为依法无需办理税务登记的单位或者从事小额零星经营业务的个人，其支出以税务机关代开的发票或者收款凭证及内部凭证作为税前扣除凭证，收款凭证应载明收款单位名称、个人姓名及身份证号、支出项目、收款金额等相关信息。

小额零星经营业务的判断标准是个人从事应税项目经营业务的销售额不超过增值税相关政策规定的起征点"。

淘宝客即使属于上述28号公告中所述的从事小额零星经营业务的个人，由于甲公司无法获取淘宝客的任何信息，无法取得载明"收款单位名称、个人姓名及身份证号、支出项目、收款金额等相关信息"的收款凭证，因此并不能按照上述规定取得企业所得税税前扣除的凭证。

根据上述分析，甲公司负担的淘宝客的佣金费用，取得企业所得税税前扣除凭证难度很大，建议可考虑与当地主管税务机关充分沟通，可否凭借相关的资料证明该支出的真实性、合理性，且与收入直接相关，从而凭此税前扣除。

（2）甲公司支付佣金的进项税抵扣分析。

如上所述，平台和淘宝客均无法向甲公司开具佣金的增值税专用发票，甲公司无法取得进项税来抵扣销项税额。

（3）甲公司向淘宝客支付劳务费的个人所得税扣缴问题。

甲公司负担的淘宝客劳务费，由于无法获得淘宝客的任何信息，因此无法履行全员全额的个人所得税扣缴义务。

案例149
第三方支付平台负担商家折扣费用的增值税与发票处理

商家与第三方支付平台（如银行信用卡、微信等）签订协议，消费者通过上述支付方式购买货物或服务，可享受一定金额的优惠。优惠金额由第三方支付平台支付给商家，其余款项由消费者支付。

假设商家销售货物不含税金额100元，增值税税率13%，消费者使用第三方支付平台购买货物可享受9折优惠。

解析

1. 与折扣相关的增值税与发票的困境

商家销售货物有权获得的对价，其中90%由消费者支付，10%由第三方支付，这两部分构成了商家的销售收入。

在实务中处理的困难在于，对于第三方平台负担的10%折扣部分，商家如何计征增值税以及第三方平台如何取得发票。

由于商家没有向第三方平台销售货物，因此商家不能向其开具销售货物的发票，而且在实务操作中，鉴于消费者购买货物品种繁多，税率不一，向第三方开具货物发票不具有可操作性。

如果商家向第三方开具销售服务的发票，则销售服务的增值税税率可能低于销售货物的税率，具有一定的风险。

笔者认为，可以改变思路，上述案例可理解为两个独立的事件：

（1）商家开展了折扣销售的促销活动，按照从消费者实际收到的金额，即折扣后的金额确认增值税销售额，并将折扣额与销售额开在一张发票上的金额栏中。

（2）商家向平台提供了服务，该服务限定于使用平台的支付方式方可享受折扣，商家按照收到第三方平台的金额确认增值税销售额，并向其开具销售服务发票与确认相关收入。

注意：以上为笔者个人观点，实际操作时应与当地主管税务机关充分沟通后进行处理。

参考如下地区政策：

江西省国家税务局全面推开营改增政策问题解答七：

二、商家与第三方支付平台（如银行信用卡、微信等）签订协议，消费者通过上述支付方式购买货物或服务，可享受一定金额的优惠。优惠金额全部或部分由第三方支付平台支付给商家，其余款项由消费者支付。请问商家在向消费者和第三方支付机构收取款项时，应如何开具发票和计征增值税？

答：纳税人采取上述方式销售货物或服务，应按照从购买方实际取得的全部价款和价外费用以及购买的货物、服务品名，计算缴纳增值税和向购买方开具增值税发票。

在总局明确之前，**纳税人从第三方支付平台取得的款项，暂按提供"其他现代服务"缴纳增值税和向第三方开具增值税发票。**

2. 商家账务处理

（1）向消费者销售商品时（9折销售）：

借：银行存款、库存现金等　　　　　　　　　　101.7（113×90%）
　　贷：主营业务收入　　　　　　　　　　　　90〔101.7÷(1+13%)〕
　　　　应交税费——应交增值税（销项税额）
　　　　　　　　　　　　　　　　　　　　　11.7〔101.7÷(1+13%)×13%〕

商家应按照增值税折扣相关文件规定，开具折扣发票，且该折扣额应与销售额开具在一张发票上的金额栏中（相关文件附后）。在实务工作中，与当地主管税务机关沟通后，也可采取在销售小票中体现折扣金额等方式代替发票折扣。

相关税务文件：

《国家税务总局关于印发〈增值税若干具体问题的规定〉的通知》（国税发〔1993〕第154号）：

纳税人采取折扣方式销售货物，如果销售额和折扣额在同一张发票上分别注明的，可按折扣后的销售额征收增值税；如果将折扣额另开发票，不论其在财务上如何处理，均不得从销售额中减除折扣额。

《国家税务总局关于折扣额抵减增值税应税销售额问题通知》（国税函〔2010〕56号）：

《国家税务总局关于印发〈增值税若干具体问题的规定〉的通知》（国税发〔1993〕154号）第二条第（二）项规定："纳税人采取折扣方式销售货物，如果销售额和折扣额在同一张发票上分别注明的，可按折扣后的销售额征收增值税"。纳税人采取折扣方式销售货物，销售额和折扣额在同一张发票上分别注明是指销售额和折扣额在同一张发票上的"金额"栏分别注明的，可按折扣后的销售额征收增值税。未在同一张发票"金额"栏注明折扣额，而仅在发票的"备注"栏注明折扣额的，折扣额不得从销售额中减除。

（2）商家收取第三方平台支付的款项：

借：银行存款　　　　　　　　　　　　　11.3（113×10%）
　　贷：主营业务收入　　　　　　　　　10.66［11.3÷(1+6%)］
　　　　应交税费——应交增值税（销项税额）　0.64（10.66×6%）

商家向第三方平台开具服务费发票。

3.第三方平台账务处理

第三方平台取得商家开具的服务费增值税专用发票：

借：销售费用　　　　　　　　　　　　　10.66［11.3÷(1+6%)］
　　应交税费——应交增值税（进项税额）　0.64（10.66×6%）
　　贷：银行存款　　　　　　　　　　　　11.3（113×10%）

案例150
旅行社代购机票主要责任人身份辨析

甲公司是一家旅行社，从航空公司购买了一定数量的折扣机票，并对外销售。甲公司向旅客销售机票时，可自主决定机票的价格，未售出的机票不能退还给航空公司。

解析

1.甲公司取得了购入机票的控制权，甲公司为主要责任人

本例中，甲公司向客户提供的特定商品或服务为机票，该机票代表了客户可以乘坐特定航班（即享受航空公司提供的飞行服务）的权利。甲公司在确定特定客户之前已经预先从航空公司购买了机票，因此，该权利在转让给客户之前已经存在。甲公司从航空公司购入机票之后，可以自行决定该机票的用途，即是否用于对外销售、以何等价格以及向哪些客户销售等，甲公司有能力主导该机票的使用并且能够获得其几乎全部的经济利益。因此，甲公司在将机票销售给客户之前，能够控制该机票，甲公司在向旅客销售机票的交易中的身份是主要责任人。

2. 甲公司账务处理

（1）甲公司购进机票时（购入机票价格848元）：

  借：合同履约成本   848

    贷：应付账款或银行存款等   848

（2）甲公司销售机票时（销售机票价格1 060元）：

  借：库存现金或银行存款   1 060

    贷：主营业务收入   1 000

      应交税费——应交增值税（销项税额） 60

（3）结转成本时：

  借：主营业务成本   848

    贷：合同履约成本   848

（4）差额征税抵减成本时：

  借：主营业务成本   －48〔848÷（1+6%）×6%〕

  借：应交税费——应交增值税（销项税额抵减） 48

> 【提示】关于甲公司差额征税的说明：
>
> 旅行社在提供旅游服务时销售的机票，可以适用差额征税政策，即根据从销售额中扣除各种费用后的余额计算增值税。
>
> 如果甲公司具有航空运输销售代理企业资质，只是买卖机票，并未提供旅游服务，可以按照相关规定，以取得的全部价款和价外费用，扣除向客户收取并支付给航空运输企业或其他航空运输销售代理企业的境内机票净结算款和相关费用后的余额为销售额。航空运输销售代理企业就取得的全部价款和价外费用，向购买方开具行程单，或开具增值税普通发票。

相关税收政策如下：

（1）《营业税改征增值税试点有关事项的规定》（财税〔2016〕36号文件附件2）：

  试点纳税人提供旅游服务，可以选择以取得的全部价款和价外费用，扣除向旅游服务购买方收取并支付给其他单位或者个人的住宿费、餐饮费、交通费、签证费、门票费和支付给其他接团旅游企业的旅游费用后的余额为销售额。

  选择上述办法计算销售额的试点纳税人，向旅游服务购买方收取并支付的上述费用，不得开具增值税专用发票，可以开具普通发票。

（2）《国家税务总局关于明确中外合作办学等若干增值税征管问题的公告》（国家

税务总局公告2018年第42号）：

二、航空运输销售代理企业提供境内机票代理服务，以取得的全部价款和价外费用，扣除向客户收取并支付给航空运输企业或其他航空运输销售代理企业的境内机票净结算款和相关费用后的余额为销售额。其中，支付给航空运输企业的款项，以国际航空运输协会（IATA）开账与结算计划（BSP）对账单或航空运输企业的签收单据为合法有效凭证；支付给其他航空运输销售代理企业的款项，以代理企业间的签收单据为合法有效凭证。航空运输销售代理企业就取得的全部价款和价外费用，向购买方开具行程单，或开具增值税普通发票。

（3）《国家税务总局关于在境外提供建筑服务等有关问题的公告》（国家税务总局公告2016年第69号）：

九、纳税人提供旅游服务，将火车票、飞机票等交通费发票原件交付给旅游服务购买方而无法收回的，以交通费发票复印件作为差额扣除凭证。

【提示】差额征税账务处理依据如下：

《增值税会计处理规定》（财会〔2016〕22号文件印发）规定，企业发生相关成本费用允许扣减销售额的账务处理：按现行增值税制度规定企业发生相关成本费用允许扣减销售额的，发生成本费用时，按应付或实际支付的金额，借记"主营业务成本""存货""工程施工"等科目，贷记"应付账款""应付票据""银行存款"等科目。待取得合规增值税扣税凭证且纳税义务发生时，按照允许抵扣的税额，借记"应交税费——应交增值税（销项税额抵减）"或"应交税费——简易计税"科目（小规模纳税人应借记"应交税费——应交增值税"科目），贷记"主营业务成本""存货""工程施工"等科目。

3. 参考《国际财务报告准则第15号——客户合同产生的收入》结论基础

BC381　IASB和FASB认为识别合同中主体的承诺（即履约义务）是确定主体作为当事人还是代理人的基础。这是因为识别主体履约义务的性质对于主体确定在已承诺的商品或服务被转让给客户之前其是否控制该商品或服务是十分必要的。例如，如果一个旅行代理人在某些客户合同中确定其承诺是提供乘机权（即机票）而非承诺提供航班，则该旅行代理可为当事人。但是，为得出是当事人还是代理人的结论，旅行社还需要考虑在向客户转让乘机权之前其是否控制该项权利。如果旅行社预先购买了机票以便在未来向客户出售，则可能属于这种情况。

案例151
PPP项目的财税处理

甲公司为某PPP项目下的项目公司,由政府指定的公司与社会资本组成的联合体共同成立。政府授权某政府部门为该项目的实施机构,即PPP项目协议的甲方。甲公司在项目合作期限内对PPP项目进行投资、融资、建设、运营和维护,并在合作期限届满时将本项目无偿移交给甲方或政府指定的其他机构。本项目合作期限共计22年,其中建设期2年(全部项目建设工程)自项目开工之日起算至交工之日止。运营期20年,自项目运营之日起算。

甲公司将该项目的建设工程发包给乙建筑公司。

解析

1. 政府付费模式

项目付费方式为政府付费,具体为可用性付费与绩效付费相结合的付费模式,由政府向项目公司购买项目可用性(符合验收标准的公共资产)以及为维护项目可用性所需的运营维护服务(符合绩效要求的公共服务)。政府付费自项目运营第一年开始。

甲公司账务处理:

(1)发生建造成本:

借:合同履约成本
　　贷:银行存款、应付职工薪酬等

(2)按照履约进度确认收入成本:

借:合同结算——收入结转
　　贷:主营业务收入
借:主营业务成本
　　贷:合同履约成本

【提示】1.甲公司PPP项目的实质。

《企业会计准则解释第14号》(财会〔2021〕1号文件印发)(以下简称《企业会计准则解释第14号》)规定,"社会资本方不得将本解释规定的PPP项目资产确认为其固定资产",甲公司自始至终并未取得PPP项目资产的控制权,其实质是向政府提供了建筑服务换取了相应的权利（经营权或者固定的收款权），甲公司不能将建设的项目工程作为固定资产处理，也无须对转移资产进行账务处理。

2.甲公司确认建筑服务收入时主要责任人和代理人身份判断。

《企业会计准则解释第14号》规定，"社会资本方提供建造服务（含建设和改扩建，下同）或发包给其他方等，应当按照《企业会计准则第14号——收入》确定其身份是主要责任人还是代理人，并进行会计处理，确认合同资产"，甲公司首先应确认在该PPP项目中的身份是主要责任人还是代理人。

《企业会计准则第14号——收入》第三十四条规定："企业应当根据其在向客户转让商品前是否拥有对该商品的控制权，来判断其从事交易时的身份是主要责任人还是代理人。企业在向客户转让商品前能够控制该商品的，该企业为主要责任人，应当按照已收或应收对价总额确认收入；否则，该企业为代理人，应当按照预期有权收取的佣金或手续费的金额确认收入，该金额应当按照已收或应收对价总额扣除应支付给其他相关方的价款后的净额，或者按照既定的佣金金额或比例等确定。

企业向客户转让商品前能够控制该商品的情形包括：

（一）企业自第三方取得商品或其他资产控制权后，再转让给客户。

（二）企业能够主导第三方代表本企业向客户提供服务。

（三）企业自第三方取得商品控制权后，通过提供重大的服务将该商品与其他商品整合成某组合产出转让给客户"。

本例中，甲公司负责整个PPP项目的投资、融资、建设、运营和维护，甲公司将该工程建造分包给乙建筑公司，甲公司以自己的名义向客户提供了建筑服务，即甲公司能够主导第三方代表本企业向客户提供服务，因此甲公司在该PPP项目中的身份为主要责任人，应当按照已收或应收对价总额确认建筑服务收入。

3.关于报表列示的说明。

应用指南规定，由于同一合同下的合同资产和合同负债应当以净额列示，企业也可以设置"合同结算"科目（或其他类似科目），以核算同一合同下属于在某一时段内履行履约义务涉及与客户结算对价的合同资产或合同负债，并在此科目下设置"合同结算——价款结算"科目反映定期与客户进行结算的金额，设置"合同结算——收入结转"科目反映按履约进度结转的收入金额。资产负债表日，"合同结算"科目的期末余额在借方的，根据其流动性，在资产负债表中分别列示为"合同资产"或"其他非流动资产"项目;期末余额在贷方的,根据其流动性,在资产负债表中分别列示为"合同负债"或"其他非流动负债"项目。

本例中,甲公司根据流动性,应将"合同结算"科目借方余额在资产负债表中列示为"其他非流动资产"项目。

(3)发生借款利息:
借:财务费用
　　贷:银行存款

【提示】将借款费用费用化的说明。

《企业会计准则解释第14号》规定,"在PPP项目资产的建造过程中发生的借款费用,社会资本方应当按照《企业会计准则第17号——借款费用》的规定进行会计处理。对于本部分第4项和第5项中确认为无形资产的部分,社会资本方在相关借款费用满足资本化条件时,应当将其予以资本化,并在PPP项目资产达到预定可使用状态时,结转至无形资产。除上述情形以外的其他借款费用,社会资本方均应予以费用化"。

(4)结算:
借:长期应收款——项目结算
　　贷:合同结算——价款结算
　　　　应交税费——待转销项税额
借:长期应收款——政府付费
　　贷:长期应收款——项目结算
　　　　未实现融资收益
　　　　应交税费——待转销项税额

【提示】1.未实现融资收益是造价现值与终值的差额。

2.关于将有权收取可确定金额的现金确认为应收款项的说明。

《企业会计准则解释第14号》规定,"社会资本方根据PPP项目合同约定,在项目运营期间,满足有权收取可确定金额的现金(或其他金融资产)条件的,应当在社会资本方拥有收取该对价的权利(该权利仅取决于时间流逝的因素)时确认为应收款项,并按照《企业会计准则第22号——金融工具确认和计量》的规定进行会计处理。社会资本方应当在PPP项目资产达到预定可使用状态时,将相关PPP项目资产的对价金额或确认的建造收入金额,超过有权收取可确定金额的现金(或其他金融资产)的差额,确认为无形资产"。

3. 关于融资收益部分增值税税目的说明。

甲公司的融资收益部分应按照建筑服务计征增值税,而不是按照贷款服务计征增值税。

(5) 政府付费或者达到合同确定的付款日期:

借:应交税费——待转销项税额
    贷:应交税费——应交增值税(销项税额)

(6) 收到政府付费:

借:银行存款
    贷:长期应收款——政府付费

(7) 摊销未实现融资收益:

借:财务费用等
    贷:未实现融资收益

(8) 运营期间确认收入:

借:银行存款等
    贷:主营业务收入
        应交税费——应交增值税(销项税额)

【提示】《企业会计准则解释第14号》规定,"社会资本方根据PPP项目合同约定,提供多项服务(如既提供PPP项目资产建造服务又提供建成后的运营服务、维护服务)的,应当按照《企业会计准则第14号——收入》的规定,识别合同中的单项履约义务,将交易价格按照各项履约义务的单独售价的相对比例分摊至各项履约义务"。

从商品本身和合同层面而言,甲公司提供PPP项目资产建造服务和提供建成后的运营服务、维护服务为单独的履约义务,应将交易价格按照各项履约义务的单独售价的相对比例分摊至各项履约义务。

2. 使用者付费模式

甲公司账务处理：

（1）发生建造成本：

  借：合同履约成本

    贷：银行存款、应付职工薪酬等

（2）按照履约进度确认收入成本：

  借：合同结算——收入结转

    贷：主营业务收入

  借：主营业务成本

    贷：合同履约成本

> 【提示】关于报表列示的说明。
>
> 根据应用指南规定，本例中，甲公司根据流动性，应将"合同结算"科目借方余额在资产负债表中列示为"其他非流动资产"项目。

（3）建设期间发生借款利息：

  借：合同资产——借款利息（资本化部分）

    财务费用（费用化部分）

    贷：银行存款

> 【提示】关于利息资本化部分账务处理的说明。
>
> 《企业会计准则解释第14号》规定，"在PPP项目资产的建造过程中发生的借款费用，社会资本方应当按照《企业会计准则第17号——借款费用》的规定进行会计处理。对于本部分第4项和第5项中确认为无形资产的部分，社会资本方在相关借款费用满足资本化条件时，应当将其予以资本化，并在PPP项目资产达到预定可使用状态时，结转至无形资产。除上述情形以外的其他借款费用，社会资本方均应予以费用化"。
>
> 应予以资本化的相关借款费用，在PPP项目资产达到预定可使用状态时，结转至无形资产，在此之前，笔者认为记入"合同资产"科目较为合适，甲公司根据流动性，应将"合同资产——借款利息"科目借方余额在资产负债表中列示为"其他非流动资产"项目，如此，将来达到预定可使用状态转入无形资产的金额，其中的借款利息资本化部分与建筑服务收入部分对应的报表列示项目一致。

（4）结算：

借：无形资产——PPP项目
　　贷：合同结算——价款结算
　　　　应交税费——待转销项税额

（5）结转资本化利息：

借：无形资产——PPP项目
　　贷：合同资产——借款利息

（6）运营期间确认收入：

借：银行存款
　　贷：主营业务收入
　　　　应交税费——应交增值税（销项税额）

（7）摊销无形资产：

借：合同履约成本等
　　贷：累计摊销
借：主营业务成本
　　贷：合同履约成本等

案例152
劳务派遣公司总额或者差额确认收入辨析

甲公司是一家劳务派遣公司，增值税一般纳税人。与乙公司签订劳务派遣合同，向乙公司派遣人员。2020年10月收取乙公司劳务派遣费105万元（含税价），甲公司与派遣人员签订劳动合同并承担劳务派遣人员工资、社保、公积金等各种费用84万元。

解析

1.甲公司总额或者差额确认收入的分析

应用指南规定："当企业向客户销售商品涉及其他方参与其中时，企业应当确定其自身在该交易中的身份是主要责任人还是代理人。主要责任人应当按照已收或应收对价总额确认收入；代理人应当按照预期有权收取的佣金或手续费的金额确认收入"。

根据上述规定，只有企业销售商品涉及"其他方"参与时，才应当确定其自身在该交易中的身份是主要责任人还是代理人。本例中，甲公司派遣到乙公司的人员，是与甲公司正式签订劳动合同并为其缴纳社保与公积金的员工，甲公司的员工并不构成在主要责任人和代理人事项中的"其他方"，**因此，本案例不需要判断甲公司在派遣业务中是主要责任人还是代理人，应理解成甲公司派遣员工为乙公司提供服务，甲公司应当按照已收或应收对价总额确认收入。**

如果甲公司将该业务委托或者外包给其他供应商，则此类供应商构成在主要责任人和代理人事项中的"其他方"，此种情况下应判断甲公司在其中的身份。

2. 甲公司账务处理

（1）收取劳务派遣费（单位：万元，下同）：

借：应收账款——乙公司　　　　　　　　　　　　　　　105
　　贷：主营业务收入　　　　　　　　　　　　　　　　100
　　　　应交税费——简易计税　　　　　　　　　　　　　5
借：银行存款　　　　　　　　　　　　　　　　　　　　105
　　贷：应收账款——乙公司　　　　　　　　　　　　　105

（2）发生成本：

借：合同履约成本　　　　　　　　　　　　　　　　　　84
　　贷：应付职工薪酬等　　　　　　　　　　　　　　　84

（3）结转成本：

借：主营业务成本　　　　　　　　　　　　　　　　　　84
　　贷：合同履约成本　　　　　　　　　　　　　　　　84

（4）差额征税冲减成本：

借：主营业务成本　　　　　　　　　　　　　－4〔-(84÷1.05×5%)〕
借：应交税费——简易计税（抵减）　　　　　　　　　　　4

> 【提示】关于"主营业务成本"借方负数的说明：
>
> 根据《增值税会计处理规定》（财会〔2016〕22号文件印发）相关规定，企业发生差额计征增值税行为时，按照允许抵减的税额，贷记"主营业务成本"等科目，但在实务处理中，对于损益类的科目建议最好不要用借贷方反向冲抵，而是以做同方向的负数处理为宜，否则很容易造成不必要的混乱。

3. 甲公司税务处理

（1）一般纳税人的增值税处理。

甲公司是增值税一般纳税人，一般纳税人提供劳务派遣服务，可以按照有关规定，以取得的全部价款和价外费用为销售额，按照一般计税方法计算缴纳增值税；也可以选择差额纳税，以取得的全部价款和价外费用，扣除代用工单位支付给劳务派遣员工的工资、福利和为其办理社会保险及住房公积金后的余额为销售额，按照简易计税方法依5%的征收率计算缴纳增值税。

甲公司如选择一般计税方式，可以开具全额的增值税专用发票，乙公司可按照发票上注明的全额的增值税额抵扣销项税额。

甲公司如选择差额且简易计税方式，代用工单位支付给劳务派遣员工的工资、福利和为其办理社会保险及住房公积金等不得开具增值税专用发票，可以开具增值税普通发票。差额后剩余的金额可开具增值税专用发票，乙公司可按照发票上注明的增值税额（差额征税后的税额）抵扣销项税额。

（2）小规模纳税人的增值税处理。

如甲公司为增值税小规模纳税人，可以选择以取得的全部价款和价外费用为销售额，按照简易计税方法依3%的征收率计算缴纳增值税；也可以选择差额纳税，以差额后的余额为销售额按照简易计税方法依5%的征收率计算缴纳增值税。

（3）甲公司应开具项目名称为"人力资源服务"的发票。

相关税务文件规定：

《财政部 国家税务总局关于进一步明确全面推开营改增试点有关劳务派遣服务、收费公路通行费抵扣等政策的通知》（财税〔2016〕47号）：

一、劳务派遣服务政策

一般纳税人提供劳务派遣服务，可以按照《财政部 国家税务总局关于全面推开营业税改征增值税试点的通知》（财税〔2016〕36号）的有关规定，以取得的全部价款和价外费用为销售额，按照一般计税方法计算缴纳增值税；也可以选择差额纳税，以取得的全部价款和价外费用，扣除代用工单位支付给劳务派遣员工的工资、福利和为其办理社会保险及住房公积金后的余额为销售额，按照简易计税方法依5%的征收率计算缴纳增值税。

小规模纳税人提供劳务派遣服务，可以按照《财政部 国家税务总局关于全面推开营业税改征增值税试点的通知》（财税〔2016〕36号）的有关规定，以取得的全部价款和价外费用为销售额，按照简易计税方法依3%的征收率计算缴纳增值税；也可以选择差额纳税，以取得的全部价款和价外费用，扣除代用工单位支付给劳务派遣员工的工资、福利和为其办理社会保险及住房公积金后的余额为销售额，按照简易计税方法依5%的征收率计算缴纳增值税。

选择差额纳税的纳税人，向用工单位收取用于支付给劳务派遣员工工资、福利和为其办理社会保险及住房公积金的费用，不得开具增值税专用发票，可以开具普通发票。

劳务派遣服务，是指劳务派遣公司为了满足用工单位对于各类灵活用工的需求，将员工派遣至用工单位，接受用工单位管理并为其工作的服务。

案例153
人力资源外包服务总额或者差额确认收入辨析

甲公司是增值税一般纳税人，与乙公司签订人力资源外包服务合同，甲公司代乙公司发放乙公司员工的工资以及社保和公积金。2020年10月，甲公司收到乙公司支付的款项110.5万元，甲公司将其中员工的工资以及社保和公积金部分合计100万元支付给员工以及相关部门，剩余款项为甲公司的代理服务费。

解析

1. 甲公司总额或者差额确认收入的分析

应用指南规定："当企业向客户销售商品涉及其他方参与其中时，企业应当确定其自身在该交易中的身份是主要责任人还是代理人。主要责任人应当按照已收或应收对价总额确认收入；代理人应当按照预期有权收取的佣金或手续费的金额确认收入"。

甲公司为客户提供代发工资、社保和公积金服务，收取服务费用，该项业务中，并不涉及"其他方"，因此该业务无须进行主要责任人和代理人身份判断。甲公司代发的工资、社保和公积金，其性质为代收代付的往来款项，甲公司按照收取的服务费确认收入即可。

2. 甲公司账务处理

（1）收取款项时（单位：万元，下同）：

借：银行存款　　　　　　　　　　　　　　　　　　　　　110.5
　　贷：其他应付款——代发工资、社保、公积金　　　　　　100
　　　　主营业务收入——代发工资等收入　　　10［10.5÷(1+5%)］
　　　　应交税费——简易计税　　　　　　0.5［10.5÷(1+5%)×5%］

（2）代发各种款项时：

借：其他应付款——代发工资、社保、公积金　　　　　　　100

贷：银行存款　　　　　　　　　　　　　　　　　　　　　　　　　100

3. 甲公司税务处理

（1）人力资源服务销售额不包括代发部分。

纳税人提供人力资源外包服务，接受客户款项中的代发客户员工工资、社保、公积金等不构成甲公司的增值税销售额，注意，此时并不是差额征税，而是其代发部分本身即不构成销售额。

相关文件规定：

《财政部 国家税务总局关于进一步明确全面推开营改增试点有关劳务派遣服务、收费公路通行费抵扣等政策的通知》（财税〔2016〕47号）：

三、其他政策

（一）纳税人提供人力资源外包服务，按照经纪代理服务缴纳增值税，**其销售额不包括受客户单位委托代为向客户单位员工发放的工资和代理缴纳的社会保险、住房公积金**。向委托方收取并代为发放的工资和代理缴纳的社会保险、住房公积金，不得开具增值税专用发票，可以开具普通发票。

一般纳税人提供人力资源外包服务，可以选择适用简易计税方法，按照5%的征收率计算缴纳增值税。

（2）人力资源服务增值税征税方式。

甲公司为增值税一般纳税人，就该代理服务费计征增值税时，可以选择一般计税方式按照6%税率计征增值税，并可以就取得的进项税额抵扣销项税额；也可以选择适用5%征收率采用简易计税方式，且其进项税不得抵扣。对于甲公司这类企业，进项税很可能较少，因此一般在实务中选择简易计税可能更合适。

甲公司如为增值税小规模纳税人，按照3%征收率计征增值税。

（3）人力资源服务开票与申报。

甲公司应开具项目名称为"经纪代理服务"的发票，实务操作中，有的人力资源服务外包公司按照收到的全款开具发票（代发部分开具增值税普通发票），申报时再做差额扣除。笔者认为，此类业务中提供人力资源外包服务的公司收到客户的款项，其中代发工资、社保、公积金部分，为代收代付部分，没有发生任何增值税行为，不应开具发票，只就其中提供的服务费部分开具发票即可。客户根据相关资料在企业所得税前扣除工资以及社保公积金等支出，比如工资的计算、发放表格，社保公积金相关部门的单据等。

另外，如果甲公司采取全额开具增值税发票同时申报时再做差额扣除的方式，则很可能导致增值税销售额与企业所得税收入额比对不符。甲公司在账务上计入服务费的收入，企业所得税收入也按此金额申报。增值税申报表则要求甲公司填写差额扣除之前的不含税销售额。

在实务中，增值税销售额与企业所得税收入额比对不符是很麻烦的事情，因此笔者建议，甲公司仅就收取客户的服务费开具增值税发票，而代发工资、社保、公积金部分开具收据，增值税申报表只填报服务费的销售额，而不是采取全额开票再做差额扣除的申报方式。

相关文件规定：

《国家税务总局关于调整增值税纳税申报有关事项的公告》（国家税务总局公告2019年第15号）附件2《增值税纳税申报表（一般纳税人适用）》及其附列资料填写说明：

二、《增值税纳税申报表（一般纳税人适用）》填写说明

……

（十九）第5栏"按简易办法计税销售额"：填写纳税人本期按简易计税方法计算增值税的销售额。包含纳税检查调整按简易计税方法计算增值税的销售额。

营业税改征增值税的纳税人，**服务、不动产和无形资产有扣除项目的，本栏应填写扣除之前的不含税销售额**；服务、不动产和无形资产按规定汇总计算缴纳增值税的分支机构，其当期按预征率计算缴纳增值税的销售额也填入本栏。

11
关于特定交易

11.1
附有销售退回条款的销售

> **案例154**
> 新旧收入准则关于附有销售退回条款业务的变化

甲公司是一家健身器材销售公司，增值税一般纳税人，销售健身器材适用增值税税率13%。2020年10月1日，甲公司向乙公司销售5 000件健身器材，单位销售价格为500元，单位成本为400元，开出的增值税专用发票上注明的销售价格为250万元，税率为13%，增值税额为32.5万元。健身器材已经发出，但款项尚未收到。根据协议约定，乙公司应于2020年12月1日之前支付货款，在2021年3月31日之前有权退还健身器材。发出健身器材时，甲公司根据过去的经验，估计该批健身器材的退货率约为20%。在2020年12月31日，甲公司对退货率进行了重新评估，认为只有10%的健身器材会被退回。甲公司健身器材发出时增值税纳税义务已经发生，实际发生退回时按照相关规定向乙公司开具了红字增值税专用发票。假定健身器材发出时控制权转移给乙公司。

以上价格均不包含增值税。

解析

1.附有销售退回条款的合同交易价格是可变的

应用指南规定："企业有权收取的对价金额，将根据一项或多项或有事项的发生有所不同的情况，也属于可变对价的情形，例如，企业售出商品但允许客户退货时，由于企业有权收取的对价金额将取决于客户是否退货，因此该合同的交易价格是可变的"。

甲公司有权收取的对价金额取决于退货期内客户是否退货以及退货的金额，因此该合同的交易价格是可变的。甲公司应根据新收入准则中可变对价的相关规定确定交易价格。

2.附有销售退回条款业务在新收入准则中的变化：预计负债从差额变为全额确认

如果按照旧收入准则对上述业务进行账务处理，则将预计退回商品的不含税销售额500 000元（2 500 000×20%）与预计退回商品的不含税成本额400 000元（400×5 000×20%）的差额记入"预计负债"科目。

而在新收入准则中，将上述预计退回商品的不含税销售额500 000元记入"预计负债"科目，同时将预计退回商品的不含税成本额400 000元记入"应收退货成本"科目，该科目核算销售商品时预期将退回商品的账面价值，扣除收回该商品预计发生的成本（包括退回商品的价值减损）后的余额记入"应收退货成本"科目，体现了将来有权收回的一项资产。即，旧收入准则将负债与资产的差额（500 000-400 000=100 000元）记入"预计负债"科目，而新收入准则将负债与资产分别核算（"预计负债"科目记入500 000元，"应收退货成本"科目记入400 000元）。

同时，如果该业务中的收入小于成本，则按照旧收入准则处理，很可能产生"预计负债"是负数的情况。

新收入准则将预计产生的退货负债，与预计产生的退货资产分别核算，与旧收入准则的差额核算相比，更符合资产负债的定义，更具有合理性。

参考《国际财务报告准则第15号——客户合同产生的收入》结论基础：

> BC367　如果客户行使其退回商品的选择权并获得退款，退货权将赋予主体向客户收回商品的合同权利。IASB和FASB决定，**收回商品的权利应确认为一项资产，而不应与退款负债相抵销**。IASB和FASB认为，将该资产与退款负债分开确认将提供更大的透明度并确保在减值测试时可对该资产进行考虑。

3.甲公司账务处理

（1）2020年10月1日发出健身器材：

　　借：应收账款　　　　　　　　　　　　　2 825 000
　　　　贷：主营业务收入　　　　　　　　　2 000 000（5 000×500×80%）
　　　　　　预计负债——应付退货款　　　　　500 000（5 000×500×20%）
　　　　　　应交税费——应交增值税（销项税额）
　　　　　　　　　　　　　　　　　　　　　　325 000（5 000×500×13%）
　　借：主营业务成本　　　　　　　　　　　1 600 000（5 000×400×80%）
　　　　应收退货成本　　　　　　　　　　　　400 000（5 000×400×20%）
　　　　贷：库存商品　　　　　　　　　　　2 000 000（5 000×400）

（2）2020年12月1日前收到货款：

　　借：银行存款　　　　　　　　　　　　　2 825 000

　　　　贷：应收账款　　　　　　　　　　　　　　　　　　　　　2 825 000

（3）2020年12月31日，甲公司对退货率进行重新评估（估计10%的健身器材会被退回）：

　　借：预计负债——应付退货款

　　　　　　　　　　　　　　　250 000 ［5 000×500×（20%-10%）］

　　　　贷：主营业务收入　　　　　　　　　　　　　　　　　　　　250 000

　　借：主营业务成本　　　200 000 ［5 000×400×（20%-10%）］

　　　　贷：应收退货成本　　　　　　　　　　　　　　　　　　　　200 000

【提示】甲公司之前按照预计退货率20%确认收入和成本，现评估退货率为10%，因此应将之前多计提的"预计负债"以及"应收退货成本"各冲销10%，同时相应调增之前少确认的收入和成本。

应用指南相关规定：

　　企业应当在客户取得相关商品控制权时，按照因向客户转让商品而预期有权收取的对价金额（即，不包含预期因销售退回将退还的金额）确认收入，按照预期因销售退回将退还的金额确认负债；同时，按照预期将退回商品转让时的账面价值，扣除收回该商品预计发生的成本（包括退回商品的价值减损）后的余额，确认一项资产，按照所转让商品转让时的账面价值，扣除上述资产成本的净额结转成本。**每一资产负债表日，企业应当重新估计未来销售退回情况，并对上述资产和负债进行重新计量。如有变化，应当作为会计估计变更进行会计处理。**

2020年汇算清缴应进行纳税调整：

账务处理"主营业务收入"2 250 000元（2 000 000+250 000）；

企业所得税上应确认收入2 500 000元（5 000×500）；

账务处理"主营业务成本"1 800 000元（1 600 000+200 000）；

企业所得税上应确认成本2 000 000元（5 000×400）。

当期税会差异：

账面利润45万元（2 250 000-1 800 000）与企业所得税应纳税所得额50万元（2 500 000-2 000 000）的差额5万元需进行纳税调增。

根据A105000《纳税调整项目明细表》填报说明，第45行"六、其他"：填报其他会计处理与税收规定存在差异需纳税调整的项目金额，**包括企业执行《企业会计准则第14号——收入》（财会〔2017〕22号发布）产生的税会差异纳税调整金额。**

因此，账面利润与企业所得税应纳税所得额之间的差异5万元，应在A105000《纳税调整项目明细表》的第45行进行纳税调增。

填表如下（见表11-1）：

表11-1　A105000　纳税调整项目明细表

单位：万元

行次	项　　目	账载金额	税收金额	调增金额	调减金额
		1	2	3	4
45	六、其他	*	*	5	
46	合计（1+12+31+36+44+45）	*	*	5	

（4）2021年3月31日发生销售退回，实际退货量为400件，退货款项已经支付。

借：预计负债——应付退货款　　　　　　　　　　　250 000
　　贷：主营业务收入　　　　　　　　　50 000〔（500-400）×500〕
　　　　应交税费——应交增值税（销项税额）
　　　　　　　　　　　　　　　　　　-26 000（-400×500×13%）
　　　　银行存款　　　　　　　　226 000〔400×500×（1+13%）〕
借：库存商品　　　　　　　　　　　　160 000（400×400）
　　主营业务成本　　　　　　　　40 000〔（500-400）×400〕
　　贷：应收退货成本　　　　　　　　　　　　　　200 000

【提示】如果以后实际退货量大于预估的500件，则导致企业将减少原已经确认的收入，如减少的金额经评估是重大的，则违反了可变对价"极可能不会发生重大转回"的限制条件，笔者认为，应追溯到估计期进行调整。

如果之后实际退货情况导致企业之前确认的收入发生了重大转回，将该转回计入退货所属报告期内，会导致可变对价中的"极可能不会发生重大转回"限制条件形同虚设，即使发生了重大转回，也只是调整退货当期收入，这明显不符合新收入准则设置"极可能不会发生重大转回"限制条件的初衷。同时，该预计退货风险应由销售当期的收入承担，而不应由未来产生的收入承担，从而不恰当地确认收入。

此为笔者个人观点。

参考《国际财务报告准则第15号——客户合同产生的收入》结论基础：

BC216　限制可变对价估计的要求规定，主体应评估对于已履行（或已部分履行）的履约义务，已确认的累计收入金额是否不会发生重大收入转回。这是因为IASB和FASB无意容许主体通过将已履行（或已部分履行）的履约义务的未来收入转回的风险与未来履约产生的预计收入相互抵销来不恰当地确认收入。

2021年汇算清缴纳税调整：

该业务账面利润合计＝（2 250 000－1 800 000）＋（50 000－40 000）＝460 000（元）。

企业所得税已经确认所得额：（2 500 000－2 000 000）＋（50 000－40 000）＝510 000（元），因此应纳税调减5万元，与上年纳税调增金额相等。

填表如下（见表11-2）：

表11-2　A105000　纳税调整项目明细表

单位：万元

行次	项目	账载金额	税收金额	调增金额	调减金额
		1	2	3	4
45	六、其他	*	*		5
46	合计（1+12+31+36+44+45）	*	*		

4.应用指南相关规定

附有销售退回条款的销售

企业将商品转让给客户之后，可能会因为各种原因允许客户选择退货（例如，客户对所购商品的款式不满意等）。附有销售退回条款的销售，是指客户依照有关合同有权退货的销售方式。合同中有关退货权的条款可能会在合同中明确约定，也有可能是隐含的。隐含的退货权可能来自企业在销售过程中向客户作出的声明或承诺，也有可能是来自法律法规的要求或企业以往的习惯做法等。客户选择退货时，可能有权要求返还其已经支付的全部或部分对价、抵减其对企业已经产生或将会产生的欠款或者要求换取其他商品。

客户取得商品控制权之前退回该商品不属于销售退回。需要说明的是，企业在允许客户退货的期间内随时准备接受退货的承诺，并不构成单项履约义务，但可能会影响收入确认的金额。企业应当遵循可变对价（包括将可变对价计入交易价格的限制要求）的处理原则来确定其预期有权收取的对价金额，即交易价格不应包含预期将会被退回的商品的对价金额。

企业应当在客户取得相关商品控制权时，按照因向客户转让商品而预期有权收取的对价金额（即，不包含预期因销售退回将退还的金额）确认收入，按照预期因销售退回将退还的金额确认负债；同时，按照预期将退回商品转让时的账面价值，扣除收回该商品预计发生的成本（包括退回商品的价值减损）后的余额，确认一项资产，按照所转让商品转让时的账面价值，扣除上述资产成本的净额结转成本。每一资产负债表日，企业应当重新估计未来销售退回情况，并对上述资产和负债进行重新计量。如有变化，应当作为会计估计变更进行会计处理。

案例155
应收退货成本由"其他流动负债"重分类至"其他流动资产"

某股份有限公司首次公开发行股票说明书部分内容如下：

"四、报告期内采用的主要会计政策和会计估计

……

（二十八）重要会计政策和会计估计的变更

……

5.首次执行新收入准则调整首次执行当年年初财务报表相关项目情况

（1）其他流动资产、其他流动负债

于2020年1月1日，公司将应收退货成本5 775 860.11元，由'其他流动负债'重分类至'其他流动资产'"。

解析

1.对招股说明书中所述"将应收退货成本5 775 860.11元，由'其他流动负债'重分类至'其他流动资产'"的理解

举例说明如下（以下价格均不包含增值税）：

企业销售产品100万元，成本80万元，预计退货10%。

按照旧收入准则处理，预计负债2万元（100×10%-80×10%）。

按照新收入准则处理，预计负债10万元，应收退货成本8万元。

该退货成本8万元，在旧收入准则中记入了"预计负债"科目（抵减方），在报表中列示为"其他流动负债"（抵减方），在新收入准则中，则将其记入了"应收退货成本"科目，即上述招股说明书中所述的，在报表中由"其他流动负债"重分类至"其

他流动资产"。

2. 预计负债在报表中列示的项目：

《财政部关于修订印发2019年度一般企业财务报表格式的通知》（财会〔2019〕6号）附件2一般企业财务报表格式（适用于已执行新金融准则、新收入准则和新租赁准则的企业）中"二、关于资产负债表"的有关项目说明指出："26.按照《企业会计准则第14号——收入》（财会〔2017〕22号）的相关规定确认为预计负债的应付退货款，应当根据'预计负债'科目下的'应付退货款'明细科目是否在一年或一个正常营业周期内清偿，在'其他流动负债'或'预计负债'项目中填列"。

3. 应用指南相关规定

三、关于应设置的相关会计科目和主要账务处理

......

（九）"应收退货成本"

1.本科目核算销售商品时预期将退回商品的账面价值，扣除收回该商品预计发生的成本（包括退回商品的价值减损）后的余额。

......

4.本科目期末借方余额，反映企业预期将退回商品转让时的账面价值，扣除收回该商品预计发生的成本（包括退回商品的价值减损）后的余额，在资产负债表中按其流动性计入"其他流动资产"或"其他非流动资产"项目。

4. 上市公司相关公告

某股份有限公司年报部分内容如下：

"本集团以零售的方式直接销售给顾客，并于顾客购买该产品时确认收入。顾客在购买产品后7天内有权退货，本集团根据销售产品的历史经验和数据，按照期望值法确定预计销售退回的金额，并抵减销售收入。本集团将预期因销售退回而将退还的金额确认为应付退货款，列示为其他流动负债；同时，按照预期将退回产品于销售时的账面价值，扣除收回该产品预计发生的成本后的余额，确认为应收退货成本，列示为其他流动资产"。

11.2 附有客户额外购买选择权的销售

案例156 考虑兑换率情况下积分如何确认收入

甲公司是增值税一般纳税人,销售商品的增值税税率为13%。2020年1月1日,甲公司推行一项奖励积分计划,客户在甲公司每消费10元可获得1个积分,每个积分从次月开始在购物时可以抵减1元。截至2020年1月31日,客户共消费113 000元,获得11 300个积分,根据历史经验,甲公司估计该积分的兑换率为95%,即预计有10 735(11 300×95%)个积分将会被兑换,剩余5%部分预计会被放弃。

解析

1.积分的选择权向客户提供了重大权利的,应作为单项履约义务处理

某些情况下,企业在销售商品的同时,会向客户授予选择权,允许客户可以据此免费或者以折扣价格购买额外的商品,如企业评估该选择权向客户提供了重大权利,应当作为单项履约义务处理。

本例中,甲公司在销售商品的同时,向客户授予按照销售额一定比例计算的积分,客户可凭借该积分抵减一定的消费金额或者换取一定的商品或者服务,客户可以选择使用或者不使用该积分,对于客户来讲这是一项选择权。如果甲公司评估该选择权向客户提供了一项重大权利,则该选择权应作为单项履约义务,并按照单独售价的比例分摊交易价格。

2.关于积分选择权构成重大权利的两个条件

对于附有客户额外购买选择权的销售,企业应当评估该选择权是否向客户提供了一项重大权利。如果客户只有在订立了一项合同的前提下才取得了额外购买选择权,并且客户行使该选择权购买额外商品时,能够享受到超过该地区或该市场中其他同类客户所能够享有的折扣,则通常认为该选择权向客户提供了一项重大权利。

本例中,甲公司在销售商品的同时向客户授予积分,因此客户是在订立了一项合同的前提下才取得了积分即额外购买选择权，并且客户行使该选择权购买额外商品时，能够享受到超过该地区或该市场中其他同类客户所能够享有的折扣，甲公司评估该选择权向客户提供了一项重大权利并将其作为单项履约义务进行处理。

3.在积分和销售商品之间按照单独售价分摊交易价格

企业判断授予客户的积分为客户提供了一项重大权利的，客户在该合同下支付的价款实际上购买了两项单独的商品：一是客户在该合同下原本购买的商品；二是客户可以免费或者以折扣价格购买额外商品的权利。企业应当将交易价格在这两项商品之间进行分摊，其中，分摊至后者的交易价格与未来的商品相关，因此，企业应当在客户未来行使该选择权取得相关商品的控制权时，或者在该选择权失效时确认为收入。

客户购买商品的单独售价为100 000元。

积分的单独售价为9 500元［1×11 300÷(1+13%)×95%］。

商品分摊的交易价格=100 000×100 000÷(100 000+9 500)=91 324（元）；

积分分摊的交易价格=100 000-91 324=8 676（元）。

4.甲公司账务处理

（1）销售商品时：

借：银行存款　　　　　　　　　　　　　　　　　　113 000
　　贷：主营业务收入　　　　　　　　　　　　　　91 324
　　　　合同负债——积分　　　　　　　　　　　　8 676
　　　　应交税费——应交增值税（销项税额）　　　13 000

（2）兑换了4 500个积分。

截至2020年12月31日，客户共兑换了4 500个积分，甲公司对该积分的兑换率进行了重新估计，仍然预计客户将会兑换的积分总数为10 735个。因此，甲公司以客户兑换的积分数占预期将兑换的积分总数的比例（4 500÷10 735=41.92%）为基础确认收入。

积分当年应当确认的收入=4 500÷10 735×8 676=3 637（元）。

剩余未兑换的积分为5 039元（8 676-3 637），仍然作为合同负债。

另一种计算思路为：

预计兑换的积分总数为10 735个积分（11 300×95%），该积分在账务上计入"合同负债"的金额为8 676元，其比例为：8 676÷10 735=80.82%，即客户每兑换1个积分，甲公司应将"合同负债"转入收入的金额为0.808 2元。

当实际兑换积分为4 500个时，应确认的收入为：4 500×80.82%=3 637（元）。

剩余未兑换的积分为5 039元（8 676-3 637），仍然作为合同负债。

会计分录如下：

借：合同负债——积分　　　　　　　　　　　　　　3 637
　　贷：主营业务收入　　　　　　　　　　　　　　　　　3 637

【提示】此时，关于用积分换取的商品或者服务是否需要缴纳增值税，现有口径存在争议，笔者倾向于不征增值税。如果征收增值税，则还要计算应缴纳的增值税额，并将其冲减主营业务收入。

（3）累计兑换了8 500个积分时。

截至2021年12月31日，客户累计兑换了8 500个积分。甲公司对该积分的兑换率进行了重新估计，预计客户的积分兑换率为97%，将会兑换的积分总数为10 961（11 300×97%）个，积分当年应当确认的收入=8 500÷10 961×8 676-3 637=3 091（元），剩余未兑换的积分为1 948元（8 676-3 637-3 091），仍然作为合同负债。

会计分录如下：

借：合同负债——积分　　　　　　　　　　　　　　3 091
　　贷：主营业务收入　　　　　　　　　　　　　　　　　3 091

【提示】预计放弃积分率有变化时，无须调整之前确认的合同负债。

积分作为单项履约义务，分摊的交易价格8 676元计入合同负债，该金额是在预计有5%积分被放弃的前提下计算的（1×11 300÷1.13×95%）。当第二年重新估计有3%的积分被放弃时，无须再调整之前已确认的合同负债金额。如果调整初始确认的合同负债金额，则还要同时调整初始确认的销售商品的收入，如此处理基本不可行。

（4）积分计划到期时，总共有98%的积分被兑换。

积分计划到期，无论积分的兑换率最终是多少，积分累计应确认收入的金额均为8 676元，当年应确认的收入为1 948元（8 676-3 637-3 091）。

会计分录如下：

借：合同负债——积分　　　　　　　　　　　　　　1 948
　　贷：主营业务收入　　　　　　　　　　　　　　　　　1 948

5.甲公司税务处理

2020年1月，甲公司销售商品价款10万元，账面计入收入金额91 324元，剩余金额8 676元计入合同负债。客户在2020年使用积分兑换商品时，合同负债中的3 637元确认了收入，剩余5 039元尚未确认收入，该金额在2020年汇算清缴时是否需要进行企业所得税纳税调整？

（1）观点一。

积分的实质为，客户支付了一定的金额，购买了包括现在交付的商品和将来交付的用积分兑换的商品，现在交付的商品对应的价值应在交付年度确认企业所得税收入，将来交付的商品对应的价值在本纳税年度应作为预收的款项（新收入准则记入"合同负债"科目）处理，将来交付商品年度再确认企业所得税收入。

因此，该金额在2020年汇算清缴时无须进行企业所得税纳税调整。

相关文件规定：

《国家税务总局关于确认企业所得税收入若干问题的通知》（国税函〔2008〕875号）：

一、除企业所得税法及实施条例另有规定外，企业销售收入的确认，必须遵循权责发生制原则和实质重于形式原则。

……

（二）符合上款收入确认条件，采取下列商品销售方式的，应按以下规定确认收入实现时间：

……

2.销售商品采取预收款方式的，在发出商品时确认收入。

……

三、企业以买一赠一等方式组合销售本企业商品的，不属于捐赠，应将总的销售金额按各项商品的公允价值的比例来分摊确认各项的销售收入。

（2）观点二。

企业销售商品同时赠送积分，企业所得税相关政策只认可扣除积分前的销售商品的收入，对于企业因职业判断估计的积分而少计收入的金额不予认可。

理论上观点一成立，但税务实践中被认可的难度较大，税务政策对于纳税人判断或者估计的金额认可度一般较低。

（3）分析上市公司相关公告。

①某上市公司招股说明书对于积分的说明：

"企业所得税纳税申报收入与财务报告收入无差异；ERP系统收入与财务报告收入的差异系发行人租赁收入247.69万元未通过ERP系统核算；增值税纳税申报收入与财务报告收入差异164.04万元，差异系积分递延收益的调整预先纳税申报144.41万元及发行人出租房屋预收房屋租金19.63万元预先申报纳税所致"。

【提示】上述公告中，积分递延收益（新收入准则计入合同负债）的调整预先纳税申报，导致了增值税纳税申报收入与财务报告收入差异144.41万元，说明增值税按照全额计入了销售额，而财务报告收入与企业所得税收入（企业所得税纳税申报收入与财务报告收入无差异）按照扣除积分后的价值计算。也就是说，该企业没有对积分对应的尚未交付的商品的价值进行纳税调整。

②某上市公司年报部分内容如下：

"积分递延收益纳税差异形成可抵扣暂时性差异2 830 471.43元，递延所得税资产707 617.86元"。

【提示】在将积分计入递延收益（新收入准则计入合同负债）的年度，进行企业所得税纳税调增，以后在客户兑换积分计入收入年度进行企业所得税纳税调减，因此形成了可抵扣暂时性差异和递延所得税资产，也就是说，该公司将因积分少计入的收入在形成积分年度进行了纳税调增。

6. 上市公司关于积分的公告

（1）某股份有限公司：

"本集团主要执行两个常旅客里程奖励计划，分别为明珠俱乐部及白鹭卡常旅客计划。会员可利用累积里程兑换飞行奖励或其他奖励。

根据常旅客里程奖励计划，对于以飞行方式获得的奖励里程，本集团将票款收入按照常旅客奖励里程和运输服务的单独售价的相对比例分摊，并将分摊至奖励里程的部分，首先确认为合同负债。

在常旅客里程奖励计划下，从第三方取得的除飞行以外方式获得的奖励里程，同样首先确认为合同负债。

本集团采用基于历史数据的参数和假设对飞行授予的奖励里程单独售价进行估计，其中包括奖励里程预计兑换比例（'预计兑换率'）。

与奖励里程相关的合同负债待会员兑换奖励里程并取得相关利益时确认为收入。"

（2）某股份有限公司：

"本集团零售门店对消费者实行会员积分卡回馈政策。对于消费积分达到一定分值的客户积分可以在购物时折算为现金使用。本集团将销售对价按照单独售价在已售出商品和授予的积分之间进行分配，分配于奖励积分的销售对价作为合同负债，并在奖励积分被兑换时确认为收入。"

（3）某股份有限公司首次公开发行股票并上市招股意向书（2020年11月3日）部分内容如下：

"公司授予顾客的积分奖励属于附有客户额外购买选择权的销售，作为单项履约义务，在合同开始时，本公司将销售对价按照单独售价在已售出商品和授予的积分之间进行分配，分配于奖励积分的销售对价作为合同负债，并在奖励积分被兑换时确认为收入。"

7.应用指南相关规定

某些情况下，企业在销售商品的同时，会向客户授予选择权，允许客户可以据此免费或者以折扣价格购买额外的商品。企业向客户授予的额外购买选择权的形式包括销售激励、客户奖励积分、未来购买商品的折扣券以及合同续约选择权等。

对于附有客户额外购买选择权的销售，企业应当评估该选择权是否向客户提供了一项重大权利。如果客户只有在订立了一项合同的前提下才取得了额外购买选择权，并且客户行使该选择权购买额外商品时，能够享受到超过该地区或该市场中其他同类客户所能够享有的折扣，则通常认为该选择权向客户提供了一项重大权利。该选择权向客户提供了重大权利的，应当作为单项履约义务。

在这种情况下，客户在该合同下支付的价款实际上购买了两项单独的商品：

一是客户在该合同下原本购买的商品；

二是客户可以免费或者以折扣价格购买额外商品的权利。

企业应当将交易价格在这两项商品之间进行分摊，其中，分摊至后者的交易价格与未来的商品相关，因此，企业应当在客户未来行使该选择权取得相关商品的控制权时，或者在该选择权失效时确认为收入。在考虑授予客户的该项权利是否重大时，应根据其金额和性质综合判断。例如，企业实施一项奖励积分计划，客户每消费10元便可获得1个积分，每个积分的单独售价为0.1元，该积分可累积使用，用于换取企业销售的产品，虽然客户每笔消费所获取的积分的价值相对于消费金额而言并不重大，但是由于该积分可以累积使用，基于企业的历史数据，客户通常能够累积足够的积分来免费换取产品，这可能表明该积分向客户提供了重大权利。

当企业向客户提供了额外购买选择权，但客户在行使该选择权购买商品的价格反映了该商品的单独售价时，即使客户只能通过与企业订立特定合同才能获得该选择权，该选择权也不应被视为企业向该客户提供了一项重大权利。例如，电信公司与客户签订合同，以套餐的方式向客户销售一部手机和两年的通信服务，包括每月200分钟的语音服务和4G的数据流量,并按月收取固定费用;同时,客户可以根据需要,在任何月份按照约定的价格购买额外的语音服务和数据流量。如果该约定的价格与其他客户单独购买语音服务和数据流量时的价格相同,则表明电信公司向客户提供的该额外购买选择权并不构成一项重大权利,企业无需分摊交易价格,只有在客户行使选择权购买额外的商品时才需要进行相应的会计处理。

企业提供的额外购买选择权构成单项履约义务的,企业应当按照交易价格分摊的相关原则,将交易价格分摊至该履约义务。客户额外购买选择权的单独售价无法直接观察的,企业应当综合考虑客户行使和不行使该选择权所能获得的折扣的差异以及客户行使该选择权的可能性等全部相关信息后,予以合理估计。

案例157

证监会监管规则适用指引案例
——积分的合同负债与金融负债

中国证监会2020年11月13日发布的《监管规则适用指引——会计类第1号》部分内容如下:

"1-17 区分合同负债和金融负债

根据收入准则和金融工具准则的相关规定,企业已收或应收客户对价而承担的应向客户转让商品的义务构成合同负债;企业承担的不可避免的向其他方交付现金或其他金融资产的合同义务构成金融负债。

监管实践发现,部分公司向客户授予奖励积分,分摊至奖励积分的合同价款应确认为合同负债还是金融负债的理解存在分歧。现就该事项如何适用上述原则的意见如下:

企业向购买其商品的客户授予奖励积分,客户可以选择使用该积分兑换该企业或其他方销售的商品。客户选择兑换其他方销售的商品时,企业承担向其他方支付相关商品价款的义务。企业授予客户的奖励积分向其提供了一项额外购买选择权,且构成重大权利时,应当作为一项单独的履约义务。企业需要将销售商品收取的价款在销售商品和奖励积分之间按照单独售价的相对比例进行分摊。客户选择使用奖励积分兑换其他方销售的商品时,企业虽然承担了向其他方交付现金的义务,但由于该义务产生于客户购买商品并取得奖励积分的行为,适用收入准则进行会计处理。企业收到的合同价款中,分摊至奖励积分的部分(无论客户未来选择兑换该企业或其他方的商品),应当先确认为合同负债;等到客户选择兑换其他方销售的商品时,企业的积分兑换义务解除，此时公司应将有义务支付给其他方的款项从合同负债重分类为金融负债。"

> **解析**

1. 客户用积分兑换本企业商品属于合同负债，兑换其他方商品属于金融负债

企业向购买其商品的客户授予奖励积分，客户可以用积分兑换企业的商品，则企业具有将来向客户交付商品的义务，该义务符合合同负债的定义。如果客户用积分兑换其他方的商品，则企业不具有向客户交付商品的义务，而是具有向其他方支付商品款项的义务，此时该义务不再符合合同负债的定义，而应计入金融负债。

在实务中，企业在授予客户积分时，无法准确划分客户未来在本企业还是在其他方用积分兑换商品，本次证监会发布的指引中给予的解决方案是，无论客户未来选择兑换该企业还是其他方的商品，企业均应先将收到的合同价款中分摊至奖励积分的部分确认为合同负债，待到客户选择兑换其他方销售的商品时，企业的积分兑换义务解除，此时公司应将有义务支付给其他方的款项从合同负债重分类为金融负债。

2. 授予积分企业的账务处理

（1）销售商品赠送积分时：

借：应收账款或银行存款等

　　贷：主营业务收入

　　　　合同负债——积分

　　　　应交税费——应交增值税（销项税额）

（2）客户用积分兑换本企业商品时：

借：合同负债——积分

　　贷：主营业务收入

（3）客户用积分兑换其他方的商品时：

借：合同负债——积分

　　贷：其他应付款——其他方

（4）偿付其他方积分兑换商品款项：

借：其他应付款——其他方

　　贷：银行存款（或其他应收款等）

3. 其他方的账务处理

（1）客户用积分兑换其他方商品时：

借：其他应收款——授予积分企业

　　贷：主营业务收入

应交税费——应交增值税（销项税额）
（2）收取授予积分企业兑换商品款项：
　　借：银行存款（或其他应付款等）
　　　　贷：其他应收款——授予积分企业

案例158
折扣券的重大选择权

甲公司以100元的价格向客户销售A商品，购买该商品的客户可得到一张40%的折扣券，客户可以在未来的30天内使用该折扣券购买甲公司原价不超过100元的任一商品。同时，甲公司计划推出季节性促销活动，在未来30天内针对所有产品均提供10%的折扣。上述两项优惠不能叠加使用。根据历史经验，甲公司预计有80%的客户会使用该折扣券，额外购买的商品的金额平均为50元。上述金额均不包含增值税。

解析

1. 该折扣券构成了单项履约义务

应用指南规定："对于附有客户额外购买选择权的销售，企业应当评估该选择权是否向客户提供了一项重大权利。如果客户只有在订立了一项合同的前提下才取得了额外购买选择权，并且客户行使该选择权购买额外商品时，能够享受到超过该地区或该市场中其他同类客户所能够享有的折扣，则通常认为该选择权向客户提供了一项重大权利。该选择权向客户提供了重大权利的，应当作为单项履约义务"。

本例中，客户在购买商品的前提下才取得了折扣券，即额外购买选择权，将来可选择用该折扣券购买额外的商品。而且，客户在行使该折扣券的额外购买选择权时，其折扣力度为40%，远超过甲公司推出的所有顾客均可享受的促销活动中的10%折扣，甲公司认为该选择权向客户提供了一项重大权利，应当作为单项履约义务。

2. 计算折扣券单独售价应考虑的两个因素

考虑到客户使用该折扣券的可能性以及额外购买的金额，甲公司估计该折扣券的单独售价为12元［50×80%×（40%–10%）］。甲公司按照A商品和折扣券单独售价的相对比例对交易价格进行分摊：

A商品分摊的交易价格为89元［100÷（100+12）×100］，折扣券选择权分摊的交易价格为11元［12÷（100+12）×100］。

【提示】在计算该折扣券的单独售价时,应着重考虑客户无须行使选择权即可获得的折扣和行使选择的可能性两项因素。

应用指南规定:"企业提供的额外购买选择权构成单项履约义务的,企业应当按照交易价格分摊的相关原则,将交易价格分摊至该履约义务。客户额外购买选择权的单独售价无法直接观察的,企业应当综合考虑客户行使和不行使该选择权所能获得的折扣的差异以及客户行使该选择权的可能性等全部相关信息后,予以合理估计"。

参考《国际财务报告准则第15号——客户合同产生的收入》附录二应用指南:"42 第74段要求主体基于单独售价的相对比例将交易价格分摊至履约义务。如果客户取得额外商品或服务的选择权的单独售价无法直接观察到,则主体应对其作出估计。该估计应当反映客户在行使该选择权时可获得的折扣,并就下列两项进行调整:

(1)客户无需行使选择权即可获得的折扣;以及

(2)行使选择权的可能性"。

本例中,客户无须行使选择权即可获得的折扣为10%(即甲公司季节性促销活动,在未来30天内针对所有产品均提供10%的折扣),在估计该折扣券单独售价时将其扣除;根据历史经验,甲公司预计有80%的客户会使用该折扣券,在估计该折扣券单独售价时也应考虑该因素。

3. 甲公司账务处理

(1)销售A商品并发放折扣券:

借:银行存款　　　　　　　　　　　　　　　　113
　　贷:主营业务收入　　　　　　　　　　　　　89
　　　　合同负债——×××折扣券　　　　　　　11
　　　　应交税费——应交增值税(销项税额)　　13

(2)将来顾客购买113元的产品,使用了该折扣券,折扣为40%:

借:银行存款　　　　　　　　　　　67.8(113×60%)
　　合同负债——×××折扣券　　　　11
　　贷:主营业务收入　　　　　71〔113×60%÷(1+13%)+11〕
　　　　应交税费——应交增值税(销项税额)
　　　　　　　　　　　　　　7.8〔113×60%÷(1+13%)×13%〕

> 【提示】关于增值税的说明：
>
> 将来销售折扣为40%，增值税销售额可以按照折扣后的金额计算，此处需注意将折扣开在一张发票的金额栏上的要求，或者当地的税务要求（比如超市以开具折扣的小票作为折扣的证据等）。
>
> 统算：
>
> 应确认收入总额：113÷（1+13%）+113÷（1+13%）×60%=160（元）；
>
> 账面总共确认收入：89+71=160（元），核对相符。
>
> 总共应实现销项税额：160×13%=20.8（元）；
>
> 账面总共确认销项税额：13+7.8=20.8（元），核对相符。

（3）如果到期放弃额外购买选择权：

借：合同负债——×××折扣券

　　贷：主营业务收入

> 【提示】客户在行使额外购买选择权时，在该合同下支付的价款实际上购买了两项单独的商品：一是客户在该合同下原本购买的商品；二是客户可以免费或者以折扣价格购买的额外商品。如果该选择权到期失效，则相当于客户支付的合同价款购买了在该合同下原本购买的商品，应将初始计入合同负债的金额转入该合同下原本购买的商品的收入。

案例159

餐饮企业赠券和积分的账务集中处理

某股份有限公司招股说明书部分内容如下：

本公司根据不同时期市场营销的策略而向顾客提供折扣，折扣的方式包括：直接折扣、赠券和积分。

（1）直接折扣。

顾客消费结束时，提出折扣需求，由营业部经理、门店总经理根据权限签批打折，交顾客确认，按顾客确认折扣后的消费金额确认收入。

（2）赠券和积分。

各门店预订台人员根据门店需求至公司财务部领取赠券并登记台账，顾客消费结账时收银员按照《赠券发放政策》及消费金额计算应赠券金额，开具《赠券兑换单》，顾客凭《赠券兑换单》至预定台兑换赠券（赠券有效期为一个月），预订台人员在当班结束后登记《赠券发放明细表》，次日上午发给驻店会计审核。

个别门店收银员根据门店需求至公司财务部领取积分卡并登记台账，根据顾客需求办理积分卡。顾客买单时，系统自动将消费金额按事先设定好的积分兑换规则计算出积分金额并计入积分卡内。次日上午驻店会计进行积分复核。

公司在发放赠券或赠送积分时，根据赠券、赠送积分金额，确认递延收益，借记"营业收入"科目，贷记"递延收益"科目；顾客使用赠券、积分结算时，根据赠券、积分金额，借记"递延收益"科目，贷记"营业收入"科目。每月末，根据已发放但尚未消费的赠券、积分以及年平均收回率、兑换率转回递延收益，借记"递延收益"科目，贷记"营业收入"科目。

解析

1. 赠券和积分构成了重大选择权

公司在销售时，顾客可以按照赠券发放政策领取赠券，或者按照积分兑换规则获得积分并计入积分卡内。对于此种"附有客户额外购买选择权的销售"，公司评估该选择权向客户提供了一项重大权利（评估方式参照本书前述案例），该选择权应作为单项履约义务，将交易价格在这两项商品之间进行分摊（原本购买的商品与额外购买商品的权利），其中，分摊至后者的交易价格与未来的商品相关，因此，企业应当在客户未来行使该选择权取得相关商品的控制权时，或者在该选择权失效时将其确认为收入。

2. 账务处理

（1）门店发生餐饮服务时：

借：银行存款、库存现金等
　　贷：主营业务收入
　　　　应交税费——应交增值税（销项税额）

（2）月底根据《赠券发放明细表》或者积分系统，考虑相关兑换率等因素，计算赠券和积分的单独售价，并分摊交易价格和冲减相关收入。

贷：主营业务收入（负数）
贷：合同负债——积分、赠券等

> **【提示】** 1.本例中，公司将赠券或者积分分摊的交易价格记入"递延收益"科目，这不符合新收入准则的规定，应记入"合同负债"科目。
>
> 2.在每次发放赠券或赠送积分时均通过"合同负债"科目核算，不但烦琐且无必要，可考虑在月末统一进行账务处理，每月末，根据已发放但尚未消费的赠券、积分以及年平均收回率、兑换率等将积分、赠券分摊的交易价格记入"合同负债"科目，同时相应冲减收入。

案例160
续约选择权构成重大权利的简化处理

2020年1月1日，甲公司与100位客户签订为期一年的服务合同，每份合同的价格均为10 000元，并在当日全额支付了款项。该项服务是甲公司推出的一项新业务。为推广该业务，该合同约定，客户有权在2020年年末选择以同样的价格续约一年并立即支付10 000元；选择在2020年年末续约的客户还有权在2021年年末选择以同样的价格再续约一年并立即支付10 000元。甲公司在2021年和2022年将对该项服务的价格分别提高至每年30 000元和50 000元。

2020年年末及其后，没有续约但之后又向甲公司购买该项服务的客户以及新客户都将适用当年涨价后的价格。假定甲公司提供该服务属于在一段时间内履行的履约义务，并按照成本法确定履约进度。上述金额均不包含增值税。合同开始日即2020年1月1日，甲公司估计有90%的客户（即90位客户）会在2020年年末选择续约，其中又有90%的客户（即81位客户）会在2021年年末再次选择续约。2020年至2022年的合同预计成本分别为6 000元、7 500元和10 000元。

解析

1.续约选择权向客户提供了重大权利

应用指南规定："对于附有客户额外购买选择权的销售，企业应当评估该选择权是否向客户提供了一项重大权利。如果客户只有在订立了一项合同的前提下才取得了额外购买选择权，并且客户行使该选择权购买额外商品时，能够享受到超过该地区或该市场中其他同类客户所能够享有的折扣，则通常认为该选择权向客户提供了一项重大权利。该选择权向客户提供了重大权利的,应当作为单项履约义务"。

本例中,只有签订了该合同的客户才有权选择续约,且客户行使该续约权利时所能够享受的价格远低于该项服务当时的市场价格,因此,甲公司认为该续约选择权向客户提供了重大权利。

参考《国际财务报告准则第15号——客户合同产生的收入》结论基础:

> BC391 续约选择权赋予客户取得额外的与现有合同所提供商品或服务同类的商品或服务的权利。此类选择权被描述为一项在一份相对较短期的合同中的续约选择权(例如,含有在第一年及第二年年末再续约一年的选择权的一年期合同)或一项在一份较长期合同中的取消选择权(例如允许客户在每一年年末终止合同的三年期合同)。续约选择权可被视为类似于提供额外商品或服务的其他选择权。换言之,如果续约选择权向客户提供了在不订立合同的情况下无法获得的重大权利,则续约选择权可能是合同中的一项履约义务。

2. 续约选择权的简化处理

根据上述分析,甲公司赋予客户的续约选择权构成了一项重大权利,应当作为单项履约义务并分摊交易价格。但出于实务中简易操作目的,在符合条件的情况下,甲公司可以选择简化处理方式。

应用指南规定:"当客户享有的额外购买选择权是一项重大权利时,如果**客户行使该权利购买的额外商品与原合同下购买的商品类似,且企业将按照原合同条款提供该额外商品的**,则企业可以无需估计该选择权的单独售价,而是直接把其预计将提供的额外商品的数量以及预计将收取的相应对价金额纳入原合同,并进行相应的会计处理"。

本例中,客户行使续约选择权购买的额外服务与原合同下购买的服务完全相同,甲公司也将按照原合同条款提供该额外服务,该续约选择权符合简化处理的条件,即甲公司无须估计该续约选择权的单独售价,而是直接将预计提供的额外服务以及预计将收取的相应对价金额纳入原合同,并进行相应的会计处理。

客户行使续约选择权将获得与原合同类似且按照原合同条款提供的服务,实际上,可以将其视为甲公司在原有合同的基础上继续提供服务,因此,将其视为初始合同的一部分更加符合业务的实质。

参考《国际财务报告准则第15号——客户合同产生的收入》结论基础:

> BC392 但是,在续约选择权向客户提供重大权利的情况下通常存在一系列的选择权。换言之,为行使合同中的任一选择权,客户必须已经行使了合同中所有之前的选择权。IASB和FASB决定,确定一系列选择权的单独售价会较为复杂,

因为这样做需要主体识别各类输入值，如各续约期内商品或服务的单独售价以及客户在后续期间续约的可能性。换言之，主体将必须考虑合同的全部潜在条款，以确定应当递延至以后期间的初始期间交易价格金额。

BC393 鉴于此，IASB和FASB决定向主体提供一种估计选择权单独售价的实用的替代方法。该实用的替代方法要求主体在交易价格的初始计量中包含其预计提供的可选商品或服务（及相应预计的客户的对价）。IASB和FASB认为，主体将含续约选择权的合同视为包含预期条款的一份合同（即包括预期续约期）而非包含一系列选择权的一份合同将更为简单。

3. 在向客户提供了一项重大权利时，续约选择权与其他额外购买选择权的共性与区别

（1）续约选择权与其他额外购买选择权的共性。

只有签订了该合同的客户才有权选择，且客户行使该权利时所能够享受的价格远低于该项服务当时的市场价格。

（2）续约选择权与其他额外购买选择权的区别。

续约选择权在上述共性下，还同时具有以下特征：

① 客户行使该权利购买的额外商品与原合同下购买的商品类似；且

② 企业将按照原合同条款提供该额外商品。

参考《国际财务报告准则第15号——客户合同产生的收入》结论基础：

BC394 IASB和FASB制定了区分续约选择权与取得额外商品或服务的其他选择权的两项标准。

第一项标准规定，与续约选择权相关的额外商品或服务必须与初始合同提供的商品或服务类似——也就是说，主体继续提供其已提供的商品或服务。因此，将与此类选择权相关的商品或服务视为初始合同的一部分就更加直观。相反，客户忠诚度积分及许多折扣优惠券应被视为合同中单独交付的内容，因为相关商品或服务可能具有不同的性质。

BC395 第二项标准规定，后续合同中的额外商品或服务必须按照原合同条款提供。因此，主体的行为将受到限制，因为其无法变更这些条款和条件，尤其是主体不能超出原合同列明的参数变更额外商品或服务的价格。这与客户忠诚度积分和折扣券等例子也有所不同。例如，如果航空公司允许客户使用常旅客计划的飞行里程奖励积分兑换航班，航空公司并未受到限制，因为其之后可以确定兑换任何特定航班需要的积分数量。类似地，在主体提供折扣券时，主体通常不会就折扣券兑换的后续提供的商品或服务的价格对其自身作出限制。

4. 甲公司账务处理

在合同开始日，甲公司根据其对客户续约选择权的估计，估计每份合同的交易价格为27 100元（10 000+10 000×90%+10 000×81%），预计每份合同各年应分摊的交易价格如表11-3所示（表中均为不含税金额）。

表11-3

单位：元

年度	预计成本	考虑续约可能性调整后的成本	分摊的交易价格
2020	6 000	6 000（6 000×100%）	7 799 [（6 000÷20 850）×27 100]
2021	7 500	6 750（7 500×90%）	8 773 [（6 750÷20 850）×27 100]
2022	10 000	8 100（10 000×81%）	10 528 [（8 100÷20 850）×27 100]
合计	23 500	20 850	27 100

假定客户实际选择续约的情况与甲公司的估计一致。甲公司在各年收款、确认收入以及年末合同负债的情况如表11-4所示（表中均为不含税金额）。

表11-4

单位：元

年度	收款	确认收入	合同负债
2020	1 900 000	779 900	1 120 100
2021	810 000	877 300	1 052 800
2022	——	1 052 800	——
合计	2 710 000	2 710 000	

（1）2020年账务处理。

假设甲公司提供服务增值税税率6%。

①2020年初，100位客户与甲公司签订合同，并向其支付款项含税价1 060 000元 [100×10 000×（1+6%）]；2020年末，其中90位客户与甲公司续约，并向其支付款项含税价954 000元 [90×10 000×（1+6%）]，甲公司合计收取含税价2 014 000元，不含税价1 900 000元 [2 014 000÷（1+6%）]。

会计分录如下：

借：应收账款　　　　　　　　　　　　　　　　　　　　　　2 014 000
　　贷：主营业务收入　　　　　　　　　　　　　　　　　　　　　779 900

合同负债	1 120 100（1 900 000-779 900）
应交税费——应交增值税（销项税额）	60 000（1 000 000×6%）
——待转销项税额	54 000（900 000×6%）

> 【提示】1.关于记入"应交税费——待转销项税额"科目的说明：
>
> 2020年末，甲公司向90位客户收取的款项954 000元，尚未提供服务，未达到增值税纳税义务发生时间，不应确认增值税纳税义务，将其中的税额54 000元记入"应交税费——待转销项税额"科目。
>
> 2.关于企业所得税纳税调整的说明（本段价格均不包含增值税）：
>
> 2020年，甲公司向客户提供了服务，在账务上计入了779 900元的收入，但企业所得税认可的收入金额为1 000 000元，因此应在2020年将其差额220 100元做企业所得税纳税调增处理。

②收取款项时：

借：银行存款　　　　　　　　　　　　　　　　　　　2 014 000

　　贷：应收账款　　　　　　　　　　　　　　　　　　2 014 000

③归集成本时：

借：合同履约成本　　　　　　　　　　　　　600 000（100×6 000）

　　贷：应付职工薪酬、银行存款等　　　　　　　　　　600 000

> 【提示】2020年，甲公司向100位客户提供了服务，年末虽然收取了90位客户的合同款项，但尚未向其提供服务，未发生相关成本，因此只归集2020年100位客户合同发生的相关成本。

④结转成本时：

借：主营业务成本　　　　　　　　　　　　　　　　　　600 000

　　贷：合同履约成本　　　　　　　　　　　　　　　　600 000

（2）2021年账务处理。

①2021年末，有81位客户选择以同样的价格再续约一年并立即支付858 600元[10 000×81×(1+6%)]。

借：应收账款　　　　　　　　　　　　　　　　　　　　858 600

　　合同负债　　　　　　　　　　　　　　　　　　　　67 300

贷：主营业务收入		877 300
应交税费——待转销项税额	48 600	（10 000×81×6%）

> 【提示】1.关于此处合同负债金额的说明（本段价格均不包含增值税）：
>
> 2020年末"合同负债"科目贷方余额1 120 100元，2021年末甲公司收取款项810 000元，但确认了收入877 300元，多确认的67 300元即为"合同负债"科目的借方发生额，2021年末"合同负债"科目贷方余额1 052 800元（1 120 100−67 300）。
>
> 2.关于企业所得税纳税调整的说明（本段价格均不包含增值税）：
>
> 2021年，甲公司向客户提供了服务，在账务上计入了877 300元的收入，但企业所得税认可的收入金额为900 000元，因此应在2021年将其差额22 700元做企业所得税纳税调增处理。
>
> 3.关于记入"应交税费——待转销项税额"科目的说明：
>
> 2021年末，甲公司向81位客户收取的款项858 600元，尚未提供服务，未达到增值税纳税义务发生时间，不应确认增值税纳税义务，将其中的税额48 600元记入"应交税费——待转销项税额"科目。

②结转2020年"应交税费——待转销项税额"科目：

借：应交税费——待转销项税额		54 000
贷：应交税费——应交增值税（销项税额）		54 000

> 【提示】2020年末向90位客户收取的合同款项954 000元，在2021年向其提供了服务，发生了增值税应税行为，因此在2021年应将原计入待转销项税额的54 000元转入"应交税费——应交增值税（销项税额）"科目，并进行增值税纳税申报。

③收取款项时：

借：银行存款		858 600
贷：应收账款		858 600

④归集成本时：

借：合同履约成本	675 000	（90×7 500）
贷：应付职工薪酬、银行存款等		675 000

⑤结转成本时：

借：主营业务成本　　　　　　　　　　　　　　　　　　675 000
　　贷：合同履约成本　　　　　　　　　　　　　　　　　　675 000

（3）2022年账务处理：

①结转收入时：

借：合同负债　　　　　　　　　　　　　　　　　　　　1 052 800
　　贷：主营业务收入　　　　　　　　　　　　　　　　　1 052 800

> 【提示】2020年计入合同负债1 120 100元，2021年将其中的67 300元确认收入，贷方余额=1 120 100-67 300=1 052 800，本年将其计入收入。

②结转2021年"应交税费——待转销项税额"科目：

借：应交税费——待转销项税额　　　　　　　　　　　　48 600
　　贷：应交税费——应交增值税（销项税额）　　　　　　48 600

> 【提示】1.2021年向81位客户收取的合同款项858 600元，在2022年向其提供了服务，发生了增值税应税行为，因此在2022年应将原计入待转销项税额的48 600元转入"应交税费——应交增值税（销项税额）"科目，并进行增值税纳税申报。
>
> 2.关于企业所得税纳税调整的说明（本段价格均不包含增值税）：
>
> 2022年，甲公司向客户提供了服务，在账务上计入了1 052 800元的收入，但企业所得税认可的收入金额为810 000元，因此应在2022年将其差额242 800元做企业所得税纳税调减处理。
>
> 统算：
>
> 2020年企业所得税纳税调增所得额220 100元，2021年企业所得税纳税调增所得额22 700元，合计调增所得额为242 800元，2022年企业所得税纳税调减242 800元。

③归集成本时：

借：合同履约成本　　　　　　　　　　　　810 000（81×10 000）
　　贷：应付职工薪酬、银行存款等　　　　　　　　　　　810 000

④结转成本时：

借：主营业务成本　　　　　　　　　　　　　　　　　　810 000

贷：合同履约成本	810 000

5.应用指南相关规定

当客户享有的额外购买选择权是一项重大权利时，如果客户行使该权利购买的额外商品与原合同下购买的商品类似，且企业将按照原合同条款提供该额外商品的，则企业可以无需估计该选择权的单独售价，而是直接把其预计将提供的额外商品的数量以及预计将收取的相应对价金额纳入原合同，并进行相应的会计处理。这是一种便于实务操作的简化处理方式，常见于企业向客户提供续约选择权的情况。例如，企业与客户签订为期一年的合同，以每件2 000元的价格向客户销售A产品，数量不限，客户可以选择在合同到期时以与原合同相同的条款续约一年，这款产品通常每年提价20%，由于行使续约选择权的客户可以按原合同价格（低于当年的市场价格）购买A产品，企业认为该续约选择权向客户提供了重大权利，且符合简化处理的条件，因此，企业可以无需将原合同的交易价格分摊至该续约选择权，而是直接按照每件2 000元的价格确认原合同和续约后的合同下销售的A产品收入。

11.3 授予知识产权许可

> **案例161**
> 专利权许可和生产服务不能明确区分

甲生物制药公司将其拥有的某合成药的专利权许可证授予乙公司,授权期限为10年。同时,甲公司承诺为乙公司生产该种药品。除此之外,甲公司不会从事任何与支持该药品相关的活动。该药品的生产流程特殊性极高,**没有其他公司能够生产该药品**。

解析

1. 专利权许可和生产服务不可明确区分,将其一起作为单项履约义务处理

应用指南规定:"知识产权许可与所售商品不可明确区分的情形包括:

一是该知识产权许可构成有形商品的组成部分并且对于该商品的正常使用不可或缺,例如,企业向客户销售设备和相关软件,该软件内嵌于设备之中,该设备必须安装了该软件之后才能正常使用;

二是客户只有将该知识产权许可和相关服务一起使用才能够从中获益,例如,客户取得授权许可,但是只有通过企业提供的在线服务才能访问相关内容"。

本例中,甲公司向乙公司授予专利权许可,并为其提供生产服务。由于**市场上没有其他公司能够生产该药品,许可证不能独立于生产服务而单独购买**,乙公司在不获得生产服务的情况下不能从许可证中获益,即乙公司将无法从该专利权许可中单独获益,因此,该专利权许可和生产服务不可明确区分,应当将其一起作为单项履约义务进行会计处理。

相反,如果该药品的生产流程特殊性不高,其他公司也能够生产该药品,则该专利权许可和生产服务可明确区分,应当各自分别作为单项履约义务进行会计处理。

2. 专利许可证构成单项履约义务,对于判断时段履约的影响

与授予知识产权许可相关的时段履约或者时点履约的判断与其他合同有所不同,

如果授予客户的知识产权许可构成单项履约义务，则不使用一般的标准进行判断，而是在同时满足下列条件时，作为在某一时段内履行的履约义务确认相关收入。

应用指南规定："**授予客户的知识产权许可构成单项履约义务的**，企业应当根据该履约义务的性质，进一步确定其是在某一时段内履行还是在某一时点履行。企业向客户授予的知识产权许可，同时满足下列条件时，应当作为在某一时段内履行的履约义务确认相关收入：

（一）合同要求或客户能够合理预期企业将从事对该项知识产权有重大影响的活动；

（二）该活动对客户将产生有利或不利影响；

（三）该活动不会导致向客户转让某项商品"。

本例中，该专利权许可和生产服务不可明确区分，应当将其一起作为单项履约义务进行会计处理，因此应该按照一般的标准来判断其是否属于在某一段时间内履行的履约义务。

假设该履约义务不符合《企业会计准则第14号——收入》第十一条规定的任何一个条件，其属于在某一时点履行的履约义务。

3.甲公司账务处理

（1）甲公司向乙公司转让专利权许可时：

借：应收账款

　　贷：合同负债——合成药的专利权许可

　　　　应交税费——应交增值税（销项税额）

【提示】1.关于此处记入"合同负债"科目的说明：

本例中，转让合成药的专利权许可证与生产药品是一项履约义务，是在某一时点履行的履约义务，甲公司在转让该合成药的专利权许可证时，客户不能从该专利权许可证中获益，此时甲公司不能对转让该知识产权许可确认收入。

2.关于此处企业所得税纳税调整的说明：

甲公司转让合成药的专利权许可证，未在账上计入相关收入，但企业所得税上应作为收入处理，其差额应做企业所得税纳税调增处理。

（2）未来10年内，甲公司向乙公司转让生产的药品时，确认药品收入：

借：应收账款

　　贷：主营业务收入——合成药

　　　　应交税费——应交增值税（销项税额）

（3）转让生产的药品时，确认专利权许可的收入：

借：合同负债——合成药的专利权许可

贷：主营业务收入

> 【提示】1.关于转让合成药的专利权许可确认收入的说明：
>
> 甲公司在合同开始日一次性转让合成药的专利权许可证，在10年内分期向乙公司转让生产的药品，而两者构成单项履约义务，因此建议可考虑在10年内按照预计转让药品的收入进度等标准逐步确认转让合成药的专利权许可的收入。
>
> 2.关于此处企业所得税纳税调整的说明：
>
> 甲公司之前转让合成药的专利权许可证，账务未做收入，企业所得税纳税调增的金额，在账务上将其转入收入时做企业所得税纳税调减。

4.应用指南相关规定

授予知识产权许可是否构成单项履约义务。企业向客户授予知识产权许可时，可能也会同时销售商品，这些承诺可能在合同中明确约定，也可能隐含于企业已公开宣布的政策、特定声明或者企业以往的习惯做法中。在这种情况下，企业应当评估授予客户的知识产权许可是否可与所售商品明确区分，即该知识产权许可是否构成单项履约义务，并进行相应的会计处理。

授予客户的知识产权许可不构成单项履约义务的，企业应当将该知识产权许可和所售商品一起作为单项履约义务进行会计处理。

知识产权许可与所售商品不可明确区分的情形包括：

一是该知识产权许可构成有形商品的组成部分并且对于该商品的正常使用不可或缺，例如，企业向客户销售设备和相关软件，该软件内嵌于设备之中，该设备必须安装了该软件之后才能正常使用；

二是客户只有将该知识产权许可和相关服务一起使用才能够从中获益，例如，客户取得授权许可，但是只有通过企业提供的在线服务才能访问相关内容。

案例162

专利权许可和生产服务可明确区分

甲生物制药公司将其拥有的某合成药的专利权许可证授予乙公司，授权期限为10

年。同时，甲公司承诺为乙公司生产该种药品。**用于生产该药品的生产流程并非唯一或特殊的，其他若干企业也能够为客户生产这一药品。**

该药品是一项成熟产品（已通过审批，当前在生产且在过去数年内已实现具有商业利益的销售）。对于这类型的成熟产品，甲公司的商业惯例是不实施任何支持该药品的活动。

解析

1. 专利权许可和生产服务可明确区分

由于生产流程可由其他企业提供，因此客户能够通过单独使用许可证（即不使用生产服务）获益，且许可证可与生产流程单独区分开来。

甲公司认为许可证和生产服务可明确区分且构成两项单独的履约义务：

（1）专利权许可证；

（2）生产服务。

2. 许可证作为在某一时点履行的履约义务

《企业会计准则第14号——收入》（财会〔2017〕22号文件印发）第三十六条规定："企业向客户授予知识产权许可的，应当按照本准则第九条和第十条规定评估该知识产权许可是否构成单项履约义务，构成单项履约义务的，应当进一步确定其是在某一时段内履行还是在某一时点履行。

企业向客户授予知识产权许可，同时满足下列条件时，应当作为在某一时段内履行的履约义务确认相关收入；否则，应当作为在某一时点履行的履约义务确认相关收入：

（一）合同要求或客户能够合理预期企业将从事对该项知识产权有重大影响的活动；

（二）该活动对客户将产生有利或不利影响；

（三）该活动不会导致向客户转让某项商品"。

对于这类型的成熟产品，商业惯例是甲公司不实施任何支持该药品的活动，因此，合同并未要求且客户不会合理预期甲公司将实施对客户享有相关权利的知识产权产生重大影响的活动，甲公司得出结论认为，向客户授予的该合成药的专利权许可证构成单项履约义务，不能同时满足上述在某一时段内履行的履约义务确认相关收入的条件，应作为在某一时点履行的履约义务。

3. 甲公司账务处理

（1）甲公司向乙公司转让专利权许可时：

借：应收账款

贷：主营业务收入——合成药的专利权许可
　　　　应交税费——应交增值税（销项税额）

> 【提示】甲公司转让该合成药的专利权许可证构成一项单独的履约义务，同时该履约义务是在某一时点履行的履约义务，因此甲公司在转让该合成药的专利权许可证控制权时，即应确认收入。

（2）未来10年内，甲公司向乙公司转让生产的药品控制权时：
　　借：应收账款
　　　贷：主营业务收入——合成药
　　　　　应交税费——应交增值税（销项税额）

案例163
授予知识产权许可属于在某一时段内履行的履约义务

甲公司是一家设计制作连环漫画的公司，乙公司是一家大型游轮的运营商。甲公司授权乙公司可在4年内使用其3部连环漫画中的角色形象和名称，乙公司可以以不同的方式（例如，展览或演出）使用这些漫画中的角色。甲公司的每部连环漫画都有相应的主要角色，并会定期创造新的角色，角色的形象也会随时演变。合同要求乙公司必须使用最新的角色形象。在授权期内，甲公司每年向乙公司收取1 000万元（不含税）。

解析

1.除授予知识产权许可的承诺外不存在其他履约义务

本例中，甲公司虽然发生了与知识产权相关的额外活动（定期连环漫画创造新的角色，角色的形象也会随时演变），但甲公司除了授予知识产权许可外不存在其他履约义务。也就是说，与知识产权许可相关的额外活动并未向客户提供其他商品，因为这些活动是企业授予知识产权许可承诺的一部分，且实际上改变了客户享有知识产权许可的内容。

2.知识产权许可作为在某一时段内履行的履约义务

根据新收入准则第三十六条规定，甲公司基于下列因素的考虑，认为该许可的相关收入应当在某一时段内确认：

一是乙公司合理预期（根据甲公司以往的习惯做法），**甲公司将实施对该知识产权许可产生重大影响的活动**，包括创作角色及出版包含这些角色的连环漫画等；

二是合同要求乙公司必须使用甲公司创作的最新角色，**这些角色塑造得成功与否，会直接对乙公司产生有利或不利影响**；

三是尽管乙公司可以通过该知识产权许可从这些活动中获益，但在**这些活动发生时并没有导致向乙公司转让任何商品**。

由于合同规定乙公司在一段固定期间内可无限制地使用其取得授权许可的角色，因此，甲公司按照时间进度确定履约进度。

【提示】关于如何理解同时满足上述条件时，企业向客户授予的知识产权许可应当作为在某一时段内履行的履约义务确认相关收入：

如果企业将知识产权许可转移给客户后，继续实施对该知识产权许可产生重大影响的活动，且该活动会对客户产生有利或不利影响，导致知识产权在许可证有效期内会发生变化，则客户无法在授予许可证的时点主导许可证的使用，因此该履约义务作为在某一时点履行的履约义务并不恰当。

参考《国际财务报告准则第15号——客户合同产生的收入》附录二应用指南第57段：

"57 为确定主体授予许可证的承诺是向客户提供获取主体知识产权的权利，还是使用主体知识产权的权利，主体应当考虑客户能否在授予许可证的时点主导许可证的使用，并获得许可证的几乎所有剩余利益。如果客户享有相关权利的知识产权在许可证有效期内会发生变化，则客户无法在授予许可证的时点主导许可证的使用并获得许可证的几乎所有剩余利益。如果主体持续涉入其知识产权，且主体实施对客户享有相关权利的知识产权产生重大影响的活动，则知识产权将发生变化（从而影响主体对客户何时控制许可证的评估）。在这种情况下，许可证向客户提供获取主体知识产权的权利（见附录二应用指南第58段）。

与之相反，如果客户享有相关权利的知识产权不会发生变化，则客户能够在授予许可证的时点主导许可证的使用并获得许可证几乎所有的剩余利益（见附录二应用指南第61段）。在这种情况下，主体所实施的活动仅改变其自己的资产（即基础知识产权），可能会影响主体提供未来许可证的能力；但是，此类活动不会影响确定许可证所提供或客户所控制的内容"。

3.甲公司账务处理

第一年确认收入（单位：万元，下同）：

借：应收账款——乙公司　　　　　　　　　　　　　1 060
　　贷：主营业务收入　　　　　　　　　　　　　　　　1 000
　　　　应交税费——应交增值税（销项税额）　　　　　　60

第一年收取款项时：

借：银行存款　　　　　　　　　　　　　　　　　　　1 060
　　贷：应收账款——乙公司　　　　　　　　　　　　　1 060

以后每年均如上处理。

4.应用指南相关规定

授予知识产权许可属于在某一时段履行的履约义务。授予客户的知识产权许可构成单项履约义务的，企业应当根据该履约义务的性质，进一步确定其是在某一时段内履行还是在某一时点履行。企业向客户授予的知识产权许可，**同时满足下列三项条件的，应当作为在某一时段内履行的履约义务确认相关收入**；否则，应当作为在某一时点履行的履约义务确认相关收入：

（1）**合同要求或客户能够合理预期企业将从事对该项知识产权有重大影响的活动**。企业向客户授予知识产权许可之后，还可能会从事一些后续活动，例如市场推广、知识产权的继续开发或者能够影响知识产权价值的日常活动等，这些活动可能会在企业与客户的合同中明确约定，也可能是客户基于企业公开宣布的政策、特定声明或者企业以往的习惯做法而合理预期企业将会从事这些活动。如果企业和客户之间约定共享该知识产权的经济利益（例如，企业收取的特许权使用费基于客户的销售情况确定），虽然并非决定性因素，但是这可能表明客户能够合理预期企业将从事对该项知识产权有重大影响的活动。

企业从事的活动存在下列情况之一的，将会对该项知识产权有重大影响：

一是这些活动预期将显著改变该项知识产权的形式（如知识产权的设计、内容）或者功能（如执行某任务的能力）；

二是客户从该项知识产权中获益的能力在很大程度上来源于或者取决于这些活动，这些活动会改变该项知识产权的价值，例如企业授权客户使用其品牌，客户从该品牌获得的利益价值取决于企业为维护或提升其品牌价值而持续从事的活动。当该项知识产权具有重大的独立功能，且该项知识产权绝大部分的经济利益来源于该项功能时，客户从该项知识产权中获得的利益可能不受企业从事的相关活动的重大影响，除非这些活动显著改变了该项知识产权的形式或者功能。具有重大独立功能的知识产权主要包括软件、生物合成物或药物配方以及已完成的媒体内容（例如电影、电视节目以及音乐录音）版权等。

（2）**该活动对客户将产生有利或不利影响**。企业从事的这些后续活动将直接导致相关知识产权许可对客户产生影响，且这种影响既包括有利影响，也包括不利影响。如果企业从事的后续活动并不影响授予客户的知识产权许可，那么企业的后续活动只是在改变其自己拥有的资产。虽然这些活动可能影响企业提供未来知识产权许可的能力，但将不会影响客户已控制或使用的内容。

（3）**该活动不会导致向客户转让某项商品**。企业向客户授予知识产权许可，并承诺从事与该许可相关的某些后续活动时，如果这些活动本身构成了单项履约义务，那么企业在评估授予知识产权许可是否属于在某一时段履行的履约义务时应当不予考虑。

案例164

基于销售或使用情况的特许权使用费
——孰晚时点确认收入

甲电影发行公司与乙公司签订合同，将其拥有的一部电影的版权授权给乙公司，乙公司可在其旗下的影院放映该电影，放映期间为6周。除了将该电影版权授权给乙公司之外，甲公司还同意在该电影放映之前，向乙公司提供该电影的片花，在乙公司的影院播放，并且在该电影放映期间在当地知名的广播电台播放广告。甲公司将获得乙公司播放该电影的票房分成。

解析

1. 基于销售或使用情况的特许权使用费是估计可变对价的一个例外规定

应用指南规定："基于销售或使用情况的特许权使用费。

企业向客户授予知识产权许可，并约定按客户实际销售或使用情况（如按照客户的销售额）收取特许权使用费的，**应当在客户后续销售或使用行为实际发生与企业履行相关履约义务二者孰晚的时点确认收入**。这是估计可变对价的一个例外规定，该例外规定只有在下列两种情形下才能使用：

一是特许权使用费仅与知识产权许可相关。

二是特许权使用费可能与合同中的知识产权许可和其他商品都相关，但是，与知识产权许可相关的部分占有主导地位。当企业能够合理预期，客户认为知识产权许可的价值远高于合同中与之相关的其他商品时，该知识产权许可可能是占有主导地位的。对于不适用该例外规定的特许权使用费，应当按照估计可变对价的一般原则进行处理"。

本例中，甲公司的承诺包括授予电影版权许可、提供电影片花以及提供广告服务。甲公司在该合同下获得的对价为按照乙公司实际销售情况收取的特许权使用费，与之相关的授予电影版权许可是占有主导地位的，这是因为，甲公司能够合理预期，**客户认为该电影版权许可的价值远高于合同中提供的电影片花和广告服务**。因此，甲公司应当**在乙公司放映该电影的期间按照约定的分成比例确认收入**。如果授予电影版权许可、提供电影片花以及广告服务分别构成单项履约义务，甲公司应当将该取得的分成收入在这些履约义务之间进行分摊。

此外，企业使用上述例外规定时，应当对特许权使用费整体采用该规定，而不应当将特许权使用费进行分拆，即部分采用该例外规定进行处理，而其他部分按照估计可变对价的一般原则进行处理。

> 【提示】关于如何理解基于实际销售或使用情况收取特许权使用费的知识产权许可收入确认的"孰晚"原则：
>
> 如果按照可变对价的一般原则进行处理，就必然要求企业在整个合同存续期内因具体情况的变化而对合同开始时确认的收入金额做出重大调整，即使此类情况的变化与企业的履约并不相关。这将不会产生相关的信息，特别是对于在一段较长的期间内支付基于销售或使用的特许权使用费的合同。

2.甲公司账务处理

甲公司将其拥有的一部电影的版权授权给乙公司，此时客户后续销售或使用行为尚未实际发生，不能按照可变对价一般原则确认收入。

在乙公司放映该电影的期间，甲公司按照约定的分成比例确认收入：

借：应收账款
　　贷：主营业务收入
　　　　应交税费——应交增值税（销项税额）

11.4 客户未行使的权利

> **案例165**
> 未消费的储值卡金额按照消费模式计入交易金额

甲公司经营连锁面包店。2020年,甲公司向客户销售了5 000张储值卡,每张卡的面值为200元,总额为1 000 000元。客户可在甲公司经营的任何一家门店使用该储值卡进行消费。根据历史经验,甲公司预期客户购买的储值卡中将有大约相当于储值卡面值金额5%(即50 000元)的部分不会被消费。

截至2020年12月31日,客户使用该储值卡消费的金额为400 000元。甲公司为增值税一般纳税人,销售商品增值税税率为13%,在客户使用该储值卡消费时发生增值税纳税义务。

以上价格均包含增值税。

解析

1. 收入的金额应当反映企业因转让商品而预期有权收取的对价金额

应用指南规定:"《企业会计准则第14号——收入》(以下简称'本准则')主要规范了收入的确认、计量和相关信息的披露要求。根据本准则,企业确认收入的方式应当反映其向客户转让商品或提供服务(以下简称'转让商品')的模式,收入的金额应当反映企业因转让这些商品或提供这些服务而预期有权收取的对价金额,以如实反映企业的生产经营成果,核算企业实现的损益"。

甲公司销售储值卡收取了100万元的款项,客户使用该卡消费的商品金额为95万元,根据新收入准则对于收入确认的基本原则,收入的金额应当反映企业因转让这些商品或提供这些服务而预期有权收取的对价金额,因此甲公司应以100万元为基础确认商品销售收入。

2. 甲公司按照客户行使合同权利的模式确认收入

甲公司收到客户不可返还的预付款，客户在未来有权从企业（或其他方）取得商品或者服务，但客户有可能不会行使合同中所有的权利，这些未行使的权利即所谓的"客户未行使的权利"。

应用指南规定："企业预期将有权获得与客户所放弃的合同权利相关的金额的，应当按照客户行使合同权利的模式按比例将上述金额确认为收入"。

如果企业预期将有权获得与客户所放弃的合同权利相关的金额，则企业应将该金额计入营业收入，且在客户使用储值卡取得相关商品或服务时，即把预计放弃权利的金额计入收入，这实际上增加了分摊至向客户转让的个别商品或服务的交易价格，以包括企业估计的未行使的权利所产生的收入。

使用储值卡确认收入的公式为：

当期收入额＝当期消费的不含税金额÷（1-放弃消费比例）

如本例，消费储值卡金额40万元，应确认收入额＝400 000÷（1+13%）÷（1-5%）＝372 612.95（元）。

3. 甲公司账务处理

（1）销售储值卡：

借：库存现金等　　　　　　　　　　　　　　　　　　　　1 000 000

　　贷：合同负债　　　　　　　　　884 955.75［1 000 000÷（1+13%）］

　　　　应交税费——待转销项税额

　　　　　　　　　　　　　115 044.25［1 000 000÷（1+13%）×13%］

（2）消费储值卡金额40万元：

借：合同负债　　　372 612.95［400 000÷（1+13%）÷（1-5%）］

　　贷：主营业务收入　　　　　　　　　　　　　　　　　372 612.95

借：应交税费——待转销项税额

　　　　　　　　　　　　　46 017.70［400 000÷（1+13%）×13%］

　　贷：应交税费——应交增值税（销项税额）　　　　　46 017.70

【提示】关于"应交税费——待转销项税额"科目余额的说明：

本例中，甲公司在销售储值卡时以实际充值的金额100万元为基础计算增值税额并记入"应交税费——待转销项税额"科目，而在储值卡使用时以实际消费的商品的价值95万元（假设最终消费金额为预计的95万元）为基础计算增值税额并结转"应交税费——待转销项税额"科目，如此在该储值卡消费完成后或到期后会导致"应交税费——待转销项税额"留有贷方余额。该余额如何处理取决于增值税的计征方式，参考以下观点分析（本段分析涉及价格均包含增值税）：

客户实际消费了标价为95万元的商品，账上确认的收入以100万元为基础计算，增值税销售额应该按照多少计算？

观点一：甲公司销售了标价为95万元的商品，但是收取了100万元的价款，从增值税的视角，应该以100万元为基础计算增值税销售额。

从另外一个角度，客户放弃的权利金额，构成了增值税销售行为的价外费用，也应计征增值税。

观点二：应按照实际销售的商品价值计算增值税销售额，未销售的商品不应计征增值税。

综合以上分析，按照观点一（即以储值卡充值的金额为基础计算增值税），在该储值卡消费完成后或到期后，将"应交税费——待转销项税额"科目的贷方余额转入"应交税费——应交增值税（销项税额）"科目。

按照观点二（即以储值卡实际消费商品的金额为基础计算增值税），则应将其余额转入"主营业务收入"科目，作为对之前销售储值卡时无法准确预测消费情况的调整。

笔者倾向于观点一。

（3）储值卡到期时，客户最终实际消费的金额为97万元。

借：合同负债　　　　　　　512 342.80［884 955.75-372 612.95］
　　贷：主营业务收入　　　　　　　　　　　　　512 342.80
借：应交税费——待转销项税额
　　　　　　　　65 575.22［（970 000-400 000）÷（1+13%）×13%］
　　贷：应交税费——应交增值税（销项税额）　　65 575.22

此时，"应交税费——待转销项税额"科目的贷方余额为3451.33元（115 044.25-46 017.70-65 575.22），该差额即为储值卡实际消费额970 000元与储值卡充值额1 000 000元的差异对应的增值税额。

按照上述分析，根据计征增值税的不同方式将其转入"应交税费——应交增值税（销项税额）"或者"主营业务收入"科目。

4. 甲公司税务处理

（1）增值税。

甲公司在销售储值卡时，无须计征增值税，向客户开具601"预付卡销售和充值"

的不征税发票,税率栏开具"不征税",不得开具增值税专用发票。在客户实际消费时,再按照实际消费商品或者服务的税率(或征收率)计征增值税。同时,在客户消费时不再向客户开具发票。

相关文件规定如下:

《国家税务总局关于营改增试点若干征管问题的公告》(国家税务总局公告2016年第53号):

> 三、单用途商业预付卡(以下简称"单用途卡")业务按照以下规定执行:
>
> (一)单用途卡发卡企业或者售卡企业(以下统称"售卡方")销售单用途卡,或者接受单用途卡持卡人充值取得的预收资金,**不缴纳增值税**。售卡方可按照本公告第九条的规定,向购卡人、充值人开具增值税普通发票,**不得开具增值税专用发票**。
>
> ……
>
> (三)持卡人使用单用途卡购买货物或服务时,货物或者服务的销售方应按照现行规定缴纳增值税,且**不得向持卡人开具增值税发票**。
>
> ……
>
> 九、《国家税务总局关于全面推开营业税改征增值税试点有关税收征收管理事项的公告》(国家税务总局公告2016年第23号)附件《商品和服务税收分类与编码(试行)》中的分类编码调整以下内容:
>
> ……
>
> (十一)增加6"未发生销售行为的不征税项目",用于纳税人收取款项但未发生销售货物、应税劳务、服务、无形资产或不动产的情形。
>
> "未发生销售行为的不征税项目"下设601"预付卡销售和充值"、602"销售自行开发的房地产项目预收款"、603"已申报缴纳营业税未开票补开票"。
>
> 使用"未发生销售行为的不征税项目"编码,发票税率栏应填写"不征税",不得开具增值税专用发票。

(2)企业所得税。

本例中,采用储值卡模式销售货物,在企业所得税中属于采取预收款方式销售商品,在充值时不确认收入,在发出商品时确认收入。

相关文件规定如下:

《国家税务总局关于确认企业所得税收入若干问题的通知》(国税函〔2008〕875号):

> (二)符合上款收入确认条件,采取下列商品销售方式的,应按以下规定确认收入实现时间:

......

2.销售商品采取预收款方式的,在发出商品时确认收入。

5.上市公司相关公告

某股份有限公司年报部分内容:

"弃用机票为本集团预期客户可能会放弃其部分或全部合同权利,从而本集团无须行使的客运合约责任所对应的部分合同权利。

当本集团预收机票款无须退回,且客户可能会放弃其全部或部分合同权利时,本集团于提供运输服务时,按照客户行使合同权利的模式按比例将预期有权获得与客户所放弃的合同权利相关的金额确认为收入;否则,本集团只有在客户要求其履行剩余履约义务的可能性极低时,才能将上述负债的相关余额转为收入。"

6.应用指南相关规定

企业因销售商品向客户收取的预收款,赋予了客户一项在未来从企业取得该商品的权利,并使企业承担了向客户转让该商品的义务,因此,企业应当将预收的款项确认为合同负债,待未来履行了相关履约义务,即向客户转让相关商品时,再将该负债转为收入。

某些情况下,企业收取的预收款无需退回,但是客户可能会放弃其全部或部分合同权利,例如,放弃储值卡的使用等。企业预期将有权获得与客户所放弃的合同权利相关的金额的,应当按照客户行使合同权利的模式按比例将上述金额确认为收入;否则,企业只有在客户要求其履行剩余履约义务的可能性极低时,才能将相关负债余额转为收入。企业在确定其是否预期将有权获得与客户所放弃的合同权利相关的金额时,应当考虑将估计的可变对价计入交易价格的限制要求。

如果有相关法律规定,企业所收取的、与客户未行使权利相关的款项须转交给其他方的(例如,法律规定无人认领的财产需上交政府),企业不应将其确认为收入。

11.5 无须退回的初始费

案例166
健身俱乐部收取初始费与向客户转让已承诺的商品无关

甲公司经营一家会员制健身俱乐部,为增值税一般纳税人。甲公司与客户签订了为期2年的合同,客户入会之后可以随时在该俱乐部健身。除俱乐部的年费2 000元之外,甲公司还向客户收取了50元的入会费,用于补偿俱乐部为客户进行注册登记、准备会籍资料以及制作会员卡等初始活动所花费的成本。甲公司收取的入会费和年费均无须返还。

以上金额均不包含增值税。

解析

1.入会费与向客户转让已承诺的商品不相关,构成了健身服务对价的一部分

本例中,甲公司承诺的服务是向客户提供健身服务,而甲公司为会员入会所进行的初始活动并未向客户提供其所承诺的服务,只是一些内部行政管理性质的工作。因此,甲公司虽然为补偿这些初始活动的成本向客户收取了入会费,但是**该入会费实质上是客户为健身服务所支付的对价的一部分**,故应当作为健身服务的预收款,与收取的年费一起在2年内分摊确认为收入。

2.对初始活动未向客户转让已承诺的商品不构成单项履约义务的理解

应用指南规定:"该初始费与向客户转让已承诺的商品相关,且该商品构成单项履约义务的,企业应当在转让该商品时,按照分摊至该商品的交易价格确认收入;该初始费与向客户转让已承诺的商品相关,但该商品不构成单项履约义务的,企业应当在包含该商品的单项履约义务履行时,按照分摊至该单项履约义务的交易价格确认收入;该初始费与向客户转让已承诺的商品不相关的,该初始费应当作为未来将转让商品的预收款,在未来转让该商品时确认为收入"。

上述规定的核心意思在于,企业收取客户的初始费,应首先判断是否向客户转让了商品或者服务,如答案为是,则依照上述规定分摊交易价格;如果答案为否,则按照健身服务的预收款进行处理。本例中,甲公司收取入会费的初始活动,并没有向客户转让商品或者服务,可理解为向客户提供健身服务的投入,不构成单项履约义务,应当作为健身服务的预收款处理。

3. 甲公司账务处理

（1）收取年费：

借：银行存款　　　　　　　　　　　　　　　　　　　2 120
　　贷：合同负债——健身服务　　　　　　　　　　　　2 000
　　　　应交税费——待转销项税额　　　　　　　　　　120（2 000×6%）

【提示】此时甲公司尚未向会员提供健身服务,因此未达到增值税纳税义务发生时间。

（2）收取入会费：

借：银行存款　　　　　　　　　　　　　　　　　　　53
　　贷：合同负债——入会费　　　　　　　　　　　　　50
　　　　应交税费——应交增值税（销项税额）　　　　　3（50×6%）

【提示】关于此处会员费增值税纳税义务的说明：

《营业税改征增值税试点实施办法》规定："其他权益性无形资产,包括基础设施资产经营权、公共事业特许权、配额、经营权（包括特许经营权、连锁经营权、其他经营权）、经销权、分销权、代理权、会员权、席位权、网络游戏虚拟道具、域名、名称权、肖像权、冠名权、转会费等"。

因此,甲公司在销售会员权时,即应按照"销售无形资产"税目计征增值税。

（3）归集入会费相关成本：

借：合同履约成本
　　贷：应付职工薪酬、原材料等

> 【提示】关于将初始活动费用计入合同履约成本的说明:
>
> 应用指南规定:"企业为履行合同开展初始活动,但这些活动本身并没有向客户转让已承诺的商品的,企业为开展这些活动所发生的支出,应当按照本准则的有关合同履约成本的相关规定确认为一项资产或计入当期损益,并且企业在确定履约进度时,也不应当考虑这些成本,因为这些成本并不反映企业向客户转让商品的进度"。
>
> 甲公司为会员入会所进行的初始活动本身并没有向客户转让已承诺的商品,相关成本不属于其他企业会计准则的规范范围,这些成本与履行该合同直接相关,并且增加了甲公司未来用于履行履约义务(即提供健身服务)的资源,如果甲公司预期该成本可通过未来提供服务收取的对价收回,则甲公司应当将这些成本确认为一项资产。
>
> 同时在确认健身服务履约进度时,也不应当考虑这些初始活动成本,因为这些成本并不反映企业向客户转让商品的进度。

(4)归集健身服务相关成本:

借:合同履约成本
    贷:应付职工薪酬、原材料、累计折旧等

(5)第一年计入收入(在2年内平均分摊年费与入会费):

借:合同负债——健身服务   1 000(2 000×50%)
      ——入会费   25(50×50%)
  贷:主营业务收入   1 025

> 【提示】关于平均分摊年费与入会费的说明:
>
> 根据应用指南的规定,"当企业从事的工作或发生的投入是在整个履约期间内平均发生时,企业也可以按照直线法确认收入"。

(6)在开始提供健身服务时确认增值税纳税义务:

借:应交税费——待转销项税额   120
  贷:应交税费——应交增值税(销项税额)   120

(7)结转成本:

借:主营业务成本

贷：合同履约成本

4.甲公司税务处理

（1）增值税。

甲公司是根据健身服务分摊的进度逐步计征增值税，还是在健身服务开始提供时一次性计征增值税？

《营业税改征增值税试点实施办法》第四十五条规定："增值税纳税义务、扣缴义务发生时间为：

（一）纳税人发生应税行为并收讫销售款项或者取得索取销售款项凭据的当天；先开具发票的，为开具发票的当天。

收讫销售款项，是指纳税人销售服务、无形资产、不动产过程中或者完成后收到款项。

取得索取销售款项凭据的当天，是指书面合同确定的付款日期；未签订书面合同或者书面合同未确定付款日期的，为服务、无形资产转让完成的当天或者不动产权属变更的当天"。

本例中，甲公司在提供健身服务之前收到年费与入会费，此时并没有发生应税行为，未达到增值税纳税义务发生时间，在开始提供健身服务时，发生了应税行为，同时也收取了销售款项，已经达到纳税义务发生时间，应在开始发生应税行为时一次性计入增值税销售额计征增值税。

因此，甲公司应在开始提供健身服务时将收到的款项一次性计征增值税。

（2）企业所得税。

《国家税务总局关于确认企业所得税收入若干问题的通知》（国税函〔2008〕875号）规定："会员费。申请入会或加入会员，只允许取得会籍，所有其他服务或商品都要另行收费的，**在取得该会员费时确认收入**。申请入会或加入会员后，会员在会员期内不再付费就可得到各种服务或商品，或者以低于非会员的价格销售商品或提供服务的，该会员费应在整个受益期内分期确认收入"。

甲公司收取会员费后，对健身服务还要另行收取年费，根据上述规定，企业所得税应在取得该会员费时确认收入，而新收入准则要求该会员费在提供健身服务的期间内分期确认收入，此处产生了税会差异。

5.应用指南相关规定

企业在合同开始日（或邻近合同开始日）向客户收取的无需退回的初始费通常包括入会费、接驳费、初装费等。企业收取该初始费时，应当评估该初始费是否与向客户转让已承诺的商品相关。该初始费与向客户转让已承诺的商品相关，且该商品构成单项履约义务的，企业应当在转让该商品时，按照分摊至该商品的交易价格确认收入；该初始费与向客户转让已承诺的商品相关，但该商品不构成单项履约义务的，企业应当在包含该商品的单项履约义务履行时，按照分摊至该单项履约义务的交易价格确认收入；**该初始费与向客户转让已承诺的商品不相关的，该初始费应当作为未来将转让商品的预收款，在未来转让该商品时确认为收入。**当企业向客户授予了续约选择权，且该选择权向客户提供了重大权利时，这部分收入确认的期间将可能长于初始合同期限。

在合同开始日（或邻近合同开始日），企业通常必须开展一些初始活动，为履行合同进行准备，如一些行政管理性质的准备工作，这些活动虽然与履行合同有关，但并没有向客户转让已承诺的商品，因此，不构成单项履约义务。在这种情况下，即使企业向客户收取的无需退还的初始费与这些初始活动有关（例如，企业为了补偿开展这些活动所发生的成本而向客户收取初始费），也不应在这些活动完成时将该初始费确认为收入，而应当将该初始费作为未来将转让商品的预收款，在未来转让该商品时确认为收入。

企业为履行合同开展初始活动，但这些活动本身并没有向客户转让已承诺的商品的，企业为开展这些活动所发生的支出，应当按照本准则的有关合同履约成本的相关规定确认为一项资产或计入当期损益，并且企业在确定履约进度时，也不应当考虑这些成本，因为这些成本并不反映企业向客户转让商品的进度。

案例167
健身俱乐部收取初始费与向客户转让已承诺的商品相关

甲公司经营一家会员制健身俱乐部，增值税一般纳税人。甲公司与客户签订了为期2年的合同，客户入会之后可以随时在该俱乐部健身。除俱乐部的年费2 000元之外，甲公司还向客户收取了50元的入会费，客户缴纳该入会费后可以取得健身资料一套。甲公司收取的入会费和年费均无须返还。

以上金额均不包含增值税。

解析

1. 该初始费与向客户转让已承诺的商品相关，且该商品构成单项履约义务

应用指南规定："该初始费与向客户转让已承诺的商品相关，且该商品构成单项履约义务的,企业应当在转让该商品时,按照分摊至该商品的交易价格确认收入;该初始费与向客户转让已承诺的商品相关,但该商品不构成单项履约义务的,企业应当在包含该商品的单项履约义务履行时,按照分摊至该单项履约义务的交易价格确认收入;该初始费与向客户转让已承诺的商品不相关的,该初始费应当作为未来将转让商品的预收款,在未来转让该商品时确认为收入。"

该入会费(即初始费)与向客户转让已承诺的商品相关(与甲公司向客户转让的健身资料相关),且该健身资料构成了单项履约义务,企业应当在转让该商品(健身资料)时,按照分摊至该商品(健身资料)的交易价格确认收入。如果健身资料不构成单项履约义务,比如健身资料和一套健身器材构成了单项履约义务,那么在该履约义务履行时,将交易价格分摊至该单项履约义务确认收入。

2. 分摊两项履约义务的交易价格

甲公司识别出合同中包括两项履约义务,即提供健身服务与转让健身资料,评估其单独售价分别为:提供健身服务履约义务为2 000元,转让健身资料履约义务为500元。

提供健身服务分摊的交易价格=(2 000+50)×2 000÷(2 000+500)=1 640(元);

转让健身资料分摊的交易价格=(2 000+50)×500÷(2 000+500)=410(元)。

3. 甲公司账务处理

(1)收取年费及入会费时:

借:银行存款　　　　　　　　　　　　　　　　　　　2 201.7
　　贷:主营业务收入——健身资料　　　　　　　　　　410
　　　　合同负债——健身服务　　　　　　　　　　　1 640
　　　　应交税费——应交增值税(销项税额)　　　　53.3(410×13%)
　　　　　　　　——待转销项税额　　　　　　　　　98.4(1 640×6%)

【提示】关于增值税的说明:

收取健身服务年费时,甲公司尚未向客户提供健身服务,尚未发生增值税应税行为,此时不确认健身服务的增值税纳税义务;收取入会费时转让健身资料控制权,发生了转让商品的增值税行为,应按照该商品的适用税率计征增值税(本例中,转让商品与服务未同时发生,未构成混合销售行为)。

(2)提供健身服务时(按照履约进度分期确认收入):

借:合同负债——健身服务

　　　　贷：主营业务收入
　　　借：应交税费——待转销项税额
　　　　贷：应交税费——应交增值税（销项税额）

> 【提示】关于健身服务分期确认收入的说明：
> 　　对于类似健身服务的一些服务类的合同而言，可以通过直观的判断获知，企业在履行履约义务（即提供健身服务）的同时，客户即取得并消耗了企业履约所带来的经济利益，该履约义务属于在某一时段内履行的履约义务，企业应当在履行履约义务的期间确认收入。

案例168
入网费、初装费在新收入准则下的税会差异

甲公司是燃气公司，增值税一般纳税人。甲公司收取住户的天然气管道入网费、初装费109万元。

解析

1. 入网费与向客户转让已承诺的商品不相关，应作为天然气预收款处理

本例中，甲公司承诺的服务是向客户提供天然气，甲公司为履行该义务，需要对客户提供安装相关设施等活动，虽然为补偿这些初始活动向客户收取了入网费，但是这些初始活动实质上是向客户提供天然气这一履约义务的一部分，属于履行该义务的投入，没有单独向客户销售商品或服务，因此甲公司评估该入网费与向客户转让已承诺的商品不相关，应将其作为未来将转让天然气商品的预收款，在未来转让该商品时确认为收入。

2. 甲公司账务处理

（1）收取入网费时（单位：万元，下同）：

　　借：银行存款　　　　　　　　　　　　　　　　109
　　　　贷：合同负债——入网费　　　　　　　　　　100
　　　　　　应交税费——待转销项税额　　　　　　　　9

（2）归集入网费相关成本：

借：合同履约成本

　　贷：应付职工薪酬、原材料等

（3）甲公司在向客户提供安装服务时缴纳增值税：

借：应交税费——待转销项税额　　　　　　　　　　　　　　9

　　贷：应交税费——应交增值税（销项税额）　　　　　　　9

根据《销售服务、无形资产、不动产注释》（财税〔2016〕36号文件附件1的附）的规定，"固定电话、有线电视、宽带、水、电、燃气、暖气等经营者向用户收取的安装费、初装费、开户费、扩容费以及类似收费，按照安装服务缴纳增值税。"

（4）合理期限内分摊收入：

借：合同负债——入网费

　　贷：主营业务收入——入网费

同时结转成本：

借：主营业务成本

　　贷：合同履约成本

3. 参考执行新收入准则前的相关规定

《财政部关于印发〈关于企业收取的一次性入网费会计处理的规定〉的通知》（财会字〔2003〕16号）规定：

（1）企业按照国家有关部门批准的收费标准和合同约定在取得入网费收入时，应借记"银行存款"等科目，贷记"递延收益"科目。记入"递延收益"科目的金额应按合理的期限平均摊销，分期确认为收入。确认收入时，应借记"递延收益"科目，贷记"主营业务收入"等科目。如果企业在提供服务的期间内终止提供服务或者将该公共服务设施对外转让的，应将"递延收益"科目的余额全部确认为终止服务或转让当期的收入，借记"递延收益"科目，贷记"主营业务收入"等科目。

（2）企业应按以下原则确定对已记入"递延收益"科目的入网费适用的分摊期限：

企业与客户签订的服务合同中明确规定了未来提供服务的期限，应按合同中规定的期限分摊；企业与客户签订的服务合同中没有明确规定未来提供服务的期限，但企业根据以往的经验和客户的实际情况，能够合理确定服务期限的，应在该期限内分摊；企业与客户签订的服务合同中没有明确规定未来应提供服务的期限，也无法对提供服务期限做出合理估计的，则应按不低于10年的期限分摊。

4. 上市公司相关公告

某股份有限公司年报部分内容如下：

"合同负债主要涉及本公司及其子公司从供热合同客户预先收取的供热款项，该合同的相关收入将在本公司及其子公司将热力供应至购热客户时确认。合同负债年初账面价值（附注五、33（d））中在本年确认收入的金额约为人民币14.24亿元。

本公司及其子公司的供热管道初装费相关的长期合同负债计入其他非流动负债，按照供热管道的热力供应期限分摊确认收入。其他非流动负债年初账面价值（附注五、33（d））中在本年确认收入的金额约为人民币2.07亿元。

本公司及其子公司的供热管道初装费相关的长期合同负债计入其他非流动负债"。

11.6 政府补助与新收入准则

案例169
政府补助适用新收入准则

甲公司是一家酒店,增值税一般纳税人,增值税税率6%。2020年由于疫情原因,政府相关部门征用酒店房间作为防疫情项目使用,截至年底,双方未签订任何合同、协议以及书面资料。甲公司与政府相关部门正在协商相关补偿事宜。根据甲公司财务部门核算,该事项发生的成本为200万元,政府相关部门在2020年底前尚未最终确认金额。

解析

1. 从政府取得的款项是否适用新收入准则

《企业会计准则第16号——政府补助》(财会〔2017〕15号文件印发)第五条规定:"下列各项适用其他相关会计准则:

(一)企业从政府取得的经济资源,如果与企业销售商品或提供服务等活动密切相关,且是企业商品或服务的对价或者是对价的组成部分,适用《企业会计准则第14号——收入》等相关会计准则"。

虽然甲公司要求的补偿金额是根据成本计算出来的,但实际上,甲公司已经提供了住宿服务、餐饮服务等,因此,该补偿金额与甲公司提供服务密切相关,且是企业服务的对价,因此,该补偿金额实质是甲公司的收入。

2. 确认收入的金额

在2020年,甲公司尚未得到政府相关部门确认的准确的补偿金额,也未与政府部门签订相关的书面合同或协议,但甲公司已经实际提供了相关服务,甲公司基于事实以及相关条款提出补偿要求。综合以上因素,甲公司判断该补偿金很可能流入企业,其交易价格遵循可变对价的原则,在满足极可能不会发生重大转回的限制条件下,确认在职业判断下最下限的金额。

由于该收入相关的服务发生在2020年，根据权责发生制的原则，甲公司应将根据上述原则确认的收入金额，在2020年进行账务处理。

3. 甲公司税务处理

（1）甲公司收取的该财政收入，是否属于增值税应税收入？

《国家税务总局关于取消增值税扣税凭证认证确认期限等增值税征管问题的公告》（国家税务总局公告2019年第45号）第七条规定："纳税人取得的财政补贴收入，与其销售货物、劳务、服务、无形资产、不动产的收入或者数量直接挂钩的，应按规定计算缴纳增值税。纳税人取得的其他情形的财政补贴收入，不属于增值税应税收入，不征收增值税。

本公告实施前，纳税人取得的中央财政补贴继续按照《国家税务总局关于中央财政补贴增值税有关问题的公告》（2013年第3号）执行；已经申报缴纳增值税的，可以按现行红字发票管理规定，开具红字增值税发票将取得的中央财政补贴从销售额中扣减。"

根据上述文件规定，甲公司取得的该财政收入，与其销售的住宿服务、餐饮服务的收入或者数量直接挂钩，且构成了住宿服务、餐饮服务对价，应该按规定计算缴纳增值税。

（2）甲公司可否适用增值税免税政策？

《财政部 税务总局关于支持新型冠状病毒感染的肺炎疫情防控有关税收政策的公告》（财政部 税务总局公告2020年第8号）第五条规定："对纳税人提供公共交通运输服务、生活服务，以及为居民提供必需生活物资快递收派服务取得的收入，免征增值税。

公共交通运输服务的具体范围，按照《营业税改征增值税试点有关事项的规定》（财税〔2016〕36号印发）执行。

生活服务、快递收派服务的具体范围，按照《销售服务、无形资产、不动产注释》（财税〔2016〕36号印发）执行。"

甲公司提供的住宿服务、餐饮服务均属于生活服务的范畴，根据上述文件，在疫情期间（文件规定的期限内）可适用增值税免税政策。

甲公司是增值税一般纳税人，如果适用增值税免税政策，其相关的进项税额需做转出处理；同时，如果甲公司适用住宿服务增值税免税政策，则甲公司提供的所有住宿服务均只能适用增值税免税政策，无法向其他接受住宿业服务的纳税人开具增值税专用发票。

鉴于以上原因，甲公司决定放弃疫情期间增值税免税政策。

参考疫情防控税收优惠政策热点问答（第十一期，2020年5月8日）：

18.我公司是一家企业培训公司，增值税一般纳税人。2020年4月，有个别客户要求我公司就部分培训服务开具增值税专用发票。请问，我公司可以就开具增值税专用发票部分培训收入缴纳增值税，其他培训收入享受生活服务免征增值税优惠吗？

答：《财政部 税务总局关于支持新型冠状病毒感染的肺炎疫情防控有关税收政策的公告》（2020年第8号，以下称8号公告）第五条规定，对纳税人提供生活服务取得的收入，免征增值税。生活服务的具体范围，按照《销售服务、无形资产、不动产注释》（财税〔2016〕36号印发）规定执行，培训等非学历教育服务，属于生活服务的范围。

《国家税务总局关于明确二手车经销等若干增值税征管问题的公告》（2020年第9号）第五条规定，一般纳税人在享受增值税免税、减税政策后，按照《营业税改征增值税试点实施办法》（财税〔2016〕36号文件印发）第四十八条的有关规定，要求放弃免税、减税权的，应当以书面形式提交纳税人放弃免（减）税权声明，报主管税务机关备案。一般纳税人自提交备案资料的次月起，按照规定计算缴纳增值税。

作为适用一般计税方法的增值税一般纳税人，你公司按照8号公告有关规定适用免征增值税政策的，不得开具增值税专用发票，可以开具增值税普通发票。你公司可以就培训服务选择放弃免税，以书面形式提交纳税人放弃免（减）税权声明，报主管税务机关备案，并自提交备案资料的次月起，按照规定计算缴纳增值税并相应开具增值税专用发票。需要说明的是，**一经放弃免税，应就培训服务全部放弃免税，不能以是否开具增值税专用发票，或者区分不同的销售对象分别适用征免税。**

（3）甲公司是否需要填报书面放弃减免税声明？

假设甲公司选择上述增值税免税政策。

如果甲公司在增值税减免税期间，一开始就适用征税政策，则无须以书面形式提交纳税人放弃免（减）税权声明报主管税务机关备案。

如果甲公司在减免税期间适用了增值税免税、减税政策后，再选择适用征税政策，则需按照《营业税改征增值税试点实施办法》第四十八条的有关规定，以书面形式提交纳税人放弃免（减）税权声明，报主管税务机关备案。一般纳税人自提交备案资料的次月起，按照规定计算缴纳增值税。

相关规定如下：

《国家税务总局关于明确二手车经销等若干增值税征管问题的公告》（国家税务总局公告2020年第9号）：

　　五、一般纳税人可以在增值税免税、减税项目执行期限内，按照纳税申报期选择实际享受该项增值税免税、减税政策的起始时间。

　　一般纳税人在享受增值税免税、减税政策后，按照《营业税改征增值税试点实施办法》（财税〔2016〕36号文件印发）第四十八条的有关规定，要求放弃免税、减税权的，应当以书面形式提交纳税人放弃免（减）税权声明，报主管税务机关备案。一般纳税人自提交备案资料的次月起，按照规定计算缴纳增值税。

案例170

增值税优惠政策与新收入准则的关系

甲公司是增值税小规模纳税人，按季度申报增值税。2020年第三季度实现销售额10.1万元，适用小微企业免增值税政策。

解析

1. 甲公司账务处理

　　借：应收账款　　　　　　　　　　　　　　　　　101 000
　　　　贷：主营业务收入　　　　　　　　　　　　　100 000
　　　　　　应交税费——应交增值税　　　　　　　　　1 000

由于到季度末才能得知是否可以适用小微企业免增值税政策（不超过30万元/季度），因此在平时确认收入相关分录时均需计提相应的增值税，待季度末如果没有超过免税额度，将"应交税费——应交增值税"余额转入相关损益。

2. 免税部分记入科目的探讨

《增值税会计处理规定》（财会〔2016〕22号文件印发）规定，"免增值税的账务处理。对于当期直接减免的增值税，借记'应交税费——应交增值税（减免税款）'科目，贷记损益类相关科目"。

上述文件规定将直接减免的增值税记入损益类科目，但具体记入哪个损益类科目，并没有进行明确。

财政部会计司网站曾经答复：

问：税务对小规模纳税人未达起征点减免的征值税属于16号准则当中的政府补助吗？应该记在哪个会计科目下？

答：企业应当按照《企业会计准则第16号——政府补助》（财会〔2017〕15号）中政府补助的定义和特征，根据交易事项的实质判断是否属于政府补助。关于小微企业免征增值税，小微企业应当按照《增值税会计处理规定》（财会〔2016〕22号）的有关规定进行会计处理，记入"其他收益"科目。

笔者认为，企业适用小微企业免增值税政策时，应将其免增值税部分按其业务所属实质，根据不同内容记入"主营业务收入""其他业务收入""营业外收入"等科目。具体分析如下：

（1）《企业会计准则第16号——政府补助》应用指南规定："本准则规定，政府补助是指企业从政府无偿取得货币性资产或非货币性资产。政府补助主要形式包括政府对企业的无偿拨款、税收返还、财政贴息，以及无偿给予非货币性资产等。**通常情况下，直接减征、免征、增加计税抵扣额、抵免部分税额等不涉及资产直接转移的经济资源，不适用政府补助准则**"。

因此，小微企业直接免增值税的部分，不适用政府补助准则。

（2）《〈企业会计准则第14号——收入〉应用指南（2018）》规定："根据本准则，企业确认收入的方式应当反映其向客户转让商品或提供服务（以下简称'转让商品'）的模式，**收入的金额应当反映企业因转让这些商品或提供这些服务而预期有权收取的对价金额**"。

企业因转让商品或提供服务而预期有权收取的对价金额包括免征的增值税部分，应确认为收入，而不能理解成先向政府交税后，政府再予以减免，政府补助准则应用指南中对于直接减免税不适用政府补助准则的论断也体现了这种原则和精神。

小规模纳税人平时账务处理时采用先记入"应交税费——应交增值税"科目，待季度末再转入损益的方式，只是由于到季度末才能知晓是否销售额未超过免税额度从而适用增值税免税政策，笔者认为，其实质和其他直接免税政策并无本质区别。

综上，笔者认为，企业销售商品或服务预期有权收取的对价中的免征增值税部分，应还原为其实质，本例应为主营业务收入。

而类似于企业招聘退役士兵抵减增值税应纳税额或者增值税加计抵减等业务中，企业没有明确对应的收入类科目，记入"其他收益"科目比较妥当。

以上为笔者个人观点。

11.7 售后回购与新收入准则

> **案例171**
> 售后回购构成经营租赁,在新收入准则与租赁准则下的税会差异

2020年4月1日,甲公司向乙公司销售一台设备,销售价格为200万元,同时双方约定两年之后,即2022年4月1日,甲公司将以120万元的价格回购该设备。

以上价格均不包含增值税。

解析

1. 甲公司应当将该交易作为租赁交易进行会计处理

本例中,乙公司虽然已经持有该设备的实物,但根据合同约定,甲公司负有在两年后回购该设备的义务,导致乙公司主导该商品的使用并从中获取几乎全部经济利益的能力受到限制,因此,乙公司并没有取得该设备的控制权。当回购价格低于原售价时,假定不考虑货币时间价值,该交易的实质是乙公司支付了80万元(200-120)的对价取得了该设备2年的使用权。因此应当视为租赁交易,按照《企业会计准则第21号——租赁》的相关规定进行会计处理。

甲公司是出租方,由于不符合融资租赁的条件,该业务属于经营租赁。

乙公司是承租方,除了短期租赁和低价值租赁外,按照新的租赁准则,无须区分经营租赁和融资租赁,应确认使用权资产和租赁负债等。

2. 甲公司账务处理

(1)收到款项(单位:万元,下同):

借:银行存款　　　　　　　　　　　　226 [200×(1+13%)]
　　贷:预收账款——乙公司设备款　　　　　　200
　　　　应交税费——应交增值税(销项税额)　　26

【提示】1.由于甲公司该业务实质为经营租赁,因此在转移设备时不应终止确认该资产,甲公司应将该设备确认为租赁资产并继续计提折旧费用。

2.关于此处记入"预收账款"科目的说明。

在新收入准则下,"预收账款"科目被取缔,代之以"合同负债",但其他准则仍然可以继续使用该科目。甲公司该业务适用租赁准则,而不是收入准则,因此仍然使用"预收账款"科目。

3.关于增值税纳税义务的说明。

本例中,虽然准则认为该业务实质是经营租赁,但是在增值税上,认为这是两项业务,即销售设备和采购设备,应分别按照销售和采购业务处理,而不能按照租赁进行增值税处理。在销售设备同时收取款项时,即应确认增值税纳税义务。

在增值税上,只有售后回租有特殊规定,而对于售后回购没有特殊规定,因此只能按照一般的购销业务进行增值税处理。

售后回租的政策规定:

《国家税务总局关于融资性售后回租业务中承租方出售资产行为有关税收问题的公告》(国家税务总局公告2010年第13号)规定:"现就融资性售后回租业务中承租方出售资产行为有关税收问题公告如下:

融资性售后回租业务是指承租方以融资为目的将资产出售给经批准从事融资租赁业务的企业后,又将该项资产从该融资租赁企业租回的行为。融资性售后回租业务中承租方出售资产时,资产所有权以及与资产所有权有关的全部报酬和风险并未完全转移。

一、增值税和营业税

根据现行增值税和营业税有关规定,融资性售后回租业务中承租方出售资产的行为,不属于增值税和营业税征收范围,不征收增值税和营业税"。

(2)每年确认租赁收入:

借:预收账款——乙公司设备款　　　　　　　　　　40(80÷2)
　　贷:其他业务收入　　　　　　　　　　　　　　　　　　　　40

【提示】关于"其他业务收入"科目的说明:

根据《企业会计准则第21号——租赁》应用指南,"租赁收入"科目核算租赁企业作为出租人确认的融资租赁和经营租赁的租赁收入。一般企业根据自身业务特点确定租赁收入的核算科目,例如"其他业务收入"等。

（3）回购设备时：

借：预收账款——乙公司设备款　　　　　　　　　120
　　应交税费——应交增值税（进项税额）　　　　15.6（120×13%）
　　贷：银行存款　　　　　　　　　　　　　　　135.6［120×（1+13%）］

3. 甲公司税务处理

关于甲公司企业所得税是否需纳税调整分析如下：

《国家税务总局关于确认企业所得税收入若干问题的通知》（国税函〔2008〕875号）第一条规定："除企业所得税法及实施条例另有规定外，企业销售收入的确认，必须遵循权责发生制原则和实质重于形式原则。

……

（三）采用售后回购方式销售商品的，销售的商品按售价确认收入，回购的商品作为购进商品处理。有证据表明不符合销售收入确认条件的，如以销售商品方式进行融资，收到的款项应确认为负债，回购价格大于原售价的，差额应在回购期间确认为利息费用"。

根据上述文件规定，采用售后回购方式销售商品的，原则上销售的商品按售价确认收入，回购的商品作为购进商品处理，但是，有证据表明不符合销售收入确认条件的，可以不按照该原则处理。上述文件中列举了"如以销售商品方式进行融资"的情形，**并未列举售后回购构成经营租赁等情形**，此种情况下，笔者认为，按照购销两项业务进行相关企业所得税处理的风险较小，否则由于文件未明确售后回购构成经营租赁的税务处理，可能形成一定的税务风险。

4. 应用指南相关规定

售后回购，是指企业销售商品的同时承诺或有权选择日后再将该商品购回的销售方式。被购回的商品包括原销售给客户的商品、与该商品几乎相同的商品，或者以该商品作为组成部分的其他商品。一般来说，售后回购通常有三种形式：一是企业和客户约定企业有义务回购该商品，即存在远期安排。二是企业有权利回购该商品，即企业拥有回购选择权。三是当客户要求时，企业有义务回购该商品，即客户拥有回售选择权。对于不同类型的售后回购交易，企业应当区分下列两种情形分别进行会计处理：

1. 企业因存在与客户的远期安排而负有回购义务或企业享有回购权利的。企业因存在与客户的远期安排而负有回购义务或企业享有回购权利的，尽管客户可能已经持有了该商品的实物，但是，由于企业承诺回购或者有权回购该商品，导致客户主导该商品的使用并从中获取几乎全部经济利益的能力受到限制，因此，在销售时点，客户并没有取得该商品的控制权。在这种情况下，企业应根据下列情况分别进行相应的会计处理：一是**回购价格低于原售价的，应当视为租赁交易**，按照《企业会计准则第21号——租赁》的相关规定进行会计处理。二是回购价格不低于原售价的，应当视为融资交易，在收到客户款项时确认金融负债，而不是终止确认该资产，并将该款项和回购价格的差额在回购期间内确认为利息费用等。

案例172

售后回购构成融资交易，在新收入准则与租赁准则下的税会差异

2020年4月1日，甲公司向乙公司销售一台设备，销售价格为200万元，同时双方约定两年之后，即2022年4月1日，甲公司将以250万元的价格回购该设备。本例中，假定不考虑货币时间价值，该交易的实质是甲公司以该设备作为质押取得了200万元的借款，2年后归还本息合计250万元。

以上价格均不包含增值税。

解析

1. 甲公司对该业务按照融资交易进行处理

本例中，乙公司虽然已经持有该设备的实物，但由于甲公司承诺回购该商品，导致乙公司主导该商品的使用并从中获取几乎全部经济利益的能力受到限制，因此，在转移设备时点，乙公司并没有取得该商品的控制权。本例中，设备回购价格不低于原售价，甲公司应当将该交易视为融资交易，不应当终止确认该设备，而应当在收到客户款项时确认金融负债，并将该款项和回购价格的差额在回购期间确认为利息费用等。

2. 甲公司账务处理

（1）收到设备款时（单位：万元，下同）：

借：银行存款　　　　　　　　　　　　　　　　　226
　　贷：长期应付款　　　　　　　　　　　　　　　200
　　　　应交税费——应交增值税（销项税额）　　　26

【提示】同上例，在增值税上，只有售后回租有特殊规定，而对于售后回购没有特殊规定，因此只能按照一般的购销业务进行增值税处理。

（2）该款项和回购价格的差额在回购期间内确认为利息费用：

借：财务费用等　　　　　　　　　　　　　　　　　　　50
　　贷：长期应付款　　　　　　　　　　　　　　　　　　　50

【提示】不论是平均摊销，还是以实际利率法摊销，整个期间内整体摊销的财务费用总额是50万元。企业可根据具体情况选择摊销方式。

（3）回购设备：

借：长期应付款　　　　　　　　　　　　　　　　　　　250
　　应交税费——应交增值税（进项税额）　　　32.5（250×13%）
　　贷：银行存款　　　　　　　　　　　　　　　　　　　282.5

3.甲公司税务处理

关于甲公司企业所得税是否需纳税调整的分析如下：

《国家税务总局关于确认企业所得税收入若干问题的通知》（国税函〔2008〕875号）第一条规定："除企业所得税法及实施条例另有规定外，企业销售收入的确认，必须遵循权责发生制原则和实质重于形式原则。

……

（三）采用售后回购方式销售商品的，销售的商品按售价确认收入，回购的商品作为购进商品处理。有证据表明不符合销售收入确认条件的，**如以销售商品方式进行融资，收到的款项应确认为负债，回购价格大于原售价的，差额应在回购期间确认为利息费用**"。

与售后回购形成经营租赁不同，售后回购形成融资交易的，税法文件明确规定可以按照融资交易进行企业所得税处理。

因此，甲公司在销售设备环节，会计未确认相关收入和成本，企业所得税上也无须确认销售收入和销售成本；回购价格大于原售价的差额形成的利息费用，税法也予以认可。

这里有一个小问题：税法认可该业务中的财务费用，但甲公司取得的发票是对方开具的设备的增值税专用发票，该发票是否可认为是利息费用税前扣除的合法凭证？笔者认为，是可以的。

案例173
企业应客户要求回购商品的重大经济动因

甲公司向乙公司销售其生产的一台设备,销售价格为2 000万元,双方约定,乙公司在5年后有权要求甲公司以1 500万元的价格回购该设备。甲公司预计该设备在回购时的市场价值将远低于1 500万元。暂不考虑货币的时间价值。

以上价格均不包含增值税。

解析

1.客户有重大经济动因行使回购权利

应用指南规定:"企业应客户要求回购商品的。企业负有应客户要求回购商品义务的,应当在合同开始日评估客户是否具有行使该要求权的重大经济动因。客户具有行使该要求权的重大经济动因的,企业应当将回购价格与原售价进行比较,并按照上述第1种情形下的原则将该售后回购作为租赁交易或融资交易进行相应的会计处理。客户不具有行使该要求权的重大经济动因的,企业应当将该售后回购作为附有销售退回条款的销售交易进行相应的会计处理。

在判断客户是否具有行权的重大经济动因时,企业应当综合考虑各种相关因素,包括回购价格与预计回购时市场价格之间的比较以及权利的到期日等。当回购价格明显高于该资产回购时的市场价值时,通常表明客户有行权的重大经济动因。"

这里需注意,只有在合同约定企业负有应客户要求回购商品义务的,才需要考虑客户是否有重大经济动因行使回购权利。

本例中,假定不考虑时间价值的影响,甲公司的回购价格1 500万元低于原售价2 000万元,但远高于该设备在回购时的市场价值,甲公司判断乙公司有重大的经济动因行使其权利要求甲公司回购该设备,同时回购价格低于原售价,因此,甲公司应当将该售后回购作为租赁交易进行相应的会计处理。

2.甲公司账务处理

(1)甲公司向乙公司销售其生产的一台设备(单位:万元,下同):

借:银行存款　　　　　　　　　　　　　　　　　　　　　　2 260
　　贷:预收账款——设备款　　　　　　　　　　　　　　　2 000
　　　　应交税费——应交增值税(销项税额)　　　　　　260(2 000×13%)

(2)每年确认租赁收入100万元(5年合计500万元):

借：预收账款——设备款　　　　　　　　100［(2 000-1 500)÷5］
　　贷：其他业务收入　　　　　　　　　　　　　　　　100

（3）回购设备时：

借：预收账款——设备款　　　　　　　　　　　　　1 500
　　应交税费——应交增值税（进项税额）　195（1 500×13%）
　　贷：银行存款　　　　　　　　　　　　　　　　1 695

12 关于新旧收入准则衔接

案例174
未完成合同的运输费用新旧收入准则衔接

甲公司为增值税一般纳税人,与乙公司签订销售商品合同,合同约定,由甲公司负责将商品运送至乙公司指定的地点,甲公司承担相关的运输费用。该运输活动发生在商品的控制权转移给乙公司之前,不构成单项履约义务,而是甲公司为履行合同发生的必要活动。

2019年甲公司发生上述运输费用共1 500万元,全部记入"销售费用——运输费用"科目。其中完成商品最终验收并确认销售收入的合同对应的运输费用为500万元,未完成商品最终验收且未确认销售收入的合同对应的运输费用为1 000万元。

甲公司于2020年1月1日开始执行新收入准则。

以上价格均不包含增值税。

解析

1. 未实现终验的商品对应的运输费用在新收入准则下的变化

甲公司因销售商品而承担的相关运输费用,在新收入准则执行前全部计入当期损益,在新收入准则下,应归集在"合同履约成本"科目中,当销售的商品控制权转移并确认收入时,将该科目转入当期损益,如"主营业务成本"等科目。

而对于尚未转移控制权、未确认收入的商品对应的运输费用仍然应放在"合同履约成本"科目中,在资产负债表中根据摊销期限不同列示为不同项目。

参考应用指南相关规定:

"根据本准则规定确认为资产的合同履约成本,初始确认时摊销期限不超过一年或一个正常营业周期的,在资产负债表中计入'存货'项目;初始确认时摊销期限在一年或一个正常营业周期以上的,在资产负债表中计入'其他非流动资产'项目"。

2. 新旧收入准则衔接时,可仅对跨期未完成的合同累积影响数进行调整

甲公司对于2019年商品销售合同中已完成最终验收的商品,已经计入相关收入和成本,相关运输费用已经计入了销售费用;而对于2019年商品销售合同中未完成最终验收的商品，虽然未计入相关收入和成本，但运输费用也已经计入了销售费用。对于该部分未完成终验的合同，即所谓"尚未完成的合同"，根据规定，在新收入准则首次执行日可以仅对尚未完成的合同的累积影响数进行调整，而对"已完成的合同"，即已经完成终验的商品的合同，则可不调整。

《企业会计准则第14号——收入》规定："企业可以仅对在首次执行日尚未完成的合同的累积影响数进行调整"。

"已完成的合同，是指企业按照与收入相关会计准则制度的原规定已完成合同中全部商品的转让的合同。尚未完成的合同，是指除已完成的合同之外的其他合同"。

3. 调整方式

甲公司企业所得税税率25%；盈余公积计提比例10%。

（1）2020年期初调整分录（单位：万元，下同）：

借：合同履约成本——运输费用　　　　　　　　　　　1 000
　　贷：利润分配——未分配利润　　　675〔1 000×（1-25%）×90%〕
　　　　盈余公积　　　　　　　　　　 75〔1 000×（1-25%）×10%〕
　　　　递延所得税负债　　　　　　　250（1 000×25%）

【提示】关于递延所得税负债的说明：

2019年甲公司将上述未确认销售商品收入对应的1 000万元运费记入了"销售费用"科目并且在企业所得税前扣除。2020年将其记入"合同履约成本"科目，在资产负债表中计入"存货"项目或者"其他非流动资产"项目。在2020年及以后年度，上述运费对应的商品最终销售且确认收入时，将确认收入的商品对应的运费从"合同履约成本"转入相关损益。由于该部分运费在2019年已在企业所得税前扣除，因此在转入相关损益的年度不能再次重复税前扣除，在企业所得税汇算清缴时应做纳税调增处理。

如此，产生了应纳税暂时性差异，应将其对应税额记入"递延所得税负债"科目。

（2）报表调整。

甲公司2020年资产负债表年初数，"存货"项目或者"其他非流动资产"项目增加1 000万元，"未分配利润"增加675万元，"盈余公积"增加75万元，"递延所得税负债"增加250万元。

利润表上年数不调整。

【提示】财务报表中进行了相关项目的调整，如果不进行相应的账务处理，则会导致根据账务系统出具的财务报表期末数，与调整了期初数的财务报表的期末数核对不相符。如本例中，2020年资产负债表"存货"项目期初数调整后的金额为1 000万元，如果不进行相关的账务处理，则根据账务系统出具的资产负债表的期末数将不会包括此数，造成核对不符或者每期均要进行调整等情形。

（3）摊销合同履约成本（假设2019年未完成的合同在2020年全部完成）：

　　借：主营业务成本等　　　　　　　　　　　　　　　　1 000
　　　　贷：合同履约成本　　　　　　　　　　　　　　　　　　　1 000

（4）转回递延所得税负债：

　　借：递延所得税负债　　　　　　　　　　　　　　　　　250
　　　　贷：所得税费用　　　　　　　　　　　　　　　　　　　　　250

4. 新收入准则相关规定

第七章　衔接规定

第四十三条　首次执行本准则的企业，应当根据首次执行本准则的累积影响数，调整首次执行本准则当年年初留存收益及财务报表其他相关项目金额，对可比期间信息不予调整。企业可以仅对在首次执行日尚未完成的合同的累积影响数进行调整。同时，企业应当在附注中披露，与收入相关会计准则制度的原规定相比，执行本准则对当期财务报表相关项目的影响金额，如有重大影响的，还需披露其原因。

已完成的合同，是指企业按照与收入相关会计准则制度的原规定已完成合同中全部商品的转让的合同。尚未完成的合同，是指除已完成的合同之外的其他合同。

5. 应用指南相关规定

准则实施的衔接规定

在衔接规定方面，国际财务报告准则第15号有两种方法供企业选择：一是允许企业采用追溯调整。二是将首次执行的累积影响仅调整首次执行本准则当年年初留存收益及财务报表其他相关项目金额，不调整可比期间信息。经征求监管部门及部分企业意见，新收入准则采用了第二种方法，以便于我国企业之间的财务报表信息可比，并避免追溯调整对企业产生的影响。

6. 上市公司相关公告

某股份有限公司首次公开发行股票并在科创板上市招股说明书部分内容如下：
财政部于2017年度修订了《企业会计准则第14号——收入》。修订后的准则规定，首次执行该准则应当根据累积影响数调整当年年初留存收益及财务报表其他相关项目金额，对可比期间信息不予调整。

公司自2020年1月1日起执行新收入准则。根据准则的规定，公司仅对在首次执行日尚未完成的合同的累积影响数调整2020年年初留存收益以及财务报表其他相关项目金额，2019年度的财务报表不做调整。执行该准则的主要影响如下（见表12-1）：

表12-1

会计政策变更的内容和原因	审批程序	受影响的报表项目	2020年1月1日
公司与客户签订的合同约定，由公司负责将产品运送至客户指定的地点，本公司承担相关的运输费用。本公司的运输活动发生在产品的控制权转移给客户之前，不构成单项履约义务，而是本公司为履行合同发生的必要活动。将尚未完成终验收的项目发生的运输费用重分类至存货，同时调整留存收益。	董事会审批	未分配利润	7 407 259.97
		存货	7 407 259.97

【提示】该公司未考虑相关所得税、盈余公积等事项。

案例175

运输费用在新旧收入准则下的差异
——导致毛利率变化

某股份有限公司关于执行新收入准则并变更相关会计政策的公告的部分内容如下：

对利润表项目的影响：将作为合同履约成本的运杂费在"营业成本"中列报。（见表12-2）

表12-2

利润表项目	本期增减金额（元）
营业成本	10 923 464.25
运输费用	-10 923 464.25

销售运杂费作为合同履约成本由原准则在"销售费用"项下核算,变更为在"主营业务成本"项下核算,导致本报告期毛利率下降2.03%。

该项变化只是主营业务项下的调整,并不影响营业利润、利润总额及净利润指标。

根据新旧收入准则衔接规定,公司对可比期间信息未进行调整。

解析

1. 新收入准则下,销售商品的运输成本计入合同履约成本影响毛利率

企业向客户销售商品的同时需要将商品运送至客户指定的地点,在控制权转移给客户之前发生的运输活动不构成单项履约义务,相关成本应当作为合同履约成本;控制权转移给客户之后发生的运输活动,企业应当考虑该项服务是否构成单项履约义务,即使该运输服务构成了单项履约义务,也应使用"合同履约成本"对相关运输成本进行归集。

因此,无论是在商品控制权转移之前还是之后,相关的运输成本在新收入准则下均应计入合同履约成本。在运输活动完成后,应将其转入相关损益。

上述运输费用执行新收入准则前计入销售费用,新收入准则下计入营业成本等,虽然利润总额及营业利润均不变,但可能会导致商品毛利率下降。

2. 应用指南相关规定

在企业向客户销售商品的同时,约定企业需要将商品运送至客户指定的地点的情况下,企业需要根据相关商品的控制权转移时点判断该运输活动是否构成单项履约义务。通常情况下,控制权转移给客户之前发生的运输活动不构成单项履约义务,而只是企业为了履行合同而从事的活动,相关成本应当作为合同履约成本;相反,控制权转移给客户之后发生的运输活动则可能表明企业向客户提供了一项运输服务,企业应当考虑该项服务是否构成单项履约义务。

案例176

预收账款与合同负债新旧收入准则衔接

某股份有限公司首次公开发行股票招股说明书部分内容如下:

首次执行新收入准则调整首次执行当年年初财务报表相关项目情况:

预收账款、合同负债、非流动负债:

2020年1月1日,公司将因销售商品收到的预收款项62 905 433.08元中的不含税金额 55 673 374.49 元重分类至合同负债，并将相关的增值税销项税额 7 232 058.59 元重分类至其他流动负债。

解析

1. 预收账款重分类至合同负债应为不含税金额

执行新收入准则前与销售收入相关的预收款项通常包括增值税额，而新收入准则下的合同负债则明确规定不包括增值税额，因此，在新旧收入准则衔接时，应将预收款项中的不含税金额重分类为合同负债等。实务操作中，有的企业直接把旧收入准则下的预收款项全额重分类到合同负债中，这实际上不符合合同负债的定义。正确的做法是，将原预收账款的不含税金额重分类为合同负债，相应的增值税额根据情况，在资产负债表中的"其他流动负债"或"其他非流动负债"项目列示。

调整分录为：

借：预收账款
　　贷：合同负债
　　　　应交税费——待转销项税额

2. 合同负债中的增值税额重分类问题

预收账款中包含的增值税额，虽然记入"应交税费"科目，但并不代表企业应缴纳的税费，在报表上不应列示为"应交税费"，而应在资产负债表中的"其他流动负债"或"其他非流动负债"项目列示。

3. 上市公司相关公告

（1）某股份有限公司年报部分内容如下：

"截至 2018 年 1 月 1 日，本集团将预收货款人民币 2 353 642 千元（不包含预收相关的增值税款）重分类至合同负债，预收相关的增值税款人民币 285 486 千元重分类至其他流动负债。"

（2）某股份有限公司年报部分内容如下：

"合同负债主要涉及本集团客户的房地产销售合同中收取的预收款。该预收款在合同签订时收取，金额为合同对价的 20%~100% 不等。该合同的相关收入将在本集团履行履约义务后确认。该预收款在 2017 年 12 月 31 日的资产负债表中计入预收款项科目，本集团自 2018 年 1 月 1 日起开始采用新收入准则（附注三、35（2）），根据新收入准则，本集团客户的房地产销售合同中收取的预收款计入合同负债科目。"

> 案例177
>
> **航空公司在新收入准则下对于积分处理的影响**
>
> ——净额法转为单独售价分摊法

某股份有限公司年报部分内容如下：

常旅客奖励积分：

执行新收入准则前，集团对常旅客奖励积分采用余值法处理，即将承运票款扣除奖励积分金额确认为收入。常旅客奖励积分计入递延收益的金额按照积分的公允价值和预期兑换率计算。待旅客兑换积分且承运后，商品及服务交付后或积分失效时确认为收入。新收入准则要求集团采用相对单独售价的分配方法将票款在常旅客奖励积分和当期承运进行分配。于2018年1月1日，相对单独售价分配法的运用导致合同负债－常旅客奖励计划减少人民币3 300万元，未分配利润增加人民币3 300万元。

解析

1. 新旧收入准则对于积分的处理的差异

《财政部关于做好执行会计准则企业2008年年报工作的通知》（财会函〔2008〕60号）规定："企业在销售产品或提供劳务的同时授予客户奖励积分的，应当将销售取得的货款或应收货款在商品销售或劳务提供产生的收入与奖励积分之间进行分配，与奖励积分相关的部分应首先作为递延收益，待客户兑换奖励积分或失效时，结转计入当期损益。"

执行新收入准则前，企业发生销售行为同时授予客户积分的，将销售款项在收入和积分之间进行分配，有的企业采取余值法计量积分的价值，即将积分的公允价值直接记入"递延收益"科目，剩余金额记入相关收入科目，而不是按照比例进行分摊。

举例如下：

销售机票取得不含税款项100万元，授予客户积分公允价值不含税10万元。

（1）执行新收入准则前（单位：万元，下同）。

销售时：

  借：应收账款或银行存款   109
    贷：主营业务收入   90
      递延收益——积分   10
      应交税费——应交增值税（销项税额）   9

（2）执行新收入准则后。

按照单独售价将票款在积分和当期销售商品之间进行分配。

销售商品分摊交易价格=100×100÷（100+10）=90.91（万元）；

积分分摊交易价格=100×10÷（100+10）=9.09（万元）。

销售时：

借：应收账款	109
贷：主营业务收入	90.91
合同负债——积分	9.09
应交税费——应交增值税（销项税额）	9

（3）新旧收入准则对积分的不同处理之比较。

新收入准则较旧收入准则：

主营业务收入增加0.91万元（90.91–90）；

合同负债减少0.91万元（10–9.09）。

2.新旧收入准则衔接时未兑换积分的处理

在新收入准则开始执行时，调整分录如下（该公司企业所得税税率25%，不考虑盈余公积等因素）：

借：递延收益——积分	10
贷：合同负债——积分	9.09
利润分配——未分配利润	0.68（0.91×75%）
递延所得税负债	0.23（0.91×25%）

> 【提示】关于递延所得税负债的说明：
>
> 　　该公司在执行新收入准则前计入收入金额为90万元，并在企业所得税汇算清缴时按此金额申报。在执行新收入准则后，合同负债计入9.09万元，将来兑换积分时将该金额在账面上转入收入，但企业所得税应申报10万元的收入，因此应进行企业所得税纳税调增处理，形成了应纳税暂时性差异，其对应的税额计入递延所得税负债。

3.上市公司相关公告

某股份有限公司年报部分内容如下：

"采用新收入准则对本集团会计政策的具体影响如下：

对于常旅客里程奖励计划，在原收入准则下，本集团将来自客运服务的票款收入根据公允价值在提供运输服务收入与常旅客里程奖励计划授予会员的奖励里程之间进行分配,将奖励里程的公允价值确认为递延收益,其余部分确认为当期收入。在新收入准则下,分摊比例按照奖励里程和运输服务单独售价的相对比例确定。本集团分摊至奖励里程的交易价格改变,并同时影响运输收入与合同负债的确认金额。"

4. 参考中国证监会《2018年上市公司年报会计监管报告》

二、企业会计准则和财务信息披露规则执行问题

……

(二)收入准则相关问题

1.新收入准则实施相关问题

(1)首次执行日的累积影响数的调整问题

年报分析发现,新收入准则对上市公司的某些业务产生重新计量的影响,个别上市公司仅在2018年财务报表中按照新收入准则进行会计处理,而未将相关累积影响数调整首次执行日的留存收益。例如,个别上市公司在2018年按照新收入准则要求,将不存在重大融资成分的长期应收款项原确认的相关折现息调整当期财务费用净额,但是未对期初留存收益进行调整;个别上市公司在2018年度按照新收入准则的要求,对于客户奖励积分的分摊方法由剩余价值法,改为按照提供商品或服务以及奖励积分单独售价的相对比例进行分摊,但是未对期初留存收益进行调整;部分上市公司对执行新收入准则导致的累积影响数调整首次执行日的留存收益时,错误地将影响金额全部计入未分配利润,未相应调整盈余公积。

案例178

建筑企业新旧收入准则的科目衔接之例一

甲公司为建筑企业,增值税一般纳税人,2020年与乙公司签订建筑施工合同,合同约定开工日期为2020年2月,完工日期为2021年10月。甲公司2021年1月1日开始执行新收入准则,之前按照原《企业会计准则第15号——建造合同》进行账务处理。

合同总造价:10 000万元(不含税);合同预计总成本:8 000万元(不含税)。

甲公司在2020年根据原《企业会计准则第15号——建造合同》相关规定,对该建造合同按照完工百分比法确认收入和成本。根据累计实际发生的合同成本占合同预计总成本的比例确定2020年完工进度为40%。

解析

1. 甲公司2020年按照原建造合同准则的规定进行账务处理

（1）发生各项成本3 200万元（单位：万元，下同）：

　　借：工程施工——合同成本　　　　　　　　　　　　　　3 200
　　　　贷：原材料、应付职工薪酬等　　　　　　　　　　　3 200

（2）确认计量2020年的收入和费用：

　　借：工程施工——合同毛利　　　　　　　　　　　　　　800
　　　　主营业务成本　　　　　　　　　　3 200（8 000×40%）
　　　　贷：主营业务收入　　　　　　　　4 000（10 000×40%）

（3）与乙公司结算工程款：

　　借：应收账款　　　　　　　　　　　　　　　　　　　　4 905
　　　　贷：工程结算　　　　　　　　　　　　　　　　　　4 500
　　　　　　应交税费——待转销项税额　　　　　　　　　　 405

注意：假设在结算时未达到增值税纳税义务发生时间。

2020年底各科目余额：

"工程施工——合同成本"借方余额：3 200万元；

"工程施工——合同毛利"借方余额：800万元；

"工程结算"贷方余额：4 500万元。

2020年底资产负债表相关列示项目为：

预收账款500万元。

2. 甲公司2021年1月1日执行新收入准则的科目结转

　　借：工程结算　　　　　　　　　　　　　　　　　　　　4 500
　　　　贷：工程施工——合同成本　　　　　　　　　　　　3 200
　　　　　　　　　　——合同毛利　　　　　　　　　　　　 800
　　　　　　合同结算——价款结算　　　　　　　　　　　　 500

【提示】关于"合同结算——价款结算"科目结转金额的说明：

"合同结算——价款结算"科目结转金额="主营业务收入"科目贷方累计发生额－"工程结算"科目贷方累计发生额=4 000－4 500=－500（万元）（负数代表贷方余额，正数代表借方余额）；

"合同结算"科目贷方余额在资产负债表上列示为"合同负债"项目（甲公司预计该部分履约义务将在一年内完成）。

3. 甲公司2021年账务处理

（1）发生各项成本：

借：合同履约成本——合同成本	4 800
贷：原材料、应付职工薪酬等	4 800

（2）确认计量2021年的收入和费用：

借：合同结算——收入结转	6 000（10 000×100%–4 000）
贷：主营业务收入	6 000（10 000×100%–4 000）
借：主营业务成本	4 800（8 000×100%–3 200）
贷：合同履约成本	4 800（8 000×100%–3 200）

（3）与乙公司结算工程款：

借：应收账款	5 995
贷：合同结算——价款结算	5 500
应交税费——待转销项税额	495

"合同结算"科目余额=–500+6 000–5 500=0。

案例179

建筑企业新旧收入准则的科目衔接之例二

甲公司为建筑企业，增值税一般纳税人，2020年与乙公司签订建筑施工合同，合同约定开工日期为2020年2月，完工日期为2021年10月。甲公司2021年1月1日开始执行新收入准则，之前按照原《企业会计准则第15号——建造合同》进行账务处理。

合同总造价：10 000万元（不含税）；合同预计总成本：8 000万元（不含税）。

甲公司在2020年根据原《企业会计准则第15号——建造合同》相关规定，对该建造合同按照完工百分比法确认收入和成本。根据已经完成的合同工作量占合同预计总工作量的比例确定2020年完工进度为40%。

解析

1. 甲公司2020年按照原建造合同准则的规定进行账务处理

（1）发生各项成本（单位：万元，下同）：

借：工程施工——合同成本	4 200

贷：原材料、应付职工薪酬等　　　　　　　　　　　　　　　4 200

（2）确认计量2020年的收入和费用：

　　借：工程施工——合同毛利　　　　　　　　　　　　　　　　800
　　　　主营业务成本　　　　　　　　　　　　　3 200（8 000×40%）
　　贷：主营业务收入　　　　　　　　　　　　4 000（10 000×40%）

（3）与乙公司结算工程款：

　　借：应收账款　　　　　　　　　　　　　　　　　　　　　4 905
　　贷：工程结算　　　　　　　　　　　　　　　　　　　　　4 500
　　　　应交税费——待转销项税额　　　　　　　　　　　　　　405

2020年各科目余额：

"工程施工——合同成本"借方余额：4 200万元；

"工程施工——合同毛利"借方余额：800万元；

"工程结算"贷方余额：4 500万元。

2020年底资产负债表相关列示项目为：

存货500万元。

2.甲公司2021年1月1日执行新收入准则的科目结转

　　借：工程结算　　　　　　　　　　　　　　　　　　　　　4 500
　　　　合同履约成本　　　　　　　　　　　　　1 000（4 200–3 200）
　　贷：工程施工——合同毛利　　　　　　　　　　　　　　　　800
　　　　　　——合同成本　　　　　　　　　　　　　　　　　4 200
　　　　合同结算——价款结算　　　　　　　　　　　　　　　　500

> 【提示】关于此处"合同履约成本"科目的说明：
>
> 2020年甲公司发生建造成本4 200万元，按照履约进度计算只结转了3 200万元的成本，如果假设在2020年即执行新收入准则，则会产生"合同履约成本"科目借方余额1 000万元。
>
> "合同履约成本"科目结转金额="工程施工——合同成本"科目借方累计发生额–"主营业务成本"科目借方累计发生额=4 200–3 200=1 000（万元）；
>
> "合同履约成本"科目在资产负债表上列示为"存货"项目（初始确认时摊销期限不超过一年）。
>
> "合同结算——价款结算"科目结转金额="主营业务收入"科目贷方累计发

生额–"工程结算"科目贷方余额=4 000–4 500=–500（万元）（负数代表贷方余额，正数代表借方余额）；

"合同结算"科目在资产负债表上列示为"合同负债"项目（甲公司预计该部分履约义务将在一年内完成）。

3. 甲公司2021年账务处理

（1）发生各项成本：

借：合同履约成本——合同成本　　　　　　　　　3 800

　　贷：原材料、应付职工薪酬等　　　　　　　　　　　3 800

（2）确认计量2021年的收入和费用：

借：合同结算——收入结转　　　　　　6 000（10 000×100%–4 000）

　　贷：主营业务收入　　　　　　　　　6 000（10 000×100%–4 000）

借：主营业务成本　　　　　　　　　　4 800（8 000×100%–3 200）

　　贷：合同履约成本　　　　　　　　　4 800（8 000×100%–3 200）

（3）与乙公司结算工程款：

借：应收账款　　　　　　　　　　　　　　　　　　5 995

　　贷：合同结算——价款结算　　　　　　　　　　　　5 500

　　　　应交税费——待转销项税额　　　　　　　　　　495

【提示】"合同履约成本"科目余额=1 000+3 800–4 800=0。

2021年新旧收入准则衔接时结转"合同履约成本"科目的借方余额1 000万元，最后自然结平。

"合同结算"科目余额=–500+6 000–5 500=0。

案例180
上市公司新旧收入准则衔接案例

某股份有限公司2020年年报部分内容如下：

执行新收入准则对本年年初资产负债表相关项目的影响列示如下（见表12-3）：

表 12-3

单位：元

项目	2019年12月31日	2020年1月1日	影响数
应收账款	205 021 446.76	162 233 087.75	-42 788 359.01
合同资产		42 788 359.01	42 788 359.01
合同负债		16 717 199.74	16 717 199.74
其他流动负债		2 173 235.97	2 173 235.97
预收账款	18 890 435.71		-18 890 435.71
存货	127 969 997.23	128 240 598.48	270 601.25
递延所得税负债	513 372.95	553 963.14	40 590.19
盈余公积	50 975 443.15	50 998 444.26	23 001.11
未分配利润	322 367 091.63	322 574 101.58	207 009.95

调整说明：公司根据新收入准则将已收客户对价而应向客户转让商品或服务的义务确认为合同负债，将已向客户转让商品而有权收取对价的权利且该权利取决于时间流逝之外的其他因素的资产确认为合同资产。公司根据新收入准则将运输费调整为通过"合同履约成本"核算，影响期初发出商品金额。

解析

1. 应收账款与合同资产调整

2020年期初账务处理如下：

借：合同资产　　　　　　　　　　　　　　　　　　42 788 359.01
　　贷：应收账款　　　　　　　　　　　　　　　　42 788 359.01

2019年12月31日"应收账款"期末余额为205 021 446.76元，其中除承担信用风险之外，还可能承担其他风险的应收款项的金额为42 788 359.01元，根据新收入准则，应当按其流动性在资产负债表中的"合同资产"或"其他非流动资产"项目中填列。

2. 预收账款与合同负债调整

2020年期初账务处理如下：

借：预收账款　　　　　　　　　　　　　　　　　　18 890 435.71
　　贷：合同负债　　　　　　16 717 199.74〔18 890 435.71÷(1+13%)〕
　　　　应交税费——待转销项税额
　　　　　　　　　　　　　　2 173 235.97〔18 890 435.71÷(1+13%)×13%〕

2019年12月31日"预收账款"期末余额为18 890 435.71元,应在2020年资产负债表期初数中将其中不含增值税金额根据其流动性在"合同负债"或"其他非流动负债"项目中填列。其中的"应交税费——待转销项税额"期末余额应根据情况,在资产负债表中的"其他流动负债"或"其他非流动负债"项目列示。

3.运费与合同履约成本调整

公司在2019年销售商品发生运费,对于其中尚未确认最终商品收入对应的运费270 601.25元,根据新收入准则应通过"合同履约成本"核算。

在2020年资产负债表期初数增加"存货"项目270 601.25元,同时相应增加未分配利润207 009.95元〔270 601.25×(1-15%)×90%〕,盈余公积23 001.11元〔270 601.25×(1-15%)×10%〕,递延所得税负债40 590.19元(270 601.25×15%)。

【提示】该公司企业所得税税率为15%。

2020年期初调整分录如下:
借:合同履约成本   270 601.25
　　贷:递延所得税负债   40 590.19(270 601.25×15%)
　　　　未分配利润   207 009.95〔270 601.25×(1-15%)×90%〕
　　　　盈余公积   23 001.11〔270 601.25×(1-15%)×10%〕

【提示】关于此处递延所得税负债40 590.19元的说明:

公司在2019年销售商品发生运费,对于其中尚未确认最终商品收入对应的运费270 601.25元,在2019年执行新收入准则前记入"销售费用"科目,在2019年企业所得税汇算清缴时已经税前扣除,在以后年度将"合同履约成本"摊销计入相关损益时不能再重复扣除,应予以纳税调增,形成了应纳税暂时性性差异,从而确认递延所得税负债。

附录1

新收入准则相关科目报表列示

相关科目	报表列示项目	说明
合同履约成本	存货	初始确认时摊销期限不超过一年或一个正常营业周期的，在资产负债表中计入"存货"项目。
	其他非流动资产	初始确认时摊销期限在一年或一个正常营业周期以上的，在资产负债表中计入"其他非流动资产"项目。
合同取得成本	其他流动资产	初始确认时摊销期限不超过一年或一个正常营业周期的，在资产负债表中计入"其他流动资产"项目。
	其他非流动资产	初始确认时摊销期限在一年或一个正常营业周期以上的，在资产负债表中计入"其他非流动资产"项目。
应收退货成本	其他流动资产	企业预期将退回商品转让时的账面价值，扣除收回该商品预计发生的成本（包括退回商品的价值减损）后的余额，在资产负债表中按其流动性计入"其他流动资产"或"其他非流动资产"项目。
	其他非流动资产	
合同资产	合同资产	"合同资产"项目、"合同负债"项目，应分别根据"合同资产"科目、"合同负债"科目的相关明细科目的期末余额分析填列，同一合同下的合同资产和合同负债应当以净额列示，其中净额为借方余额的，应当根据其流动性在"合同资产"或"其他非流动资产"项目中填列，已计提减值准备的，还应减去"合同资产减值准备"科目中相关的期末余额后的金额填列；其中净额为贷方余额的，应当根据其流动性在"合同负债"或"其他非流动负债"项目中填列。
	其他非流动资产	
合同负债	合同负债	
	其他非流动负债	
合同结算	合同资产	"合同结算"科目的期末余额在借方的，根据其流动性，在资产负债表中分别列示为"合同资产"或"其他非流动资产"项目；期末余额在贷方的，根据其流动性，在资产负债表中分别列示为"合同负债"或"其他非流动负债"项目。"合同结算"科目的期末余额在借方的，根据其流动性，在资产负债表中分别列示为"合同资产"或"其他非流动资产"项目；期末余额在贷方的，根据其流动性，在资产负债表中分别列示为"合同负债"或"其他非流动负债"项目。
	其他非流动资产	
	合同负债	
	其他非流动负债	
预计负债	其他流动负债	确认为预计负债的应付退货款，应当根据"预计负债"科目下的"应付退货款"明细科目是否在一年或一个正常营业周期内清偿，在"其他流动负债"或"预计负债"项目中填列。
	预计负债	

相关科目	报表列示项目	说明
应交税费——待转销项税额	其他流动负债	"应交税费——待转销项税额"等科目期末贷方余额应根据情况，在资产负债表中的"其他流动负债"或"其他非流动负债"项目列示。
	其他非流动负债	
应交税费——"应交增值税""未交增值税""待抵扣进项税额""待认证进项税额""增值税留抵税额"	其他流动资产	"应交税费"科目下的"应交增值税""未交增值税""待抵扣进项税额""待认证进项税额""增值税留抵税额"等明细科目期末借方余额应根据情况，在资产负债表中的"其他流动资产"或"其他非流动资产"项目列示。
	其他非流动资产	
应交税费——"未交增值税""简易计税""转让金融商品应交增值税""代扣代交增值税"	应交税费	"应交税费"科目下的"未交增值税""简易计税""转让金融商品应交增值税""代扣代交增值税"等科目期末贷方余额应在资产负债表中的"应交税费"项目列示。

附录2

新收入准则相关科目设置

三、关于应设置的相关会计科目和主要账务处理

企业应当正确记录和反映与客户之间的合同产生的收入及相关成本费用。本部分仅涉及适用于本准则进行会计处理时需要设置的主要会计科目、相关会计科目的主要核算内容以及通常情况下的账务处理，企业在核算适用于其他企业会计准则的交易和事项时也需要使用本部分涉及的会计科目的，应遵循其他相关企业会计准则的规定。收入的会计处理，一般需要设置下列会计科目。

（一）"主营业务收入"

1. 本科目核算企业确认的销售商品、提供服务等主营业务的收入。

2. 本科目可按主营业务的种类进行明细核算。

3. 主营业务收入的主要账务处理。

（1）企业在履行了合同中的单项履约义务时，应按照已收或应收的合同价款，加上应收取的增值税额，借记"银行存款""应收账款""应收票据""合同资产"等科目，按应确认的收入金额，贷记本科目，按应收取的增值税额，贷记"应交税费——应交增值税（销项税额）""应交税费——待转销项税额"等科目。

（2）合同中存在企业为客户提供重大融资利益的，企业应按照应收合同价款，借记"长期应收款"等科目，按照假定客户在取得商品控制权时即以现金支付而需支付的金额（即现销价格）确定的交易价格，贷记本科目，按其差额，贷记"未实现融资收益"科目；合同中存在客户为企业提供重大融资利益的，企业应按照已收合同价款，借记"银行存款"等科目，按照假定客户在取得商品控制权时即以现金支付的应付金额（即现销价格）确定的交易价格，贷记"合同负债"等科目，按其差额，借记"未确认融资费用"科目。涉及增值税的，还应进行相应的处理。

（3）企业收到的对价为非现金资产时，应按该非现金资产在合同开始日的公允价值，借记"存货""固定资产""无形资产"等有关科目，贷记本科目。涉及增值税的，还应进行相应的处理。

4. 期末，应将本科目的余额转入"本年利润"科目，结转后本科目应无余额。

（二）"其他业务收入"

1. 本科目核算企业确认的除主营业务活动以外的其他经营活动实现的收入，包括

出租固定资产、出租无形资产、出租包装物和商品、销售材料、用材料进行非货币性交换（非货币性资产交换具有商业实质且公允价值能够可靠计量）或债务重组等实现的收入。企业（保险）经营受托管理业务收取的管理费收入，也通过本科目核算。

2.本科目可按其他业务的种类进行明细核算。

3.其他业务收入的主要账务处理。企业确认其他业务收入的主要账务处理参见"主营业务收入"科目。

4.期末，应将本科目的余额转入"本年利润"科目，结转后本科目应无余额。

（三）"主营业务成本"

1.本科目核算企业确认销售商品、提供服务等主营业务收入时应结转的成本。

2.本科目可按主营业务的种类进行明细核算。

3.主营业务成本的主要账务处理。期末，企业应根据本期销售各种商品、提供各种服务等实际成本，计算应结转的主营业务成本，借记本科目，贷记"库存商品""合同履约成本"等科目。采用计划成本或售价核算库存商品的，平时的营业成本按计划成本或售价结转，月末，还应结转本月销售商品应分摊的产品成本差异或商品进销差价。

4.期末，应将本科目的余额转入"本年利润"科目，结转后本科目无余额。

（四）"其他业务成本"

1.本科目核算企业确认的除主营业务活动以外的其他经营活动所发生的支出，包括销售材料的成本、出租固定资产的折旧额、出租无形资产的摊销额、出租包装物的成本或摊销额等。除主营业务活动以外的其他经营活动发生的相关税费，在"税金及附加"科目核算。采用成本模式计量投资性房地产的，其投资性房地产计提的折旧额或摊销额，也通过本科目核算。

2.本科目可按其他业务成本的种类进行明细核算。

3.其他业务成本的主要账务处理。企业发生的其他业务成本，借记本科目，贷记"原材料""周转材料"等科目。

4.期末，应将本科目的余额转入"本年利润"科目，结转后本科目无余额。

（五）"合同履约成本"

1.本科目核算企业为履行当前或预期取得的合同所发生的、不属于其他企业会计准则规范范围且按照本准则应当确认为一项资产的成本。企业因履行合同而产生的毛利不在本科目核算。

2.本科目可按合同，分别"服务成本""工程施工"等进行明细核算。

3.合同履约成本的主要账务处理。企业发生上述合同履约成本时，借记本科目，贷记"银行存款""应付职工薪酬""原材料"等科目；对合同履约成本进行摊销时，借记"主营业务成本""其他业务成本"等科目，贷记本科目。涉及增值税的，还应进行相应的处理。

4.本科目期末借方余额，反映企业尚未结转的合同履约成本。

（六）"合同履约成本减值准备"

1.本科目核算与合同履约成本有关的资产的减值准备。

2.本科目可按合同进行明细核算。

3.合同履约成本减值准备的主要账务处理。与合同履约成本有关的资产发生减值的，按应减记的金额，借记"资产减值损失"科目，贷记本科目；转回已计提的资产减值准备时，做相反的会计分录。

4.本科目期末贷方余额，反映企业已计提但尚未转销的合同履约成本减值准备。

（七）"合同取得成本"

1.本科目核算企业取得合同发生的、预计能够收回的增量成本。

2.本科目可按合同进行明细核算。

3.合同取得成本的主要账务处理。企业发生上述合同取得成本时，借记本科目，贷记"银行存款""其他应付款"等科目；对合同取得成本进行摊销时，按照其相关性借记"销售费用"等科目，贷记本科目。涉及增值税的，还应进行相应的处理。

4.本科目期末借方余额，反映企业尚未结转的合同取得成本。

（八）"合同取得成本减值准备"

1.本科目核算与合同取得成本有关的资产的减值准备。

2.本科目可按合同进行明细核算。

3.合同取得成本减值准备的主要账务处理。与合同取得成本有关的资产发生减值的，按应减记的金额，借记"资产减值损失"科目，贷记本科目；转回已计提的资产减值准备时，做相反的会计分录。

4.本科目期末贷方余额，反映企业已计提但尚未转销的合同取得成本减值准备。

（九）"应收退货成本"

1.本科目核算销售商品时预期将退回商品的账面价值，扣除收回该商品预计发生的成本（包括退回商品的价值减损）后的余额。

2.本科目可按合同进行明细核算。

3.应收退货成本的主要账务处理。企业发生附有销售退回条款的销售的，应在客户取得相关商品控制权时，按照已收或应收合同价款，借记"银行存款""应收账款""应收票据""合同资产"等科目，按照因向客户转让商品而预期有权收取的对价金额(即,不包含预期因销售退回将退还的金额),贷记"主营业务收入""其他业务收入"等科目,按照预期因销售退回将退还的金额,贷记"预计负债——应付退货款"等科目;结转相关成本时,按照预期将退回商品转让时的账面价值,扣除收回该商品预计发生的成本(包括退回商品的价值减损)后的余额,借记本科目,按照已转让商品转让时的账面价值,贷记"库存商品"等科目,按其差额,借记"主营业务成本""其他业务成本"等科目。涉及增值税的,还应进行相应处理。

4.本科目期末借方余额,反映企业预期将退回商品转让时的账面价值,扣除收回该商品预计发生的成本(包括退回商品的价值减损)后的余额,在资产负债表中按其流动性计入"其他流动资产"或"其他非流动资产"项目。

(十)"合同资产"

1.本科目核算企业已向客户转让商品而有权收取对价的权利。仅取决于时间流逝因素的权利不在本科目核算。

2.本科目应按合同进行明细核算。

3.合同资产的主要账务处理。企业在客户实际支付合同对价或在该对价到期应付之前,已经向客户转让了商品的,应当按因已转让商品而有权收取的对价金额,借记本科目或"应收账款"科目,贷记"主营业务收入""其他业务收入"等科目;企业取得无条件收款权时,借记"应收账款"等科目,贷记本科目。涉及增值税的,还应进行相应的处理。

(十一)"合同资产减值准备"

1.本科目核算合同资产的减值准备。

2.本科目应按合同进行明细核算。

3.合同资产减值准备的主要账务处理。合同资产发生减值的,按应减记的金额,借记"资产减值损失"科目,贷记本科目;转回已计提的资产减值准备时,做相反的会计分录。

4.本科目期末贷方余额,反映企业已计提但尚未转销的合同资产减值准备。

(十二)"合同负债"

1.本科目核算企业已收或应收客户对价而应向客户转让商品的义务。

2.本科目应按合同进行明细核算。

3.合同负债的主要账务处理。企业在向客户转让商品之前,客户已经支付了合同对价或企业已经取得了无条件收取合同对价权利的,企业应当在客户实际支付款项与到期应支付款项孰早时点,按照该已收或应收的金额,借记"银行存款""应收账款""应收票据"等科目,贷记本科目;企业向客户转让相关商品时,借记本科目,贷记"主营业务收入""其他业务收入"等科目。涉及增值税的，还应进行相应的处理。

企业因转让商品收到的预收款适用本准则进行会计处理时，不再使用"预收账款"科目及"递延收益"科目。

4.本科目期末贷方余额，反映企业在向客户转让商品之前，已经收到的合同对价或已经取得的无条件收取合同对价权利的金额。